普通高等教育"十三五"规划教材

此教材受中原工学院信息商务学院教材出版基金资助

管理学基础

主　编　牛艳莉
副主编　褚吉瑞　杨　乐　曲亚琳
参　编　李素莹　李亚杰　邵　曦　李玉清

机械工业出版社

本教材在充分吸收国内外管理学理论研究成果的基础上，采用了大量中国本土案例。教材内容涵盖了管理学的基本原理，语言浅显易懂、深入浅出。

本教材一共分为八个学习情境，分别是管理认知、管理的道德与责任承担、管理的全球化与信息化、决策与计划、组织职能分析、领导职能、控制及控制实务、创新管理与创业实践。全书包含 22 项学习任务，每个学习任务均由切合实际的案例引导，并设有知识拓展、复习思考题，这样的安排提升了本教材的趣味性、实践性、思想性和可读性。

本教材适用于管理类各专业的本科生、研究生、MBA 学员以及企业经营管理者和行政人员。

图书在版编目（CIP）数据

管理学基础／牛艳莉主编. —北京：机械工业出版社，2018.1（2019.7 重印）

普通高等教育"十三五"规划教材

ISBN 978-7-111-58491-9

Ⅰ.①管… Ⅱ.①牛… Ⅲ.①管理学-高等学校-教材 Ⅳ.①C93

中国版本图书馆 CIP 数据核字（2017）第 296819 号

机械工业出版社（北京市百万庄大街 22 号　邮政编码 100037）
策划编辑：裴　泱　刘　沛　　　责任编辑：裴　泱　付鑫宇　刘鑫佳
责任校对：王明欣　　　　　　　　封面设计：张　静
责任印制：张　博
三河市宏达印刷有限公司印刷
2019 年 7 月第 1 版　第 2 次印刷
184mm×260mm・17.25 印张・421 千字
标准书号：ISBN 978-7-111-58491-9
定价：39.80 元

凡购本书，如有缺页、倒页、脱页，由本社发行部调换

电话服务	网络服务
服务咨询热线：010-88379833	机 工 官 网：www.cmpbook.com
读者购书热线：010-88379649	机 工 官 博：weibo.com/cmp1952
	教育服务网：www.cmpedu.com
封面无防伪标均为盗版	金 书 网：www.golden-book.com

前　言

随着时代的进步和经济的高速发展，全球化竞争的局面日趋激烈，企业外界环境的不确定性也日渐增强，在此情况下，具有相应管理能力和管理素养的各类高素质人才成为各大企业乃至社会所需。管理水平决定了一个国家的经济命脉，正如现代管理大师彼得·德鲁克所言："管理的一项具体任务就是把今天的资源投入到创造未来中去。"作为一门应用性很强的综合学科，管理学必须立足于新的时代背景，才能显示其强大的生命力。

管理自古有之，管理无处不在。然而，管理工作在实际应用中却千差万别，要从各种特殊的管理工作中寻求普遍适用的理论、方法及规律，仍具备一定的难度。国内外许多学者及专家早前对管理学已有很多研究和描述，本教材在原有理论基础上，力求打造"似曾相识"却"耳目一新"的感觉，在体系设计和内容安排上，编者更多地考虑了学习者的需求，并适当地兼顾了该学科的系统性与整体性，使学生在掌握经典理论的同时，又能从最新案例中发现管理学的发展趋势。教材分别从计划、组织、领导、控制、创新等五大管理职能进行展开。全书共分为八个学习情境，包含22项学习任务，多个教学案例，循序渐进，由浅至深，分别阐述了管理认知、管理的道德与责任承担、管理的全球化与信息化、决策与计划、组织职能分析、领导职能、控制及控制实务、创新管理与创业实践等内容，教材体系完整，逻辑性强，便于学生学习。

在编写本教材的过程中，我们借鉴了国内外管理学方面的最新研究成果和实践经验，参考了国内外有关教材、专著、案例等文献资料，因诸多原因，未能一一注明，编者仅列举了主要参考文献，在此向各位作者表示最真诚的感谢。

本教材是集体合作的结晶，参加编写的教师均是中原工学院信息商务学院"管理学"校级精品课程和教学团队的成员，有着丰富的管理学授课经验。本教材由牛艳莉担任主编，负责编写大纲、统稿、审稿、改稿、定稿，褚吉瑞负责相关协调及支持工作。具体分工是：李素莹负责编写学习情境一、学习情境五的任务一、任务二，李亚杰负责编写学习情境二、学习情境七，褚吉瑞、邵曦负责编写学习情境三、学习情境六，曲亚琳负责编写学习情境四，李玉清负责编写学习情境五的任务三，杨乐负责编写学习情境八。能顺利完成书稿，要感谢本书编辑的悉心指导和修改，感谢各位编写人员的辛勤付出和协作。

由于编者水平和时间有限，不足之处在所难免，恳请各位读者批评指正。

编　者

目 录

前 言

学习情境一 管理认知 ··· 1
    任务一 如何理解管理及管理学 ······································· 1
    任务二 管理理论的形成与发展 ······································· 8
    任务三 如何进行管理学的学习与运用 ································ 26

学习情境二 管理的道德与责任承担 ···································· 31
    任务一 管理及管理者的道德行为分析 ································ 31
    任务二 社会责任界定及价值取向 ···································· 37

学习情境三 管理的全球化与信息化 ···································· 47
    任务一 全球化管理分析 ·· 47
    任务二 信息化管理分析 ·· 59

学习情境四 决策与计划 ·· 68
    任务一 决策过程分析 ·· 68
    任务二 计划工作流程 ·· 82
    任务三 战略计划实施及管理 ·· 92
    任务四 目标管理 ··· 101

学习情境五 组织职能分析 ··· 107
    任务一 组织设计及构造 ··· 107
    任务二 组织运行分析 ··· 125
    任务三 组织文化及组织变革 ······································· 142

学习情境六 领导职能 ··· 161
    任务一 领导及领导者认知 ··· 161

任务二　激励原理及实务 ································· 174
　　任务三　沟通及组织冲突管理 ··························· 185

学习情境七　控制及控制实务 ································ 202
　　任务一　控制及控制过程 ································ 202
　　任务二　有效控制 ·· 217

学习情境八　创新管理与创业实践 ··························· 223
　　任务一　创新及创新职能 ································ 223
　　任务二　企业技术创新及组织创新 ····················· 240
　　任务三　创业管理 ·· 252

参考文献 ··· 270

学习情境一

管理认知

任务一　如何理解管理及管理学

 学习目标

1. 掌握管理的基本内涵和外延。
2. 理解管理的职能。
3. 识别管理者角色定位及技能。

教学视频

【任务导入】

从公路搬石看管理的效用

　　一条繁忙的公路上，由于附近发生塌方，公路中央横卧了一块大石头，影响了道路的畅通。有许多车辆和行人绕石而过，也有一些行人试图推开这块大石头，但都没有成功。后来，一位智者站了出来，他召集了几个过路人，又想办法找来了一些工具，且给每个人分配好了位置，然后他高声喊着："一、二、三，起！"众人在他的口号声中一起用力，石头就被众人一点一点地挪到了路边。障碍没有了，道路通畅了。在这件事情中，智者实际上充当了"管理者"的角色，他的行为就是一种"管理行为"。谈到加快中国的社会经济发展，人们都说缺技术、缺资金、缺高素质的人才，但真正最缺的还是科学的管理。技术从哪里来？资金从哪里来？高素质的人才从哪里来？这些资源不是说想要就能立即得到的，而且即便得到了这些资源，也并非都能充分发挥作用。"99%的资源，1%的组合"，但这1%非常重要，所有的资源都要通过管理来发挥其最大效用，管理是生产力要素，是比劳动力和技术手段更为基础的要素。在刚才的事件中，如果没有人会计划、组织、指挥，怎么会有那些协调性行为、怎么会有"移动"的效果？那些劳动力和技术不就是通过管理组合起来的吗？中国遍地都是资源，但也到处都有绕石而过的人，缺的就是那1%的组合，缺的就是从事组合活动的、能看出问题并迎头而上指挥大家搬石头的智者。

【任务书】

1. 理解管理的理论基础及实践基础。
2. 掌握管理者的技能运用。
3. 就班级管理，每人设计一套管理制度，并讨论其优缺点。

【相关知识】

管理是一种社会现象，管理活动与人类的社会实践活动密切相关。管理活动具有普遍性，在人类社会中，管理无处不在，无时不有。人类社会的产生与发展过程，也是不断积累管理经验、不断提高管理水平、不断培育优秀管理人才的过程。

一、管理认知

管理起源于人类的共同劳动，自古就有。当人们开始组成集体去达到共同目标时就必须进行管理，以协调集体中每个集体的活动。但什么是管理，人们从不同角度有不同的理解，未得到公认和统一。从字面上看，管理有"管辖""处理""管人""理事"等意思。西方各管理学派对管理的定义说法不一，其中较有代表性的有以下几种：

（1）"管理是确切地了解你希望工人干些什么，然后设法使他们用最好的、最节约的方法去完成它。"这一定义是泰勒在1911年提出的。

（2）"管理是由计划、组织、指挥、协调、控制等职能要素组成的活动过程。"这是古典学派法约尔于1916年提出的。经过几十年的研究和实践证明，除职能上有所增减外，总体上基本正确，已成为管理定义的基础。

（3）"管理是由一个或更多的人来协调他人活动，以便收到个人单独活动所收不到的效果而进行的各种活动。"这一定义是唐纳利在《管理学基础》一书中提出的。

（4）"管理是筹划、组织和控制一个组织或一组人的工作。"这一定义是托尼布洛特在《管理理论与原则》一书中提出的。

（5）"管理就是通过其他人来完成工作"。这一定义是霍德盖茨在《美国企业经营管理概论》一书中提到的。

（6）"管理就是协调人际关系，激发人的积极性，以达到共同目标的一种活动"。这一定义突出了人际关系和人的行为。

（7）"管理是一种以绩效责任为基础的专业职能。"这是德鲁克的观点。

（8）"管理就是决策。"这是诺贝尔经济学奖得主、决策理论学派代表西蒙的观点。

（9）"管理就是设计和保持一种良好环境，使人在群体里高效率地完成既定目标"。这是美国管理过程学派代表哈德罗·孔茨在其《管理学》第九章中给出的定义。

以下是新近几本国内较有代表性的教科书中关于管理的定义：

（1）"管理是人们确立目标以及围绕目标不断提高系统功效的一种协调活动。"这一定义是在《现代管理基本理论和方法》一书中提出的。

（2）"管理是指一定组织中的管理者，通过实施计划、组织、人员配备、指导与领导、控制等职能来协调他人的活动，使别人同自己一起实现既定目标的活动过程。"这一定义是在《管理学原理》一书中提出的。

（3）"管理就是对一个组织拥有的资源——人、财、物、信息等资源进行有效的计划、组织、领导和控制，用最有效的方法实现组织目标。"这一定义是在《现代管理通论》一书中提出的。

（4）"管理是在社会组织中，为了实现预期的目标，以人为中心进行的协调活动。"这一定义是在《管理学——原理和方法》一书中提出的。

(5)"管理是指在一定组织中,管理者运用一定的职能、原则和手段来协调组织和个人高效率地实现既定目标的活动过程。"这一定义是在《企业管理原理》一书中提出的。

(6)"管理是指组织中担任主管工作的人,为了更有效地实现既定目标,执行管理职能,协调组织各种资源要素的活动过程。"这一定义是在《管理学原理》一书中提出的。

(7)"管理是对组织的人力、资金、物质及信息资源,通过计划、组织、领导和控制等一系列过程,来有效地达成组织的目标。"这一定义是在《管理学教程》一书中提出的。

(8)"管理是通过计划、组织、控制、领导等环节来协调组织的人力、物力资源,以期更好地达成组织目标的过程。"这一定义是在《管理学》一书中提出的。

(9)"管理就是在特定环境下,对组织所拥有的资源进行有机地计划、组织、激励、领导和控制,以便达到既定目标的过程。"这一定义是在《管理学概论》一书中提出的。

就基础理论而言,本书提出管理的如下定义:管理即组织为了达到个人无法实现的目标,通过各项职能活动,合理分配、协调相关资源的过程。它有以下几层含义:

(1)管理的载体是组织。组织包括国家机关、企事业单位、政党、社会团体以及宗教组织等。

(2)管理的本质是合理分配和协调各种资源的过程,而不是其他。所谓"合理"是从管理者的角度来看的,因而有局限性和相对合理性。

(3)管理的对象是相关资源,即包括人力资源在内的一切可以调用的资源。

(4)管理的职能活动包括决策、计划、组织、领导、控制和创新。

(5)管理的目的是为了实现既定的目标,而该目标仅仅依靠个人的力量是无法实现的,这也是建立组织的原因。管理的定义如图1-1所示。

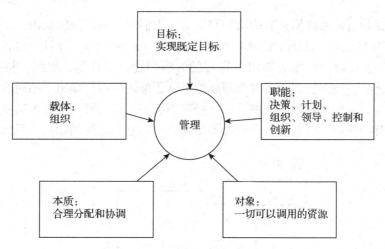

图1-1 管理的定义示意图

管理的自然属性和社会属性。一方面,管理是适应共同劳动的需要而产生的,在社会化大生产条件下,管理具有组织、指挥与协调生产的功能,是社会劳动过程的普遍形态,只要进行社会化大生产,就必然需要进行管理,这就是管理的自然属性。另一方面,管理又是适应一定生产关系的要求而产生的,具有维护和巩固生产关系,实现特定生产目的的功能,由此决定了管理的社会属性。它表现为劳动过程的特殊历史形态,为某种生产方式所特有。管理的社会属性取决于社会生产关系的性质,与生产力发展水平并不直接相关。劳动的社会结合方式不同，管理的社会性质也就不同，管理的社会属性是管理的特殊属性。

管理的科学性和艺术性。管理作为一门学科，是大量管理学家和实业家不断从实践中提炼出来的观点的集合。它是人们从实践中收集，归纳，监测数据，提出假设，验证假设，然后从中抽象总结出管理活动过程中的客观规律和管理理论的一般办法。人们将这些理论和方法应用于实践，再从检验实践结果的过程中验证理论和方法是否正确，接着不断地修正，提炼和应用，从而使得管理理论和方法不断得到验证和丰富，继而形成完整的系统。因此，管理具有较强的科学性。

当然，管理学同数学，物理等自然科学相比，还只是一门正在发展中的科学。管理学并不能为管理者提供解决一切问题的标准答案，因此，仅仅按照书本上的知识来对组织进行管理是行不通的。所有管理理论都有一定的局限性，都需要在相应的情境下才能发挥作用。所以，管理工作者要以管理的理论原则和基本方法为基础，结合实际，对具体情况分析，从而实现组织的目标。从这个角度来看，管理是一门艺术，即利用系统化的知识——科学，并根据实际情况发挥创造性的艺术。

一名有着理论知识但没有实际管理经验的管理者可能会因为没有经验而失败，同样，一名有着丰富经验的管理者也可能因为缺少理论基础，面对问题时总是求助于自己过去的经验，从而影响最终决策的正确性。实际上，管理的科学性和艺术性是相辅相成，缺一不可的。管理的科学性使管理者在处理问题时有理可依，有据可寻；而管理的艺术性则使管理者能够灵活应变，不被管理理论的条条框框所束缚。因此，管理是科学性和艺术性的统一。

二、管理职能

管理职能是指管理系统所具有的功能与职责。人们对管理职能的认识，经历了一个漫长的历史过程。20世纪初，法国工业家亨利·法约尔（Henri Fayol，1841—1925）在其代表作《工业管理与一般管理》中率先提出了管理的五项职能，即计划、组织、指挥、协调和控制。继法约尔之后，许多管理学者对管理职能进行了深入探讨，提出了不同的主张。经过多年的争论，至今，人们对管理职能的认识已经基本统一，认为管理具有5项基本职能，即计划、组织、领导、控制、创新。各个职能不是孤立的，它们之间的相互关系如图1-2所示。

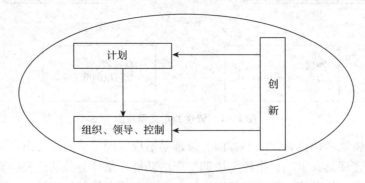

图1-2 各种管理职能的相互关系

（1）计划。计划有广义和狭义之分。广义的计划是指制订计划、执行计划和检查计划三个阶段的工作过程。狭义的计划是指制订计划，即根据组织内外部的实际情况，权衡客观的需要和主观的可能，通过科学预测，提出在未来一定时期内组织所需要达到的具体目标及实现目标的方法。

（2）组织。组织是指指定所要完成的任务、由谁去完成任务以及如何管理和协调这些任务的过程，实际上组织就是人与人之间或人与物之间资源配置的活动过程。

（3）领导。领导是指领导者为实现一定的组织目标，能够对实施目标的全过程施加巨大影响，并能统御和指引被领导者的社会管理活动。

（4）控制。控制就是"纠偏"，即按照计划标准衡量所取得的成果，并纠正所发生的偏差，以确保计划目标的实现。

（5）创新。创新就是在计划、组织、领导、控制等管理职能方面采用新的更有效的方法和手段。

三、管理者的角色与技能

管理者是组织中促成他人努力工作并对他人工作负责，通过他人并同他人一起实现组织目标的人。

（一）管理者的角色

管理者扮演着 10 种角色，这 10 种角色可被归入 3 大类，即人际角色、信息角色和决策角色，如表 1-1 所示。

表 1-1 管理者的角色

角色		描述	举例
人际角色	代表人	象征性的首脑，必须履行许多法律性或社会性的理性义务	迎接来访者，签署法律文件
	领导者	负责激励和动员下属，负责人员配备，培训等	有下属参与的所有活动
	联络者	与外界关系网保持联系，以获取信息和好处	通过电话、信件、会议等与外部保持联系
信息角色	监听者	寻求和接受各种有关信息，以便彻底了解组织环境，是组织内部和外部信息的神经中枢	通过阅读期刊和报告，谈话等形式，了解顾客需求变化，竞争者的计划等
	传播者	将从外部和内部人员那里获得的信息传递给内部其他成员	举行信息交流会或通过正式的报告、备忘录或电话联系的方式与内部其他管理人员交换意见
	发言者	向外界发布有关组织的计划、政策、行动、结果等信息	与供应商和顾客交谈，向媒体发布信息
决策角色	企业家	寻求组织和环境中的机会，发现新的想法，"制定改进方案"以发起变革，监督某些方案的策划	制定战略，检查会议决议执行情况，开发新产品，新项目
	故障排除者	当组织面临重大的、意外的危机时，负责采取补救措施	解决内部的冲突和纠纷，采取措施应付环境危机
	资源分配者	负责分配组织中的人、财、物资源	调度，询问，授权，从事涉及预算的各种活动和安排下属的工作
	谈判者	作为组织的代表从事重要的谈判	与工会谈判，与供应商、客户谈判

1. 人际角色

人际角色产生的根源在于管理者的正式权力基础。管理者只要在组织中处于一定的管理层级，拥有组织所赋予的权力，在处理与组织内部成员和其他利益关系者的关系时，就要扮演人际角色，包括代表人角色、领导者角色和联络者角色。

（1）所有管理者都要履行礼仪性和象征性的义务，在正式场合，代表一个组织的领导人扮演代表人角色。

（2）当管理者出于促使员工努力工作，以确保组织目标实现的动机而对组织成员进行教育与培训、激励或惩罚时，就是在扮演领导者角色。

（3）当管理者与组织成员一起工作，或在组织内部各部门之间以及与外部利益关系者建立良好关系时，就是在扮演联络者角色。

2. 信息角色

在信息社会中，信息对任何组织都变得非常重要。任何组织的管理者都要有意识地从组织内部或外部接收和收集信息，以便及时、全面地了解市场变化、竞争者动态以及员工需求等，这时管理者扮演的就是监听者角色；当管理者将自己掌握的重要信息向组织成员进行传递时，就是在扮演传播者角色；当管理者代表组织向外界发布信息或表态时，扮演的就是发言者角色。

3. 决策角色

当管理者密切关注组织内外环境的变化及事态的发展，随时准备发现有利机会并利用机会进行投资时，扮演的就是企业家角色；当管理者采取措施全力应对出乎意料的突发事件时，扮演的就是故障排除者的角色；管理者是资源分配者，因为他负有对组织所掌握的各种资源（包括人力、物力、财力、时间、信息等资源）进行合理配置的责任；管理者还要扮演谈判者角色，因为他必须与其他团体讨价还价，以便为自己所在的组织谋取更大的利益。

（二）管理者的技能

在实际工作中，是否能够有效地执行管理职能、取得预期管理效果，在很大程度上取决于管理者是否真正掌握了管理的基本技能。根据罗伯特·卡茨的研究，管理者要具备三类技能，如图1-3所示。

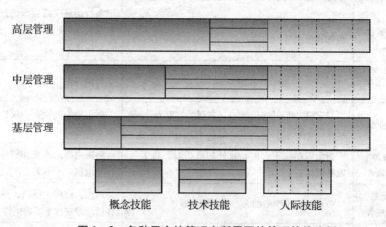

图1-3　各种层次的管理者所需要的管理技能比例

1. 概念技能

概念技能又称观念技能，是指管理者对事物的洞察、分析、判断、抽象和概括的能力。即管理者统观全局的能力：把组织看作一个整体，认清左右形势的重要因素及其相互关系，并据此准确地分析问题，有效地解决问题的抽象概括能力。当今社会，决策对于组织的生存与发展至关重要，而概念技能是影响决策能力与水平的重要因素，拥有出色的概念技能，可以使管理者做出更科学、更合理的决策。所以，管理者必须具备并不断提高自身的概念技能。在一个组织中，越是处于高层管理岗位上的管理者，在决策中所起的作用越大，就越应该具有较强的概念技能。

2. 技术技能

技术技能是指管理者从事自己管理范围内的工作时所需要具体运用的技术、方法和程序的知识及其熟练程度。技术技能与管理者所从事的具体业务密切相关，在管理者技能层次结构中，属于最具体、最基本的技能。管理者越是熟练掌握技术技能，就越能够有效地指导下属工作，从而越能受到下属的尊重和信任。所以，管理者应当掌握技术技能。一般情况下，管理层次越低，越需要具有较强的技术技能，因为他的大部分时间都用于训练下属或回答下属人员提出的有关具体工作方面的问题。

3. 人际技能

人际技能又称人际交往技能，是指与人共事、打交道的能力。具体说来，就是联络、处理、协调组织内外人际关系的能力；创造一种使人感到安全并能畅所欲言的氛围，从而激励和引导组织成员的积极性、创造性的能力；正确地指挥和指导组织成员有效开展工作的能力。人际技能是所有管理者都必须具备的重要技能，这种技能对处于管理各层次的管理者具有同等重要的意义，是影响管理成效的重要因素。管理者的人际技能越强，就越容易取得人们的信任与支持，越能够有效地实施管理，从而收到满意的管理效果。这是因为，具有高度人际技能的人，既注意自己对别人、对工作、对群体的态度，又关注别人对自己、对工作、对群体的态度；不但虚心接受与自己不同的观点和信念，而且善解人意，能够敏锐地观察别人的需求与动机；善于灵活地与不同的人交往，并能够恰如其分地表达自己的诚意，使其领导意图易于得到下属的认同和理解。

综上所述，各种技能在组织的不同管理层次之间的相对重要性是不同的。越是高层的管理者越要有较强的概念技能，因为他们是影响决策的主体，他们的战略眼光、战略思想与战略决策关系着组织的生存与发展及事业的成败。越是基层管理者越要有较强的技术技能，否则，他就难以随时随地给予下属以具体的指导和帮助，但对高层管理者而言，技术技能则处于次要地位，因为高层管理者完全可以有效地利用下属的业务技术能力来实施管理。人际技能对于所有管理者都很重要，因为任何管理者所实施的管理及其任务的完成，都离不开他人的积极配合与协作。

四、管理者的素质

管理者的素质是指管理者的与管理相关的内在基本属性与质量。一般来说，管理者的素质分为基本素质、专业素质和特质性素质三大方面。

1. 基本素质

基本素质是管理者必须具备的基本条件，它决定了管理者其他素质的发挥和可能提升到的最终高度。它包括以下内容：

（1）道德素质。正确的世界观和价值观，高尚的道德情操，良好的职业道德。

（2）心理素质。坚韧不拔的意志力，开放、包容的心态，自我控制力。

（3）基础知识素质。广泛而扎实的基础知识，完善的知识结构。

（4）身体素质。管理者需要健康的体魄来应对压力工作。

2．专业素质

专业素质是指管理者实施企业管理活动所必备的专业素质。专业素质是企业管理者履行其职责的基本要求。具体包括：

（1）对管理的专注和热情。管理者只有具有这种精神和态度，才能最大限度地发挥自身的潜力；同样，也只有一个热情洋溢的企业管理者才能感染广大员工，使他们同样热情地工作。

（2）管理知识。作为一名合格的企业管理者，必须在管理知识方面打下扎实的基础。

3．特质性素质

在实际管理工作中，总会存在一些管理者擅长战略运作，而另一些管理者在成本控制方面有独到之处等情形，特质性素质指的就是这种差异。特质性素质来源于管理者不同的生活、工作背景等个体性差异。

理解特质性素质需要注意两点：其一，建立有利的个人优势是企业管理者的必修课。每个人都有自己的优势和劣势，管理者必须对自我有一个清醒和正确的认识，发挥自己的长处，在擅长的领域中不断提升自己的能力。其二，优异的管理团队是不同特质性管理者的有机组合。一个具有不同管理优势、不同能力结构的团队更易于发挥出整合优势。反之，如果管理团队中的成员管理水平、管理能力都相似，那么该管理团队能挖掘的潜力也很有限。

任务二　管理理论的形成与发展

学习目标

1. 了解中外早期的管理思想。
2. 理解管理理论的主要内容及形成过程。

教学视频

【任务导入】

古罗马军威中蕴含的管理思想

古罗马的士兵在第一次服役时，要在庄严的仪式中宣誓，保证永不背离规范，服从上级指挥，甘愿为皇帝和帝国的安全而牺牲自己的生命。宗教信仰和荣誉感的双重影响使古罗马军队遵守规范，所有古罗马士兵都把金光闪闪的金鹰徽章视为他们最愿意为之献身的目标，在危险的时刻抛弃神圣的金鹰徽章被认为是最可耻的行为。

同时，古罗马士兵也深知他们的行为结果：一方面，他们可以在指定的服役期满之后享有固定的军饷，可以获得不定期的赏赐以及一定的报酬，这些都在很大程度上补偿了军队生活的困苦；另一方面，由于怯懦或不服从命令而企图逃避会受严厉的处罚。军团百人队队长有权用拳打士兵以作惩罚，司令官则有权判处士兵死刑。古罗马军队的一句最固定不变的格言是："好的士兵害怕长官的程度应该远远超过害怕敌人的程度。"这种做法使古罗马军队作战时勇猛顽强，纪律严明。显然，单凭野蛮人一时的冲动是做不到这一点的。

在西方，这种管理方法被总结为一句名言——"胡萝卜加大棒"。拿破仑说得更形象："我有时像狮子，有时像绵羊。我的全部成功秘密在于：我知道什么时候我应当是前者，什么时候是后者。"在东方，则有"滴水之恩，当涌泉相报""视卒如爱子，可与之俱死"等说法，又说："将使士卒赴汤蹈火而不违者，是威使然也。"（《百战奇谋·威战》）"爱设于先，威设于后，不可反是也。"（《李卫公问对·中》）孙子兵法总结道："故令之以文，齐之以武，是谓必取。"总之一句话，软硬兼施，恩威并济。

【任 务 书】

1. 了解中西方典型管理思想的主要内容。
2. 理解管理理论的形成过程及其内容。

【相关知识】

管理活动源远流长，人类进行有效的管理活动，已有数千年的历史，但从管理实践到形成一套比较完整的理论，则是经过了漫长的历史发展过程。回顾管理学的形成与发展，了解管理先驱对管理理论和实践所做的贡献，以及管理活动的演变和历史，这对每个学习管理学的人来说都是必要的。

一、中国早期的管理思想

（一）以人为本的管理理念

中国古代管理思想家就已经意识到管理的核心在于人，管理人的行为，引导人的心理反应，以实现管理目的，而要抓住这个核心，就必须了解人，掌握人的本质，于是就产生了荀子的"性恶论"孟子的"性善论"。荀子特别强调"天下之所谓善者，正理平治也，所谓恶者，偏险悖乱也，是善恶之分也"，这为如何管理人提供了指导。

古代管理思想家认为，人在本质上是基本相同的，但人的行为能力却千差万别。要管理好人和事物，就要充分认识到这一点，并尽可能创造条件，使人的行为能力发挥出来，实现每个人自身的价值追求，各得其所，只有这样才能使人们接受管理，成功地实现管理目标。

古代管理思想家指出，人的行为能力产生于良好的教育和环境。因此，成功的管理者首先应当对人进行教育引导式的管理，而管理制度、管理工作、管理环境本身就具有对人的引导教育作用。在他们看来，对人的管理应以教育性、引导性管理为主，而以规范性和防范性管理为辅。

（二）协调人际关系的思想

中国古代管理思想家对人际关系做出了深刻的阐述，并有一套协调人际关系，使人们同心协力工作的规范和方法。他们提出，要有效地协调人际关系，应以"礼"的秩序来规范人的行为，人与人之间应"仁"，即互相之间的交往要"以德待人""谦虚礼让"，获得群体内的"和为贵""交相爱"，而一个领导者对于群体内人际关系的协调应"不偏不倚"，做到"中庸平和"。

（三）"利""义"观

中国古代管理思想家认为，人固然出于生物属性的本能要谋"利"，但也有社会属性的本性，即有时也会产生"舍生取义""君子不言利"的行为；人改造自然的创造性行为能力，只有在社会群体的协作中才能全面发挥出来，从而实现其追求"利"的目的。因此，要求人们的行为应符合社会、集体所要求的协作取利的"义"，而不仅仅是人作为生物本能的"见利忘义"和单纯求利。古人在大局与局部、集体与个人的关系上倡导"先天下之忧而忧，后天下之乐而乐"。

（四）人力资源管理思想

中国古代管理思想家对于人力资源管理中的人才选拔机制和用人机制都有过详细的阐述。他们提出，对人才的选拔要注重以仁义道德文章为选拔标准，同时考察其能力。判断一个人是不是人才，要进行"四察（查）"：观察、考察、调查、检察。对人的能力的考察有两项根据：一是看其研究问题的方法，是就事论事地研究问题，还是追根溯源地研究问题，以善于从事物整体的系统关系上去寻找解决问题的方法为最佳；二是看其提出的解决问题的方案是有利于长期发展，还是只重短期行为。他们主张在人才使用中要加以培养教育，使"小人远之""君子近之"，成为国家和组织的有用之才。培养教育要讲究教之道，即因材施教，而不是不加区分地、没有针对性地培养，否则培养教育将难以收到理想的效果。

（五）提高管理者素质的思想

中国古代管理思想家认为，管理的本质在于"修己"，即管理者自己要重视自身修养，重视自己的行为规范，在下属面前以身作则，然后才能去管理他人，即"安人"。"其身正不令则行，其身不正虽令不从"，倡导"格物、致知、正心、诚意、修身、齐家、治国、平天下"，即从管理者本人自我修养的角度出发，通过观察和认识事物，来获取广泛的知识，同时注重精神的锻炼和自身素质的提高，使得管理者本人在道德修养、行为规范等方面都达到较高境界，实现自我管理的目标。通过管理者的自我修养、自我约束对下属产生一种人格影响力。

二、西方早期典型的管理思想

（一）亚当·斯密的管理思想

亚当·斯密在其代表作《国民财富的性质和原因的研究》中提出的劳动分工观点和经济人观点，对系统的管理理论的产生和发展具有深刻影响。

1. 劳动分工的观点

亚当·斯密认为，劳动分工是导致劳动生产率提高的重要因素，这是因为：

（1）分工使劳动者专门从事一种简单的操作，从而提高劳动的熟练程度，增进技能。

(2) 分工可以减少劳动者的工作转换，节约通常由一种工作转到另一种工作所损失的时间。

(3) 分工使劳动简化，从而可以把人的注意力集中在一种特定的对象上，有利于发现比较简便的工作方法，促进工具的改革和新机器的发明。亚当·斯密的劳动分工观点，适应了当时社会对迅速扩大劳动分工、推进工业革命的客观要求。

2. 经济人观点

亚当·斯密认为，所有的经济现象都是基于具有利己主义的"经济人"的活动所产生的。

经济人是指具有利己主义目的的人，是亚当·斯密提出的关于经济和管理现象的重要论点。

理性的"经济人"在经济活动中追求的完全是个人利益，但是每个人的私人利益又受到其他人的利益限制。只有当他意识到给别人做事有利于自己的时候，他才肯去帮助别人。这种利益上的相互依存和相互制约关系，迫使每个人在追求个人利益时必须顾及其他人的利益，因此产生了相互的共同利益，进而产生了社会利益。

社会正是以个人利益为基础的。这一观点不仅对企业管理而且对宏观经济管理理论及其实践都具有重要影响。

（二）巴贝奇的管理思想

亚当·斯密之后，另一位英国人查尔斯·巴贝奇发展了他的观点，提出了许多关于生产组织机构和经济学方面带有启发性的问题。他对管理的主要贡献包括两个方面。

1. 对分工的作用做出更全面的解释

在1832年出版的《机器与制造业经济学》一书中，他对专业化分工、机器与工具使用、时间研究、批量生产、均衡生产、成本记录等问题做了充分的论述。通过时间研究和成本分析，他进一步肯定了劳动分工对提高劳动生产率的意义，并做出了较亚当·斯密更为全面、更加细致的解释。他认为劳动分工之所以能够使生产率提高，其原因在于：

(1) 节省了学习所需要的时间。

(2) 节省了学习期间所耗费的材料。

(3) 节省了从一道工序转到下一道工序所需要的时间。

(4) 经常从事某一工作，肌肉能够得到锻炼，不易引起疲劳。

(5) 节省了改变工具，调整工具所需要的时间。

(6) 重复同一操作，技术熟练，工作速度较快。

(7) 注意力集中于单一作业，便于改进工具和机器。

2. 设计了一种工资加利润分享的制度

巴贝奇十分强调人在生产中的作用，主张实行激励性建议制度，即对有益的建议按提高生产效率的不同给予奖励，以鼓励工人提出改进生产的建议。巴贝奇还设计了一种工资加利润分享的制度，根据这种制度，工人除按照工作性质获得固定工资外，还应按照生产效率及其所作的贡献分得工厂利润的一部分。他认为这样做有很多好处：

(1) 每个工人的利益同工厂的发展及其所创造利润的多少直接挂钩。

(2) 每个工人都更加关心浪费和管理不善等问题。

(3) 能促进每个部门改进工作。
(4) 有助于激励工人提高技术及品德。
(5) 在劳资关系上，可以使工人同雇主利益一致起来，消除隔阂，共求企业发展。

（三）欧文的管理思想

罗伯特·欧文最早注意到企业内部人力资源的重要性，提出在工厂管理中要重视人的因素，主张工厂企业致力于对人力资源的开发和投资，从而开辟了人际关系和行为管理理论的先河，因此被称为"现代人事管理之父"。

欧文按照他的管理思想进行了一系列尝试性的改革，如改进工人的劳动条件；将工人每天的劳动时间限制在 10 个半小时；提高童工的年龄，禁止雇用 10 岁以下童工；提供免费餐，改善工人住宿条件等。改革实践正如欧文所愿，他探讨出了对工人和工厂所有者双方都有利的方法和制度。他提出重视人的因素和尊重人的地位，可以使工厂获得更多利润；用于改善工人待遇和劳动条件上的投资，会得到加倍的补偿。

三、西方古典管理理论

（一）科学管理理论

科学管理理论着重研究如何提高单个工人的劳动生产率的问题，其代表人物是美国的弗雷德里克·温斯洛·泰勒（Frederick Winslow Taylor，1856—1915）。1911 年出版的《科学管理原理》是泰勒的代表作，其中系统地阐述了泰勒的管理思想——泰勒制。泰勒因在管理理论的创建上做出了突出贡献而被人们誉为"科学管理之父"。其科学理论主要包括以下几个方面。

1. 工作定额

泰勒为了制定有科学依据的工作定额，进行了动作和时间研究，所采用的方法是：把工人的操作分解为基本动作，将每一个动作、每一道工序所使用的时间记录下来，去掉多余的动作和不必要的时间，得出必要的工作时间并加上必要的休息时间，即完成该项工作所需要的标准时间，据此定出一个工人"合理的日工作量"。

2. 标准化

泰勒认为，要提高劳动生产率，必须用科学方法对工人的操作方法、工具、劳动和休息时间的搭配、机器的安排和作业环境的布置等进行分析，消除各种不合理的因素，把各种最好的因素结合起来，形成最好的方法，这是管理当局的重要职责。所谓标准化就是要让工人在工作时采用标准的操作方法，使用标准的工具、机器、材料，并使作业环境标准化。

3. 能力与工作相匹配

泰勒认为，要提高劳动生产率，必须为工作挑选第一流的工人。人具有不同的能力、不同的天赋和才能，一个人对进行某项工作可能是一流的，但对另一项工作就不一定适合。只要工作对他适合而且他也愿意做这项工作，他就能够成为第一流的工人。管理人员的责任就在于使工人的能力与工作相匹配，为每项工作找出最适合这项工作的人选，并对其进行系统的培训和教育，用科学的操作方法来提高经过科学选择的"第一流的工人"，使他们严格按照最佳方法进行工作，激励他们尽最大努力去工作。对那些体力和智力不适合做分配给他们的工作的人，应重新安排他们到适合的工作岗位上去。

4. 差别计件工资制

泰勒发现，报酬制度不合理是引发工人"磨洋工"的重要原因。在对原有计时工资、计件工资等报酬制度的弊端进行剖析之后，泰勒提出了建立在科学工作定额基础上的刺激性差别计件工资制，即根据工人完成工作定额的实际情况采用不同的工资率来计算其应得报酬。如果工人没有完成定额，就按低于正常单价20%的标准计酬，即对其实行的工资率仅相当于正常工资率的80%；如果工人超额完成定额，则按高工资率付酬，为正常工资率的125%，不仅超额部分按高工资率计算，而且定额部分也按此单价计酬。泰勒认为，这种工资制度有两方面的优越性：①支付工资的对象明确界定为工人的劳动效率，即根据工人的实际工作表现而不是工作类别来支付工资，从而有助于激发工人的劳动热情，大大提高劳动生产率，克服消极怠工现象；②在生产率的提高幅度和利润提高幅度超过工资增加幅度的情况下，雇主也会从"做大的馅饼"中得到更大的利益。

5. 计划职能与执行职能相分离

泰勒主张用科学的工作方法取代经验工作方法。所谓经验工作方法，是指工人自己按照其经验和习惯来确定自己的工作方式，包括作业顺序、工具选择等，工作效率的高低取决于他们的操作方法与使用的工具是否合理，以及个人的熟练程度与努力程度。所谓科学的工作方法，是指在实验和研究的基础上制定标准的操作方法，采用标准的工具、设备。泰勒提出，应该明确划分计划职能与执行职能，所有的计划职能都由计划部门来承担，而执行职能则由部分工长和所有工人承担。这样，计划部门的具体工作就是：①进行时间和动作研究，为合理制定定额和操作方法提供科学依据；②制定科学的工作定额和标准的作业方法并选用标准工具；③拟订计划，发布指示和命令；④比较标准和实际情况，进行有效的控制。计划职能与执行职能分离后，现场的工人只行使执行的职能，即按照计划部门制定的方法、工具和指示从事实际操作，不得自行改变操作方法。

（二）组织管理理论

组织管理理论着重研究管理职能和整个组织结构，其代表人物是法国的亨利·法约尔、马克斯·韦伯等。

1. 亨利·法约尔的管理思想

1916年浓缩了法约尔50多年管理经验和管理思想的著作《工业管理和一般管理》正式出版，书中对经营管理活动、管理职能、管理原则等进行了全面系统的阐述，提出了适用于各类组织的管理的五项职能和有效管理的十四条原则。

企业的经营活动与管理的五项职能：

法约尔将企业的经营活动分为六大类，管理不过是其中的一个组成部分，这样就将管理与经营区分为两个具有不同内涵的概念。企业的六类经营活动包括：①技术活动，即生产、制造和加工；②商业活动，即采购、销售和交换；③财务活动，即资金的筹措、运用和控制；④安全活动，即设备的维护和人员的安全保护；⑤会计活动，即财产盘点、资产负债表制作、成本核算、统计等；⑥管理活动，即计划、组织、指挥、协调和控制，也就是管理的五项职能。其中，计划是指预测未来，并据此制订行动计划，提出实施方案；组织是指建立企业的物质结构和社会结构；指挥是指上级对下级活动给予指导，使之发挥作用；协调是指让企业人员团结一致，使企业中所有的活动及力量都得到连接、联合、调和，维持必要的统一，调整不同部门、不同人员的活动与关系；控制是指保证企业中各项工作的实际执行符合所制定的计划、指令及标准。法约尔提出的五项管理职能，形成了一个完整的管理过程和管理框架，其后的管理学教材体系大部分都是按照该管理职能构建的。

管理的十四条原则：

（1）劳动分工原则。生产越是专业化，人们越能有效地完成自己的工作，从而提高工作效率。劳动分工不仅限于技术工作，也适用于"专门化的职能和分离的权力"，即也适用于管理活动。管理者经常处理同一类事务，对自己的工作越来越熟练、自信和准确，从而提高管理效率。

（2）权力与责任对等原则。权力即指挥他人的权和促使他人服从的力的统一体。责任是随权力而来的奖罚。权力和责任互相依存、互为因果，责任是权力的孪生物，在哪里行使权力，就应当在哪里承担相应的责任。权力和责任应该是对等的、统一的。法约尔还把权力分为职务权力和非职务权力。前者指管理人员因为担任的职务或地位而拥有的正式权力，后者指因管理者的个人因素如智力、学识、品质、能力等而产生的权力。他认为，一个好的管理者应当两者兼备，并善于用非职务权力补充职务权力之不足。

（3）纪律严明原则。纪律是企业领导者与下级之间在服从、勤奋、举止等各方面达成的一致协议。它不以畏惧为依据，而是建立在服从与尊重的基础之上，组织中所有成员都要通过各方达成的协议对自己在组织中的行为进行控制。法约尔指出，要维护纪律的有效性必须坚持以下两点：

1）协议要明确而公正。要使管理者和员工都对组织规章有明确的理解，奖惩要公正，当纪律遭到破坏时，要明确而果断地采取措施，进行合理的惩罚。

2）领导者要以身作则。良好的纪律是有效领导的"产物"，纪律松弛是领导不善的必然结果，高层领导者应同下属一样，受纪律的约束。

（4）统一指挥原则。每一个员工只服从一个上级的指挥，只接受该上级的命令并向其汇报工作。

（5）统一领导原则。每一项具有共同目标的活动，只能有一个领导和一项计划，这是统一行为、协调力量和一致努力的必要条件。

（6）个人利益服从整体利益原则。任何个人利益都不能超越组织整体利益。当两者之间发生矛盾时，领导者要率先垂范，并采取有效措施，克服一切试图把个人利益置于组织整体利益之上从而引起冲突的个人情绪，公正地将两者协调起来。

（7）报酬合理原则。报酬及其支付方式要公平合理，对工作成绩优良和工作效率高效者要给予奖励。当然，奖励要有一个限度，因为再好的报酬制度也无法取代优良的管理。

（8）集权与分权原则。集权与分权反映了下级参与决策的程度，决策制定权是集中于管理当局还是分散给下属，这只是一个适度问题。法约尔认为，凡减少下属在决策中的作用者为集权，凡增进其作用者为分权。不管环境如何，集权都或多或少地始终存在，没有绝对的分权，也没有绝对的集权。管理当局的任务是找到在每种情况下最适合的集权程度，即根据各种情况，包括组织的性质、人员的能力等来决定"产生全面最大收益"的那种集权程度。法约尔主张给下属以足够的权力去很好地完成他们的工作，但经理等人员应保留最后的决定权。由于管理层和员工的素质、企业条件及环境等经常变化，所以，任何组织都要适时改变集权与分权的程度。

（9）等级链与跳板原则。等级是指从最高权力机构到底层管理人员的上下级关系系列，它是执行权力的路线和信息传递的途径。从理论上讲，为了保证命令的统一与行动的一致，信息应当按等级链传递。但这可能会导致信息的延迟，因此，法约尔设计了一种分层管理的"跳板"，便于同级之间的横向交流。这种横向直接联系的前提条件是沟通之前征求各自上级的意见，事后要及时向各自的上级汇报，以保证维护统一指挥前提下的迅速、可靠的横向联系，节省时间与人力，提高效率。

（10）秩序原则。组织中的人员和物品要各有其位，各在其位。

（11）公平原则。管理人员对自己的下属要公平、公正和友善，使下属忠于职守，热心履行自己的职责。

（12）人员稳定原则。每个人适应和熟悉自己的工作都需要一个过程，在一个组织中，如果人员（尤其是高级雇员）经常流动，则对工作不利。因此，管理人员应当制订规范的人事计划，鼓励员工特别是管理人员长期承担所分配的任务，以免影响工作的连续性和稳定性。同时，在人事安排上要保证有合适的人选接替职务的空缺。

（13）首创精神原则。首创精神是创立和推行一项计划的动力。发明创造是首创精神，建议与发挥主动性同样是首创精神。首创精神是推进组织发展的巨大动力，必须大力提倡。主管人员要有首创精神，勇于创新，同时要鼓励和发挥下级的首创精神，不断提高创新意识，增强其创新能力。

（14）集体精神原则。集体精神是指在组织中形成团结、和谐与协作的氛围。培养集体精神的有效方法是严守统一指挥原则，加强信息交流和沟通。

法约尔指出，十四条管理原则具有灵活性。管理人员应根据自己的管理经验以及各种可变因素和环境，合理掌握运用上述原则的尺度。如何使这些原则灵活地适用于各种特殊环境，真正使管理有效，要依靠管理人员的管理艺术或技巧。

2．马克斯·韦伯的管理思想

韦伯是德国著名的社会学家，他对管理理论的主要贡献是提出了"理想的行政组织体系"理论。他认为等级、权威和行政制是一切社会组织的基础。对于权威，他认为有三种类型：个人崇拜式权威、传统式权威和理性——合法的权威。而这三种权威中只有理性——合法的权威才是理想组织形式的基础。其"理想的行政组织体系"具有以下特点：

（1）有明确的劳动分工。把组织中的工作分解，按照职业专业化对成员进行分工，在分工的基础上，规定每个岗位的权力和责任，并将之作为明确规范进而制度化。

（2）建立等级体系。按照等级原则对各种公职或职位进行法定安排，即根据不同职位权力的大小，确定其在组织中的地位，形成自上而下的有序的等级体系或指挥链，并以制度形式固定下来。在这个体系中，上级必须对自己所属的下级拥有权力，并能发号施令，下级必须服从上级的命令与指挥。每一个下级都处在一个上级的控制和监督之下，每个管理者都不仅要对自己的行为和决定负责，而且要为其下属的行为和决定对上级负责。

（3）对员工的严格选拔和任用。明确规定职位特性及该职位对人的应有能力的要求。根据经过正式考试或教育培训获得的技术资格选拔员工，并完全根据职位要求来任用。

（4）对管理人员管理的明确规定。管理人员在实施管理时，只负责特定的工作，拥有执行自己职能所必要的权力，但权力要受到严格的限制，管理者必须严格遵守组织中规定的章程、规则和办事程序。

韦伯认为，这种官僚制组织体系能够通过组织的结构化、非人格化、规范化和等级化，达到提高组织效率的目的。这种组织形式适应范围很广，在精确性、稳定性、纪律性、可靠性等诸多方面优于其他组织形式，所以是最理想的。

四、行为科学理论

（一）霍桑试验与人际关系学说

人际关系学说的创立，始于20世纪二三十年代美国学者梅奥负责的霍桑试验。乔治·埃尔顿·梅奥（George Elton Mayo）是澳大利亚籍美国心理学家和管理学家。1924—1932年间他负责在美国芝加哥西方电气公司霍桑工厂进行试验，即著名的霍桑试验（Hawthorne Experiment）。当时试验的目的是根据科学管理理论中关于工作环境影响工人劳动生产率的假设，测定各种有关因素对生产效率的影响程度。经过大量的试验发现，心理因素和社会因素在很大程度上影响着人们的生产效率。1933年梅奥在他的代表作《工业文明的人类问题》中，全面总结了亲身参与并指导的霍桑试验及其他几个试验的初步成果，系统阐述了与古典管理理论不同的观点——人际关系学说，为提高生产效率开辟了新的途径。该学说的主要内容包括以下三点。

1. 工人是"社会人"，而不是"经济人"

工人具有复杂的社会和心理方面的需要，如追求友情、归属感、受人尊重等，而不是单纯地追求金钱收入和物质条件的满足，金钱并非刺激工人积极性的唯一动力，社会因素和心理因素等形成的动力对效率有更大的影响。物质刺激对促进生产率只起第二位的作用，处于第一位的是员工社会需要和心理需要的满足。所以，管理者要提高劳动生产率，必须重视满足人们的这些非物质需要。

2. 企业中除了"正式组织"之外，还存在"非正式组织"

正式组织是管理当局为了实现企业目标的而规定的企业成员之间职责范围的一种结构。非正式组织是企业成员在共同工作的过程中，由于具有共同的兴趣爱好、共同的社会感情而自发形成的非正式群体。这种组织以其特殊的感情、规范和倾向，左右着成员的行为。非正式组织与正式组织相互依存，对生产率有很大影响。管理者应善于引导和发挥非正式组织对正式组织的正面作用。

3. 领导者应通过提高员工的"满足度"来鼓舞"士气"

由于工人是"社会人"，而且在企业中存在非正式组织，所以领导者应采用新型有效的领导方式，即通过满足员工的心理需求来提高劳动生产率。

人际关系学说的重要意义在于，它引起了人们对生产中人的因素的兴趣和重视，对改变当时流行的"人与机器没有差别"的观点产生了深刻影响，开辟了管理理论研究的一个新领域，在一定程度上弥补了古典管理理论的不足，为行为科学理论的产生和发展奠定了重要基础。

（二）行为科学理论

20世纪50年代初期，人际关系学说发展为行为科学理论。行为科学理论综合运用社会学、心理学等相关学科的知识与方法，对工人在生产中的行为以及这些行为产生的原因进行分析研究，其内容主要涉及人的本性与需要、动机、行为之间的关系以及生产中的人际关系等。行为科学理论的特点是：致力于探索人类行为的规律，提倡善于用人，进行人力资源开发；强调个人目标与组织目标的一致性，认为调动积极性必须从个人因素和组织因素两方面着手，使组织目标包含更多的个人目标，不仅改进工作的外部条件，更重要的是改进工作设计，从工作本身满足人的需要；主张在企业中恢复人的尊严，实行民主参与管理和员工的自主自治。第二次世界大战以后，行为科学的发展主要集中在两个领域：一是关于人的需要、动机、行为等方面的研究，其结果是形成一系列激励理论，其中有代表性的理论包括：马斯洛的"需要层次论"，赫茨伯格的"双因素理论"，弗鲁姆的"期望理论"，亚当斯的"公平理论"和斯金纳的"强化理论"等。二是关于领导行为方面的研究，产生了麦格雷戈的"X理论—Y理论"、布莱克和默顿的"管理方格理论"等。

从人际关系学说到行为科学理论的研究，进一步丰富和发展了管理理论体系，扩展了管理作为一门科学的研究领域和发展空间，在更大程度上改变了人们对员工在企业中的地位的看法，强调从满足人的需要、动机、相互关系和社会环境、领导方式等方面考察管理职能的执行结果对组织目标的实现和员工个人成长的双重影响，对当时及后来的管理实践具有重要的指导意义。

五、管理理论丛林

（一）管理科学理论

管理科学理论是以第二次世界大战期间用于解决军事问题的定量方法为基础发展起来的。它是一种以现代自然科学和技术科学的最新结果为手段，运用数学模型，对管理领域中的人力、物力、财力、信息等资源进行系统的定量分析，并做出最优规划和决策的理论。该理论的主要特点体现在以下几个方面。

1. 研究取向不同于行为科学

从理论的产生与发展的时间上考察，管理科学理论与行为科学理论是在第二次世界大战以后平行发展起来的，但它与行为科学研究取向不同。如果说行为科学理论研究的主要目标是用科学的方法解决管理中的人事问题，那么管理科学理论就是试图用科学的方法（主要是定量方法）解决生产与业务管理问题。前者侧重人的心理、动机、行为等，后者更注重经济技术研究，而不重视社会心理方面的研究，忽略了人的因素。在实践中，管理科学方法主要用于企业决策，特别是计划与控制决策，即在进行决策时，以充分的事实为依据，采用严密的逻辑思考方法，对大量的资料和数据按照事物的内在联系进行系统分析和计算，遵循科学程序做出正确决策，这是定量方法对管理的最直接的贡献。在企业管理中采用管理科学方法，有助于减少决策的风险，提高决策质量。管理科学理论从另一方面开拓了管理学的研究领域，使管理研究从以往的定性描述阶段开始跨入定量分析预测阶段。

2. 研究范围和手段不同于科学管理

从历史渊源考察，不可否认，"管理科学"是以泰勒的"科学管理"理论为基础的，是"科学管理"的继续和发展，二者所追求的都是寻找最有效的工作方法或最优方案，力求以最短的时间、最少的支出，取得最大的效果。尽管如此，管理科学理论在很多方面还是不同于而且优于"科学管理"的。

（1）管理科学理论的研究范围已远远超出泰勒时代的操作方法和作业研究，涵盖了整个组织的所有活动。

（2）管理科学运用了现代自然科学和技术科学的最新成果，如先进的数学方法、电子计算机技术以及系统论、信息论、控制论等手段，研究企业管理中的一些复杂问题，特别是注重运用系统理论和观点，提出解决企业管理问题最适宜的方法，并认为应当采用各种数学模型（即使用一个实际系统或过程的有关方面的简化表现）来表示计划、组织、控制、决策等合乎逻辑的程序，求出最优的解决方案，以达到企业的目标。因此他们大量运用数学模型，试图将管理中与决策有关的各种复杂因素全部数量化。可见，管理科学在研究中大量采用了泰勒时代所无法比拟的现代技术和方法。

（二）系统管理理论

社会系统学派的创始人是美国管理学家切斯特·巴纳德（Chester I. Barnard）。巴纳德认为，组织是两个人或更多人经过有意识的协调而形成的活动或力量系统。在组织中，经理人员是最为重要的因素，其主要职能是：①建立和维持一个信息联系的系统；②招募和选拔能最好地做出贡献、协调地进行工作的人员，并使之协调、有效率地进行工作；③规定组织目标；④授权；⑤决策。经理在系统中的作用是，在协作系统中作为相互联系的中心，并对协作进行有效的协调，以使协作系统能够维持运转。

巴纳德还把组织分为正式组织和非正式组织，而正式组织存在和发展的必备条件有三个：一是共同的目标，即有一个统一的共同目标；二是协作的意愿，即每一位成员都能够自觉自愿地为组织目标的实现做贡献；三是信息的联系，即组织内部有一个能够彼此沟通的信息联系系统。非正式组织也发挥着与正式组织互相创造条件，并在某些方面产生积极影响的重要作用。

社会系统学派强调经理人员的五项职能和协作系统的三个基本条件，是为了实现组织的内部平衡，并使这种协作系统适应于外部条件，以求得系统的正常运转和顺利发展。

（三）权变管理学派

权变管理学派产生于20世纪70年代的美国。权变管理理论的核心是力图揭示组织各子系统内部和各子系统之间的相互联系，以及组织和它所处的环境之间的联系，并确定各种变数的关系类型和结构类型，其代表人物有弗莱德·菲德勒（Fred Fiedler）和琼·伍德沃德（Joan Woodward）。

权变管理理论在继承以前各种管理思想的基础上，把管理研究的重点转移到对管理行为及其效果有重要影响的环境因素上。该理论认为，环境是自变量，管理观念和技术是因变量，组织所处的环境决定着何种管理观念和技术更适合组织。由于组织和组织成员的行为特别是组织所处的环境是复杂多变的，所以，没有什么普遍适用的最好的管理理论和方法，管理要根据组织所处的内、外部环境的变化随机应变，要针对不同的具体条件寻求最合适的管理模式、方案和方法。从内部环境看，主要包括组织结构、决策程序、交流与控制以及技术状况等；从外部环境看，既包括社会、技术、经济、政治、法律，又包括供应商、竞争者、顾客、股东等。上述内部环境的变量和外部环境的变量是相互联系的。管理者要进行大量的管理环境的调查研究，以此为基础对组织的情况进行分类，建立模式，选择适当的管理方式和方法。

六、管理理论的新发展

在管理理论丛林的后期，由于经济环境、社会环境和科技环境的变化，在管理思想和方法上又出现了许多新兴的研究成果。如企业文化理论、战略管理理论、知识管理理论、学习型组织理论、跨国管理理论、危机管理理论、模糊管理理论、流程再造管理理论等。本节主要介绍企业文化理论和学习型组织理论两种。

（一）企业文化理论

1. 产生背景

企业文化理论最早出现在美国。20世纪70年代末，日本经济迅速崛起，持续增长，一跃发展成为世界第二大经济强国，并在纺织、汽车、机器人、半导体等许多方面超过美国，对美国的世界一号经济强国地位造成了巨大的冲击，引起了美国举国上下的震惊和反思。日本作为一个资源贫乏的小国，其生产设备等硬件并不比美国先进，为什么会出现如此奇迹？答案只能从管理方面去寻找。经过许多美国学者研究发现，日本的成功是因为日本人成功地建立了一套独特的管理体系，包括团队精神、终身雇佣制、年功序列工资、全面质量管理等内容，而融合其中的企业文化是其管理体系的独特之处。美国通过对美、日企业的比较研究，发现了两国企业管理中的文化差异，得出了美国的竞争对手不是日本人，而是自己落后的企业文化的结论。随后，美国学者又将这一研究转移到对美国企业管理模式的研究上，发现美国的很多大公司也有自己的企业文化。如IBM公司早在20世纪20～30年代，老托马斯·沃森时代就创立了"追求卓越，顾客至上，尊重个人"的优秀企业文化。研究认为，凡是业绩卓著的公司都拥有强大影响力的优秀企业文化，企业文化不仅能指导员工的日常言行和工作，而且还能使员工感到满意，并培养他们奋发进取的精神，企业文化的有无是决定企业成败的关键。

企业文化理论的代表人物主要有威廉·大内、伦斯·迪尔、艾伦·肯尼迪等。最早的代表作是大内于1981年发表的《Z理论——美国企业如何迎接日本的挑战》。这是一本比较美、日两国企业管理模式的名著，该书认为日本能够在经济上对美国进行全面挑战，是因为日本企业中存在着一种价值观体系（企业文化），在这种价值观体系中，企业和员工融合成一体，员工能主动并充分地发挥他们的积极性和创造性。1982年，迪尔和肯尼迪合著的《企业文化》一书，对企业文化进行了系统论述，标志着企业文化理论作为一种学派正式产生。企业文化理论学派成了20世纪80年代最有影响的管理学派之一，在一定程度上反映了当时企业管理的客观要求和发展趋势。

2. 企业文化的含义和特征

企业文化理论自20世纪80年代出现以来，国内外学者都从不同角度对其进行了深入的研究，并对企业文化的含义提出了许多见解和观点，至今没有形成统一的定义。

通常认为，企业文化作为一种独具特色的管理理论和实践，它应该是传统文化和经济文化相结合的产物，是企业存在和发展的一种特殊形式。所谓企业文化，是指企业及全体职工在企业生产经营和管理活动中逐渐形成的观念形态、文化形式和价值体系的总和。它包括价值观、行为规范、道德伦理、风俗习惯、精神风貌、规章制度、员工文体素质和文化生活等，其中价值观处于核心地位。简言之，企业文化就是企业共同的价值观体系，是企业所有成员对问题的共同理解和一致看法。

企业文化作为一种新型的观念形态，相对于其他管理理论而言，具有以下共同特征：

（1）科学性。作为由企业全体成员共同信仰、共同实践的企业文化，既是企业经营和管理规章的科学揭示和反映，又是社会文化与企业实践的有机交融，从而能够成为全体成员的共识和共同遵守的准则。它的意义不仅表现在有形的约束，更重要的是在潜移默化中形成的不可轻易变动的力量。因此，它具有科学性，否则它不会被人自觉地去实践

（2）整体性。企业文化是将企业作为一个整体进行综合研究，它不仅研究企业精神、企业哲学及企业的道德伦理，还研究企业环境、文化礼仪、仪式、英雄模范人物。更重要的是，它不仅研究个别事物，而且重在探索企业整个系统的系统效应，为企业管理人员提供理论依据，为员工积极工作创造优良的环境和有利的条件。

（3）时代性。企业文化是时代精神的反映和时代精神的具体化。精神的时代性是由物质生产条件所决定的，同时精神又反作用于物质生产。企业文化是一种直接与物质生产相结合的精神形态，它一方面必然受到时代政治、经济、文化、社会形势的影响，另一方面又对企业物质生产产生直接影响，因此必须要紧跟时代步伐，以新的、进取的、健康的思想观念来丰富企业文化的内容。

（4）差异性。不同企业有不同的企业使命，每一个企业所具有的资源条件和外部环境不同，因此，在企业文化上将表现出很大的差异和鲜明的个性。同时，由于任何企业都存在于一定的区域内，必然会受到所在区域民族文化的影响，所以企业文化将带有不同地域，不同民族的特性。如中国、日本、美国三国由于民族特性的不同在企业文化中也各自体现出了高尚"集体主义"的中国式企业文化，崇尚"家族主义"的日本企业文化和崇尚"个人英雄主义"的美国企业文化。

3. 对企业文化的内容有以下几种最有代表性的表述

（1）Z理论。此理论是美籍日裔管理学家威廉·大内于1980年在《Z理论——美国企业如何迎接日本的挑战》一书中提出来的。书中他将典型的美国企业组织模式称为A型组织，将典型的日本的企业组织模式称为J组织，并进行了比较，结果如表1-2所示。

表1-2 美、日企业组织模式比较

美国企业	日本企业
短期雇佣制	终身雇佣制
迅速的评价和升级	缓慢的评价和升级
专业化的经历道路	非专业化的经历道路

（续）

美国企业	日本企业
明确的控制	含蓄的控制
个人的决策过程	集体的决策过程
个人负责	集体负责
局部关系	整体关系

大内在全面比较后认为，相对于日本企业信任、亲密和讲求经营哲学的特点而言，传统的美国企业具有以下几个方面的特点：强调速度，强调个人作用，强调数字和量化，强调利润。美国企业的这些特点在提高了企业短期经营业绩的同时，也逐渐暴露出急功近利，无法及时培训员工以及员工与工作不能很好地融合等一系列弱点。因此，要克服这些弊端，就应当从美国企业自身实践出发，充分吸取日本企业的长处，在美国企业中创建一种"Z型组织"。Z型企业的特点是：长期雇佣，缓慢晋升，扩大员工的职业发展道路，采用明确与含蓄结合的控制方式，集体决策，以个人负责制为主，对员工全面关心，强调组织的整体观念等。

大内认为，Z型组织对美国和日本的成功经验兼容并存，是适合美国的成功企业模式，而许多成功的美国企业（如IBM公司，PG公司）都是在美国自然发展起来的典型的Z型组织。

（2）"7S"管理模型。查得·帕斯卡尔和安东尼·阿索斯在其合著的《日本的管理艺术》一书中提出了"7S"管理模型，认为企业文化应包括7个要素：战略（strategy）：积极，主动，灵活的战略。结构（structure）：集中而又分散的结构。制度（systems）：层次分明而又公开的体制和制度。技能（skills）：包含技术，技能，技巧等。人员（staff）：用社会化企业哲学来管理全体人员。作风（style）：不紧不慢，不慌不忙，不声不响的作风。共同的价值观（shared values）或最高目标（super ordinate goals）：作为道德和信仰的总体体现的精神和价值观念。这7个要素以第7要素为核心排列成一个分子图，如图1-4所示，以说明管理的系统性、层次性和结构性。由于这7个要素的英文名称均以"S"开头，所以称之为"7S管理模型图"。

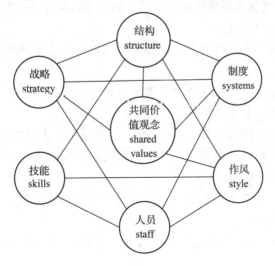

图1-4 "7S"管理模型图

一般认为，在这7个要素中，传统的美国企业重视前3个"硬S"，即战略、制度和结构，而日本企业除此之外还非常重视后4个"软S"，也就是技能、作风、人员和共同价值观。

（3）K理论模型。新西兰大学的4位学者英克森、亨谢尔、马奇、埃莉丝创立了K理论模型，以比较形象和更为概念化的图解方式表现了"企业文化"的宗旨和8个"K因素"。其中，核心人物（key holder）、企业目标（借用风筝"kite"表示）、全体职工（用亲戚朋友"kith and kin"表示）构成轴心和主干，外界的联系交往（contact）和顾客意识（customer consciousness）组成外部环境，不断创新（continuous innovation）和简化的控制（keep it simple control）称为内部机制，如图1-5所示。

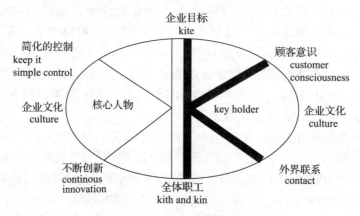

图1-5　K理论模型图

在此模型中，目标、领导和职工3个因素构成其主轴，轴心右边是企业外部环境，左边是企业内部机制，各有两个因素，椭圆代表企业文化，表明它贯穿各个因素，同时又是各因素交互作用的结果。K理论认为，企业中起主导作用的是领导。领导的眼光即公司的发展方向，要转化为明确的企业目标，要实现目标，就需要职工的凝聚力。要产生这种凝聚力，就需要创新，要灵活机敏地对外界变化做出反应，就需要以简化的控制和企业文化显现的和隐含的力量来维系系统的顺利运行。

（4）5个构成要素论。《企业文化》的作者特里迪尔和肯尼迪将企业文化的构成归纳为5个要素：

1）企业环境，它是塑造企业文化的最重要因素。

2）价值观，它构成企业文化的核心。

3）英雄人物，他把组织价值观"人格化"，并提供了广大员工效法的实际典型。

4）典礼及仪式，它是由企业有系统、有计划的日常例行事物所构成的动态文化，它能使企业文化的价值观得以健全和发展。

5）文化网络，它是企业中基本的（非正式的）沟通方式，它能有效地传递企业的价值观和英雄意识。

以上这些要素的组合方式和在企业内部发生作用的方式形成每个企业企业文化的独特特性。

（5）企业文化的3个层次论。20世纪80年代以后，企业文化理论在我国得到广泛的传播和应用。在此基础上，中国学者对企业文化的内容做了新的分类概括。其中，最具代表性的是企业文化的 3 个层次论：

1）物质文化层次。它是企业环境和企业文化建设的"硬件"设施，处于企业文化结构的最外层。

2）制度文化层次。它是企业文化的中间层，包括企业中的习俗、习惯、礼仪以及成文的或约定俗成的制度等。

3）精神文化层次。它是企业文化的核心层，主要指企业精神、理念、宗旨、经营哲学、企业员工共有价值观念、行为准则等以人的精神为依托的内容。

（二）学习型组织理论

1. 产生背景

学习型组织理论出现于 20 世纪 90 年代的美国，并立刻在西方社会风行，这是有其深刻的时代背景的。由于自 20 世纪 80 年代以来，随着知识经济时代进程的加快，企业面临着前所未有的环境变化，西方在工业经济时代沿用了上百年的以泰勒科学管理为基础、强调职工分工和"金字塔"式等级权力控制型组织结构那种传统的组织模式和管理理念，已经越来越不适应环境变化和生产力发展的需要，许多往昔名噪一时的大公司甚至相继倒闭。如 1970 年名列《财富》"500 强大企业"的公司，到 1980 年就有 1/3 销声匿迹，退出了历史舞台。因此研究企业组织如何适应新的知识经济环境、增强自身竞争能力、延长组织寿命，成为管理学家和企业家共同关注的焦点。于是，被称为当时最前沿的管理理论之一——学习型组织理论应运而生，并很快受到世人瞩目。

学习型组织的概念是美国哈佛大学教授佛睿思特（Jay Forrester）于 1965 年在《企业的新设计》一文中首先提出来的。1990 年佛睿思特的学生、美国麻省理工学院斯隆管理学院教授彼得·圣吉（Peter M. Senge）通过近十年对数千家企业的深入研究，发表了引起世界管理理论界广泛关注与轰动的名著《第五项修炼：学习型组织的艺术与实务》，标志着学习型组织作为一种全新管理理论正式问世。

学习型组织被认为是 21 世纪企业组织和管理方式的新趋势，是知识经济时代较为普遍的组织管理模式。有人称学习型组织为"21 世纪的金矿"。企业界和管理学界推广、研究学习型组织的热潮风靡全球。据初步统计，美国排名前 25 家企业中，已有 20 家按照学习型组织的模式改造自己；在世界排名前 100 家企业中，已有 40% 的企业按照学习型组织的模式进行彻底改造。还有美国学者指出，微软的成功秘诀之一就是这个公司倾心创建学习型组织。此外，新加坡提出了建设"学习型政府"，上海、北京也先后提出要建设"学习型城市"。

2. 含义及特点

所谓学习型组织，从总体上讲是指通过营造整个组织的学习气氛而建立起来的一种符合人性的、有机的、扁平化的组织。由于对学习型组织的定义一直没有一个统一的说法，为了有助于进一步理解其含义，下面给出一些学者的不同描述：

（1）学习型组织是一个"不断创新、进步的组织，在其中，大家得以不断突破自己的能力上限，创造真心向往的结果，培养全新、前瞻而开阔的思考方式，全力实现共同的抱负以及不断一起学习如何共同学习。"

（2）学习型组织就是"充分发挥每个员工的创造性能力，努力形成一种弥漫于群体与组织的学习气氛，凭借着学习，个体价值得到体现，组织绩效得以大幅度提高"的组织。

（3）学习型组织是一个"有宽广心胸和前瞻性目光、勇于自找麻烦、不断创新的决策层；有为共同目标而不断学习、追求自我超越的员工队伍；有工作即学习、学习即工作的良性机制；有个性得到充分发展、互相协作、激励创新的氛围等特征的充满生机和活力的组织。"

（4）学习组织是一种"灵巧、信息化、层次少、柔性高、应变能力强、能不断自我学习、革新、充满活力与创造力、能持续开拓未来的组织。"

（5）学习型组织是一个"能熟练地创造、获取和传递知识的组织，同时也要善于修正自身的行为，以适应新的知识和见解。"

一般认为，学习型组织具有以下几个主要的共同特点：

（1）学习型组织是一种全新的组织管理模式。虽然学习型组织在概念上与个人学习、组织学习有密切的关系，但三者代表了学习的3个层次：首先是个人学习，然后是组织学习，最后是学习型组织。况且个人学习和组织学习都是一种活动，而学习型组织则是指一种宏观的现代管理理论和一种等级权力控制型组织管理模式。学习型组织的学习，第一，强调的是与工作不可分离的学习，即工作学习化、学习工作化；第二，强调的是个人基础上的"组织学习"；第三，强调的是必须有"新行为"的学习。

（2）组织成员拥有一个共同愿景。这个共同愿景是在客观分析现实情况的基础上勾画出的远景规划，它是一个全体员工都向往的、经过努力可能实现的、具有号召力和凝聚力的远景蓝图。

（3）组织由多个创造性团体组成。团体是学习型组织最基本的学习单位、工作单位，组织所有目标都要直接或间接地通过若干个发奋学习、努力创新的团体活动来实现。

（4）善于不断学习。这是学习型组织的最本质特征，包括终生学习、全员学习、全过程学习和团体学习4个方面。

（5）扁平式的组织结构。即幅度宽、层次少的组织结构，由于组织的中间机构很少，使得最高管理层与基层部门的联系密切，决策权就被尽可能多的下放到了基层。

（6）自主管理。组织成员的自主管理是提高学习能力的必然要求，自主管理的员工能够进行有效的自我鼓励和自我控制。

（7）领导者的新角色。学习型组织的领导者既是设计师，又是服务员和教师。他为了实现组织的远景蓝图，除了完成传统的设计工作外，重点是把握组织发展的理念和方向，以公仆和指导者的身份参与自组织、自学习的过程，并实施组织要素的整合。

3. 学习型组织理论的模型

目前，学术界公认的学习型组织理论的模型有3个：圣吉模型、瑞定（P. Redding）第四种模型、沃尔纳（Paul Woolner）五阶段模型。其中影响最大的是彼得·圣吉博士的"五项修炼"理论，即被管理界称之为建立学习型组织的圣吉模型。

（1）圣吉模型。彼得·圣吉在其惊世之作《第五项修炼——学习型组织的艺术与实务》一书中提出，一个学习型组织的建立需要进行所谓的"五项修炼"，即自我超越、改善心智模式、建立共同愿景、团队学习和系统思考。这五项修炼汇聚一起，便使学习型组织演变成一项管理学。

1) 自我超越（personal mastery）。自我超越是学习型组织的精神基础，是指突破极限的自我实现或技巧的娴熟。自我超越首先是学习不断理清个人的真正愿望，集中精力，培养耐心，客观地观察现实。其重要方法是根据不断变化的情况调整愿望，使愿望与现实之间始终保持一定差距，激发员工创造与超越的愿望。

2) 改善心智模式（improving mental models）。心智模式又叫心智模型。所谓心智模式是指深植我们心中关于我们自己、别人、组织及周围世界每个层面的假设、形象和故事，并深受习惯思维、定势思维和已有知识的局限。人的心智模式影响着人看世界、对待事物的态度，有时可能直接决定你的成功与否。因此，应当不断检查和改善自己的心智模式，改变心中对周围事物运作的既有认识，既学会有效地表达自己的想法，也能够以开放的心灵去容纳别人的想法。

3) 建立共同愿景（building shared vision）。共同愿景是指组织中人们共同愿望的景象，包括共同目标、价值观念和使命感，它为学习提供了焦点和能量，有助于将员工的"适应性学习"转变为"创造性学习"。它有3个层次：个人愿景、团队愿景和组织愿景。

4) 团队学习（tcams learning）。团队是指彼此需要他人行动的一群人。团队学习是培养成员互相配合、整体搭配、共同实现目标能力的过程、团队学习是学习型组织的一种最基本的学习形式。在团队中进行的讨论和深度会谈，可以让每个成员的想法自由交流，以得到远比个人更深入的见解。因此，通过团队学习，可以充分发挥集体智慧，提高组织学习和思考能力。

5) 系统思考（systems thinking）。这是"五项修炼"的核心。它要求组织成员以系统的观点看待组织的生存和发展，从只看局部到纵观整体，从只看事件的表面到洞察其变化背后的结构，从静态的分析到认识各种因素的互相影响，进而寻找一种动态的平衡。

圣吉认为，"五项修炼"是一个有机整体，每项修炼都与其他修炼的成功密切相关，其中最关键也是最困难的修炼是系统思考。圣吉将其著作命名为《第五项修炼——学习型组织的艺术与实务》，就是刻意要将第五项修炼系统思考放在其他四项修炼之上，以表明系统思考是整合其他各项修炼成一体的理论与实务。

(2) 瑞定第四种模型。约翰·瑞定主要从战略规划理论的角度，分析组织学习的各种模式以及学习型企业的基本特点。他所提出的第四种模型就是学习型企业。它有4个基本要点，即"持续准备—不断计划—即兴推行—行动学习"。

1) 持续准备。在学习型企业中，战略改革始终处于一种持续的准备阶段，它并不针对某个特定的改革项目，而是广泛地关注企业与环境协调，不断地对经营行为提出质疑，为一般意义的改革做好永久准备，使组织在多变的环境中能随时应对各种挑战。

2) 不断计划。在以前的模型中，计划是一种正式的书面文件，其中详细规定了改革的项目与程序。而在学习型企业中，提倡设计开放的、灵活的计划。这就是说，不断修订的计划往往比原始计划更有价值，灵活开放的战略方向比固定刻板的计划重要得多，而且在修订这些计划时，要广泛地征求参与实施的一线员工的意见。

3) 即兴推行。学习型企业在推行计划改革的过程中，往往并不要求员工按部就班，而是鼓励员工充分发挥潜力，采取即兴创作的原则创造性地实施改革计划。在学习型企业中，每个员工好比爵士乐队成员，都是企业战略计划的制定者。他们协同发挥作用，使改革成为一项共同的创造性事业。

4) 行动学习。学习型企业不是通过一年一度的评估体系来衡量改革的成败的。相反，它提供大量的机会使组织随时检验行动，及时做出反应，从而调整组织的行动路线，提高改革的效益，加快改革的进度。学习型企业不会坐等问题或危机的到来才采取措施。它的特点是及时对行动做出反省，并改变改革决策。一句话，行动学习就是从行动中学。它贯穿准备、计划和实施的每一阶段。

学习型企业经过持续准备，不断计划和即兴推行，完成了一次又一次的行动学习改革，同时又在为下次的改革做准备。这样随着时间的推移，组织不断地进行战略改革，不断地获得创新发展。这就是瑞定眼里的学习型企业的生命力所在。

(3) 沃尔纳五阶段模型。鲍尔·沃尔纳运用实证研究法，从组织教育与培训活动的角度，总结出构建一个学习型组织要大致经历以下 5 个发展阶段：

1) 组织本身处于发展初期，组织中的学习活动是自发的、不正规的，组织并没有安排学习项目的意见。

2) 组织中仍然存在着不正规的学习活动，但同时组织已经开始出资选送部分员工到有关部门进修。

3) 组织开始有意识地在内部开发适合自己的学习项目，并建立相应的学习基地来推动这项工作。同时，这一阶段的学习活动与组织长期战略尚缺乏明确的联系。

4) 组织已把学习纳入组织的日常工作，组织学习已经开始进入高级阶段。然而在这一时期组织学习与日常工作之间互相脱节的现象仍时有发生，组织的学习能力受到一定的限制。

5) 学习与工作完全融合，组织已成为较完善的学习型组织。

任务三　如何进行管理学的学习与运用

学习目标

1. 掌握管理学的研究内容及特点。
2. 熟练运用学习和研究管理学的方法，学以致用。

教学视频

【任务导入】

宝洁公司的尿布

宝洁公司是美国一家有名的公司，它生产的婴儿尿布历史悠久，很多美国人都是屁股上包着宝洁生产的尿布长大的。20 世纪 80 年代宝洁公司决定把婴儿尿布引出国界，打入中国香港和德国市场。一般情况下，宝洁公司每进入一个市场都要全国（地区）"买地试营销"以发现存在的问题。但这一次宝洁公司却认为，不管他是香港的婴儿也好，德国的婴儿也好，都是婴儿，都要尿尿，都需要尿布，不会有什么问题。殊不知宝洁公司认为没问题的时候，问题却恰恰就来了。

香港的消费者反映，宝洁公司的尿布太厚，而德国的消费者却反映，宝洁公司的尿布太薄！同样的尿布，怎么能一个嫌太厚一个嫌太薄呢？

宝洁公司经过仔细调查才发现，尽管香港婴儿和德国婴儿尿量大体相同，但问题不是出在婴儿身上，而是出在婴儿的母亲身上。原来香港的母亲把婴儿的舒适当作头等大事，孩子一尿就换尿布，而宝洁公司的尿布一次可以兜几泡尿，自然就显得太厚了。而德国的母亲就比较制度化，早上给孩子换一次尿布，到晚上再换一次，这中间孩子要尿好多次尿。宝洁公司的尿布兜不了那么多，自然就显得薄了。

这个故事说明，同样的商品在不同的国度销货会有不同的反映，同样的角色在不同的地方表演会有不同的效果。管理既是科学，又是艺术，要根据环境、时间的变化不断变化，这样才能奏出美妙的乐章、演出生动的话剧。

【任 务 书】

1. 熟练掌握管理学的学习及研究方法，并能加以运用。
2. 在生活中选取一个管理方面的案例进行分析，加深对管理学的理解。

【相关知识】

管理理论来源于管理实践，管理的知识与理论体系是在人类长期的社会实践中逐渐构建起来的。要想学好管理学，就必须熟练掌握管理学的研究内容、特点。对于学习和研究管理学的方法要加以运用。

一、管理学研究内容

管理学是研究管理活动的基本规律、普遍原理及其应用的学科。管理学的研究对象是管理活动和管理过程。管理活动是普遍存在的，虽然不同性质的组织活动有所差异，方法不尽相同，在此基础上进行科学总结和概括进而形成各具特色的管理方法，但是现代管理学所研究的是管理中的一般规律和一般原理，它不是研究某一特殊领域的管理活动，而是研究共同的原理和共同的原则，管理学是各类管理活动的基础理论。

管理学研究的内容很广，大体有3个层次：其一，根据管理活动总是在一定的社会生产方式下进行的特点，研究内容可以分为生产力、生产关系和上层建筑三个方面；其二，从历史的角度研究管理实践、管理思想和管理理论的形成与演变过程；其三，着重从管理者的工作或职能出发来系统研究管理活动的原理、规律和方法。

人类社会产生后，人类的社会实践活动表现为集体协作劳动的形式，而有集体协作劳动的地方就有管理活动。在漫长而重复的管理实践中，管理思想逐渐形成。随着社会生产力的发展，人们把各种管理思想加以归纳和总结就形成了管理理论。管理理论是管理思想的提炼、概括和升华，是较成熟、较系统化程度较高的管理思想。人们反过来运用管理理论去指导管理实践，以取得预期的效果，同时又受到管理实践的检验，并且在管理实践中修正和完善管理理论。

（1）管理思想。管理思想是在管理实践的基础上进行科学分析而得出的，研究这些管理思想在管理的各个过程中是如何发生作用的，有利于把握管理思想、理论、方法及其演变的历史脉络，以便总结管理的经验教训。

（2）管理理论。管理的基本原理及原则是管理者在实践中掌握行动的准则。通过这种研究，揭示管理全过程的内在联系，实现最优化的管理。

（3）管理实践与管理创新。管理原理、原则的运用及管理职能的发挥都要受限于管理的环境条件。不同的国家有不同的管理特色，各国之间相互学习、借鉴管理经验，要从实际出发，不可生搬硬套。管理的移植要与管理创新相结合。环境差异分析与管理创新研究是取得管理成效的保证。

二、管理学的特点

1. 一般性和综合性

一方面，管理学作为管理学科，区别于"宏观管理学"和"微观管理学"，具有一般性的特点。它是研究所有管理活动中的共性原理的基础理论学科。另一方面，管理学也表现为综合性的特点：在内容上，它需要从社会生活的各个方面、各个领域及各种不同类型组织的活动中概括和抽象出对各门具体管理学科都具有普遍指导意义的管理思想、原理和方法；在方法上，它需要综合运用现代社会科学、自然科学和技术科学的成果，来研究管理活动过程中普遍存在的基本规律和一般方法。管理活动是一项复杂的活动，影响这一活动的因素也很多。它涉及经济学、数学、生产力经济学、工程技术学、心理学、生理学、仿真学、行为科学等多学科的研究成果。可以说，管理学既是一门交叉学科或边缘学科，又是一门综合性学科。

2. 科学性

任何一门理论学科只要是来源于社会实践，同时又被实践验证是正确的，那么就成为一门科学。管理学的基本思想来源于人们的生产实践，经过科学的抽象和概括，同时汲取了其他门类的科学思想，这种抽象和概括反映了管理工作的内在规律，又在实践中得以验证。因此，管理理论具有科学性。经过近百年的发展，管理学形成了完整的学科体系。

3. 实践性

实践性也称实用性，管理学所提供的理论与方法都是实践经验的总结与提炼，同时管理的理论与方法又必须为实践服务，才能显示出管理理论与方法的强大生命力。

4. 社会性

构成管理过程主要因素的管理主体与管理客体，都是社会最有生命力的人，这就决定了管理的社会性。同时管理在很大程度上带有生产关系的特征，因此没有超阶级的管理学，这也体现了管理的社会性。

5. 历史性

管理学是对前人的管理实践、管理思想和管理理论的总结、扬弃和发展，割断历史，不了解前人对管理经验的理论总结和管理历史，就难以很好地理解、把握和运用管理学。

三、学习和研究管理学的方法

1. 唯物辩证法

马克思主义的辩证唯物主义和历史唯物主义是研究和学习管理学的总的方法论的指导。根据唯物辩证法，管理学产生于管理的实践活动，是管理实践经验的科学总结和理论概括。为此，研究和学习管理学，必须坚持实事求是的态度，深入管理实践，进行调查研究，总结实践经验，并用判断和推理的方法，使管理实践上升为理论。在学习和研究中还要认识到一切现象都是互相联系和相互制约的，一切事物也都是不断发展变化的。因此，还必须运用全面历史的观点，去观察和分析问题，重视管理学的历史，考察它的过去、现状和发展趋势，不能固定不变地看待组织及组织的管理活动。

2. 系统方法

要进行有效的管理活动，必须对影响管理过程中的各种因素及相互之间的关系，进行总体的、系统的分析研究，才能形成管理可行的基本理论和合理的决策活动。总体的、系统的研究和学习方法，就是用系统的观点来分析、研究和学习管理的原理和管理活动。所谓系统就是指有相互作用和相互依赖的若干组成部分结合成的、具有特定功能的有机整体。根据这个定义，管理过程是一个系统，管理的概念、理论和技术方法也是一个系统。这样，从管理的角度看，系统有两个含义：一是指系统是一种实体；二是指系统是一种方法或手段。二者既有区别，又有密切联系。

3. 理论联系实际的方法

理论联系实际的方法，具体说可以是案例的调查和分析，边学习边实践，以及带着问题学习等多种形式。通过这种方法，有助于提高学习者运用管理的基本理论和方法去发现问题、分析问题和解决问题的能力。同时，由于管理学是一门生命力很强的建设中的学科，因而还应当以探讨研究的态度来学习，通过理论与实践的结合，使管理理论在实践中不断地加以检验，从而深化认识，发展理论。

理论联系实际，还有一个含义，就是在学习和研究管理学时，要注意管理学的二重性，既要吸收工业发达国家管理中科学的内容，又要去其糟粕；既要避免盲目照搬，又要克服全盘否定；要从我国国情出发加以取舍和改造，有分析、有选择地学习和吸收。在学习和研究外国的管理经验时，至少要考虑到四个不同：社会制度的不同；生产力发展水平的不同；自然条件的不同；民族习惯和传统的不同。要从我国实际出发汲取外国的科学成果，通过实践，并且在不断地总结自己实践经验的基础上形成和发展具有中国特色的社会主义管理学。

4. 归纳和演绎的方法

归纳法就是通过对客观事物存在的一系列典型事物（或经验）进行观察，从掌握典型事物的典型特点、典型关系、典型规律入手，进而分析事物之间的因果关系，从中找出事物变化发展的一般规律，这种从典型到一般的研究方法也称实证研究。

演绎法是从简化了的事实前提进行推广。从理论概念出发建立的模型称为解释性模型，如投入产出模型、企业系统动力模型等。从统计规律出发建立的模型称为经济计量模型，如柯布—道格拉斯生产函数模型，以及建立在回归分析和时间序列分析基础上的各种预测和决策模型。建立在经济归纳法基础上的模型称为描述性模型，如现金流量模型、库存储蓄量模型、生产过程中在制品变动量模型等。

5. 比较研究的方法

通过对各种管理方法和手段进行对比，总结出管理问题的规律性，提出管理理论，如美国的比较管理学派所提出的企业文化理论就是采用该方法。

6. 数学分析的方法

数学分析方法是指在研究经济活动的数量变化规律的基础上，运用有关数学知识和具体数据，通过建立、计算、分析和研究数学模型来实施管理职能，对企业生产经营活动进行管理的方法。运用数学分析方法对企业管理中存在的问题进行定量分析，能使我们对客观存在的经济规律的认识深化和精确化；预见经济现象在发生变动的情况下会产生什么后果；计算各决策方案的经济效果，帮助从中选择最优方案等。

 能力训练

1. 如何理解管理？管理的职能是哪些，它们之间的相互关系如何？
2. 管理者应扮演哪些角色？管理者应具备哪些基本技能？
3. 管理理论的发展可分为几个阶段？为什么这样划分？
4. 科学管理产生的历史背景是什么？其主要内容有哪些？谈谈你对泰勒及其科学管理理论的评价。
5. 法约尔一般管理主要包括哪些内容？其14条管理原则今天还适用吗？为什么？
6. 什么是"法约尔跳板"？如何评价一般管理理论？
7. 什么是理想的行政组织体系？韦伯提出的"官僚制"是完美的组织理论吗？
8. 何谓霍桑实验？它产生了怎样的结论和影响？试分析评价梅奥人际关系理论的贡献和不足。
9. 何谓"管理理论丛林"？当代管理理论主要有哪些流派？各学派理论的要点是什么？谈谈你对"丛林现象"及其学派的认识。
10. 什么是企业文化？它有哪些主要特征？企业文化理论是在什么背景下产生的？请简述企业文化理论的几种代表性的表述。
11. 学习组织的基本含义什么？它有哪些主要特点？学习型组织理论的模型有哪些？试简述圣吉模型的主要内容。
12. 如何学习管理学？怎样理清管理学的脉络？

管理的道德与责任承担

任务一　管理及管理者的道德行为分析

 学习目标

1. 学习基于道德的管理行为。
2. 能够分析影响管理者道德行为的因素。

教学视频

【任务导入】

道德的起源

实验人员把5只猴子关在一个笼子里，笼子上头挂有一串香蕉，并安装了一个自动装置，一旦侦测到有猴子要去拿香蕉，马上就会有水喷向笼子，而这5只猴子都会淋得一身湿。

首先，有一只猴子想去拿香蕉，当然，结果就是每只猴子都被淋湿了。之后每只猴子在几次尝试后，发现莫不如此。于是，猴子们达成一个共识：不要去拿香蕉，以避免被水喷到。

后来，实验人员把其中的一只猴子释放，换进去一只新猴子A。猴子A看到香蕉，马上想要去拿，结果被其他4只猴子揍了一顿。因为其他4只猴子认为：猴子A会害它们被水淋到，所以制止它去拿香蕉。猴子A尝试了几次，被打得满头包，依然没有拿到香蕉。当然，这5只猴子也就没有被水淋到。

后来，实验人员再把一只旧猴子释放，换上另一只新猴子B。

猴子B看到香蕉，也是迫不及待地要去拿。当然，一如刚才所发生的情形，其他4只猴子揍了猴子B一顿。特别是猴子A，打得格外用力。猴子B试了几次总是被打得很惨，只好作罢。

后来，慢慢地、一只一只地，所有旧猴子都被换成新猴子了，它们都不敢去动香蕉。但是，它们都不知道为什么，只知道去动香蕉会被其他猴子揍。

这就是道德的起源。

【任　务　书】

1. 理解企业道德观以及基于道德的管理特征。
2. 掌握影响管理者道德行为的因素。
3. 结合实际，反观我国企业的社会责任感。

【相关知识】

道德与社会责任作为管理学中的两个重要范畴,近年来引起了人们强烈的关注。在道德沦丧的事件屡屡被媒体曝光以后,在组织中加强道德建设的重要性得到了越来越多人的认同。

一、道德

道德通常是指那些用来明辨是非的规则或原则。道德在本质上是规则或原则,这些规则或原则旨在帮助有关主体判断某种行为是正确的还是错误的,或者这种行为是否为组织所接受。组织的道德标准要与社会的道德标准相兼容。

二、四种道德观

组织的道德观一般有4种,如图2-1所示。

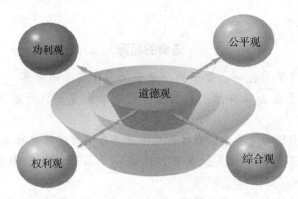

图 2-1 企业的 4 种道德观

（一）功利观

功利观认为决策要完全依据其后果或结果做出。功利主义的目标是为尽可能多的人谋求尽可能多的利益。接受功利观的管理者可能认为解雇工厂中20%的工人是正当的,因为这将增强工厂的盈利能力,使余下的80%的工人工作更有保障,并且符合股东的利益。功利主义扭曲资源配置,尤其是在那些受决策影响的人没有参与决策的情况下,同时,功利主义还会导致一些利益相关者的权利被忽视。

（二）权利观

权利观认为决策要在尊重和保护个人基本权利（如隐私权、言论自由权等）的前提下做出。权利观积极的一面是它保护了个人的自由和隐私,但它也有消极的一面（主要针对组织而言）：接受这种观点的管理者把对个人权利的保护看得比工作的完成更加重要,从而在组织中会产生对生产率和效率有不利影响的工作氛围。

(三) 公平观

公平观要求管理者按照公平的原则行事。接受公平观的管理者可能决定向新来的员工支付比最低工资高一些的工资，因为在他看来，最低工资不足以维持该员工的基本生活。它保护了弱势群体的利益，但可能不利于培养员工的风险意识和创新精神。

(四) 综合观

综合观主张把实证和规范两种方法并入到商业道德中。它综合了两种"契约"：适用于社会公众的一般契约，这种契约规定了做生意的程序；适用于特定社团成员的特殊契约，这种契约规定了哪些行为方式是可接受的。这种商业道德观与其他三种道德观的区别在于，它要求管理者考察各行业和各组织现有的道德准则，从而决定什么是对的什么是错的。

三、基于道德的管理特征

(一) 把遵守道德规范看作责任

崇尚道德的管理不仅把遵守道德规范视作组织获取利益的一种手段，更把其视作组织的一项责任。如果遵守道德规范会带来利益而不遵守道德规范会带来损失，组织当然会选择遵守道德规范。但是如果遵守道德规范会带来损失，而不遵守道德规范会带来利益，组织仍然选择遵守道德规范，这就是责任。承担责任意味着要付出额外成本。

(二) 以社会利益为重

崇尚道德的管理不仅从组织自身角度，更从社会整体角度思考问题。有时，为了社会整体的利益，甚至需要不惜在短期内牺牲组织自身的利益。

(三) 重视利益相关者的利益

崇尚道德的管理尊重利益相关者的利益，善于处理组织与利益相关者的关系，也善于处理管理者与一般员工之间及一般员工内部的关系。崇尚道德的管理者知道，组织与利益相关者是相互依赖的。

(四) 视人为目的

崇尚道德的管理不仅把人看作手段，更把人看作目的。组织行为的目的是为了人，而人在整个人生追求中包括物质和精神两个方面。康德也指出，人应该永远把他人看作目的，而永远不要把他人只看作实现目的的手段。他把"人是目的而不是手段"视为"绝对命令"，应无条件地遵守。

(五) 超越法律

崇尚道德的管理超越了法律的要求，能让组织取得卓越的成就。法律是所有社会成员必须共同遵守的最起码的行为规范。一个组织如果奉行"只要守法就行了"的原则，就不大可能积极地从事那些"应该的""鼓励的"行为，实际上也就等于放弃了对卓越的追求。那些把道德定义为遵守法律的管理者，隐含着用平庸的道德规范来指导企业。仅仅遵守法律的组织不大可能激发员工的责任感、使命感，不大可能赢得顾客、供应者、公众的信赖和支持，因而也就不大可能取得非凡的成就。相反，崇尚道德的管理虽不把组织自身利益放在第一位，但常常能取得卓越的业绩。

（六）自律

崇尚道德的管理具有自律的特征。有时，社会舆论和内心信念能唤醒人们的良知、羞耻感和内疚感，从而对其行为进行自我调节。

（七）以组织的价值观为行为导向

组织的价值观不是个人价值观的简单汇总，而是组织所推崇的并为全体（或大多数）成员所认同的价值观。组织的价值观有时可以替代法律来对组织内的某些行为做出"对错""应该不应该"的判断。崇尚道德的管理者通常为组织确立起较为崇高的价值观，以此来引导组织及其成员的一切行为。这种价值观一般能够激发成员去做出不平凡的贡献，从而给组织带来生机和活力。

四、影响管理者道德行为的因素

（一）道德发展阶段

道德发展的最低层次是前惯例层次，在这一层次，个人只有在其利益受到影响的情况下才会作出道德判断；道德发展的中间层次是惯例层次，在这一层次，道德判断的标准是个人是否维持平常的秩序并满足他人的期望；道德发展的最高层次是原则层次，在这一层次，个人试图在组织或社会的权威之外建立道德准则。道德发展层次如表2-1所示。

有关道德发展阶段的研究表明：①人们渐进地通过这6个阶段，而不能跨越；②道德发展可能中断，可能停留于任何一个阶段；③多数成年人的道德发展处于第4阶段。

表2-1 道德发展层次

层　次	表　现	阶　段
前惯例层次	只受个人利益的影响。决策的依据是本人利益，这种利益是由不同行为方式带来的奖赏和惩罚决定的	1. 遵守规则以避免受到物质惩罚 2. 只在符合你的直接利益时才遵守规则
惯例层次	受他人期望的影响。包括对法律的遵守，对重要人物期望的反应，以及对他人期望的一般感觉	3. 做你周围的人所期望的事 4. 通过履行你允诺的义务来维持平常秩序
原则层次	受个人用来辨别是非的道德准则的影响。这些准则可以与社会的规则或法律一致，也可以与社会的规则或法律不一致	5. 尊重他人的权利，置多数人的意见于不顾，支持不相干的价值观和权利 6. 遵守自己选择的道德准则，即使这些准则是违背法律的

（二）个人特征

每个人在进入组织时，都带着一套相对稳定的价值准则。这些准则是个人早年从父母、老师、朋友和其他人那里继承发展起来的，是关于什么是对、什么是错的基本信念。组织的不同管理者常常有着非常不同的个人准则。需要注意的是，尽管价值准则和道德发展阶段看起来相似，但它们其实不一样：前者牵涉面广，包括很多问题；后者专门用来度量独立于外部影响的程度。

除价值准则外，人们发现还有两个个性变量也影响着个人行为。这两个变量是自我强度和控制中心。

自我强度用来度量一个人的信念强度。一个人的自我强度越高，克制冲动并遵守其信念的可能性越大。这就是说，自我强度高的人更加可能做他们认为正确的事。我们可以推断，对于自我强度高的管理者，其道德判断和道德行为会更加一致。

控制中心用来度量人们在多大程度上是自己命运的主宰。具有内在控制中心的人认为他们控制着自己的命运，而具有外在控制中心的人则认为他们生命中发生事情是由运气或机会决定的。从道德角度看，具有外在控制中心的人不大可能对其行为后果负责，更可能依赖外部力量。相反，具有内在控制中心的人则更可能对后果负责，并依赖自己内在的是非标准指导行为。与具有外在控制中心的管理者相比，具有内在控制中心的管理者的道德判断和道德行为可能更加一致。

（三）结构变量

好的组织结构有助于管理者产生道德行为。一些结构提供了有力的指导，而另一些令管理者模糊不已。模糊程度最低并时刻提醒管理者什么是"道德"的结构有可能促进道德行为的产生。正式的规章制度可以降低模糊程度，职务说明书和明文规定的道德准则就是正式指导的例子。在不同的结构中，管理者在时间、竞争和成本等方面的压力也不同。压力越大，管理者越可能降低其道德标准。

（四）组织文化

组织文化的内容和强度也会影响道德行为。

最有可能产生高道德标准的组织文化是那种有较强的控制能力以及具有承受风险和冲突能力的组织文化。处在这种文化中的管理者，具有进取心和创新精神，意识到不道德行为会被发现，敢于对不现实或不合理的需要或期望发起挑战。

在弱组织文化中，管理者可能以亚文化准则作为行为的指南。工作小组和部门的标准会对弱文化组织中的道德行为产生重要影响。

（五）问题强度

影响管理者道德行为的最后一个因素是道德问题本身的强度，它又取决于以下6个因素：

（1）某种道德行为造成的伤害（或利益）有多大？例如，使1 000人失业的行为比仅使10人失业的行为伤害更大。

（2）有多少人认为这种行为是邪恶的（或善良的）？例如，较多的美国人认为对得克萨斯州的海关官员行贿是错误的，而较少的美国人认为对墨西哥的海关官员行贿是错误的。

（3）行为实际发生并造成实际伤害（或带来实际利益）的可能性有多大？例如，把枪卖给武装起来的强盗，比卖给守法的公民更有可能带来危害。

（4）行为后果的出现需要多长时间？例如，减少目前退休人员的退休金，比减少目前年龄在40～50岁雇员的退休金的后果更加严重。

（5）你觉得行为的受害者（或受益者）与你在社会上、心理上或身体上挨得多近？例如，自己工作单位的人被解雇，比远方城市的人被解雇对你内心造成的伤害更大。

（6）道德行为对有关人员影响的集中程度如何？例如，保险政策——拒绝给10人提供每人10 000元的保险，比拒绝给10 000人提供每人10元的保险的影响更加集中。

综上所述，行为造成的伤害越大，越多的人认为行为是邪恶的，行为发生并造成实际伤害的可能性越高，行为的后果越早出现，观测者感到行为的受害者与自己挨得越近，行为的后果越集中，道德问题的强度就越大。这6个因素决定了道德问题的重要性。道德问题越重要，管理者越有可能采取道德行为。

【知识链接】
提升员工道德修养的途径

一、招聘高道德素质的员工

人在道德发展阶段、个人价值体系和个性上的差异，使管理者有可能通过严格的招聘过程（招聘过程通常包括审查申请材料、组织笔试和面试以及试用等阶段），将低道德素质的求职者挡在门外。招聘过程的另一作用是有助于管理者了解求职者的个人道德发展阶段、个人价值观、自我强度和控制中心。

二、确立道德准则

在一些组织中，员工对"道德是什么"认识不清，这显然对组织不利。确立道德准则可以缓解这一问题。

道德准则是表明组织的基本价值观和组织期望员工遵守的道德规则的正式文件。道德准则既要相当具体以便让员工明白应该以什么样的精神来从事工作，以什么样的态度来对待工作，也要相当宽泛以便让员工有自主判断的自由。

三、设定工作目标

员工应该有明确和现实的目标。如果目标对员工的要求不切实际，即使目标是明确的，也会产生道德问题。在不现实的目标的压力下，即使道德素质较高的员工也会感到迷惑，很难在道德和目标之间做出选择，甚至有时为了达到目标而不得不牺牲道德。而明确和现实的目标可以减少员工的迷惑，并能激励员工。

四、对员工进行道德教育

首先，越来越多的组织开始意识到对员工进行适当的道德教育的重要性，并积极采取各种方式（如开设研修班、组织专题讨论会等）来提高员工的道德素质。有研究表明：①向员工讲授解决道德问题的方案，可以显著改变其道德行为；②这种教育可以提升个人的道德发展阶段；③道德教育可以增强有关人员对商业道德问题的认识。

其次，组织中的高层管理人员要以身作则，通过一言一行来感化员工，让他们树立起较高的道德标准。如果高层管理人员把组织资源据为己有、虚报支出项目或优待好友，那么这无疑是向员工暗示，这些行为都是可接受的。

最后，高层管理人员还可以通过奖惩机制来影响员工的道德行为。选择什么人和什么事作为提薪和晋升的对象和原因，会向员工传递强有力的信息。管理人员在发现错误行为时，不仅要严惩当事人，还要把事实及时公布于众，让组织中所有人都认清后果。这就传递了这样的信息："做错事要付出代价，行为不道德不是你的利益所在。"

五、对绩效进行全面评估

如果仅以经济成果来衡量绩效，人们为了取得好的绩效，就会不择手段，从而可能产生不道德行为。如果管理者想让员工坚持高的道德标准，在绩效评价过程中就必须把道德方面的要求考虑进去。例如，在评估业绩时，不仅要考察行为的经济成果，还要考察行为的道德后果。

六、建立正式的保护机制

正式的保护机制可以使那些面临道德困境的员工在不用担心受到斥责与报复的情况下自主行事。

例如，组织可以任命道德顾问，当员工面临道德困境时，可以从道德顾问那里得到指导。道德顾问首先要成为那些遇到道德问题的人的倾诉对象，倾听当事人对道德问题本身的认识、对产生这一问题的原因的分析以及对可能的解决办法的设想。在各种解决方法变得清晰之后，道德顾问应该积极引导员工选择正确的方法。

另外，组织也可以建立专门的渠道，使员工能放心地举报道德问题或告发践踏道德准则的人。

综上所述，高层管理人员可以采取多种措施来提高员工的道德素质，单个措施的作用可能是有限的，但若把它们综合起来，就很可能收到预期的效果。

任务二　社会责任界定及价值取向

学习目标

1. 社会责任的基本认知。
2. 了解构建中国企业社会责任体系的主要途径。
3. 能够分析企业社会责任与利润取向的矛盾统一。

教学视频

【任务导入】

企业社会责任也需要经营，年度品牌：三星

作为一个主营电子产品的企业，创新是三星得以不断持续发展并能取得成功的关键因素。三星的创新不仅仅体现在产品上，在三星（中国）投资有限公司成立至今的18年间，

中国三星一直进行着教育支援、残疾人支援等公益活动，履行自己的社会责任。在做社会公益、履行社会责任的过程中，中国三星也在不断探索新路径。

2013年被中国三星定位为自己的企业社会责任（Corporate Social Responsibility，CSR）经营元年。这一年里，中国三星按照计划从共享企业社会责任资源和力量、摸索投资与社会责任并重的崭新产业投资模式、全方位扩大社会公益事业以及用开放的心态积极与社会沟通四方面开展了一系列工作。

不仅要创新，还要有自己的特色。中国三星坚持自己的公益要与其他企业有差别，金钱和物质的支援是任何一家企业都可以很容易做到的，但是中国三星的公益活动不是简单的捐钱捐物，而是坚持员工亲自参与的原则。中国三星从多年的公益实践中发现，组织员工参与公益活动，不仅能够帮助受益者，还能够让员工获得成就感，从而对企业产生认同感，使团队更具凝聚力。中国三星认为，企业的社会公益活动不是单纯的慈善事业，而是有目的的活动，公益活动要能提高企业形象，构建人脉关系。

在CSR经营元年实施各项活动的过程中，三星与社会各界进行了非常深入的沟通，展示了三星在CSR方面的策略和措施，使三星获得了社会的认可。

2013年11月，中国社会科学院发布的《企业社会责任蓝皮书（2013）》，评价了国企100强、民企100强和外企100强共300家企业的社会责任管理现状和社会责任信息披露水平。中国三星凭借在CSR经营元年进行的各项工作，登上外企100强榜首，总排名升至第21位。

分享式公益

2013年9月，中国三星与陕西省政府合作开展"社会责任示范区"项目。中国三星认为自己应该从过去的投资局限在厂房建设、提供就业岗位、扩大税收、配套产业入驻等经济层面的传统模式中跳出来，通过向社会普及企业社会责任理念、创造共同参与的平台等措施，寻找一条崭新的经济投资与社会责任齐头并进的发展之路。

中国三星还希望通过与陕西省政府的合作，使作为三星最尖端的半导体工厂和研究所等重点投资区域的陕西省在CSR领域也能成为一个模范典型。中国三星承诺在未来5年之内，通过多种多样的社会公益活动，促进陕西省的经济与社会公益事业的共同发展。在原有的CSR活动基础上，在陕西省内推行教育、社会福利、环境保护、灾害救助、农村支援、人才培训等新型公益项目，为陕西省成为CSR活动最活跃的省份助一臂之力。

中国三星对于企业社会责任经营的定义，秉承"分享经营"哲学，将三星集团的经营成果与身边困难的人们分享，为他们带去梦想和希望。中国三星认为企业应该在创造价值的同时，与社会各界分享价值。进入"CSR经营元年"以后，中国三星从努力履行好自己一个企业的社会责任到带动其他中小企业一起履行社会责任的转变，是企业在2013年社会公益中的一项创新。

2014年3月，中国三星与中国社会科学院合作，成立了中国第一个外资企业社会责任研究基地——"中国企业社会责任研究基地"，向中小企业开展"企业社会责任公益培训"，以便让更多的企业投身到履行社会责任的行列中去。

青年是社会希望

在为企业带去梦想和希望的同时，中国三星也希望在青少年、青年教育方面能做全面的贡献。因为青年是社会的重点和社会的希望，是重中之重。在宣布2013年为"CSR经营元年"时，中国三星就提到将在强化原有的农村支援、教育支援、社会福利、环境保护等4大公益项目基础上，开发针对青少年的新公益项目，给予重点扶植和培育。之后，多项新的青少年公益项目陆续开展。

在2013年12月的"探知未来"（Solve For Tomorrow，SFT）全国青年科普创新实验大赛中，三星电子作为唯一受邀的企业单位，承办大赛，全程参与大赛的组织并为获胜的4支队伍提供了奖励基金和科研设备，获奖选手前往美国名校进行科技交流的经费也由三星电子出资。

"探知未来"全国青年科普创新实验大赛以"节能、环保和健康"为主题，根据主题设有数据传输、风能发电、安全保护三大命题。旨在激励全国高中生和大学生积极参与科普实践活动，提高广大青年学生的动手能力，并向全社会普及科学知识，倡导科学方法，传播科学思想，弘扬科学精神。比赛历时两个多月，吸引了来自全国数百所学校、2700多支队伍共万余名学生参加。

三星参加SFT项目是希望通过该项目为中国青少年搭建一个平台，鼓励他们提高科普创新意识和实践动手能力。在SFT项目中，三星发现很多中国青少年学生并不缺乏科学创新能力，而是缺乏一个鼓励其发扬创新意识和动手能力的平台。通过参赛项目，三星更加了解了青少年群体的需求，这些经验和认知为以后继续开展同类项目提供了非常有价值的指导。更重要的是，CSR经营元年实施各项活动对三星融入中国的社会环境起到了非常积极的作用。

【任 务 书】

1. 掌握社会责任的基本内容。
2. 了解我国企业社会责任体系构建的主要途径。
3. 分析社会责任与利润取向。

【相关知识】

当今的管理人员在管理实践中经常会遇到以下问题：是否为慈善事业出力，是否以及怎样保护自然环境，是否到人权状况较差的国家投资等，这些问题均与社会责任有关。针对同一问题，社会责任感程度不同的人给出的答案是不同的。我们可以根据企业管理人员对这些问题的回答来判断该企业是否承担了社会责任。那么，何谓"社会责任"？

一、社会责任基本认知

社会责任（social responsibility）是工商企业追求有利于社会长远目标实现的义务，而不是法律和经济所要求的义务。如果一个企业不仅承担了法律上和经济上的义务（法律上的义务是指企业要遵守有关法律，经济上的义务是指企业要追求经济利益），还承担了"追求对社会有利的长期目标"的义务，我们就说该企业是有社会责任的。

（一）社会责任与社会义务、社会响应

社会义务是工商企业参与社会的基础，一个企业在履行其经济和法律责任时，已经履行

了自己的社会义务（social obligation）。社会责任是以企业（无论是否承担社会责任）遵守法律为前提的，或者说是以企业承担社会义务为前提的。对一家依法纳税的企业，我们只能说它承担了社会义务，还不能就此认定它承担了社会责任，因为依法纳税是每一个公民、每一个企业应尽的义务。由此可见，社会责任是一种比社会义务更高的道德标准。

社会响应（social responsiveness）是指一个企业适应变化的社会状况的能力，是由社会道德伦理标准引导的，它能够为管理者做决策提供一个更有意义的指南。社会责任是评价从长期来看企业何种行为对社会有益、何种行为对社会有害，要求企业确定行为对与错的道德标准；社会响应则强调对社会价值准则变化的识别，强调改变社会参与方式对变化做出积极的反应。社会响应使企业承担社会责任有了更明确、更现实的目标，但同时也将社会责任变成了响应社会变化的手段。

社会责任与社会响应是建立在社会义务之上的两个概念，其中，社会责任加入了一种道德规则，促使人们从事使社会变得更美好的事情，而不做有损于社会的事情。它要求工商企业明确什么是对的，什么是错的，从而找出基本的道德真理。社会责任与社会响应的区别如表2-2所示。

表2-2 社会责任与社会响应

比较项目	社会责任	社会响应
主要考虑对象	道德的	实际的
焦点	结果	手段
强调	义务	响应
决策框架	长期	中、短期

（二）与社会责任相关的三个概念

1. 企业的社会契约

社会契约（social contracts）最初作为一种社会规范是随着人类社会形态的发展而自然产生的。它分为两类：经济层面的社会契约与社会伦理层面的社会契约。

企业社会契约的核心内容是基于企业伦理的企业社会责任。作为一个社会主体，企业刚建成时便应当自然而然地承担对社会公众、政府以及内部员工的责任和承诺。由于企业面对的对象是多方面的，因此企业的社会契约也是多元化的，其基本内容主要包括内部社会契约与外部社会契约。

企业内部社会契约是企业对内部员工及管理者的责任和保证，包括企业对员工的人身安全保证、自由保证和尊严保证等。企业内部社会契约要求企业解决各种歧视现象，要做到一切机会真正向所有员工开放，公平解决收益分配问题，所有员工无论地位高低在人格上一律平等。

企业外部社会契约是企业对消费者、其他企业、社会公众以及政府的责任和保证，如对消费者平等守信，对其他企业的诚信保证，对公众产品和服务质量保证、信息发布准确保证，对政府的按期缴税保证等。它包括以下4个方面。

（1）企业对消费者的社会契约。企业与消费者之间产生关于产品或服务的经济契约关系，同时也产生了企业要维护消费者权益和平等交易的社会契约。首先，企业提供的产品和服务不应侵害消费者的基本权利，不得向消费者提供假冒伪劣产品；其次，企业应对消费者诚实不欺、信守承诺、保证相关信息透明，商品的用途、使用方法、有效性、质量等方面的信息准确，无欺诈；最后，企业应无价格欺诈，信守平等交易原则。

（2）企业对其他企业的社会契约。社会契约的基本要求是企业应当公平地对待供应商和竞争者，履行企业对其他企业的承诺或经济契约，按期付款，信守合同，公平交易。

（3）企业对社会公众的社会契约。企业是社会的成员，不仅要面对直接发生交易关系的其他企业或消费者，还要面对不与其直接发生交易关系的一般公众，履行企业对社会公众的社会契约。对社会公众的社会契约要求企业保护公众的基本权益。首先，企业不得污染社会环境，所形成的空气污染、水污染、噪声污染要在公众可接受的范围之内；其次，企业对公众的安全要有保证，要充分考虑因工厂选址、开办和关闭对社会公众的影响，对公众信息发布保证准确、真实。

（4）企业对政府的社会契约。政府是社会多数人利益的代表，并拥有社会强制力，出于维护社会利益的考虑，政府对企业行为的合理性有基本的要求，如对企业保护环境、希望企业参与社会公益等方面的期望等。

从上面的分析可以看出，社会契约理论涉及多个干系人，包括企业的员工、合作伙伴、供应商、消费者、政府等，因此企业应承担相应的社会责任，从而保障自身的不断发展。

2. 利益相关者

利益相关者（stakeholder），又称利益攸关者，是指那些与特定组织有一定利益关系的相关者，其利益得失与组织的存在相关。换言之，利益相关者是在一定环境中受组织决策和政策影响的任何有关者。

根据利益相关者的观点，企业必须对受企业行为影响的诸多群体的生活质量负责，这些相关利益团体包括组成企业环境的各个方面，主要有内部利益相关者（如业主、员工、股东）和外部利益相关者（如工会、消费者、金融机构、供应商、行业协会等）两种类型。在传统投入产出模式下，供应商、投资机构和员工被当作投入要素，根据亚当·斯密的经济理论，经过长期平衡这些投入者只能获取市场平均收益。而企业的利益相关者除了传统模式下的消费者、员工、投资机构、供应商外，还包括政府、社区、政治集团、行业协会等。只要是在企业中有合法利益的利益相关者都会投入企业活动中获取收益，而且各类利益相关者的利益是平等的，没有任何一种利益优先于其他利益。

3. 企业社会责任审计

企业社会责任审计是企业对社会责任进行的回顾，其宗旨是确保更全面、更广泛地了解和掌握受企业活动直接或间接影响的企业社会责任目标和实践，以便在企业社会责任方面调整过去的相关目标，确定新的目标。社会审计的内容包括：社会责任的种类、企业应对社会问题的方式和社会问题本身。

二、两种社会责任观

企业的社会责任问题在过去很长一段时期并未引起人们的关注，从而未进入学者们的研究视野。到了20世纪60年代,随着西方社会运动的广泛开展,情况有了很大变化,社会责任问题日益引起学者们的兴趣。从一开始,学者们在企业的社会责任问题上就存在着较为严重的分歧,并逐渐形成两大阵营:一个阵营主张企业只应对股东负责,企业只要使股东的利益得到满足,就是具有社会责任的表现,至于其他人的利益,则不是企业所要管的和所能管的,这种观点称为"古典观"或"纯经济观";另一个阵营则不同意上述主张,他们主张企业要对包括股东在内的所有利益相关者(如消费者、供应商、债权人、员工、所在社区乃至政府等)负责,这种观点称为"社会经济观"。表2-3给出两种对企业承担社会责任的观点的比较分析。

表2-3 两种社会责任观对企业承担社会责任的观点比较

	古典观	社会经济观
利润	一些社会活动白白消耗企业的资源;目标的多元化会冲淡企业的基本目标——提高生产率,因而减少利润	企业参与社会活动会使:①自身的社会形象得到提升;②与社区、政府的关系更加融洽因而增加利润,特别是增加长期利润
股东利益	企业参与社会活动实际上是管理者拿股东的钱为自己捞取名声等方面的好处,因而不符合股东利益	承担社会责任的企业通常被认为其风险低且透明度高,其股票因符合社会利益而受到广大投资者的欢迎
权力	企业承担社会责任会使其本已十分强大的权力更加强大	企业在社会中的地位与所拥有的权力均是有限的,企业必须遵守法律,接受社会舆论的监督
责任	从事社会活动是政治家的责任,企业家不能"越俎代庖"	企业在社会上有一定的权力,根据权责对等的原则,它应承担相应的社会责任
社会基础	公众在社会责任问题上意见不统一,企业承担社会责任缺乏一定的社会基础	企业承担社会责任并不缺乏社会基础,近年来舆论对企业追求社会目标的呼声很高
资源	企业不具备/拥有承担社会责任所需的资源,如企业领导人的视角和能力基本上是经济方面的,不适合处理社会问题	企业拥有承担社会责任所需的资源,如企业拥有财力资源、技术专家和管理才能,可以为那些需要援助的公共工程和慈善事业提供支持

(一)古典观

古典观的代表人物首推诺贝尔经济学奖得主米尔顿·弗里德曼(Milton Friedman)。他认为当今的大多数管理者是职业管理者,这意味着他们并不拥有他们所经营的企业。他们是员工,仅向股东负责,因而他们的主要责任就是最大限度地满足股东的利益。那么,股东的利益是什么呢?弗里德曼认为股东只关心一件事,那就是财务收益。

在弗里德曼看来,当管理者自行决定将公司的资源用于社会目的时,他们是在削弱市场机制的作用。有人必然为此付出代价,具体来说,如果社会责任行动使企业利润和股利下降,则它损害了股东的利益;如果社会行动使工资和福利下降,则它损害了员工的利益;如果社会行动使价格上升,则它损害了顾客的利益;如果顾客不愿支付或支付不起较高的价格,销售额就会下降,从而使得企业很难维持下去。在这种情况下,企业所有的利益相关者都会遭受或多或少的损失。此外,弗里德曼还认为,当职业管理者追求利润以外的其他目标时,他们其实是在扮演非选举产生的政策制定者的角色。他怀疑企业管理者是否具备决定

"社会应该怎样"的专长。至于"社会应该怎样",弗里德曼说,应该由我们选举出来的政治代表来决定。

(二) 社会经济观

持社会经济观的人提出了不同的看法。他们指出,时代发生了变化,社会对企业的期望也发生了变化。公司的法律形式可以很好地说明这一点。公司的设立和经营要经过政府的许可,政府也可以撤销许可。因此,公司不是仅对股东负责的独立实体,它同时要对产生和支持它的社会负责。

在社会经济观的支持者们看来,古典观的主要缺陷在于其时间框架。社会经济观的支持者们认为,管理者应该关心长期财务收益的最大化。为此,他们必须从事一些必要的社会行动并承担相应的成本。他们必须以不污染、不歧视、不发布欺骗性广告等方式来维护社会利益。他们还必须在增进社会利益方面发挥积极的作用,如参加所在社区的一些活动和捐钱给慈善组织等。

三、社会责任界定与利润取向

(一) 古典观下的社会责任与利润取向

古典观所指的企业社会责任的范围是相当狭窄的,企业只需并且只能对股东承担责任。在持古典观的人看来,如果一个企业最大限度地满足了股东的利益,那它就是尽了最大的社会责任;相反,如果一个企业从事一些社会活动,或为社会利益着想而把资源从企业中转移出去,则它不仅损害了股东的利益(管理者这样做是在慷他人之慨),而且更为严重的是,损害了其他社会群体的利益。所以,在古典观那里,企业的社会责任指的就是利润取向,企业的唯一目标是追逐利润,使股东的利益达到最大,在这样做的过程中就自然给社会带来最大的福利。这是亚当·斯密的"看不见的手"原理:每个经济主体在追逐或实现自身利益的过程中就在增进着社会的利益,并且这种增进的效果要好于他们刻意去增进的效果。由此我们可以把古典观看作"看不见的手"原理在企业的社会责任问题上的表现形式。

(二) 社会经济观下的社会责任与利润取向

社会经济观所指的企业社会责任的范围更广,包括了所有的利益相关者,企业不仅要对股东负责,还要对其他利益相关者负责。在多数情况下,企业从事社会责任活动要付出代价,并且很难使成本及时得到补偿,这意味着企业要支付额外成本,这直接给当期利润造成不利影响。也就是说,对非股东的利益相关者负责通常给股东的利益带来不利的影响(从短期看或从静态上看)。但若我们换一个角度看,情况未必如此。事实上,企业在力所能及的范围内进行一些社会责任活动相当于投资。虽然短期内这种投资或许牺牲了企业的经营业绩;但从长期看,这种投资由于改善了企业的社会形象和生存环境,吸引了大量优秀人才和减少了政府的管制等,可以使企业的收益增加,并且所增加的收益足以抵补企业当初所额外支付的成本。从这种意义上讲,企业在利他的同时也在利己。

尽管在社会责任问题上同时存在两种观点，并且每种观点所界定的企业社会责任范围差别很大，但我们的论证表明，利润取向的企业也要承担一些力所能及的社会责任。这种论证分两个方面：

（1）在古典观下，企业在实现利润目标的过程中就在承担着社会责任，从而企业的社会责任与利润取向是完全一致的。

（2）在社会经济观下，我们有充足的理由表明，与不承担社会责任相比，承担社会责任或许会使企业的短期利益受到损害（承担社会责任通常要付出一定的代价），但换来的却是比所损害的短期利益多得多的长期利益，从而企业的社会责任行为与其利润取向相容。

此外，还需要指出，我们支持企业承担社会责任，但这种社会责任的承担是有范围限制的，是有选择的，即企业在日常经营过程中，应关注那些对企业长期发展有利的活动并给予适当的支持，切不可把一些本不应由企业来做的事都包揽下来，从而走到改革前的"企业办社会"的老路上去。

四、我国企业社会责任现状及构建途径

（一）我国企业社会责任现状

1. 企业社会责任观念淡薄

许多企业只注重企业的短期利润，不关心企业的长远和可持续发展，社会责任观念淡薄，认为自己还不具备足够实力以履行社会责任，认识不到企业社会责任对企业长期发展的重要作用，也没有意识到企业作为社会中的重要一员应该对社会负责。甚至还有一些企业认为自己不应当承担除创造经济效益以外的其他任何社会责任，因此缺少诚信，通过做假账偷税漏税，逃避对政府的责任；向消费者提供不合格的服务、假冒伪劣商品或虚假信息，侵犯消费者利益。与此同时，正是由于企业缺乏社会责任意识，没有形成以人为本的经营理念，不把改善员工的工作条件和安全保障当作企业的社会责任，而一味地通过压低劳动力价格和延长劳动时间来降低劳动成本。在这些企业的管理者眼中，产品和利润远远高于员工的价值和人身安全。

2. 企业员工缺乏基本的法律常识，自我保护意识薄弱

近年来，在一些劳动密集型产业中经常出现损害劳动者权益的事件，主要表现为劳资纠纷增多，低薪、欠薪引起的矛盾冲突已经成为一个不可忽视的社会问题，甚至需要政府亲自出面为劳动者追讨工资。此外，还有延长工时和加班问题、社会保险问题及妇女权益保障问题、生产安全和职业健康问题。这些事件的背后，企业没有做到以人为本是根本原因，另外也是由于企业员工缺乏基本的法律常识，自我保护意识薄弱。由于普法宣传不力以及劳动力上岗竞争激烈，一些企业员工不能正确认识并保护自己应该享有的权利，使得部分企业完全忽视其社会责任。企业员工只有充分认识并依法行使自己的权利，企业社会责任的监督和推进才会形成来自企业内部的动力。

3. 地方政府对企业社会责任的监管力度不够

很多地方政府官员对企业社会责任了解甚少或者根本没有了解，对它的利害也没有清醒

的认识，对企业在履行社会责任方面的问题缺乏研究。由于前期地方政府过于追求 GDP 目标，政府管理部门只注重企业的利润和税收，而对企业守法行为的监督力度不够。目前地方政府定位转向服务型，则地方政府又从发展地方经济的角度出发，片面理解服务型政府定位，在放宽管理的同时，没有加强对企业社会责任的监管。因此，在一定程度上纵容了一些企业将利润建立在破坏和污染环境的基础上，掠夺性地使用稀缺资源，使资源难以为继，环境不堪重负。

（二）构建我国企业社会责任体系

1. 明确企业社会责任的基本内容

立足国情以及企业发展的实际，中国企业的社会责任大致包括以下几个方面。

（1）企业对消费者、股东或投资者的社会责任。这是企业基本的社会责任。

（2）企业对政府的社会责任。按照有关法律、法规的规定，企业应照章纳税和承担政府规定的其他责任义务，并接受政府的干预和监督。

（3）企业对企业内员工的社会责任。包括企业对员工的福利、安全、教育等承担相应的责任和义务。

（4）企业对资源、环境与社会可持续发展的社会责任。

（5）企业对社会慈善事业和其他公益事业所承担的社会责任。

2. 从企业的发展阶段动态地看待企业社会责任

不同发展时期的企业具备不同的企业社会责任价值观，因此应根据企业的实际情况和生命周期制订切实可行的企业社会责任计划并付诸实施。处于起步期的企业其规模较小、抵抗市场风险能力较弱，在企业社会责任所对应的利益相关者中应首先履行对消费者、员工和股东的责任，这是因为他们是企业生存和发展所依靠的最基本的力量；处于成长期和快速发展期的企业，其规模不断扩大，竞争能力不断增强，应进一步履行对政府、社区、环境、竞争者、债权人、供应商的责任，处理好与这些外部利益相关者之间的各种关系，获取良好的企业生存和发展的外部环境；处于稳定发展期的企业，其规模较大，实力雄厚，抵抗风险能力较强，应考虑更高级的社会责任，如履行对慈善事业、社会弱势群体、科教文体事业的责任，从更广泛的意义上参与企业社会责任运动，为社会做出更大的贡献；处于衰退期的企业也应当履行对利益相关者的基本责任。

3. 明确企业社会责任政策的制定原则

法律、法规作为一种刚性原则，并不能规范企业的所有行为，尤其是道德和自愿层面上的行为，需要企业社会责任的相关政策对企业行为加以约束和引导。国际经验表明，政府的政策工具对企业社会责任的发展起到了重要作用。制定企业社会责任政策的目标直接体现在：对履行企业社会责任的优秀企业起到表彰、鼓励的作用，使企业感到它们的负责任行为得到了政府的认可，从而激励企业进一步发展；帮助那些努力追求企业社会责任的企业，为它们提供各种渠道以获取不同方式的帮助，以此提高企业履行社会责任的能力，从而增强企业的竞争力。

4. 强化企业社会责任的自我道德调控

企业社会责任的自我道德调控是指企业从道德的角度对自身经营思想、营销行为等进行的规范、约束和控制，它是企业一种内在的、自觉的行动和制度安排。其主要内容包括以下几个方面：

（1）树立社会市场营销观念，增强企业社会责任感，加强企业道德形象建设，建立道德型企业，企业要适应社会道德压力。

（2）运用企业伦理制定伦理型营销战略，重视道德因素在企业决策中的作用。

（3）建立企业道德规则，规范企业行为。

（4）重视对企业经营活动的监督，加强对非道德运作行为的控制。

（5）强化伦理教育，提升企业运作的道德素质。

5．增强社会公众主动参与的积极性

企业履行社会责任需要一个社会基础，这就是社会公众的责任意识。企业履行社会责任，从根本上说受益者是广大的社会公众。公众的积极参与，是包括企业在内的全社会责任意识提升的最重要的标志；公众的广泛监督，是企业履行社会责任的最有力的保证。要在全社会倡导关心慈善事业、关爱社会弱势群体、崇尚具有良好商业道德的行为，构筑一个符合我国文化传统和国情的企业社会责任价值体系。加大对企业社会责任的宣传，让全社会都来关注企业社会责任，参与到推动企业社会责任的运动中来，积极营造有利于推进企业社会责任的社会氛围。

 能力训练

1．提升员工的道德修养的途径有哪些？
2．什么是企业的社会责任？企业为什么要承担社会责任？
3．何谓社会责任？社会责任与社会义务、社会响应有何区别？
4．结合企业履行社会责任的实际情况，分析中国企业社会责任应该包括的内容。

学习情境三
管理的全球化与信息化

任务一 全球化管理分析

学习目标

1. 掌握国际化经营的内涵、特征及动机。
2. 分析国际化经营中的环境及竞争战略。

教学视频

【任务导入】

华为的全球化

美国科技博客网站 Engadget 发表的题为"华为努力修复形象，试图征服智能手机世界"的文章，探究了华为智能手机在海外市场取得成功的秘诀。华为智能手机业务约三分之二的收入都来自于海外市场，这充分说明该公司提出了正确的海外市场战略。当然，除了采取正确的决策，在华为目前取得成功的道路上，技术与人才同样不可或缺。

任正非在 1988 年创立了华为，最初是从香港进口廉价的网络设备。最终，华为开始生产自己的设备，并且在 20 世纪 90 年代末期取得了爆发式增长。不过，华为直到 2003 年才开始生产自家手机。今天，华为在中国以外的许多国家也取得了不错的成绩。它是第一家跻身 Interbrand 全球百大品牌排行榜的中国企业，总排名第 94 位，介于 Corona 和 Heineken（喜力）之间。

华为移动产品规划部门主管弗兰基·余（Frankie Yu，音译）指出，华为中高端智能手机在西班牙、意大利和比利时等发达国家市场的表现极为突出，这主要是因为华为与当地移动运营商建立了良好的合作关系。令人感兴趣的是，弗兰基·余还表示这几个欧洲国家也是对华为平板手机需求量最大的市场，这意味着该公司早早在移劲设备（如 Mate 系列）上采用大屏幕的做法获得了回报。

同三星和苹果一样，华为也是世界上少数几家自己设计芯片组的智能手机厂商之一，但同样是费尽周折才在芯片性能上取得突破。弗兰基·余说，两年前当他的客户给华为手机挑选零配件时，他们对海思（HiSilicon）芯片并不太感兴趣。现如今，这已不再是什么太大的问题了，因为最新的海思八核芯片的性能完全可以媲美竞争对手。最主要是，他们已经整合了 LTECat 6 技术，这种技术的下载速最高可达 300 Mbps，仅比高通（已采用 Cat 9 标准）稍逊一筹，但略好于 MediaTek。

【任 务 书】

1. 分析在经济全球化背景下的国际化经营相关内容。
2. 以某跨国公司为例,分析其在国际化经营中的环境及竞争战略。

【相关知识】

随着世界经济一体化步伐的加快,越来越多的企业开始从事国际化经营,并通过对分布在世界各地的子公司或代理机构人力、物力、财力等要素的有效规划、组织、协调、指挥和控制,谋取全球范围内的竞争优势。

一、国际化经营

国际化经营有着非常复杂的定义,但它只有一个最基本的特征:涉及两个或更多国家的经营活动,或者说其经营活动以某种方式被国界所分割。一般来说,如果一个企业的资源转化活动超越了一国国界,即进行商品、劳务、资本、技术等形式的经济资源的跨国传递和转化,那么这个企业就是在开展国际化经营。

跨国界的经营活动主要包括以下几种方式:商品在国际间的交换,即国际贸易;特许,包括商标、专利权、专有技术及具有财产价值的知识产权的使用;劳务输出,包括市场广告、法律服务、财务信息咨询、保险、货物运输、会计以及管理技术咨询等服务的输出;国际间接投资,包括证券及不动产投资等;国际直接投资。

(一)国际化经营的发展阶段

1. 历史发展的角度

从历史发展的角度来看,国际化经营经历了一个不断向更高层次演变的过程。这一过程大致可以分为 3 个比较典型的阶段,如图 3-1 所示。

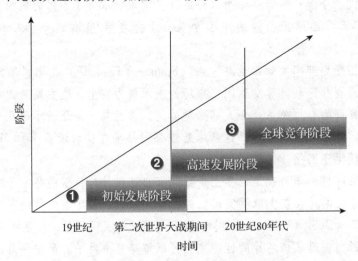

图 3-1 历史发展角度——国际化经营阶段

2. 企业发展的角度

从企业发展的角度来看，国际化经营是一个从被动到主动的过程。乔纳森和威德施米普尔将企业的国际化进程分为 5 个阶段：国内经营阶段、零星出口阶段、经常性出口阶段、国外销售阶段和直接投资阶段。本书认为，从企业发展角度分析企业的国际化经营可以被区分为 3 个不同的发展阶段，即出口阶段，非股权安排阶段和直接投资阶段，如图 3-2 所示。

图 3-2　企业发展角度——国际化经营阶段

（1）出口阶段。出口贸易通常是一个企业"走向世界"的最初方式，也是企业尝试国际化经营的初始阶段。一般来说，企业的出口活动开始是偶尔的，然后才是主动和大规模的。在这一过程中，出口所面临的首要任务是正确地选择能对企业长远发展提供战略机会的海外市场，并采取相应的战略措施。

（2）非股权安排阶段。随着出口活动的推进，对国际市场了解的加深，企业开始尝试新的手段和方法。此时，特许经营、技术转移、合同制造等非股权安排成为企业国际化经营的新方式。在这一阶段，企业开始考虑如何通过有关经营方式的选择来达到对海外市场渗透和扩展的目的，以及如何调整和变革管理体制（如人力资源策略、营销体系与策略）、各种内部管理制度与组织结构等以应对企业国际化程度加深所带来的挑战。

（3）直接投资阶段。在这一阶段，企业的国际化经营活动不再仅仅以一般商业利益为目标，它还希望通过生产的国际化，实现全球范围内的资源优化组合，并最终实现生产利益和商业利益等综合利益的最大化。

因此，企业经营的国际化发展是一个渐进过程。其市场扩张的路径通常表现为：本地市场—地区市场—全国市场—海外邻近市场—全球市场；其经营方式的演变则表现为：出口贸易—非股权安排—直接投资。在这种"渐进"的过程中，企业国际化的程度越来越高，面临的风险和机遇也越来越高。企业国际化经营的渐进性，诚如乔纳森和范赫尼所言，既体现了国际化经营中的风险性，同时也体现了企业动态学习、积累和反馈以降低"心理距离"的重要性。在这一过程中，企业对外部和内部的有效知识进行学习，逐步积累与企业组织、技术和市场相关的经验和信息，并及时将其反馈到企业的决策机构，使企业系统在不断优化中发展。

（二）国际化经营特征

与国内经营相比，国际化经营呈现以下特征，如图3-3所示。

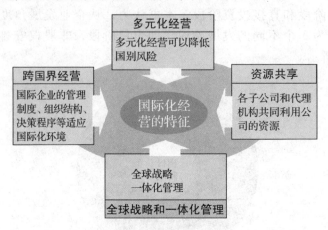

图3-3 国际化经营的特征

1. 跨国界经营

与国内经营活动相比，国际经营要涉及不同的主权国家，企业所面对的不是单一的外部环境，而是多元、复杂的外部环境，而且这种多元性和复杂性往往随着国际化经营的地理范围和目标市场的扩大而不断扩大。首先，各国政体和国体差异决定了国际经营活动所面临的政治和法律制度各不相同。其次，不同的经济体制和经济发展水平决定了从事国际化经营的企业面对的经济环境有别于国内。最后，各国拥有的价值观、生活方式、语言文化的差别又决定了国际经营者必须面对多种文化冲突的问题。这就要求国际企业的管理制度、组织结构、决策程序、人员的要求和配备等必须适应国际化的环境。

2. 多元化经营

国内大型企业虽然也有这种情况，但一般来说，其跨越行业的幅度并不太大，在本行业以外的投资比例也不大，而且跨生产领域经营的现象并非十分普遍。而国际企业，特别是大型的跨国公司，跨越的生产领域往往很大，有些生产领域的经营性质甚至完全不同，各产品之间的技术联系很少。其中很重要的一个原因在于，多元化的国际经营可以降低国别风险。国际企业经营者可以根据国别环境的差异，调整其经营方向和重点，为本企业的发展寻求更多的机会。例如，把产品生命周期与国别经济发展水平差异结合起来，通过国际化经营有效地延长产品生命周期和提高企业经营效益。

3. 资源共享

国际企业允许其各子公司和代理机构共同利用公司的资源，包括资产、专利、商标及人力资源。由于各子公司和代理机构是企业的组成部分，它们可以得到外部企业所不能得到的资产。例如，福特公司为了进入欧洲市场，对汽车设计进行了许多改进，现在这些改进都已被运用到其在美国销售的车型中。此外，该公司在欧洲分部和美国总部之间的信息和技术交流也提升了企业整体的竞争力。

4. 全球战略和一体化管理

相对于国内经营而言，国际企业的决策要复杂得多。因为任何企业在国际经营决策过程中，要考虑的因素更多，要协调的子系统更多，要在一个更广的范围、更长的时间内进行成本和效益规划。因此，国际经营决策者必须综合内外部环境，根据经营目标制定有效的全球性经营战略，将各子公司和代理机构整合在企业之中。在全球战略目标的指引下，公司内部实行统一指挥，彼此密切配合、相互协作，形成一个整体，以保证公司的整体利益。国际企业管理的一体化表现在：一方面，通过分级计划管理来保证公司全球战略的实现；另一方面，总公司与分支机构、子公司之间，各分支机构、各子公司之间，通过互通情报、内部交易来降低风险、共负盈亏。

（三）国际化经营的动机

各个企业发展成为国际企业有着各自不同的动机。一般来说，这些动机主要包括以下几种。

1. 利用优势能力

如果企业拥有较强的竞争优势，那么企业内部的张力就会要求它通过扩张规模和扩张市场来实现这些优势。邓宁指出，所有权优势（ownership advantages）、区位特定优势（location advantages）和内部化优势（internalization advantages），即著名的OLI优势，是企业实施国际经营的基础。其中所有权优势是指企业拥有的或能够获得的外国企业所不具备或无法获得的资产及其所有权，主要包括专利权、商标权、生产诀窍、营销技能和管理技巧等。区位优势是指因生产地点的不同而形成的竞争优势。内部化优势是指通过建立企业内部市场，发挥自有的所有权优势，使企业缓解或免除外部市场的结构性和交易性的失灵可能造成的风险和损失，从而节约交易成本。

具有不同优势类型的企业，所采取的国际化经营方式存在着差异。所有权优势是国际化经营的前提。当一个企业拥有所有权优势和内部化优势时，出口将成为国际化经营的主要方式（见表3-1）。而当企业具备上述三种优势时，在海外投资设厂便成为可行的经营方式。

表3-1 竞争优势与经营方式的选择

经营方式	竞争优势		
	所有权优势	内部化优势	区位特定优势
非股权安排	有	无	无
出口	有	有	无
直接投资	有	有	有

2. 为了占领日益增长的世界商品和服务市场

经济一体化给企业带来了发展的机遇。因为与以往相比，贸易和投资自由化打开了许多以前受国家保护的市场。企业将其地理目标市场扩大到其他国家后，消费者的人数必然会增加，绝对的购买力水平也会增强，在通常情况下，销售额会有增长。特别是总部所在的国内市场较为狭小或日趋饱和的企业一般都有强烈的向外扩张的倾向，如雀巢公司的国际化就明显具有这样的特征。

3. 获取关键性战略资源

由于资源在国家间和企业间的分布是不均衡的，企业为了获得对其发展有利的关键性资源需要付出较高的代价。而利用国际化经营，企业可以更便利地获得这些资源，并降低获取时所必须支付的成本。这一点在以直接投资为主要形式的国际化企业中尤为明显。通过在东道国投资设厂，企业可以直接获得和使用廉价的物质资源，借鉴和学习国外对手所具有的产品、质量、设计、工程技术方面的知识，了解国外市场的需求。

4. 抵御和分散风险

为了避免生产、销售、利润大幅度波动，企业可以选择国际性经营活动实现经营的多元化，或在不同的市场开展经营，以达到"东方不亮，西方亮"的效果。

5. 对竞争对手进行反击

企业发展成为国际化企业的另外一个重要动机是对日趋激烈的国际竞争做出反应，并保护自己在世界市场中的份额。例如，采取所谓的"追随竞争者"战略，国际企业可以在主要竞争者的国家建立分销机构或设立工厂，一方面可以削弱竞争者的市场势力；另一方面也在向竞争对手宣告，如果它们进军本公司的国内市场，必然会遭到类似的反击。显然，这一战略有着"一箭双雕"的作用。

二、国际化经营环境及竞争策略

（一）国际化经营环境要素

1. 政治与法律环境

世界上不同国家有着不同的政治制度和法律制度，这些制度关系到投资行为的难易程度及其安全性，从而直接或间接地影响着跨国公司的经营活动，因而是跨国公司管理者决定投资选址的重要评价因素。

（1）国家政治体制。国家政治体制通常是指东道国国家的国体和政权的组织形式及其有关制度，如国家的政治和行政管理体制、经济管理体制、政府部门结构以及选举制度、公民行使政治权利的制度等。不同的国家政治体制常导致政府政策、法规、行政效率等方面的差异，从而对直接投资形成有利或不利的影响。

（2）政治的稳定性。政治的稳定性通常是指东道国政局的稳定性以及社会的安定状况。对外投资往往会因为东道国政治的不稳定性而遭受巨大的经济损失。

（3）政府对外来经营者的态度。政府对外来经营者的态度通常反映在政府对外资的政策上，主要是政府对外国企业的鼓励和限制程度，对外国经营者所提供的便利条件和优惠措施，对外国企业生产经营活动的干预程度，以及对外国企业的经营政策的连续性和稳定性等。一国政府对外来经营者的态度通常包括积极、消极和中性三大类型。当一国政府对外国经营者持积极态度时，它会采取一些有利于国际经营活动顺利开展的政策措施，如优惠的税收、信贷、信贷担保、投资安全担保等。当一国政府持中性态度时，有关政策安排通常与本国企业享受的待遇相同。当这种态度转变为消极时，东道国政府会采取各种手段对国际企业的活动予以限制。

（4）本国与东道国之间的政治和经济联系。本国和东道国之间政治关系和经济关系的变化对企业国际化经营的影响也是显而易见的。如外来经营活动能否享受东道国的国民待遇和最惠国待遇，财产是否有被东道国征收、没收和国有化的风险等，都同国家之间的政治关系有关；再如一些国家实行配额制以及关税和非关税壁垒等，都是政府出于政治和经济考虑而实行的政策。

（5）法律环境。法律环境是指本国和东道国颁布的各种法规，以及各国之间缔结的贸易条约、协定和国际贸易法规等。一个国家的法律体制，特别是涉外法律体制是外来经营者所关注的焦点。这是因为投资所在地的法律和法规对投资者的投资活动起着制约的作用，同时也是投资者投资权益得到保障的基础。健全的法律体制应体现为法律体系的完备性、各项法规的稳定性以及法律实施的严肃性。

2. 经济和技术环境

跨国公司对外直接投资的动机虽然有着很大的差异，但基本上都是以追求经济利益为基本前提的。因此，经济因素是影响跨国投资的直接因素。一个国家和地区的经济是否发达，市场是否成熟，对跨国经济起着决定性的作用。

（1）经济体制和经济政策。不同国家经济体制的特点是不尽相同的，市场经济的发展水平也不平衡，主要体现为政府对企业经营活动干预程度的高低。同时各国在贸易政策、工业化政策、地区开发政策和外汇管理政策上的不同，也对国际化投资经营有着不同的影响。

（2）经济发展水平及其发展潜力。在不同经济发展水平下，市场需求能力、消费偏好和产业特征各不相同，对国际经营企业的吸引力和影响程度也互有差别。如有的国家经济上主要依赖原料资源和农产品，仍然处于传统社会阶段；有的国家则处于经济起飞阶段，工业化水平逐步提高，经济持续稳定增长；有的国家则处于成熟阶段，经济上完全工业化，生产处于世界领先地位。除此以外，经济发展潜力也是国际企业在对外经营活动时必须考虑的因素。有的新兴国家，即使现在的经济水平较低，但市场广阔，经济日趋开放，仍具有良好的后续发展潜力；而有些国家虽然工业化程度很高，但市场趋于饱和，发展明显乏力。

（3）市场规模及其准入程度。一个国家的市场大小、有无市场潜力、市场对外来产品的准入程度，都直接影响着海外经营机会的大小。衡量市场规模的指标主要有人口数量及其增长速度、人口分布状况、人均国民收入水平、市场消费水平、消费性质和消费结构，以及市场的竞争态势、物价水平等。

（4）科技发展水平。科技发展水平通常反映在科技发展现状、科技发展结构、科技人员的素质和数量、科学技术的普及程度、现有工业技术基础的水平、产业结构的现代化水平，以及与企业经营相关的原材料、制造工艺、能源、技术装备等科学技术发展动向等多方面。

（5）社会基础设施。社会基础设施主要是指一个国家的交通运输条件、能源供应、通信设施和商业基础设施等。社会基础设施的水平是投资者关注的重要外部物质条件，直接影响企业的经营活动能否顺利进行。一般来说，一个国家的经济基础结构越完善，企业经营活动的效率就越高。良好的社会基础设施对国际企业有很大的吸引力。

3. 文化环境

文化环境是指企业所在的国家或地区中人们的处世态度、价值取向、道德行为准则、教育程度、风俗习惯等构成的环境因素。文化因素与政治因素不同，政治因素一般带有强制性，而文化因素则带有习惯性。

4. 自然地理环境

自然地理环境，一般是指非人为因素所形成的环境条件，主要包括自然资源、地理位置、地形、气候等因素。自然资源状况主要是指资源的分布、质量以及可使用性，如石油、矿藏、森林等资源状况。各国在自然资源上的差异，既是产生国际贸易的重要条件，也是引发国际直接投资的驱动因素。各国的自然地理环境以及对自然地理环境的利用程度和利用效率有着很大的差异，其对企业跨国经营活动的影响主要表现在产品战略和营销体系的建立上。

（二）国际化经营竞争策略

1. 全球一体化的压力

当不同国家的消费者对某一种商品的品位和喜好相近时，就存在着普遍的需求，如电阻器与半导体芯片等电子产品和钢材等建筑用产品。满足普遍需求的产品几乎不需要按照不同的市场来改变。

产品需求的同质性，使得降低成本成为取得竞争优势的唯一手段，这将迫使公司进行集中化的生产。这对于那些把价格作为竞争武器并且竞争激烈的产品是很重要的，对于那些把基地设在要素成本低廉的（低劳动力成本和低能源成本）国家的国际性竞争企业来说同样也是很重要的。

全球战略协调的竞争对手的出现是产生全球一体化压力的另一个要素。对全球竞争做出反应需要进行全球战略协调，这给公司总部进行战略决策带来了压力。因此，一个产业中的一家多国跨国公司，一旦采用全球战略协调的做法，它的竞争者可能被迫以同样的方法做出反应。

2. 当地化反应的压力

由于国际企业的产品需要在多个国家进行销售，在某些情况下，公司必须考虑在不同国家中的不同需求。当不同国家的客户的品位和喜好存在差异时，当地化反应带来的强大压力随之产生。

当不同国家的习惯不同的时候，当地化反应带来的压力也会应运而生。例如，英国人在道路的左边行车，需要方向盘设在右边的车辆；而相邻的法国人却在道路的右侧行车。很明显，汽车必须按照传统习惯来相应地定做。不同国家之间分销渠道和销售方式的差异也会带来本地化反应的压力。在制药业，日本的分销体制与美国的分销体制有着根本的不同。日本的医生不喜欢美国式的硬性的销售方式。因此，美国的制药公司在日本不得不适应日本的销售做法。

东道国政府在经济和政治上的要求也可能造成一定程度的当地化反应压力。这主要包括地方保护主义、经济民族主义和本地内容规定（即要求一定比例的产品必须在本地加工）。

三、全球战略的选择

有4种可供选择的全球竞争战略，即国际模式、多国模式、全球模式和跨国模式。采用不同模式的企业的组织特征有着不同的特点。

1. 国际模式

国际模式是一种由母公司开发现有的核心能力并传递到子公司的战略模式。在国际模式下，子公司虽然有一定程度的根据当地情况革新产品的自由，但像研发这样的核心能力倾向于集中在母公司。子公司在新产品、新工艺、新概念上依赖于母公司，需要母公司进行大量的协调和控制。

国际模式的一个突出缺点是它不能为子公司提供最大限度的自由以使它们能够根据当地的情况做出反应。此外，它通常不能以规模经济实现低成本。

2. 多国模式

与国际模式相比，多国模式中母公司虽然也行使最终控制权，但它赋予子公司很大的自主权，各子公司可以根据当地的情况做出相应的改变。在多国模式下，每个子公司是一个自治的单位，具备在当地市场运作所需要的所有职能。这样，每一个子公司都有自己的制造、销售、研究和人事职能。由于具备这样的自主性，每一个子公司能够按照当地客户的品位和喜好，以及当地的竞争环境、政治、法律和社会结构，对产品和策略进行"量体裁衣"。

多国模式的主要缺点是较高的制造成本和重复工作。尽管多国模式中核心技术也由母公司向各东道国传递，但不能通过实行集中制造和向全球市场提供标准产品的方式实现规模经济。而且由于多国模式倾向于将战略决策权分散，因此在许多情况下，它难以向竞争对手发起协调一致的全球性的进攻。

3. 全球模式

全球模式的特点是由母公司集中决策，并对海外的大部分业务实行严格的控制。那些采取低成本全球竞争战略的公司通常采用这种模式。

采用全球模式的公司为了寻求低成本，通常选择少数几个成本低廉的地方建立全球规模的加工设施以实现规模经济。规模经济可以通过在新产品开发、工厂和设备以及全球营销中分摊投资中的固定成本而实现，通过集中制造和全球市场战略而实现。

采用全球模式的国际企业很少根据不同国家用户的不同品位和喜好做出反应，因此，试图采取全球模式的跨国公司事先必须考察不同市场中的消费者是否偏好相似。使用全球模式的公司需要做大量的协调工作，而且这类公司还必须为在不同国家的子公司之间进行的产品转移确定价格。

4. 跨国模式

跨国模式的特点是，将某些职能集中在最能节约成本的地方，把其他一些职能交给子公司以便更多地适应当地的情况，并促进子公司之间的交流以及技术的转移。在采用跨国组织模式的公司中，某些职能特别是研发倾向于集中在本国进行，其他一些职能也集中，但不一定必须在本国进行。为了节约成本，公司可以把劳动力密集型产品的全球规模的生产厂建立在低劳动力成本的国家，把需要技术型劳动力的工厂建立在技术发达的国家。其他的职能，特别是销售、服务和最后组装，倾向于交给各国的子公司，以便更大程度地适应当地的情况。因此，大部分零部件在集中的工厂制造以实现规模经济，然后运到各地的工厂组装成最终产品，并且按照当地的情况对产品做出改动。

跨国模式需要子公司之间大量和广泛的沟通。子公司之间为了互利，相互转让技术和知识，同时集中化的加工厂与各地的组装厂相互协调，从而高效率地运行全球集成的生产体系。

采取不同竞争战略的国际企业的组织特征呈现出不同的特点。这些特点主要表现在资产和能力配置、海外业务的角色、内部知识的开发和扩散、对子公司的控制方式等多个方面。

【知识链接】

国际化经营环境的评估

一、评估体系中指标的设置原则

（1）系统性和目的性。由于国际经营环境受不同层次的多种因素的综合影响，因此在设立评价指标时要有系统性，能够反映不同层次因素之间的内在联系。此外，由于国际经营方式的多样性和差异性，穷尽所有因素是不可能的，也是不经济的，因此要注意有针对性地选取相关指标。

（2）客观性和可比性。指标设计要本着客观性的原则，如果不可避免采取主观指标时，也要保证这些指标在测量时的可信度。同时，这些指标的含义要明确和可度量，以便于比较和选择从而能够为各评价单元的分析提供依据和标准。

（3）差异性原则。要选择一些对经营环境影响程度较大的因素和指标，而影响程度小的因素和指标通常只作为辅助参考。

二、"冷热"分析法

1968年，美国学者利特法克和班廷提出了"冷热"分析法。他们认为，构成国际经营环境的因素主要包括7种（见表3-2），即政治稳定性、市场机会、经济发展水平和成就、文化一体化程度、自然阻碍、地理和文化差异、法令阻碍，它们对国际经营都存在着"冷"（不利）和"热"（有利）两种作用方向。其中，前4种因素更多地强调对国际经营活动积极影响的一面，它们的特征越明显，"热效果"就越高；反之，则相反。后3种因素更强调其特征变动对国际经营活动的消极影响，它们的特征越明显，"冷效果"越大，越不利于国际经营活动的开展。

表3-2 "冷热"分析法

环 境	因 素
政治环境	政治稳定性
经济环境	市场机会、经济发展水平和成就
社会文化环境	文化一体化程度、自然阻碍、地理和文化差异
法律环境	法令阻碍

"冷热"分析法主要用于对国际经营环境的对比分析。在具体应用时，首先将各国上述7种因素填在同一张表格中，通过对比分析得出不同目标市场国家在相同因素上所具有的不同"冷"与"热"的程度。然后，将各国综合评估结果进行比较，就可以得出各目标国家投资环境的"冷""热"差异。一般来说，一国的经营环境越好，"热度"就越大，就越接近国外经营者对目标市场环境的需要；反之，就距离国外经营者对目标市场环境的需要越远。

"冷热"分析法比较简单和直观，适合于粗略评价。但该方法也存在一些不足。首先，选取的指标相对笼统，且多为主观指标；其次，只有"冷"和"热"两种评价结果，不够细致；最后，各因素的"冷热"和国别"冷热"之间逻辑性不强，因此评价结果的整体性较差。

三、等级尺度法

1969 年，斯托鲍夫采用等级尺度法对一些国家的投资环境进行了评价。斯托鲍夫主要以东道国政府对外国投资的限制和鼓励政策为出发点，挑选了影响投资环境的 8 个基本因素（见表 3-3），即资本抽回的限制、对外资股权的限制、对外商管制的程度、货币稳定性、政治稳定性、给予关税保护的态度、当地资本可供的能力、近 5 年的通货膨胀因素。

表 3-3 等级尺度法

因 素	分 值	因 素	分 值
资本抽回的限制	0~12	**政治稳定性**	0~12
无限制	12	长期稳定	12
只有时间限制	8	稳定但因人而治	10
对资本有限制	6	内部分裂但政府掌权	8
对资本和红利都有限制	4	国内外有强大的反对力量	4
限制繁多	2	有政变和动荡的可能	2
禁止资本抽回	0	不稳定、政变和动荡极有可能	0
对外资股权的限制	0~12	**给予关税保护的态度**	2~8
鼓励并欢迎全部外资股权	12	充分保护	8
准许全部外资股权但不欢迎	10	相当保护	6
准许外资占大多数股权	8	少许保护	4
外资所占股权不得超过半数	6	很少，甚至不予保护	2
只允许外资占小股权	4	**当地资本的可供能力**	0~10
外资股权不得超过30%	2	成熟的资本市场，公开的证券交易所	10
不准外资拥有股权	0	少许当地资本，有投机性证券交易所	8
对外商管制的程度	0~12	当地资本有限，外来资本不多	6
对外商和本国企业一视同仁	12	短期资本极其有限	4
对外商有限制但无管制	10	资本管制很严	2
对外资有少许限制	8	资本高度外流	0
对外商限制并管制	6	**近 5 年的通货膨胀因素**	2~14
对外商限制并严格管制	4	小于1%	14
对外商严格限制并严格管制	2	1%~3%	12
禁止外商投资	0	3%~7%	10
货币稳定性	4~20	7%~10%	8
完全自由兑换	20	10%~15%	6
黑市与官价差距小于一成	18	15%~35%	4
黑市与官价差距在一成至四成	14	大于35%	2
黑市与官价差距在四成至一倍	8		
黑市与官价差距在一倍以上	4	**总分**	8~100

等级尺度法首先根据各因素表现程度的不同,分别将这些因素细分为若干种情况;参照每个因素的重要程度,定出从最差到最好的各种情况的分值标准;然后根据东道国投资环境的实际程度,对各项评分,并合计总体评分;根据评分结果,评判东道国投资环境的优劣和类型,其中总分越高的国家,投资环境越好,反之越差。

等级尺度法将定性问题定量化,结果一目了然,有利于投资者对投资环境进行比较。等级尺度法主要考察了在生产经营过程中直接与外国投资有关的主要影响因素,但没有考虑影响项目建设和企业生产经营的外部因素,如投资地点的基础设施、法律制度和行政机关的办事效率等。而法律制度、市场体制和行政机关的办事效率恰恰是大多数发展水平较低国家的薄弱之处。

四、多因素评价法

多因素评价法试图从多角度采用多指标来全面衡量一个国家的投资环境。1987年,香港学者闽建蜀教授提出了一个多因素评价模型。他将投资环境因素分为11类(见表3-4),即政治环境、经济环境、财务环境、市场环境、基础设施、技术条件、辅助工业、法律制度、行政机构效率、文化环境、竞争环境。每一个因素又由一系列子因素构成,如政治环境包括政治稳定性、国有化的可能性、当地政府的外资政策等。

表3-4 多因素评价法

因　素	子因素
政治环境	政治稳定性、国有化可能性、当地政府的外资政策
经济环境	经济增长、物价水平
财务环境	资本和利润汇出、汇率、集资以及借款的可能性
市场环境	市场规模、分销网点、营销辅助机构、地理位置
基础设施	国际通信设备、交通与运输、外部经济
技术条件	科技水平、适合的劳动力、专业人才的供应
辅助工业	辅助工业的发展水平、辅助工业的配套情况
法律制度	各项法律制度是否健全、法律是否得到很好的执行
行政机构效率	机构的设置、办事效率、工作人员的素质
文化环境	当地社会是否接纳外国公司及对其的信任与合作程度、外国公司是否适应当地社会风俗
竞争环境	当地竞争对手的强弱、同类产品进口配额在当地市场的份额

在具体评估东道国投资环境时,首先对各类因素的子因素作出综合评价;然后据此对该类因素做出优、良、中、可、差的判断;最后在此基础上计算出该国投资环境的总分:

$$G = \sum_{i=1}^{11} W_i(5A_i + 4B_i + 3C_i + 2D_i + E_i)$$

式中　　　G——投资环境总分数;

W_i——为第 i 类因素的权重;

A_i、B_i、C_i、D_i 和 E_i——第 i 类因素被评为优、良、中、可、差的百分比。

投资环境总分的取值在11~55之间,越接近55,则说明投资环境越佳;反之,越接近

11，则说明投资环境越差。

多因素评估法是一个一般性的投资环境评价方法，适合于对各国投资环境的全面评价。但由于其出发点是一般性，因此对具体项目的投资动机考虑较少。

任务二　信息化管理分析

 学习目标

1. 掌握信息及信息传播机制。
2. 理解信息化管理的工作。

教学视频

【任务导入】

海尔：从"企业的信息化"到"信息化的企业"

一、"企业的信息化"：以用户为中心

早在2000年3月海尔公司就开始与SAP公司合作，首先进行企业自身的ERP（企业资源计划）改造，随后便着手搭建BBP采购平台。从平台的交易量来讲，海尔集团可以说是中国最大的一家电子商务公司。在海尔，仓库不再是储存物资的水库，而是一条流动的河，河中流动的是按订单采购进行生产所必需的物资，也就是按订单来进行采购、制造等活动，这样，便从根本上消除了呆滞物资，消灭了库存，有力地保障了海尔产品的质量和交货期，实现了3个JIT（just in time，JIT），即JIT采购、JIT配送和JIT分拨物流的同步流程。

海尔集团首席执行官张瑞敏认为：现在不少企业的信息化有一个非常大的误区，还没有做到以用户为中心满足用户的需求，就要求做信息化，其实是做不到的。而海尔在做信息化流程时提出了"零库存下的即需即供"的信息化：我没有库存，但是用户要的话可以马上送到，用户不要就不会形成库存，实际上就是全流程的再造。而对于研发，今天研发的产品必须是6个月后用户的需要。

在企业外部，海尔CRM（客户关系管理）和BBP电子商务平台的应用架起了与全球用户资源网、全球供应链资源网沟通的桥梁，实现了与用户的零距离接触。在企业内部，计算机自动控制的各种先进物流设备不但降低了人工成本、提高了劳动效率，还直接提升了物流过程的精细化水平，达到质量零缺陷的目的。计算机管理系统搭建了海尔集团内部的信息高速公路，能将电子商务平台上获得的信息迅速转化为企业内部的信息，以信息代替库存，达到零营运资本的目的。根据统计数据，2008年中国家电企业库存周转天数是64天，海尔在2008年初库存周转天数是32天，经过流程再造2008年底已经降到3天。

海尔的零库存到现在已做到了在生产线上生产的产品出来后不是放在仓库里，而是放在哪个商场、哪个用户那里。由于商场或用户已经定了，所以生产线上生产的产品就是用户要的产品，而不像很多企业为仓库采购、为仓库销售，海尔企业信息化从这里切入——以用户为中心。

二、"信息化的企业"：企业也是需求链的一环

海尔集团首席执行官张瑞敏认为："企业的信息化"相当于以企业为中心满足用户的需求，而"信息化的企业"相当于把企业放到全球用户需求的链条中去，企业只是这个链条中的一环，应该更快地在这个链条中进行运转。海尔要做的是怎样从制造型的企业转化为服务型的企业。

安德森在《长尾理论》里有一句话，非常好地诠释了这一点，"在信息化时代，每个企业应该是低成本提供所有产品，高质量地帮助用户找到它"。张瑞敏认为，所谓的低成本提供所有的产品，就不是中国企业现在大规模制造，而应该是大规模定制。因为大规模制造一定可以做到低成本。而大规模定制时，虽然是大规模，但是要定制很多型号的产品，还要实现低成本，这对中国企业来讲是非常大的挑战。为了实现向"信息化企业"的转型，海尔在流程和系统创新方面做了很多探索：应用重点转向客户需求的获取，与重要的合作伙伴实现动态的预测、订单、库存的高效协同；以用户、客户的需求，来驱动3大应用领域GTM（贸易管理平台）、PLM（产品生命周期管理）、SCM（供应链管理）的整合，实现端到端可视化。例如"人单酬"的系统，围绕销售代表如何满足用户需求，把销售目标、预测计划、订单、销售速度，产品盈利能力等都全部按人按单来进行索引，销售代表可以看到自己每天的业绩。这个业绩不再是过去的一个简单的销量或销售额的数字，员工通过这个系统可以了解到：哪些产品组合能更有利润？客户的预测准确率是否提高了？销售的速度是否符合周单周销？这个系统能否如同一个销售代表的平衡记分卡，来提供客户、流程、财务指标、提高的价值以及个人最终获得的报酬等信息。

张瑞敏认为，现在用户面对的不是一个企业，而是全球很多企业，要高质量地帮助用户找到其需要的产品，就要求企业的产品在全球非常有竞争力。海尔在这方面的具体探索的就是"虚实网结合"，所谓"虚网"就是互联网，所谓"实网"就是"最后一公里"，也就是鼠标加及时服务。用户在互联网上点鼠标之后，应该是第一时间送达，这就需要跟"最后一公里"的实网——物流网、营销网、服务网等结合。这些要和"虚网"——互联网结合起来，即用户点了鼠标后企业怎么样送达。现在国家在推进"家电下乡"，海尔在"家电下乡"所占份额最大，就是因为海尔建设了庞大的网络。另外，很多外国品牌和海尔是竞争对手，但是他们现在把农村的销售委托给了海尔。

【任 务 书】

1. 理解信息的甄别及传导机制。
2. 掌握信息管理的工作流程。

【相关知识】

随着信息时代的来临，信息在管理中的作用越加明显和重要。所以管理者在日常工作中

要适时获取适量的有用信息。有用信息具有一些特征，了解这些特征对管理者有效行使信息职能是很有必要的。组织中的信息管理工作包括信息的采集、加工、存储、传播、利用和反馈等环节，每一环节都不可掉以轻心。为了获取有用信息，管理者需要借助各种信息技术。

一、信息的甄别

（一）信息与数据之间的关系

在管理学科中，通常认为"数据经过加工处理就成了信息"。信息和数据是两个既有密切联系又有重要区别的概念。数据是记录客观事物的性质、形态和数量特征的抽象符号，如文字、数字、图形和曲线等。数据不能直接为管理者所用，因为其确切含义往往不明显。信息由数据生成，是数据经过加工处理后得到的，如报表、账册和图纸等。信息被用来反映客观事物的规律，从而为管理工作提供依据。它们之间既有联系又有区别，如企业在做账时，要有各种发票和单据，这些发票和单据就是原始数据，对这些数据进行分类、登录、汇总等处理后生成的账册、报表和分析资料等，就是对管理者有用的信息。

数据经过加工后就形成了信息，具体生成的流程如图3-4所示。

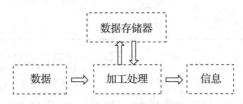

图3-4　从数据转换为信息的过程

需要注意的是，信息和数据的区别不是绝对的。有时，同样的东西对一个人来说是信息，而对另一个人来说则是数据。比如，某零售企业在某地区开设了若干家连锁店，当顾客在连锁店购货时，连锁店的存货就要发生变化，由顾客购货产生的交易数据对连锁店负责人至关重要。从这些原始数据，负责人可以得到连锁店的销售额、需要补充的存货量等方面的信息。

（二）信息的评估

收集和处理数据需要支付成本，这种成本要与信息所带来的收益进行权衡。所以管理者在决定获取信息前，先要对所要获取的信息进行评估，判断获取这样的信息是否值得。有两类信息不值得管理者去获取：一类是信息的收益较高，但其获取成本更高；另一类是信息的获取成本较低，但其收益更低。从中我们可以看出，信息评估的关键在于对信息的收益和获取成本进行预先估计，即进行成本—收益分析。

数据收集和信息产生的成本我们可以划分为两部分：第一部分是有形成本，指可被精确量化的成本，如一个数据收集系统的硬件和软件的成本（包括系统维护和升级成本、折旧成本以及系统运行和监督成本等），就是有形成本；第二部分是无形成本，是指很难或不能被量化的成本，这时很难或不能准确预期结果，如因组织业绩下降而使信誉受损、员工士气不振以及因工作程序变动而造成的工作瘫痪等。

因利用信息而产生的收益也包括有形收益和无形收益两部分：有形收益包括销售额的上升、存货成本的下降以及可度量的劳动生产率的提高等；无形收益可能包括信息获取能力的提高、士气大振以及更好的顾客服务等。

决定是否收集更多的数据以产生更多和更好的信息是比较困难的。在很多情况下，由于信息对组织来说是新的，确定可能发生的成本要比预测潜在的收益容易。实际上，新信息的收益通常是无法预期的，只有在员工对新信息比较熟悉时才能预期其收益。

（三）有用信息的特征

对于管理者有用的信息具备一些特征。首先，必须是质量较高的；其次，必须是及时的，管理者一有需要就能获得；最后，必须是完全的和相关的，如表3－5所示。

表3－5　有用信息的特征

高质量	及时	完全
精确	时间敏感性	范围
清楚	例外报告	简洁
有序	当前	详细
媒介	频繁	相关

所谓高质量就是指信息必须是精确的。如果信息未能精确反映现状，则利用这种信息进行决策或控制，肯定收不到良好的效果。清楚是高质量的信息的另一要求，信息的含义和内容对管理者来说必须是清楚的。另外，高质量的信息要是排列有序的，而不是杂乱无章的。最后，信息传递的媒介对质量有重要影响。而及时是指信息具有时效性。信息因需要而产生，因此信息要能反映当前的情况，而不是过去的情况。同时由于其对时间的要求，信息必须是频繁地提供给管理者的。完全性则要求信息的范围必须要广泛，只有广泛的信息才能反映一个事件的全貌。为了便于管理者决策参考，信息既要简洁还要详细。简洁就是要体现信息的核心内容，而详细则要求能尽可能地反映信息所要表达的思想，这其实并不矛盾。

二、信息管理工作流程

信息管理工作就是对信息进行采集、加工、存储、传播、利用、反馈等，以达到预期的目的。

（一）信息的采集

信息的采集是指管理者根据一定的目的，通过各种不同的方式搜寻并占有各类信息的过程。

首先，要明确采集的目的。在任何情况下，信息的采集都是为了实现组织特定时期的特定目标，也就是说，信息的采集具有目的性。漫无目的的信息采集活动将会使管理陷入混乱。由于不同的目的通常需要不同的信息，明确的目的便于管理者了解组织需要什么样的信息，从而有针对性、有选择地采集信息。

其次，要界定采集的范围。采集范围与以下3个问题有关：①需要什么样的信息；②用多长时间采集这些信息；③从哪里采集这些信息。这3个问题分别从采集的范围、时效性、空间性对采集进行了界定。

最后，要选择信息源。根据信息载体的不同，可将信息源划分为4大类：①文献性信息源，包括书报刊、政府出版物、专利文献、标准文献、会议文献、产品样本、学位论文、档案文献、公文、报表等；②口头性信息源，包括电话、交谈、咨询、调查等；③电子性信息源，包括广播、电视、数据库、互联网、局域网等；④实物性信息源，包括展销会、博览会、销售地点、公共场所以及事件发生发展的现场等。

（二）信息的加工

信息的加工是指对采集来的通常显得杂乱无章的大量信息进行鉴别和筛选，使信息条理化、规范化、准确化的过程。加工过的信息便于存储、传播和利用。只有经过加工，信息的价值才能真正得以体现。

加工的步骤如图3-5所示。

图3-5 信息加工的步骤

（1）鉴别是指确认信息可靠性的活动。可靠性的鉴别标准有：信息本身是否真实；信息内容是否正确；信息的表述是否准确；数据是否正确无误；有无遗漏、失真、冗余等情况。

（2）筛选是指在鉴别的基础上，对采集来的信息进行取舍的活动。筛选与鉴别是两种不同的活动。鉴别旨在解决信息的可靠性问题，依据的是与信息有关的客观事实；而筛选旨在解决信息的适用性问题，依据的是管理者的主观判断。鉴别中被确认可靠的信息，未必都被保留；而鉴别中被确认可疑的信息，未必都被剔除。筛选的依据是信息的适用性、精确性与先进性。筛选通常分4步进行：真实性筛选；适用性筛选；精确性筛选；先进性筛选。

（3）排序是指对筛选后的信息进行归类整理，按照管理者所偏好的某一特征对信息进行等级、层次的划分的活动。

（4）初步激活是指对排序后的信息进行开发、分析和转换，实现信息的活化以便使用的活动。

（5）编写是信息加工过程的产出环节，是指对加工后的信息进行编写，便于人们认识的活动。通常，一条信息应该只有一个主题，结构要简洁、清晰、严谨，标题要突出、鲜明。文字表述要精练准确、深入浅出。

（三）信息的存储

信息的存储是指对加工后的信息进行记录、存放、保管以便使用的过程。信息存储具有3层含义：第一，用文字、声音、图像等形式将加工后的信息记录在相应的载体上；第二，对这些载体进行归类，形成方便人们检索的数据库；第三，对数据库进行日常维护，使信息及时得到更新。

（四）信息的传播

信息的传播是指信息在不同主体之间的传递。它有别于大众传播。它的目的更加明确，控制更加紧密，效果更加显著。管理者在传播信息时，要注意防止信息畸变或信息失真，以提高信息传播的有效性。为了防止信息畸变，需要分析导致信息畸变的原因并在此基础上采取相应的对策。

（五）信息的利用

信息的利用是指有意识地运用存储的信息去解决管理中具体问题的过程。它是信息采集、加工、存储和传播的最终目的。信息的利用程度与效果是衡量一个组织信息管理水平的重要尺度。它包括以下步骤：

（1）管理者在认清问题性质的前提下，判断什么样的信息有助于问题的解决。

（2）对组织目前拥有的信息资源进行统一梳理，并在此基础上，判断所需的信息是否存在。

（3）如果组织中存在所需的信息，则可直接利用。

（六）信息的反馈

信息的反馈是信息管理工作的重要环节，其目的是提高信息的利用效果，使信息按照管理者的意愿被使用。它是指对信息利用的实际效果与预期效果进行比较，找出发生偏差的原因，采取相应的控制措施以保证信息的利用符合预期的过程。

信息的反馈包括反馈信息的获取、传递和控制措施的制定与实施3个环节。从这3个环节看，信息反馈需要满足以下各项要求。

（1）反馈信息真实、准确。良好的反馈不仅要求信息是真实的，还要求管理者正确地理解反馈信息。不能把其他系统的被控制信息当作本控制环路的反馈信息，不能把失真信息当作反馈信息，也不能把反馈渠道中产生的一切信息都当作反馈信息。

（2）信息传递迅速、及时。反馈信息传递迟缓会影响控制措施的及时实施，使管理工作中的问题得不到及时解决。为了避免这种现象，管理者应设法缩短反馈信息的传输通道，应准确把握控制环路中的信息反馈途径，并明确反馈信息源。

（3）控制措施适当、有效。在较快地得到质量较高的反馈信息的前提下，管理者就有可能采取切实有效的控制措施，确保信息管理工作卓有成效。但良好的反馈信息并不等于良好的控制，从良好的反馈信息到良好的控制还需要管理者发挥自己和别人的聪明才智。

【知识链接】

企业流程再造

企业流程再造（Business Process Reengineering，BPR）最早由美国的哈默（Michael Hammer）和钱皮（James Champy）提出，这种管理思想在20世纪90年代达到了全盛。它强调以业务流程为改造对象和中心、以关心客户的需求和满意度为目标、对现有的业务流程进行根本的再思考和彻底的再设计，利用先进的制造技术、信息技术以及现代的管理手段，最大限度地实现技术上的功能集成和管理上的职能集成，以打破传统的职能型组织结构，建立全新的过程型组织结构，从而实现企业经营在成本、质量、服务和速度等方面的巨大改善。因此他们认为BPR是为了飞跃性地改善成本、质量、服务、速度等现代企业的主要运营基础，必须对工作流程进行根本性的重新思考并彻底改革。

一、产生的背景

企业流程再造理论的产生有其深刻的时代背景。20世纪六七十年代以来，信息技术革命使企业的经营环境和运作方式发生了很大的变化，而西方国家经济的长期低增长又使得市场竞争日益激烈，企业面临着严峻挑战。有些管理专家用3C理论阐述了这种全新的挑战：

（1）顾客（Customer）——买卖双方关系中的主导权转到了顾客一方。竞争使顾客对商品有了更大的选择余地；随着生活水平的不断提高，顾客对各种产品和服务也有了更高的要求。

（2）竞争（Competition）——技术进步使竞争的方式和手段不断发展，发生了根本性的变化。越来越多的跨国公司越出国界，在逐渐走向一体化的全球市场上展开各种形式的竞争，美国企业面临日本、欧洲企业的竞争威胁。

（3）变化（Change）——市场需求日趋多变，产品寿命周期的单位已由"年"趋于"月"，技术进步使企业的生产、服务系统经常变化，这种变化已经成为持续不断的事情。因此在大量生产、大量消费的环境下发展起来的企业经营管理模式已无法适应快速变化的市场。面对这些挑战，企业只有在更高水平上进行一场根本性的改革与创新，才能在低速增长时代增强自身的竞争力。

二、核心内容

在BPR的定义中，根本性、彻底性、戏剧性和业务流程成为备受关注的4个核心内容。

（1）根本性。根本性再思考表明业务流程重组所关注的是企业核心问题，如"我们为什么要做现在这项工作"，"我们为什么要采用这种方式来完成这项工作"，"为什么必须由我们而不是别人来做这份工作"等。通过对这些企业运营最根本性问题的思考，企业将会发现自己赖以生存或运营的商业假设是过时的，甚至是错误的。

（2）彻底性。彻底性再设计表明业务流程重组应对事物进行追根溯源。对已经存在的事物不是进行肤浅的改变或调整性修补完善，而是抛弃所有的陈规陋习，并且不需要考虑一切已规定好的结构与过程，创新完成工作的方法，重新构建企业业务流程，而不是改良、增强或调整。

（3）戏剧性。戏剧性改善表明业务流程重组追求的不是一般意义上的业绩提升或略有改善、稍有好转等，而是要使企业业绩有显著的增长、极大地飞跃和产生戏剧性变化，这也是流程重组工作的特点和取得成功的标志。

（4）业务流程。业务流程重组关注的要点是企业的业务流程，并围绕业务流程展开重组工作，业务流程是指一组共同为顾客创造价值而又相互关联的活动。哈佛商学院的迈克尔·波特（Michael Porter）教授将企业的业务流程描绘为一个价值链。竞争不是发生在企业与企业之间，而是发生在企业各自的价值链之间，只有对价值链的各个环节——业务流程进行有效管理的企业，才有可能真正获得市场上的竞争优势。

三、主要程序

（1）对原有流程进行全面的功能和效率分析，发现其存在的问题。根据企业现行的作业程序，绘制细致、明了的作业流程图。一般来说，原来的作业程序是与过去的市场需求、技术条件相适应的，并由一定的组织结构、作业规范作为其保证。当市场需求、技术条件发生的变化使现有作业程序难以适应时，作业效率或组织结构的效能就会降低。因此，必须从以下方面分析现行作业流程的问题：

1）功能障碍。随着技术的发展，技术上具有不可分性的团队工作，个人可完成的工作额度就会发生变化，这就会使原来的作业流程或者支离破碎增加管理成本，或者核算单位太大造成权责利脱节，并会造成组织机构设计不合理，形成企业发展的瓶颈。

2）重要性。不同的作业流程环节对企业的影响是不同的。随着市场的发展，顾客对产品、服务需求的变化，作业流程中的关键环节以及各环节的重要性也在变化。

3）可行性。根据市场、技术变化的特点及企业的现实情况，分清问题的轻重缓急，找出流程再造的切入点。为了对上述问题的认识更具有针对性，还必须深入现场，具体观测、分析现存作业流程的功能、制约因素以及表现的关键问题。

（2）设计新的流程改进方案，并进行评估。为了设计更加科学、合理的作业流程，必须群策群力、集思广益、鼓励创新。在设计新的流程改进方案时，可以考虑：

1）将现在的数项业务或工作组合，合并为一。
2）工作流程的各个步骤按其自然顺序进行。
3）给予职工参与决策的权力。
4）为同一种工作流程设置若干种进行方式。
5）工作应当超越组织的界限，在最适当的场所进行。
6）尽量减少检查、控制、调整等管理工作。
7）设置项目负责人（Case manager）。

对于提出的多个流程改进方案，还要从成本、效益、技术条件和风险程度等方面进行评估，选取可行性强的方案。

（3）制定与流程改进方案相配套的组织结构、人力资源配置和业务规范等方面的改进规划，形成系统的企业流程再造方案。企业业务流程的实施，是以相应组织结构、人力资源配置方式、业务规范、沟通渠道甚至企业文化作为保证的。所以，只有以流程改进为核心形成系统的企业流程再造方案，才能达到预期的目的。

（4）组织实施与持续改善。实施企业流程再造方案，必然会触及原有的利益格局。因此，必须精心组织，谨慎推进。既要态度坚定，克服阻力，又要积极宣传，达成共识，以保证企业流程再造的顺利进行。

企业流程再造方案的实施并不意味着企业再造的终结。在社会发展日益加快的时代，企业总是不断面临新的挑战，这就需要对企业再造方案不断地进行改进，以适应新形势的需要。

四、主要方法

BPR 作为一种重新设计工作方式、设计工作流程的思想，是具有普遍意义的，但在具体做法上，必须根据本企业的实际情况来进行。美国的许多大企业都不同程度地进行了 BPR，其中一些主要方法有：

（1）合并相关工作或工作组。如果一项工作被分成几个部分，而每一部分再细分，分别由不同的人来完成，那么每一个人都会出现责任心不强、效率低下等现象。而且，一旦某一环节出现问题，不但不易于查明原因，更不利于整体工作的进展。在这种情况下，企业可以把相关工作合并或把整项工作都交由一个人来完成，这样，既提高了效率，又使工人有了工作成就感，从而鼓舞了士气。如果合并后的工作仍需几个人共同担当或工作比较复杂，则成立团队，由团队成员共同负责一项从头到尾的工作。还可以建立数据库，信息交换中心，来对工作进行指导。在这种工作流程中，大家一起拥有信息，一起出主意想办法，能够更快更好地做出正确判断。

（2）工作流程的各个步骤按其自然顺序进行。在传统的组织中，工作在细分化了的组织单位间流动，一个步骤未完成，下一步骤开始不了，这种直线化的工作流程使得工作时间大为加长。如果按照工作本身的自然顺序，是可以同时进行或交叉进行的。这种非直线化工作方式可大大加快工作速度。

（3）根据同一业务在不同工作中的地位设置不同的工作方式。传统的做法是，对某一业务按同一种工作方式处理，因此要对这项业务设计出在最困难最复杂的工作中所运用的处理方法，把这种工作方法运用到所有适用于这一业务的工作过程中。这一做法存在着很大的浪费。因此，可以根据不同的工作设置出对这一业务的若干处理方式，这样就可以大大提高效率，也使工作变得简捷。

（4）模糊组织界线。在传统的组织中，工作完全按部门划分。为了使各部门工作不发生摩擦，又增加了许多协调工作。因此 BPR 可以使严格划分的组织界线模糊甚至超越组织界线。如 P&G 根据超级市场信息网传送的销售和库存情况，决定什么时候生产多少、送货多少，并不一味依靠自己的销售部门进行统计，同样，这也就避免了很多协调工作。

能力训练

1. 什么是国际化经营？国际化经营经历了哪些发展阶段？
2. 企业国际化经营的动机有哪些？
3. 国际化经营受到哪些环境要素的影响？
4. 试从适用条件、特点、优缺点等方面比较不同的全球战略。
5. 简述数据转化为信息的过程。
6. 信息管理工作都由哪些环节组成？
7. 简述 BPR 的基本原理。

学习情境四

决策与计划

任务一 决策过程分析

 学习目标

1. 掌握决策的基本理论及决策的过程。
2. 能够分析决策的影响因素并运用决策方法进行决策。

教学视频

【任务导入】

王厂长的会议

王厂长是某饮料厂的厂长，回顾8年的创业历程真可谓是艰苦创业、勇于探索的过程。全厂上下齐心合力，同心同德，共献计策为饮料厂的发展立下了不可磨灭的汗马功劳。但最令全厂上下佩服的还数4年前王厂长决定购买二手设备（国外淘汰的生产设备）的举措。饮料厂也因此挤入国内同行业强手之林，令同类企业刮目相看。今天王厂长又通知各部门主管及负责人晚上8点在厂部会议室开会。部门领导们都清楚地记得4年前在同一时间、同一地点召开的会议上王厂长做出了购买进口二手设备这一关键性的决定。在他们看来，今年又将有一项新举措出台。

晚上8点会议准时召开，王厂长庄重地讲道："我有一个新的想法，我将大家召集到这里是想听听大家的意见或看法。我们厂比起4年前已经发展了很多，可是，比起国外同类行业的生产技术、生产设备，还差得很远。我想，我们不能满足于现状，我们应该力争世界一流水平。当然，我们的技术、我们的人员等诸多条件还差得很远，但是我想为了达到这一目标，我们必须从硬件条件入手，即引进世界一流的先进设备，这样一来，就会带动我们的人员、带动我们的技术等等一起前进。我想这也并非不可能，4年前我们不就是这样做的吗？现在厂子的规模扩大了，厂内外事务也相应地增多了，大家都是各部门的领导及主要负责人，我想听听大家的意见，然后再做决定。"会场一片肃静，大家都清楚地记得，4年前王厂长宣布他引进二手设备的决定时，有近70%成员反对，即使后来王厂长谈了他近3个月对市场、政策、全厂技术人员、工厂资金等等厂内外环境的一系列调查研究结果后，仍有半数以上人持反对意见，10%的人持保留态度。因为当时很多厂家引进设备后，由于不配套和技术水平难以达到等因素，均使高价引进设备成了一堆闲置的废铁。但是王厂长在这种情况下仍采取了引进二手设备的做法。事实表明这一举措使饮料厂摆脱了企业由于当时设备落后、资金短缺所陷入的困境。二手设备那时价格已经很低，但在我国尚未被淘汰。因此，饮料厂也由此走上了发展的道路。

王厂长见大家心有余悸的样子，便说道："大家不必顾虑，今天这一项决定完全由大家决定，我想这也是民主决策的体现，如果大部分人同意，我们就宣布实施这一决定；如果大部分人反对的话，我们就取消这一决定。现在大家举手表决吧"。

于是会场上有近70%的人投了赞成票。

【任务书】

1. 结合案例，请分析管理层在做出相应的决策时，应该做哪些工作？
2. 分析影响决策的因素，并列举决策方法。

【相关知识】

组织中的决策是指管理者识别并解决问题的过程，有时也指管理者利用机会的过程。决策所遵循的原则是"满意"而不是"最优"。决策需要适量的信息，组织中的管理者的决策对于组织的发展具有关键性意义。一个正确的决策能够挽救一个企业，相反，一个错误的决策也会毁掉一个企业。做好决策，不仅仅是决策者的管理任务，更是组织的重要职能之一。

一、决策

对于决策的定义，很多学者从不同的角度给出了不同的定义。如："从两个以上的备选方案中选择一个的过程就是决策"（杨洪兰，1996）；"所谓决策，是指组织或个人为了实现某种目标而对未来一定时期内有关活动的方向、内容及方式的选择或调整过程"（周三多，1999）；"人们为了达到一定目标，在掌握充分的信息和对有关情况进行深刻分析的基础上，用科学的方法拟定并评估各种方案，从中选出合理方案的过程"（张石森、欧阳云，《哈佛MBA战略决策全书》，2003年版）。

而本书推荐的定义是：决策就是"管理者识别并解决问题的过程，或者管理者利用机会的过程"（Lewis，Goodman and Fandt，1998）。因为它从3个方面对决策进行了描述：

（1）决策的主体是管理者，因为决策是管理的一项职能。管理者既可以单独做出决策（这样的决策称为个体决策），也可以和其他管理者共同做出决策（这样的决策称为群体决策）。

（2）决策的本质是一个过程，这一过程由多个步骤组成，尽管各人对决策过程的理解不尽相同。

（3）决策的目的是解决问题或利用机会，这就是说，决策不仅仅是为了解决问题，有时也是为了利用机会。

二、决策的原则

决策遵循的是满意原则，而不是最优原则。对决策者来说，要想使决策达到最优，必须具备以下条件，缺一不可：①容易获得与决策有关的全部信息；②真实了解全部信息的价值所在，并据此拟定出所有可能的方案；③准确预测每个方案在未来的执行结果。

但现实中，上述这些条件往往得不到满足。具体来说，原因如下：①组织内外的很多因素都会对组织的运行产生不同程度的影响，但决策者很难收集到反映这些因素的一切信息；

②对于收集到的有限信息,决策者的利用能力也是有限的,从而决策者只能拟定数量有限的方案;③任何方案都要在未来实施,而未来是不确定的。人们对未来的认识和影响十分有限,从而决策时所预测的未来状况可能与实际的未来状况不一致。

现实中的上述状况决定了决策者难以做出最优决策,只能做出相对满意的决策。

三、决策的依据

管理者在决策时离不开信息,信息的数量和质量直接影响决策水平。这要求管理者在决策之前以及决策过程中尽可能地通过多种渠道收集信息作为决策的依据。但这并不是说管理者要不计成本地收集各方面的信息。管理者在决定收集什么样的信息、收集多少信息以及从何处收集信息等问题时,要进行成本—收益分析。只有在收集的信息所带来的收益(因决策水平提高而给组织带来的利益)超过为此而付出的成本时,才应该收集该信息。

所以我们说,适量的信息是决策的依据,信息量过大固然有助于决策水平的提高,但对组织而言可能是不经济的,而信息量过少则使管理者无从决策或导致决策达不到应有的效果。

四、决策过程

从图4-1可以看出,决策的6步骤不是单向的,而是一个循环过程,即每一个决策的完成,在评估效果的同时也是下一个决策的开始,是下一步决策的一个依据。

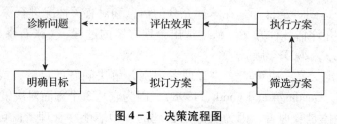

图4-1 决策流程图

1. 诊断问题(识别机会)

决策者必须知道哪里需要行动,因此决策过程的第一步是诊断问题或识别机会。管理者通常密切关注处在其责任范围内的相关数据与信息。实际状况与所预期状况的差异提醒管理者潜在的机会或存在的问题。识别机会和问题并不总是简单的,因为要考虑组织中人的行为。有时候,问题可能埋藏在个人过去的经验、组织复杂的结构或个人和组织因素的某种混合中,因此,管理者必须特别注意要尽可能精确地评估问题和机会。而另一些时候,问题可能简单明了,只要稍加观察就能识别出来。

评估机会和问题的精确程度有赖于信息的精确程度,所以管理者要尽力获取精确、可信赖的信息。低质量或不精确的信息不仅白白浪费掉大量时间,也使管理者无法发现导致某种情况出现的潜在原因。

即使收集到的信息是高质量的,在解释的过程中也可能发生扭曲。有时,信息持续地被误解或有问题的事件一直未被发现,这些都使得信息的扭曲程度加重。大多数重大灾难或事故都有一个较长的潜伏期,在这一时期,有关征兆被错误地理解或不被重视,从而未能及时采取行动，导致灾难或事故的发生。即使管理者拥有精确的信息并正确地解释它，处在他们控制之外的因素也会可能对机会和问题的识别产生影响。但是，管理者只要坚持获取高质量的信息并仔细地解读它，就会提高做出正确决策的可能性。

2. 明确目标

目标体现的是组织想要获得的结果。所想要获得的结果的数量和质量都要明确下来，因为这两个方面都将最终指导决策者选择行动路线。

目标的衡量方法有很多种，如我们通常用货币单位来衡量利润或成本目标，用每人的产出数量来衡量生产率目标，用次品率或废品率来衡量质量目标。

根据时间的长短，可把目标分为长期目标、中期目标和短期目标。长期目标通常用来指导组织的战略决策，中期目标通常用来指导组织的战术决策，短期目标通常用来指导组织的业务决策。无论时间长短，目标总是指导着随后的决策过程。

3. 拟订方案

一旦机会或问题被正确地识别出来，管理者就要提出达到目标和解决问题的各种方案。这一步骤需要创造力和想象力。在提出备选方案时，管理者必须把试图达到的目标铭记在心，而且要提出尽量多的方案。

管理者常常借助其个人经验、经历和对有关情况的把握来提出方案。为了提出更多、更好的方案，需要从多种角度审视问题，这意味着管理者要善于征询他人的意见。

备选方案可以是标准的和明显的，也可以是独特的和富有创造性的。标准方案通常是指组织以前采用过的方案。通过头脑风暴法、名义组织技术和德尔菲技术等可以提出富有创造性的方案。

4. 筛选方案

决策过程的第四步是确定所拟定的各种方案的价值或恰当性，并确定最满意的方案。为此，管理者起码要具备评价每种方案的价值或相对优势（劣势）的能力。在评估过程中，要使用预定的决策标准（如预期的质量）并仔细考虑每种方案的预期成本、收益、不确定性和风险，最后对各种方案进行排序。例如，管理者会提出以下问题：该方案有助于质量目标的实现吗？该方案的预期成本是多少？与该方案有关的不确定性和风险有多大？

在此基础上，管理者就可以做出最后选择。尽管选择一个方案看起来很简单，只需要考虑全部可行方案并从中挑选一个能解决问题的最好方案，但实际上做出选择是很困难的。由于最好的选择通常建立在仔细判断的基础上，所以管理者必须仔细考察所掌握的全部事实，并确信自己已获得足够的信息。

5. 执行方案

选定方案之后，紧接着的步骤就是执行方案。管理者要明白，方案的有效执行需要足够数量和种类的资源做保障。如果组织内部恰好存在方案执行所需要的资源，那么管理者应设法将这些资源调动起来，并注意不同种类资源的互相搭配，以保证方案的顺利执行。如果组织内部缺乏相应的资源，则要考虑从外部获取资源的可能性与经济性。

管理者还要明白，方案的执行将不可避免地会对各方造成不同程度的影响，一些人的既得利益可能会受到损害。在这种情况下，需要管理者善于做思想工作，帮助他们认识这种损害只是暂时的，或者说是为了组织全局的利益而不得不付出的代价，在可能的情况下，管理者还可以拿出相应的补偿方案以消除他们的顾虑，化解方案在执行过程中遇到的阻力。

管理者更应当明白，方案的实施需要得到广大员工的支持，需要调动他们的积极性。为此，需要做好以下3方面的工作：①将决策的目标分解到各个部门与个人，实行目标责任制，让他们树立起责任心，感受到组织赋予他们的压力；②管理者要善于授权，做到责权对等，相关主体拥有必要的权力，便于其完成相应的目标；③设计合理的报酬制度，根据目标的完成情况对相关主体实施奖惩，以充分调动他们的工作积极性。通过以上3方面的工作，能够实现责、权、利三者的有效结合，确保方案朝着管理者所期望的路线演进。

6. 评估效果

对方案执行效果的评估是指将方案实际的执行效果与管理者当初所设立的目标进行比较，看是否出现偏差。如果存在偏差，则要找出偏差产生的原因，并采取相应的措施。具体来说，如果发现偏差的出现是由于当初考虑问题不周到，对未来把握不准，或者所拟订的方案过于粗略（也就是说，偏差的发生与决策过程中的前4个步骤有关），那么管理者就应该重新回到前面4个步骤，对方案进行适应性调整，以使调整后的方案更加符合组织的实际和变化的环境。从这个意义上说，决策不是一次性的静态过程，而是一个循环往复的动态过程。如果发现偏差是由方案执行过程中某种人为或非人为的因素造成的，那么管理者就应该加强对方案执行的监控并采取切实有效的措施，确保已经出现的偏差不扩大甚至有所缩小，从而使方案取得预期的效果。

五、影响决策的因素

由于决策是为组织的运行服务的，而组织总是在一定的环境下运行，所以首先，决策受到环境的影响。具体来说，环境的稳定性、组织所面临的市场结构类型以及买卖双方在市场中相对地位的变化等都会对决策产生影响。

其次，决策还受到组织自身因素的影响。由于组织内部产生的问题或组织面临的机会不同，组织内部实施的决策过程中消耗组织的资源以及采取的对策也就不尽相同。现实中，面对同样的环境，不同组织表现出很大的行为差异就是一个很好的依据。具体来说，组织文化、组织的信息化程度以及组织过去对环境的应变模式等都会对决策产生影响。

再次，决策对象也是影响决策的因素。问题的性质成了环境与组织自身因素以外的第三个影响决策的因素。问题的重要性与紧迫性都会对决策产生影响。

最后，影响决策因素的还有决策主体。无论是作为个体，还是作为群体，决策者的心理与行为特征均会左右决策。也就是说个人对待风险的态度、个人能力、个人价值观以及决策群体的关系融洽程度等都会影响到决策。

1. 环境因素

（1）环境的稳定性。一般来说，在环境比较稳定的情况下，组织过去针对同类问题所做的决策具有较高的参考价值，因为过去决策时所面临的环境与现时差不多。有时，今天的决策仅是简单地重复昨天的决策。这种情况下的决策一般由组织的中低层管理者进行。

（2）市场结构。如果组织面对的是垄断程度较高的市场，则其决策重点通常在于：如何改善生产条件，如何扩大生产规模，如何降低生产成本等。垄断程度高就容易使组织形成以生产为导向的经营思想。

如果组织面对的是竞争程度较高的市场，则其决策重点通常在于：如何密切关注竞争对手的动向，如何针对竞争对手的行为做出快速反应，如何才能不断向市场推出新产品，如何完善营销网络等。激烈的竞争容易使组织形成以市场为导向的经营思想。

（3）买卖双方在市场的地位。在卖方市场条件下，组织作为卖方，在市场居于主动、主导地位。组织所做的各种决策的出发点是组织自身的生产条件与生产能力，"我生产什么就向市场提供什么"，"我能生产什么就销售什么"。

而在买方市场条件下，组织作为卖方，在市场居于被动、被支配的地位。组织所做的各种决策的出发点是市场的需求情况，"市场或用户需要什么我就生产什么"，"消费者主权"，"用户就是上帝"，"顾客永远是对的"等意识被融入决策中。

2. 组织自身的因素

（1）组织文化。在保守型组织文化中生存的人们受这种文化的影响倾向于维持现状，他们害怕变化，更害怕失败。对任何带来变化（特别是重大变化）的行动方案会产生抵触情绪，并以实际行动抵制。在这种文化氛围中，如果决策者想坚持实施一项可能给组织成员带来较大变化的行动方案，就必须首先勇于破除旧有的文化，建立一种欢迎变化的文化。决策者会在决策之前预见到带来变化的行动方案在实施中将遇到很大阻力，很可能招致失败。

在保守型文化中的人们不会轻易容忍失败，因而决策者就会产生顾虑，从而将有关行动方案从自己的视野中剔除出去。其结果是，那些旨在维持现状的行动方案被最终选出并付诸实施，进一步强化了文化的保守性。而在进取型组织文化中生存的人们欢迎变化，勇于创新，宽容地对待失败。在这样的组织中，容易进入决策者视野的是给组织带来变革的行动方案。有时候，他们进行决策的目的就是制造变化。此外，组织文化是否具有伦理精神也会对决策产生影响。具有伦理精神的组织文化会引导决策者采取符合伦理的行动方案，而没有伦理精神的组织文化可能会导致决策者为了达到目的而不择手段。

（2）组织的信息化程度。信息化程度对决策的影响主要体现在其对决策效率的影响上。信息程度较高的组织拥有较先进的信息技术，可以快速获取质量较高的信息；另外，在这样的组织中，决策者通常掌握着较先进的决策手段。高质量的信息与先进的决策手段便于决策者快速做出较高质量的决策。不仅如此，在高度信息化的组织中，决策者的意图易被人理解，决策者也较容易从他人那里获取反馈，使决策方案能根据组织的实际情况进行调整从而得到很好的实施。在信息时代，组织更应致力于加强信息化建设，借此提高决策的效率。

（3）组织对环境的应变模式。通常，对一个组织而言，其对环境的应变是有规律可循的。随着时间的推移，组织对环境的应变方式趋于稳定，形成组织对环境特有的应变模式。这种模式指导着组织今后在面对环境变化时如何思考问题，如何选择行动方案等，特别是在创立该模式的组织最高领导尚未被更换时，其制约作用更大。

3. 决策问题的性质

（1）问题的紧迫性。如果决策涉及的问题对组织来说非常紧迫，急需处理，则这样的决策被称为时间敏感型对策。对于此类决策，快速行动要比如何行动更重要，也就是说，对决策速度的要求高于对决策质量的要求。战场上军事指挥官的决策多属于此类。组织在发生重大安全事故、面临稍纵即逝的重大机会时，以及在生死存亡的紧急关头所面临的决策也属于此类。需要说明的是，时间敏感型决策在组织中不常出现，但每次出现都给组织带来重大影响。

相反，如果决策涉及的问题对组织来说不紧迫，组织有足够的时间从容应对，则这样的决策可被称为知识敏感型决策。因为在时间宽裕的情况下对决策质量的要求必然提高，而高质量的决策依赖于决策者掌握足够的知识。组织中的大多数决策均属于此类。对决策者而言，为了争取足够的时间以便做出高质量的决策，需要未雨绸缪，尽可能在问题出现之前就将其列为决策的对象，而不是等问题出现后再匆忙做决策，也就是将时间敏感型决策转化为知识敏感型决策。

（2）问题的重要性。问题的重要性对决策的影响是多方面的：①重要的问题可能引起高层领导的重视，有些重要问题甚至必须由高层领导亲自决策，从而使决策得到更多力量的支持；②越重要的问题越有可能由群体决策，因为与个体决策相比，在群体决策时，对问题的认识更全面，决策的质量可能更高；③越重要的问题越需要决策者慎重决策，越需要决策者避开各类决策陷阱。

4. 决策主体的因素

（1）个人对待风险的态度。人们对待风险的态度有 3 种类型：风险厌恶型、风险中立型和风险偏好型。可以通过举例来说明如何区分这 3 种类型。假如你面临两个方案：一个方案是，不管情况如何变化，你都会在 1 年后得到 100 元收入；另一个方案是，在情况朝好的一面发展时，你将得到 200 元收入，而在情况朝坏的一面发展时，你将得不到收入，情况朝好的一面发展和朝坏的一面发展的可能性各占一半。试问你更愿意要哪个方案。如果选择第一个方案，那么你将得到 100 元确定性收入；而如果选择第二个方案，那么你将得到期望收入 100 元（200×0.5＋0×0.5）。如果选择第一个方案，你就属于风险厌恶型；如果选择第二个方案，你就属于风险偏好型；如果对选择哪个方案无所谓，你就属于风险中立型。可见，决策者对待风险的不同态度会影响行动方案的选择。

（2）个人能力。决策者个人能力对决策的影响主要体现在以下方面：①决策者对问题的认识能力越强，越有可能提出切中要害的决策；②决策者获取信息的能力越强，越有可能加快决策的速度并提高决策的质量；③决策者的沟通能力越强，所提出的方案越容易获得通过；④决策者的组织能力越强，方案越容易实施，越容易取得预期的效果。

（3）个人价值观。组织中的任何决策既有事实成分，也有价值成分。对客观事物的描述属于决策中的事实成分，如对组织外部环境的描述、对组织自身问题的描述等都属于事实成分。事实成分是决策的起点，能不能做出正确决策很大程度上取决于事实成分的准确性。对所描述的事物所做的价值判断属于决策中的价值成分。这种判断受个人价值观的影响，决策者有什么样的价值观，就会做出什么样的判断。也就是说，个人价值观通过影响决策中的价值成分来影响决策。

（4）决策群体的关系融洽程度。如果决策是由群体做出的，那么群体的特征也会对决策产生影响。我们此处仅考察决策群体的关系融洽程度对决策的影响：①影响较好行动方案被通过的可能性。在关系融洽的情况下，大家心往一处想，劲往一处使，话往一处说，事往一处做，较好的方案容易获得通过。而在关系紧张的情况下，最后被通过的方案可能是一种折中方案，未必是较好的方案。②影响决策的成本。在关系紧张的情况下，方案可能长时间议而不决，决策方案的实施所遇到的障碍通常也较多。

六、决策方法

（一）定性决策方法

定性决策方法主要由集体决策方法和活动方向决策方法两部分组成。

1. 集体决策方法

（1）头脑风暴法。头脑风暴法的特点是：针对解决的问题，相关专家或人员聚在一起，在宽松的氛围中，敞开思路，畅所欲言，寻求多种决策思路。

头脑风暴法的创始人是英国心理学家奥斯本（A. F. Osborn）。该决策方法的四项原则是：①各自发表自己的意见，对别人的建议不做评论；②建议不必深思熟虑，越多越好；③鼓励独立思考、奇思妙想；④可以补充完善已有的建议。头脑风暴法的特点是倡导创新思维，时间一般在1～2小时，参加者以5～6人为宜。

（2）名义小组技术。在集体决策中，如果大家对问题性质的了解程度有很大差异，或彼此的意见有较大分歧，直接开会讨论效果并不好，可能争执不下，也可能权威人士发言后大家随声附和。

这时，可以采取"名义小组技术"。管理者先选择一些对要解决的问题有研究或有经验的人作为小组成员，并向他们提供与决策问题相关的信息。小组成员各自先不通气，独立地思考，提出决策建议，并尽可能详细地将自己提出的备选方案写成文字资料。然后召集会议，让小组成员一一陈述自己的方案。在此基础上，小组成员对全部备选方案投票，产生大家最赞同的方案，并形成对其他方案的意见，提交管理者作为决策参考。

（3）德尔菲技术。德尔菲技术是兰德公司提出的，用于听取专家对某一问题的意见。运用这一方法的步骤是：

1）根据问题的特点，选择和邀请做过相关研究或有相关经验的专家。

2）将与问题有关的信息分别提供给专家，请他们各自独立发表意见，并写成书面材料。

3）管理者收集并综合专家们的意见后，将综合意见反馈给各位专家，请他们再次发表意见。如果分歧很大，可以开会集中讨论；否则，管理者分头与专家联络。

4）如此反复多次，最后形成代表专家组意见的方案。

2. 活动方向决策方法

管理者有时需要对企业或企业某部门的经营活动方向进行选择，可以采用下列"经营单位组合分析法"和"政策指导矩阵法"。

（1）经营单位组合分析法。经营单位组合分析法是由波士顿咨询公司提出来的。该方法认为，在确定某个单位经营活动方向时，应该考虑它的市场占有率（市场相对竞争地位）和业务增长率两个维度。相对竞争地位经常体现在市场占有率上，它决定了企业的销售量、销售额和赢利能力；而业务增长率则反映在业务增长的速度上，影响投资的回收期限，如图4-2所示。

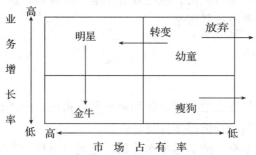

图4-2 企业经营单位组合分析图

在选择策略上,"瘦狗"型的经营单位为"双低型",即市场占有率和业务增长率都较低,只能带来很少的现金和利润,甚至可能亏损。对这种不景气的业务,应该采取收缩甚至放弃的战略。而"幼童"型是高业务增长率,低市场占有率。这有可能是企业刚开发的很有前途的领域。然而高增长的速度需要大量资金以支撑,往往需要其他业务支持。企业若选择向该业务投入必要的资金,以提高市场份额,从而使其向"明星"型业务转变;如果企业判断它不能转化成"明星"型业务,应忍痛割爱,及时放弃该领域。"金牛"型经营单位的特点是市场占有率较高,而业务增长率较低,从而为企业带来较多的利润,同时需要较少的资金投资。这种业务产生的大量现金可以满足企业经营的需要。"明星"型经营单位的特点是市场占有率和业务增长率都较高,代表着最高利润增长率和最佳投资机会,企业应该不失时机地投入必要的资金,扩大生产规模。

(2) 政策指导矩阵法。政策指导矩阵方法是荷兰皇家壳牌公司创立的。该方法从市场前景和相对竞争能力两个维度分析企业经营单位的现状和特征,用3×3类似矩阵的形式表示(其实,它不是严格意义上的3×3矩阵,只是分成了9个方格),如图4-3所示。

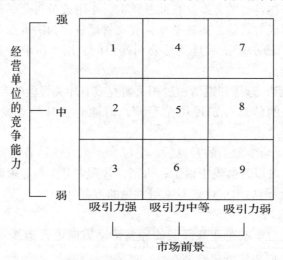

图4-3 政策指导矩阵示意图

在策略选择上,经营单位竞争能力强,市场前景也不错的业务,应该确保足够的资源,优先发展。而经营单位竞争能力和市场前景都很弱的业务,应尽快放弃此类业务,以免陷入泥潭。那些市场前景好,但竞争能力比较弱的业务,要根据企业的资源状况区别对待。对于竞争能力较强,但市场前景不容乐观,这些业务不应继续发展,但不要马上放弃,可以利用其较强的竞争能力为其他业务提供资金。

(二)定量决策方法

1. 确定型决策

未来确定条件下的评价方法也很多,比如量本利分析法、内部投资回收率法、价值分析法等。下面主要介绍量本利分析的基本原理。

量本利分析,也叫保本分析或盈亏平衡分析,是通过分析生产成本、销售利润和产品数量这三者的关系,掌握盈亏变化的规律,指导企业选择能够以最小的成本产出最多产品并可使企业获得最大利润的经营方案。

企业利润是销售收入扣除生产成本以后的剩余。其中，销售收入是产品销售数量及其销售价格的函数，生产成本（包括工厂成本和销售费用）可分成固定成本和变动成本。变动成本是随着产量的增加或减少而提高或降低的费用，而固定成本则在一定时期、一定范围内不随产量而变化。当然，"固定"与"变动"只是相对的概念：就长期来说，由于企业的经营能力和规模是在不断变化的，因此一切费用都是变动的；从短期来看，就单位产品来说，"变动费用"是固定的，而"固定费用"则随产品数量的增加而减小。

图4-4描述了特定时期企业利润、销售收入（价格与销售量的乘积）以及生产成本（固定费用和变动费用）之间的关系。

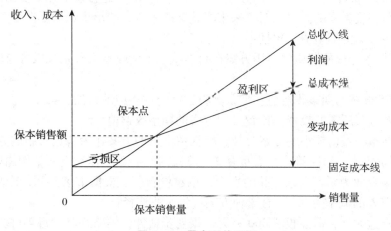

图4-4 量本利关系图

企业获得利润的前提是生产过程中的各种消耗均能够得到补偿，即销售收入至少等于生产成本。为此，必须确定企业的保本量和保本收入：在价格、固定成本和变动成本已定的条件下，企业至少应生产多少数量的产品才能使总收入与总成本平衡；或当产量、价格、成本已定的情况下，企业至少应取得多少销售收入才足以补偿生产过程中的费用。其相互关系为

收入 = 价格 × 产量

成本 = 固定成本 + 可变成本 = 固定成本 + 单位可变成本 × 产量

盈亏平衡点产量法公式：以盈亏平衡点产量或销量作为依据进行分析的方法，其公式为

$$Q = C/(P - V)$$

式中　Q——盈亏平衡点产量（销量）；

　　　C——总固定成本；

　　　P——产品价格；

　　　V——单位变动成本。

要获得一定利润目标B时，其公式为

$$Q = C + B/(P - V)$$

2. 风险型决策

风险型决策的评价方法也很多，下面主要介绍决策树法。决策树法是一种用树型图来描述各方案在未来收益的计算、比较以及选择的方法。决策树的基本形状如图4-5所示。

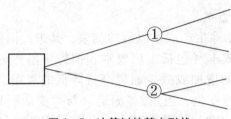

图 4-5 决策树的基本形状

在图 4-5 中,"□"表示决策点,由此引出的两条直线叫作方案分枝,表示决策时可采取的不同方案;"①"和"②"表示自然状态点,由此引出的直线叫作概率分枝或状态分枝,表示方案在未来执行时可能遇到的几种不同自然状态。

用决策树的方法比较和评价不同方案的经济效果,需要进行以下几个步骤的工作:

1) 根据可替换方案的数目和对未来市场状况的了解,绘出决策树形图。

2) 计算各方案的期望值,包括:

①计算各概率分枝的期望值,用方案在自然状态下的收益去分别乘以各自然状态出现的概率;

②将各概率分枝的期望收益值相加,并将数字记在相应的自然状态点上。

3) 考虑各方案所需的投资,比较不同方案的期望收益值。

4) 剪去期望收益值较小的方案分枝,将保留下来的方案作为备选实施的方案。

如果是多阶段或多级决策,则需重复 2)、3)、4) 各项工作。下面举例加以说明。

例 4-1 某企业为了扩大某产品的生产,拟建设新厂。根据市场预测,产品销路好的概率为 0.7,销路差的概率为 0.3。有 3 种方案可供企业选择:

方案 1:新建大厂,需要投资 300 万元。据初步估计,销路好时,每年可获利 100 万元;销路差时,每年亏损 20 万元。服务期为 10 年。

方案 2:新建小厂,需投资 140 万元,销路好时,每年可获利 40 万元;销路差时,每年仍可获利 30 万元。服务期为 10 年。

方案 3:先建小厂,3 年后销路好时再扩建,需追加投资 200 万元,服务期为 7 年,估计每年获利 95 万元。

问哪种方案最好?画出该问题的决策树,如图 4-6 所示。

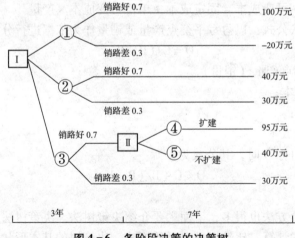

图 4-6 各阶段决策的决策树

方案1（结点①）的期望收益为：

$$[0.7 \times 100 + 0.3 \times (-20)] \times 10 - 300 \text{ 万元} = 340 \text{ 万元}$$

方案2（结点②）的期望收益为：

$$(0.7 \times 40 + 0.3 \times 30) \times 10 - 140 \text{ 万元} = 230 \text{ 万元}$$

至于方案3，由于结点④的期望收益465（95×7-200）万元大于结点⑤的期望收益280（40×7）万元，所以销路好时，扩建比不扩建好。

方案3（结点③）的期望收益为：

$$(0.7 \times 40 \times 3 + 0.7 \times 465 + 0.3 \times 30 \times 10) - 140 \text{ 万元} = 359.5 \text{ 万元}$$

计算结果表明，在3种方案中，方案3最好。

需要说明的是，在计算过程中，没有考虑货币的时间价值，这是为了使问题简化。但在实际中，多阶段决策通常要考虑货币的时间价值。

（三）不确定型决策

这种评价方法适用于人们对未来的认识程度低于上述两种决策的情况。如果人们只知道未来可能呈现出多种自然状态，但对其出现的概率全然不知，那么在比较不同方案效果时，就只能根据主观选择的一些原则来进行。

1. 乐观原则

如果决策者比较乐观，认为未来会出现最好的自然状态，所以不论采用何种方案均可能取得该方案的最大效果。那么决策时就可以首先找出各方案在各种自然状态下的最大收益值，然后进行比较，找出在最好自然状态下能够带来最大收益的方案作为决策实施方案。这种决策原则也叫"最大收益值规则"。

例4-2 某公司为了适应市场的需求，决定投资建设一个录像机厂。对于录像机厂的规模，决策者有3个方案可供选择，即建设大型工厂（D1）、建设中型工厂（D2）、建设小型工厂（D3）。对于录像机市场的前景，存在3种自然状态：即销路好、销路一般和销路差。通过调查研究，决策者对录像机厂的每个决策方案在每一自然状态下的损益值进行了估计，其结果如表4-1所示。

表4-1 录像机厂建设问题的损益值表 （单位：万元）

决策方案	自然状态		
	销路好	销路一般	销路差
建设大型工厂（D1）	200	80	-30
建设中型工厂（D2）	150	100	10
建设小型工厂（D3）	100	40	25

用乐观原则加以选择。首先，找出每一方案的最大损益值；然后，选择能提供最大损益值的决策方案。从表4-1中可以看出，决策方案D1的最大损益值是200万元，大于决策方案D2和决策方案D3的最大损益值。根据乐观原则，该公司应建大型厂房。

2. 悲观原则

悲观原则与乐观原则相反，决策者对未来比较悲观，认为未来会出现最差的自然状态，因此企业不论采取何种方案，均只能取得对该方案的最小收益值，所以在决策时，首先计算和找出各方案在各自然状态下的最小收益值，即与最差自然状态相应的收益值；然后进行比较，选择在最差自然状态下仍能带来"最大收益"（或最小损失）的方案作为实施方案。这种方法也叫作"小中取大规则"或"最小最大收益值规则"。

根据例4-2，用悲观原则选择的方法是：首先，找出每一方案的最小损益值分别为-30、10、25；然后，选择其中最大的损益值，即25所对应的方案D3为决策方案。

3. 折中原则

这种方法应在两种极端中求取平衡。决策时，既不能把未来想得如何光明，也不能描绘得如何黑暗，最好和最差的自然状态均有出现的可能。因此，可以根据决策者的判断，给自然状态以一个乐观系数，给最差自然状态以一个悲观系数，两者之和为1；然后用各种方案在最好自然状态下的收益值与乐观系数相乘所得的积，加上各方案在最差自然状态下的收益值与悲观系数的乘积，得出各方案的期望收益值；最后据此比较各方案的经济效果，做出选择。

仍以例4-2录像机厂建设方案为例，假设决策者判断销路好和销路差的概率分别为0.7和0.3，则方案D1的期望值为

$$[200 \times 0.7 + (-30) \times 0.3] 万元 = 131 万元$$

方案D2的期望值为

$$(150 \times 0.7 + 10 \times 0.3) 万元 = 108 万元$$

方案D3的期望值为

$$(100 \times 0.7 + 25 \times 0.3) 万元 = 77.5 万元$$

显然，方案D1的期望值最大，应选择建设大型工厂。

4. 最大最小后悔值原则

决策者在选定方案并组织实施后，如果遇到的自然状态表明采用另外的方案会取得更好的收益，企业在无形中遭受了机会损失，那么决策者将为此而感到后悔。最小最大后悔值原则就是一种力求使后悔值尽量小的原则。根据这个原则，决策时应先算出各方案在各自然状态下的后悔值（用方案在某种自然状态下的收益值与该自然状态下的最大收益值相比较的差），然后找出每一种方案的最大后悔值，并据此对不同方案进行比较，选择最大后悔值最小的方案作为实施方案。

仍以例4-2为例，假设上述公司决定建设小型工厂（D3），当工厂建成后，录像机的销路好，那该公司就失去了获得最高利润200万元的机会，就称实际利润100万元与最高利润200万元之差为方案D3在销路好这一自然状态下的机会损失或后悔值。可以计算出各个决策方案在每一自然状态下的后悔值，如表4-2所示。

表4-2 最大最小后悔值　　　　　　　　　　　　　　　（单位：万元）

决策方案	销路好	销路一般	销路差	最大后悔值
建设大型工厂（D1）	0	20	55	55
建设中型工厂（D2）	50	0	15	50
建设小型工厂（D3）	100	60	0	100

应用最大最小后悔值原则的下一步就是计算各个决策方案的最大后悔值，然后找出最大后悔值中最小值（50）所对应的方案即为决策方案，因此，应选择建设中型工厂。

【知识链接】

决策理论

决策理论一般包括古典决策理论和行为决策理论。

古典决策理论是基于"经济人"假设提出的，主要盛行于20世纪50年代以前。古典决策理论认为，应该从经济的角度来看待决策问题，即决策的目的在于为组织获取最大的经济利益。

古典决策理论的主要内容有：

(1) 决策者必须全面掌握有关决策环境的信息情报。

(2) 决策者要充分了解有关备选方案的情况。

(3) 决策者应建立一个合理的层级结构，以确保命令的有效执行。

(4) 决策者进行决策的目的始终在于使本组织获取最大的经济利益。

古典决策理论假设，决策者是完全理性的，决策者在充分了解有关信息情报的情况下，是完全可以做出实现组织目标的最佳决策的。古典决策理论忽视了非经济因素在决策中的作用，这种理论不可能正确指导实际的决策活动，从而逐渐被更为全面的行为决策理论所代替。

行为决策理论的发展始于20世纪50年代。对古典决策理论的"经济人"假设发难的第一人是诺贝尔经济学奖得主赫伯特·A. 西蒙，他在《管理行为》一书中指出，理性的和经济的标准都无法确切地说明管理的决策过程，进而提出"有限理性"标准和"满意度"原则。其他学者对决策者行为做了进一步研究，发现影响决策的不仅有经济因素，还有决策者的心理因素，如态度、情感、经验和动机等。

行为决策理论的主要内容是：

(1) 人的理性介于完全理性和非理性之间，即人是有限理性的，这是因为在高度不确定和极其复杂的现实决策环境中，人的知识、想象力和计算力是有限的。

(2) 决策者在识别和发现问题中容易受知觉上的偏差影响，而在对未来的状况做出判断时，直觉的运用往往多于逻辑分析方法的运用。所谓知觉上的偏差，是指由于认知能力有限，决策者仅把问题的部分信息当作认知对象。

(3) 由于受决策时间和可利用资源的限制，决策者即使充分了解和掌握有关决策环境的信息情报，也只能做到尽量了解各种备选方案的情况，而不可能做到全部了解，决策者选择的理性是相对的。

(4) 在风险型决策中，与对经济利益的考虑相比，决策者对待风险的态度对决策起着更为重要的作用。

(5) 决策者在决策中往往只求满意的结果，而不愿费力寻求最佳方案。导致这一现象的原因有多种：①决策者不注意发挥自己和别人继续进行研究的积极性，只满足于在现有的可行方案中进行选择；②决策者本身缺乏有关能力，在有些情况下，决策者出于某些个人因素的考虑做出自己的选择；③评估所有的方案并选择其中的最佳方案需要花费大量的时间和金钱，这可能得不偿失。

行为决策理论抨击了把决策视为定量方法和固定步骤的片面性，主张把决策视为一种文化现象。例如，日裔美籍学者威廉·大内（William Ouchi）在其对美日两国企业在决策方面的差异进行的比较研究中发现，东西方文化的差异是导致这种决策差异的一种不容忽视的原因，从而开创了对决策的跨文化比较研究。

除了西蒙的"有限理性"模式，林德布洛姆的"渐进决策"模式也对"完全理性"模式提出了挑战。林德布洛姆认为决策过程应是一个渐进过程，而不应大起大落（当然，这种渐进过程积累到一定程度也会形成一次变革），否则会危及社会稳定，给组织带来组织结构、心理倾向和习惯等的震荡和资金困难，也使决策者不可能了解和思考全部方案并弄清每种方案的结果（这是由于时间的紧迫和资源的匮乏）。因此，"按部就班、修修补补的渐进主义决策者，似乎不是一位叱咤风云的英雄人物，而实际上是能够清醒地认识到自己是在与无边无际的宇宙进行搏斗的足智多谋的解决问题的决策者"。这说明，决策不能只遵守一种固定的程序，而应根据组织外部环境与内部条件的变化进行适时的调整和补充。

能力训练

1. 什么是决策，决策的类型包括哪些？
2. 决策应遵循哪些基本原则？
3. 科学决策应包括哪些步骤？
4. 如何运用经营单位组合分析法进行产品决策？

教学视频

任务二　计划工作流程

学习目标

1. 理解计划及基本原理。
2. 能够辨识计划类型。
3. 能够编制计划。
4. 能够对计划中出现的问题进行矫正。

【任务导入】

10 分钟提高效率

美国某钢铁公司总裁舒瓦普向一位效率专家利请教："如何更好地执行计划的事情？"。利声称可以给舒瓦普一样东西，在 10 分钟内能把他的公司业绩提高 50%。接着，利递给舒瓦普一张白纸，说："请在这张纸上写下你明天要做的 6 件最重要的事。"舒瓦普用了约 5 分钟时间写完。利接着说："现在用数字标明每件事情对于你和公司的重要性次序。"舒瓦普又花了约 5 分钟做完。利说："好了，现在这张纸就是我要给你的。明天早上第一件事是把纸条拿出来，做第 1 项最重要的。不看其他的，只做第 1 项，直到完成为止。然后用同样办法对待第 2 项、第 3 项……直到下班为止。即使只做完一件事,那也不要紧,因为你总在做最重要的事。你可以试着每天这样做,直到你相信这个方法有价值时,请将你认为的价值给我寄支票。"

一个月后,舒瓦普给利寄去一张 2.5 万美元的支票,并在他的员工中普及这种方法。5 年后,当年这个不为人知的小钢铁公司已成为世界最大的钢铁公司之一。

【任务书】
1. 理解计划对于企业的意义以及必要性。
2. 掌握计划的基本原理及类型。
3. 能够编制计划,并就计划在执行过程中存在的问题予以纠正。

【相关知识】
计划是管理的首要职能,普遍存在于组织的每一层次、每个部门,是为了保证组织目标能够得以实现而制定的行动纲领,是组织未来行动的蓝图。

一、计划的概念

对于计划一词,可以从不同角度进行理解。作为名词,计划是指通过文字或数字指标表示出来的工作或行动的具体内容和步骤;作为动词,计划是指事前拟订计划的工作过程。从管理学意义上来讲,计划是指为了实现组织目标而事先制定工作的内容和步骤,它是全体组织成员在一定时期内的行动纲领。无论在名词意义上还是在动词意义上,计划内容都包括"5W1H",计划必须清楚地确定和描述这些内容。简单来说即是:何人、为何、在何时、何地、通过何种方式、做什么!

What——做什么?目标与内容。
Why——为什么做?原因。
Who——谁去做?人员。
Where——何地做?地点。
When——何时做?时间。
How——怎样做?方式、手段。

二、计划的特点

(一) 目的性

计划的制订和执行是为了使组织以最少的耗费实现其预定的目标。明确的计划能够使组织成员了解组织的目标以及自己的职责,在计划的实施过程中,计划中所规定的工作任务和衡量标准又是控制的依据。所以,计划可以为员工指明方向,使整个组织的活动达到有序、高效,减少重叠和浪费,有利于组织目标的实现。

(二) 基础性

就管理的各项职能而言,计划是首要职能,是其他各项职能的基础和依据。因为管理者只有在确定了目标，拟订了计划之后，才能确定合适的组织结构，才能知道组织在何时需要什么样的人才，才能明确员工的责、权、利以及有效的领导和激励手段，才能控制组织和个人的行为不偏离计划。所以说，计划是管理者行使管理职能的起步和基础。

（三）前瞻性

计划是面向未来的，而未来是不可知的，常常会面临新的机遇或挑战。因为计划是在掌握了过去和现在的基础上通过预测未来而做出的工作安排，所以，计划中关于组织未来的行动方案和建议说明具有一定的前瞻性。

（四）普遍性

一个组织中的管理人员层次高低不同、部门职能不一，但每一位管理人员的工作中都少不了计划，各层次的管理活动都需要进行计划。如高层管理者要制订战略计划，中层管理者要确定施政计划，基层管理者要实施作业计划。所以，计划是各级管理人员的基本职能，具有普遍性。

三、计划的作用

（一）指引方向和目标

计划的目的是要促使组织目标的实现，在计划的制订和执行过程中，首先要预测哪些行动能导致最终目标的实现，哪些行动不利于最终目标的实现，哪些行动的结果会相互抵消，哪些行动的实施与最终目标的实现毫不相干，从而针对所要实现的目标设计一种能够自始至终协调一致的工作程序和结构框架，用共同的目标、明确的方向来代替不协调的、分散的活动，使组织所有的行动保持同一方向，保证计划按部就班地顺利进行。在这种工作环境中，主管人员能够摆脱日常事务的干扰，致力于未来不确定因素的研究，随时检查、修订原有计划，保证组织目标的实现。可见，计划是一个协调过程，它给管理者和非管理者指明了行动方向，使他们相互合作、组成团队，共同为组织目标的实现而努力。

（二）发现机会与威胁

由于未来是不确定的，计划的期限越长，不确定因素就越多。但是，计划的前瞻性能促使管理者展望未来，及时预见未来可能出现的机会或威胁，考虑未来环境变化的冲击，及早制定适应变化的最佳方案或相应的补救措施，消除或降低未来的不确定性的影响。

（三）经济合理地进行管理

计划能从多条实现目标的途径中，通过技术经济论证和可行性分析，选择最满意方案，这样可以减少不确定性和浪费性的活动，使组织的各项资源得以充分利用，以最低的费用或最高的效率，实现预定目标。

(四) 提供控制标准

计划和控制是管理的一对孪生子，未经计划的活动是无法控制的，因为管理者通过计划设立了组织的目标，而在控制过程中，管理者就可以将计划的实际执行情况与组织目标进行比较，以发现可能发生的偏差，进而采取必要的校正行动，通过纠正脱离计划的偏差使活动保持既定的方向。可见，没有计划，控制活动的任何设想都是毫无意义的，如果没有计划规定的目标作为测定的标准，管理者就无法检查其下属完成工作的情况，所以说，计划为控制活动提供了标准。

四、计划的类型

计划是管理的首要职能，它将各种资源预先在时间和空间上进行合理的配置，以实现组织的目标。因此，我们可以根据时间的长短、空间范围的差异将计划进行分类，还可以按照计划的明确程度或重复程度进行分类，如表 4-3 所示。

表 4-3　计划的类型

分类标准	类　型
时间长短	长期计划 短期计划
职能空间	业务计划 财务计划 人事计划
综合性程度 （涉及时间长短和涉及范围广狭）	战略性计划 战术性计划
明确性程度	具体性计划 指导性计划
程序化程度	程序性计划 非程序性计划

（一）长期计划和短期计划

财务分析人员习惯于将投资回收期分为长期、中期和短期。长期通常指 5 年以上，短期一般指一年以内，中期则介于两者之间。管理人员也采用长期、中期和短期来描述计划。长期计划描述了组织在较长时期（通常为 5 年以上）的发展方向和方针，规定了组织的各个部门在较长时期内从事某种活动应达到的目标和要求，绘制了组织长期发展的蓝图。短期计划具体地规定了组织的各个部门从目前到未来的各个较短的阶段，特别是最近的时段中，应该从事何种活动，从事该种活动应达到何种要求，从而为各组织成员在近期内的行动提供依据。

（二）业务计划、财务计划和人事计划

按职能空间分类，可以将计划分为业务计划、财务计划及人事计划。业务计划是组织的

主要计划，组织通过从事一定业务活动立身于社会。我们通常用"人财物，供产销"6个字来描述一个企业所需的要素和企业的主要活动。业务计划的内容涉及"物、供、产、销"，财务计划的内容涉及"财"，人事计划的内容涉及"人"。

作为经济组织，企业业务计划包括产品开发、物资采购、仓储后勤、生产作业以及销售促进等内容。长期业务计划主要涉及业务方面的调整或业务规模的发展，短期业务计划则主要涉及业务活动的具体安排。比如，长期产品计划主要涉及产品新品种的开发，短期产品计划则主要与现有品种的结构改进、功能完善有关；长期生产计划安排了企业生产规模的扩张及实施步骤，短期生产计划则主要涉及不同车间、班组的季、月、旬乃至周的作业进度安排；长期营销计划关系到推销方式或销售渠道的选择与建立，而短期营销计划则表现为对现有营销手段和网络的充分利用。

财务计划与人事计划是为业务计划服务的，也是围绕着业务计划而展开的。财务计划研究如何从资本的提供和利用上促进业务活动的有效进行，人事计划则分析如何为业务规模的维持或扩大提供人力资源的保证。比如，长期财务计划决定为了满足业务规模发展而导致的资本增加的需要，如何建立新的融资渠道或选择不同的融资方式，而短期财务计划则研究如何保证资本的供应或如何监督这些资本的利用效率；长期人事计划要研究如何为保证组织的发展而提高成员的素质，准备必要的干部力量，短期人事计划则要研究如何将具备不同素质特点的组织成员安排在不同的岗位上，使他们的能力和积极性得到充分的发挥。

（三）战略性计划与战术性计划

根据涉及时间长短及其范围广狭的综合性标准，可以将计划分类为战略性计划与战术性计划。战略性计划是指应用于整体组织的，为组织未来较长时期（通常为5年以上）设立总体目标和寻求组织在环境中的地位的计划。战术性计划是指规定总体目标如何实现的细节的计划，其需要解决的是组织的具体部门或职能在未来各个较短时期内的行动方案。战略性计划显著的两个特点是：长期性与整体性。长期性是指战略性计划涉及未来较长时期，整体性是指战略性计划是基于组织整体而制订的，强调组织整体的协调。战略性计划是战术性计划的依据，战术性计划是在战略性计划指导下制订的，是战略性计划的落实。从作用和影响上来看，战略性计划的实施是组织活动能力形成与创造的过程，战术性计划的实施则是对已经形成的能力的应用。本章任务三将详细讨论战略性计划的内涵及制订。

（四）具体性计划与指导性计划

根据计划内容的明确性标准，可以将计划分类为具体性计划和指导性计划。具体性计划具有明确的目标。比如，企业销售部经理打算使企业销售额在未来6个月中增长15%，他制定了明确的程序、预算方案以及日程进度表，即具体性计划。指导性计划只规定某些一般的方针和行动原则，给予行动者较大自由的处置权，它指出重点但不把行动者限定在具体的目标上或特定的行动方案上。比如，一个增加销售额的具体计划可能规定未来6个月内销售额要增加15%，而指导性计划则可能只规定未来6个月内销售额要增加12%~16%。相对于指导性计划而言，具体性计划虽然更易于计划的执行、考核及控制，但是它缺少灵活性，而且它要求的明确性和可预见性条件往往很难得到满足。

(五）程序性计划与非程序性计划

西蒙把组织活动分为两类：一类是例行活动，主要指一些重复出现的工作，如订货、材料的出入库等。对这类活动的决策是经常反复的，而且具有一定的结构，因此可以建立一定的决策程序。每当出现这类工作或问题时，就利用既定的程序来解决，而不需要重新研究。这类决策叫作程序化决策，与此对应的计划是程序性计划。另一类活动是非例行活动，这些活动不重复出现，比如新产品的开发、生产规模的扩大、品种结构的调整、工资制度的改变等。处理这类问题没有一成不变的方法和程序，因为这类问题在过去尚未发生过，或其性质和结构捉摸不定或极为复杂，再或因为这类问题十分重要而需用个别方法加以处理。解决这类问题的决策叫作非程序化决策，与此对应的计划是非程序性计划。

五、计划的编制

计划过程是一个复杂的、有组织的过程。计划的种类很多，不同类型的计划，其制订程序不尽相同，但一般而言，计划的编制过程要经过几个必要的环节或步骤，如图4-7所示。

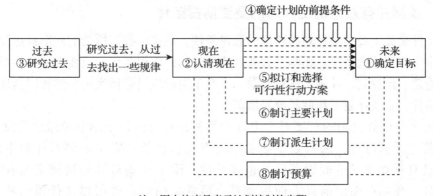

注：图中的序号表示计划编制的步骤。

图4-7 计划编制的步骤

（一）确定目标

对形势和机会进行正确估量之后，就要具体确定组织未来行动的目标，包括总体目标的设定、目标的分解、目标结构和重点的分析、具体目标值的确定等，以指明将要进行的工作及其重点，告诉员工要完成的任务是什么。可见，在计划管理过程中，一方面要将目标转化为手段；另一方面还要把广泛的目标细分为更具体的目标。可以说，确定目标贯穿于整个计划过程之中。

（二）认清现在

计划是连接我们所处的此岸和我们要去的彼岸的一座桥梁。目标指明了组织要去的彼岸。因此，制订计划的第二步是认清组织所处的此岸，即认清现在。认清现在的目的在于寻求合理有效的通向彼岸的路径，也即实现目标的途径。认清现在不仅需要开放的精神，即将组织、部门置于更大的系统中，而且要有动态的精神，即考察环境、对手和组织自身随时间的变化与相互间的动态反应。对外部环境、竞争对手和组织自身的实力进行比较研究，不仅要研究环境给组织带来的机会与威胁，与竞争对手相比组织自身的实力与不足，还要研究环境、对手及其自身随时间变化的变化。

（三）研究过去

虽然"现在"不必在"过去"的线性延长线上，但"现在"毕竟是从"过去"走来。研究过去不仅是从过去发生过的事件中得到启示和借鉴，更重要的是探讨过去通向现在的一些规律。从过去发生的事件中探求事物发展的一般规律，其基本方法有两种：一种为演绎法，另一种为归纳法。演绎法是将某一大前提应用于个别情况，并从中引出结论。归纳法是从个别情况发现结论，并推论出具有普遍意义的大前提。现代理性主义的思考和分析方式基本上可以分为以上两种，即要么从已知的大前提出发加以立论，要么有步骤地把个别情况集中起来，再从中发现规律。根据所掌握的材料情况，研究过去可以采用个案分析、时间序列分析等形式。

（四）预测并有效地确定计划的重要前提条件

前提条件是关于要实现计划的环境的假设条件，是关于我们所处的此岸到达我们将去的彼岸过程中所有可能的情况。预测并有效地确定计划的前提条件的重要性不仅在于对前提条件认识越清楚、越深刻，计划工作越有效，更在于组织成员越彻底地理解和同意使用一致的计划前提条件，企业计划工作就越容易协调。

由于将来是极其复杂的，要对一个计划的将来环境的每个细节都做出假设，不仅不切实际，甚至无利可图，因而是不必要的。因此前提条件限于那些对计划来说是关键性的，或具有重要意义的假设条件，也就是说，限于那些对计划贯彻实施有重要影响的假设条件。预测在确定前提方面很重要。最常见的对重要前提条件预测的方法是德尔菲法。

（五）拟订和选择可行性行动方案

由于一个计划往往同时有许多可供选择的方案，计划制订者的初步工作就是考察大量可供选择的方案，排除希望小的方案，选择最有成功希望的方案，减少可供选择方案的数目，以便能集中精力和时间对希望最大的方案进行充分的分析论证。拟订和选择行动计划包括3方面内容：拟订可行性行动计划、评估计划和选定计划。拟订可行性行动计划要求拟订尽可能多的计划。可供选择的行动计划数量越多，被选计划的相对满意程度就越高，行动就越有效。评价行动计划，要注意考虑以下几点：其一，认真考察每一个计划的制约因素和隐患；其二，要用总体效益的观点来评估计划；其三，既要考虑到每一计划的许多有形的可以用数量表示出来的因素，又要考虑到许多无形的不能用数量表示出来的因素；其四，要动态地考察计划的效果，不仅要考虑计划执行所带来的利益，还要考虑计划执行所带来的损失，特别注意那些潜在的、间接的损失。而选择行动计划则按照最优原则进行。

（六）制订主要计划

完成了拟订和选择可行性行动计划后，拟订主要计划就是将所选择的计划用文字形式正式地表达出来，作为一项管理文件。拟订的计划要清楚地确定和描述"5W1H"的内容，即What（做什么）、Why（为什么做）、Who（谁去做）、Where（何地做）、When（何时做）、How（怎样做）。

（七）制订派生计划

基本计划肯定需要派生计划的支持。比如，一家公司年初制订了"当年销售额比上年增长15％"的销售计划，这一计划发出了许多制订派生计划的信号，如生产计划、促销计划等。再如当一家公司决定开拓一项新的业务时，这个决策也发出了要制订很多派生计划的信号，如雇佣和培训各种人员的计划、筹集资金计划、广告计划等。

（八）制订预算

在做出决策和确定计划后，赋予计划含义的最后一步就是把计划转变成预算，使计划数字化。编制预算，一方面是为了使计划的指标体系更加明确；另一方面是企业更易于对计划的执行进行控制。定性的计划往往在可比性、可控性和进行奖惩方面比较困难，而定量的计划，则具有较硬的约束。

【知识链接】

滚动计划法

它是一种定期修订未来计划的方法。其编制方法是在已编出的计划的基础上，每经过一段固定的时期（如一年或一季度等，这段固定时期被称为滚动期）便根据变化了的环境条件和计划的实际完成情况，从确保实施实现计划目标出发，对原有计划进行调整，每次调整时，保持原计划期限不变，而将计划期限秩序向前推进一个滚动期，如图4-8所示。

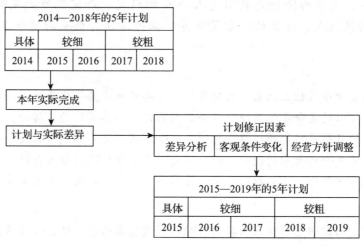

图4-8 滚动计划法流程图

由于长期计划的计划期较长,很难准确地预测各种影响因素的变化,因而很难确保长期计划的成功实施,而采用滚动计划法,就可根据环境变化和实际完成情况,定期地对计划进行修订,使组织始终有一个较为切合实际的长期计划指导,并使长期计划能够始终与短期计划紧密地衔接在一起。

【知识链接】

计划的层次体系理论

不同角度的理解使得计划具有多样性。哈罗德·孔茨和海因·韦里克从抽象到具体把计划分为一种层次体系:①目的或使命;②目标;③战略;④政策;⑤程序;⑥规则;⑦方案;⑧预算,如图4-9所示。

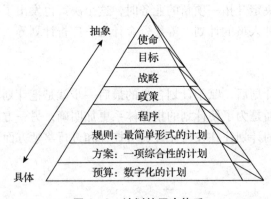

图4-9 计划的层次体系

孔茨和韦里克的分类对于我们理解计划及计划工作颇有裨益。下面简要分析各种形式的计划。

一、目的或使命

目的或使命指明一定的组织机构在社会上应起的作用和所处的地位。它决定组织的性质,是决定此组织区别于彼组织的标志。各种有组织的活动,至少应该有自己的目的或使命。比如,大学的使命是教书育人和科学研究,研究院所的使命是科学研究,医院的使命是治病救人,法院的使命是解释和执行法律,企业的使命是生产和分配商品及服务等。

二、目标

组织的目的或使命往往太抽象,太原则化,需要进一步具体化为组织一定时期的目标和各部门的目标。组织的使命支配着组织各个时期的目标和各部门的目标,并且组织各个时期的目标和各部门的目标是围绕组织存在的使命所制定的,并为完成组织使命而努力。虽然教书育人和科学研究是一所大学的使命,但一所大学在完成自己使命时会进一步具体化不同时期的目标和各院系的目标,比如最近3年要培养多少人才,发表多少论文等。

三、战略

战略是为了达到组织总目标而采取的行动和利用资源的总计划,其目的是通过一系列主要目标和政策来决定和传达期望成为什么样的组织。战略并不打算确切地概述这个组织怎样去完成它的目标，这些是属于无数主要的和次要的支持性计划的任务。

四、政策

政策是指导或沟通决策思想的全面的陈述书或理解书。但不是所有政策都是陈述书，政策也常常会从主管人员的行动中含蓄地反映出来。比如，主管人员处理某问题的习惯方式往往会被下属作为处理该类问题的模式，这就是一种含蓄的、潜在的政策。政策用来帮助事先决定问题的处理方法，这一方面减少对某些例行事件处理的成本；另一方面把其他计划统一起来了。政策支持分权，同时也支持上级主管对该项分权的控制。政策允许对某些事情有酌情处理的自由，一方面我们切不可把政策当作规则；另一方面我们又必须把这种自由限制在一定的范围内。自由处理权限的大小一方面也取决于政策自身；另一方面也取决于主管人员的管理艺术。

五、程序

程序是制订处理未来活动的一种必需方法的计划。它详细列出完成某类活动的切实方式，并按时间顺序对必要的活动进行排列。与战略不同，它是行动的指南，而非思想的指南。它与政策不同，它没有给行动者自由处理的权力。出于理论研究的考虑，我们把政策与程序区分开来，但实践工作中，程序往往表现为组织的规章制度。比如，一家制造业企业处理订单的程序、财务部门批准给客户信用的程序、会计部门记载往来业务的程序等，都表现为企业的规章制度，也即政策。组织中每个部门都有程序，并且在基层，程序更加具体化，数量也更多。

六、规则

规则没有酌情处理的余地。它详细阐明了必需的行动或非必需的行动，其本质是一种必须或无须采取某种行动的管理决策。规则通常是最简单形式的计划。

规则不同于程序。其一，规则用于指导行动但不说明时间顺序；其二，可以把程序看作一系列的规则，但是一条规则可能是也可能不是程序的组成部分。比如，"禁止吸烟"是一条规则，但和程序没有任何联系；一种规定顾客服务的程序可能表现为一种规则，如在接到顾客需要服务的信息30分钟内必须给予顾客答复。

规则也不同于政策。政策的目的是要指导行动，并给执行人员留有酌情处理的余地；而规则虽然也起指导行动的作用，但是在运用规则时，执行人员没有自行处理权。

必须注意的是，就性质而言，规则和程序均旨在约束行为；但只有在不要组织成员行使他们的自行处理权时，才应该使用规则和程序。

七、方案（或规划）

方案是一个综合性的计划，包括目标、政策、程序、规则、任务分配、采取的步骤、要使用的资源，以及为完成既定行动方针所需的其他因素。一项方案可能很大，也可能很小。通常情况下，一个主要方案（规划）可能需要很多支持计划。在该主要方案进行之前，必须把这些支持计划制订出来，并付诸实施。

八、预算

预算是一份用数字表示预期结果的报表。预算通常是为规划服务的，但其本身可能就是一项规划。

任务三　战略计划实施及管理

学习目标

1. 掌握战略管理的内涵及特征。
2. 对战略进行分类并掌握战略计划管理的过程。
3. 掌握战略环境分析的方法与内容。

教学视频

【任务导入】

雷军在下一盘很大的棋

2010年4月,"为发烧而生"的小米公司由雷军带领创建。4年以后,小米超越三星公司成为中国最大的智能手机厂商。雷军,以前是著名的天使投资人,投资有金山软件、欢聚时代、猎豹移动、卓越网、逍遥网、尚品网、乐讯社区、UC优视、凡客诚品等。成立小米后雷军转型为实业家。

小米成立之时,不像后来自称有"工匠情怀"的罗永浩创办锤子科技那样引人注目,事实上当时的小米还被业界嘲笑。因为小米手机的生产,虽然像其他手机厂家一样外包,但销售居然不走卖场、营业厅之类的传统销售渠道,没有代理商,甚至不打广告。那它是如何卖手机的呢?答案是通过网络。在声势浩大的小米产品发布会后,"米粉们"只能到小米官方网站上抢购。例如,2013年10月,10万台小米3在1分26秒内就被抢夺而空,2014年7月,小米手机4首轮抢购37秒即售罄。业界质疑其是"饥饿营销"。

小米只卖手机吗?答案是"NO"。早在2011年7月小米就揭秘小米旗下实际上有三款产品——"三驾马车":深度定制的MIUI操作系统、米聊、小米手机。

2013年3月19日,小米盒子发布,从此小米产品扩张的手法令人眼花缭乱。到2014年底,小米的硬件产品包括小米手机、小米手机周边配、移动电源、路由器随身WIFI、小米耳机+音箱、小米电视、小米盒子、小米手环、小米生活方式(服饰、玩偶、背包等)、空气净化器,软件产品包括MIUI、米聊、应用商店、多看图书、小米商城(自家产品+平台化)、云服务、小米社区。

2014年小米开始进军国际市场,但小米遇到了一些麻烦。在印度市场,2014年底因为专利侵权小米被爱立信告上法庭,产品或被禁止出售。消息传出,与雷军有"亿万赌约"的格力公司老总董明珠称之为"小偷",但雷军似乎很淡定,称专利坎是小米的成人礼。

雷军似乎毫不掩饰小米的野心,2014年11月20日在首届世界互联网大会上雷军语出惊人,他放言5年至10年后将带领小米成为世界第一智能手机公司。在场的苹果公司高级副总裁布鲁斯·塞维尔说"It is easy to say(说说挺容易的)"。引发全场笑声,雷军马上回应:"马云讲过一句话——万一实现了呢?"。

小米的扩张越来越引人注目,2014年12月13日,雷军在中国企业家年会上说,互联网思维是完全可复制的,未来5年小米将投资100家公司,复制小米模式,打造一个智能硬件的生态链。之后，各种小米的产品传闻便满天飞：小米笔记本、小米 ipad、小米空调、小米电动汽车、智能家居、小米公寓、小米装修、自主智能机操作等等，小米跨界发展的传闻甚嚣尘上。甚至有人问：小米将来不做什么？

2015 年 2 月，雷军在黑龙江亚布力中国企业家论坛第十五届年会的演讲中称小米为做好产品会不惜代价。他信心满满地说，自己相信未来五到十年，小米会在多个领域里获得世界第一的位置，带动中国制造业。就像 20 世纪 70 年代的索尼一样，带动整个日本制造业，就像 20 世纪 80 年代、90 年代的三星一样影响着整个韩国的工业。

雷军说小米的扩张是有边界的。2015 年 3 月 4 日，"美军"在人大会场接受媒体采访时表示，小米目前只会专注生产手机、电视、路由器、平板电脑和电视机机顶盒这五种产品及相关的生态系统，不会做家装，不会做房地产，也不会生产马桶盖和电饭煲。"雷军电动"公司和雷军、小米一分钱的关系也没有。

很多媒体评论：雷军在下一盘很大很大的棋。

你认为呢？

【任 务 书】

1. 能够从战略环境的角度对企业所处的市场环境进行分析。
2. 根据企业内外部资源，选择适合企业发展的战略。

【相关知识】

战略性计划是指应用于整体组织的，为组织未来较长时期（通常为 5 年以上）设立总体目标和寻求组织在环境中的地位的计划。战略性计划的任务不在于看清企业目前是什么样子，而在于看清企业将来会成为什么样子。尤其是随着社会经济活动国际化程度的日益加深和科学技术水平的不断提高，企业经营所处的外部环境瞬息万变。要想在激烈的市场竞争中生存和发展，企业必须做好战略管理工作。

一、战略管理的相关内涵论述

在企业战略理论的发展中，出现了众多的理论流派，分别对企业战略的概念从不同的方面进行了描述。

1. 安索夫的企业战略理论

安索夫是美国战略理论中资源配置战略学派的代表人物，他在《从战略计划走向战略管理》一书中，首次提出了"企业战略管理"的概念。

安索夫指出：企业战略管理是把企业的战略发展问题作为一个多因素和多层次的整体复杂系统来处理的。既重视技术经济方面的环境因素，也重视企业自身内部结构条件以及文化、政治和法律等各方面的变化发展可能产生的各种影响，并且还把战略计划的制订、控制与实施结合成一个统一的动态管理过程。

安索夫从企业战略计划在实施阶段怎样才能获得成功着手，以环境—战略—组织三者为支柱，建立起了企业承包经营战略管理的基本框架模式。

2. 明茨伯格关于企业战略的论述

明茨伯格教授认为，在企业的经营活动中，管理者在不同的场合以不同的方式赋予企业战略以不同的内涵。明茨伯格提出企业战略的5种定义，即计谋、计划、定位、观念和模式。

3. 加里·哈梅尔和 C. K. 普拉哈拉德的战略概念

加里·哈梅尔和 C. K. 普拉哈拉德的论文《战略意图》和《竞争核心能力》赢得了麦肯锡奖。按照他们的观点，战略的制定应该是由未来倒推到现在，要确保自己不被想象力更强的竞争对手所取代，最好的办法就是首先构想出创造商业价值的新方法，首先奔向未来。

加里·哈梅尔和 C. K. 普拉哈拉德在论述战略意图这一概念时指出：战略意图是战略发展框架的核心，战略框架可以指明通向未来之路，而为旅途提供情感和知识能量的却是战略意图。方向感、探索感和使命感，这三者是战略意图的显著特征。

4. 迈克尔·波特的战略概念及有关理论

迈克尔·波特对竞争情有独钟，他的第一部广为流传的著作是1980年出版的《竞争战略》，他在书中总结出了五种竞争力，它们分别是行业中现有对手之间的竞争和紧张状态、来自市场中新生力量的威胁、替代的商品或服务、供应商的还价能力以及消费者的还价能力，这就是著名的"五力模型"。波特认为，在与五种竞争力量的抗争中，蕴涵着三类成功型战略思想，这三种思路是：①总成本领先战略；②差异化战略；③专一化战略。波特认为，这些战略类型的目标是使企业的经营在产业竞争中高人一等：在一些产业中，这意味着企业可取得较高的收益；而在另外一些产业中，一种战略的成功可能只是企业在绝对意义上能获取些微收益的必要条件。有时企业追逐的基本目标可能不止一个，但波特认为这种情况实现的可能性是很小的。因为有地贯彻任何一种战略，通常都需要全力以赴，并且要有一个支持这一战略的组织安排。如果企业的基本目标不止一个，则这些方面的资源将被分散。

从以上各个具有代表性的学者对战略管理的理解我们可以看出，战略是为了实现预定的目标对涉及组织全局、长远的重大问题进行的谋划。运用战略所进行的管理就是战略管理，包括对战略的制定、实施和控制全过程的管理。显然，它具有长期性、全局性、竞争性、创新性、风险性、应变性的特点。

二、战略计划管理过程

战略计划管理过程主要包括战略的制定、实施和控制几个阶段，其具体步骤如下。

（一）确定企业使命

使命（mission）是企业存在于社会的基本职能或根本任务。它规定了企业的目的，明确这一问题能促使企业管理当局仔细确定企业的产品和服务范围。这是关于企业的基本目标、特征和宗旨的描述，它反映了企业的价值观，体现了企业的宗旨和刻意追求的形象。

（二）战略环境分析

环境分析是企业战略管理过程的关键环节，可以说，成功的战略大多是与环境相适应的战略。一个企业所处的环境可以分为宏观和微观两个层次，其中，宏观环境包括政治、经济、社会、技术、文化等要素；微观环境包括竞争者、消费者、供应商等要素。每个组织的管理者都必须准确把握这些环境要素的变化和发展趋势及其对组织的重要影响。

通过对外部环境和内部条件的分析，管理者会认识到本企业的优势和劣势，从而识别出什么是组织在资源和技能等方面的限制，什么是企业与众不同的能力，即能够决定企业竞争能力的独特技能和资源。管理者通常采用 SWOT 分析方法，把对企业的优势（Strengths）、劣势（Weaknesses）、机会（Opportunities）和威胁（Threats）的分析结合在一起进行评估分析。

（三）战略选择及其评价

1. 发现机会和威胁

环境分析为企业提供了大量信息，管理者应通过评估分析，确定哪些机会可以发掘，哪些因素会给企业带来不利影响，造成威胁，以便把握有利时机，形成企业的战略目标。

2. 分析企业的资源

要把目光转向企业内部，分析人力资源状况、财务状况、产品及服务等方面的能力。

3. 识别优势和劣势

通过对外部环境和内部条件的分析，管理者会认识到企业的优势和劣势，从而识别出什么是企业在资源和技能等方面的限制，什么是企业与众不同的能力，即能够决定企业竞争能力的独特技能和资源，尤其是要理解企业的文化和力量以及它们赋予管理者的责任。

4. 重新评价组织的宗旨和目标

进行 SWOT 分析，即把对企业的优势、劣势、机会和威胁的分析结合在一起，重新评价企业的宗旨和目标，分析它们是否实事求是，是否需要修正。如果需要改变企业的整体方向，则战略管理过程可能要重新开始。

战略评价的目的是要检验和评价企业战略的正确性，这是战略管理过程中一个极为重要的环节。战略评价所要考虑的标准主要有：

（1）适用性。这是用来评估所提出的战略对在战略分析中所确定的企业情况的适应程度，以及它如何保持或改进企业的竞争地位。

（2）可行性。对战略进行可行性评估就是分析该战略是否能够成功地实施。

（3）可接受性。这是评估该战略是否与人们的期望密切相关。

（四）战略实施与控制

不同的企业，由于其性质和任务不同、管理模式不同，战略实施的方式也不同。根据西方企业战略管理的经验，战略实施需要抓好以下几个环节。

1. 制订实施计划和方案

这是战略的具体化，是战略在某一时期、某一阶段或某一部分的具体体现，也是实现战略的具体要求。战略正是通过这些计划具体实施和落实的。因而，这些具体的计划应反映战略重点的选择，保证战略目标的实现。

2. 分配资源

企业战略涉及企业全部资源，包括资金、人员、设备、原材料、时间、信息等的分配。战略需要从资源分配上得到体现，否则将难以落实，而资源的分配也将清楚地反映企业战略的重点。

3. 组织设计

这是保证战略实施的重要步骤，包括企业内部的领导体制、组织性质、组织结构、集权与分权等问题。但要采用哪种性质的组织，主要取决于企业任务的性质、战略的内容和员工队伍的性质。

4. 战略实施过程的控制

在实施战略的过程中,必须要进行有效的控制,包括不断地指挥、协调、监督、反馈和调节。

三、战略环境分析

战略环境分析是为完成企业使命服务,也为战略选择服务。一个组织所处的环境可分为宏观环境、产业环境和微观环境。每个组织的管理者都必须准确把握这些环境要素的变化和发展趋势及其对组织的重要影响。

(一) 宏观环境分析

宏观环境也称一般环境,或称总体环境。它是在一定时空内存在于社会中的各类组织均需面对的环境。其大致可归纳为政治、社会、经济、技术、自然5个方面。

政治环境包括一个国家的社会制度,执政党的性质,政府的方针、政策、法令等。不同的国家有着不同的社会性质,不同的社会制度对组织活动有着不同的限制和要求。

社会文化环境包括一个国家或地区居民的教育程度和文化水平、宗教信仰、风俗习惯、审美观点、价值观念等。文化水平会影响居民的需求层次;宗教信仰和风俗习惯会禁止或抵制某些活动的进行;价值观念会影响居民对组织目标、组织活动以及组织存在本身的认可;审美观点则会影响人们对组织活动内容、活动方式以及活动成果的态度。

经济环境主要包括宏观和微观两个方面的内容。宏观经济环境主要指一个国家的人口数量及其增长趋势,国民收入、国民生产总值及其变化情况以及通过这些指标能够反映的国民经济发展水平和发展速度。微观经济环境主要指企业所在地区或所服务地区的消费者的收入水平、消费偏好、储蓄情况、就业程度等因素。

技术环境除了要考察与企业所处领域的活动直接相关的技术手段的发展变化外,还应及时了解:①国家对科技开发投资和支持的重点;②该领域技术发展动态和研究开发费用总额;③技术转移和技术商品化速度;④专利及其保护情况等。

自然环境主要指企业经营所处的地理位置、气候条件和资源禀赋状况等自然因素。

(二) 产业环境分析

产业环境包括行业竞争结构和行业内战略群体等行业环境因素。所谓行业是指向某一顾客群提供同一种产品或相互替代的一类产品的企业群。行业竞争情况分析的目的是通过了解行业基本竞争情况及潜在的发展机会,一方面帮助行业内企业建立行业观念。根据美国学者迈克尔·波特(Michael E. Porter)的研究,一个行业内部的竞争状态取决于5种基本竞争作用力,这5种基本竞争作用力如图4-10所示。这些作用力汇集起来决定着该行业的最终利润潜力,并且最终利润潜力也会随着这种合力的变化而发生根本性的变化。一个公司的竞争战略的目标在于使公司在行业内进行恰当定位,从而最有效地抗击5种竞争作用力并影响它们朝向自己有利的方向变化。

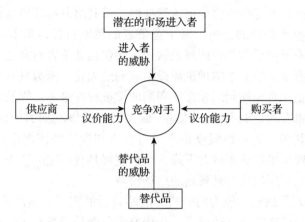

图4-10 5种基本竞争作用力模型

（1）现有企业间的竞争研究。现有企业间的竞争状态取决于以下因素：①现有竞争者的力量和数量；②产业增长速度；③固定或库存成本；④产品特色或转移购买成本；⑤生产能力增加状况；⑥竞争对手类型；⑦战略利益相关性；⑧退出成本。

（2）入侵者研究。某一行业被入侵的威胁的大小主要取决于行业的进入障碍。影响行业进入障碍的因素主要有：①规模经济；②产品差别化；③转移购买成本；④资本需求；⑤在位优势；⑥政府政策。

（3）替代品生产商研究。主要包括两个内容：①判断哪些产品是替代品；②判断哪些替代品可能对本企业经营构成威胁。

（4）买方的讨价还价能力研究。其影响因素主要有：①买方是否大批量或集中购买；②买方这一业务在其购买额中的份额大小；③产品或服务是否具有价格合理的替代品；④买方面临的购买转移成本的大小；⑤本企业的产品、服务是否是买方在生产经营过程中的一项重要投入；⑥买方是否有"后向一体化"的策略；⑦买方行业获利状况；⑧买方对产品是否具有充分信息。

（5）供应商的讨价还价能力研究。其影响因素主要有：①要素供应方行业的集中化程度；②要素替代品行业的发展状况；③本行业是否是供方集团的主要客户；④要素是否为该企业的主要投入资源；⑤要素是否存在差别化或其转移成本是否低；⑥要素供应者是否采取"前向一体化"的策略。

（三）微观环境分析

微观环境因素主要包括企业及其竞争者、目标顾客等要素。对竞争者及其顾客进行分析研究是企业制定战略必不可少的基础和前提，因此，企业必须收集有关竞争者战略、目标、优势和劣势以及反应模式的信息。

1. 竞争者分析

在确立重要的竞争对手后，就要分析竞争对手的战略目标、基本假设、现行战略和能力，并通过对这些方面的综合分析，判断其基本的行动倾向，特别是当竞争者面对行业变化或受到竞争威胁时的反击战略。

（1）对竞争对手战略目标的分析。分析竞争者的战略目标，可以判断竞争者对目前的位置是否满意,并据此预测竞争者将如何改变战略,及其对外部环境变化的反应。

(2) 对竞争对手基本假设的分析。每个竞争者的战略目标,基本上都是建立在他们的战略假设之上的,这不仅包括竞争者的理论假设,还包括竞争者对自己企业的假设、对行业及行业内其他企业的假设。最基本的理论假设是利润最大化,因为只有利润,才能支持企业不断发展。但不同的企业对长期利润和短期利润的重视程度是不一样的,比如,有的企业追求短期利润最大化,也有的企业不是以利润"最大"而是以利润的"满足"为导向,即满足于实现确定的目标利润。另一种假设是市场占有率和规模经济理论,即只要能够占领市场,扩大生产销售规模,单位成本就会下降,企业就将具有一定的竞争优势。比如,有的企业对利润要求较低,它们所追求的是较高的市场份额。

(3) 对竞争对手现行战略和能力的分析。战略目标的实现,是以能力为基础的。所以,在分析竞争者的目标与战略之后,还要进一步研究竞争者是否具有实施其战略并实现其目标的资源和能力,评估竞争者的优势与劣势。收集每个竞争者近期业务的数据是分析竞争者优势和劣势的第一步。任何信息,尤其是竞争者的销售额、市场份额、边际利润、投资收益、现金流量、新投资以及生产能力的利用等情况,都将有助于对每个竞争者优势与劣势的估计。一些企业经常通过二手资料、个人经验和传闻来了解竞争者的优势与劣势,通过向消费者、供应商和交易商进行初步的市场营销研究来扩大对竞争者的了解。

2. 目标市场分析

(1) 目标市场的概念及目标市场分析的意义。企业为了实现自己的经营目标,必须在复杂多样的整体需求中寻找自己的目标市场,即选择企业要为之提供产品和服务的消费者群体。因为消费者的需求是无限的,是多种多样且不断变化的,一个企业无论多大,实力多雄厚,也难以用它所生产的产品满足所有消费者的所有需求,占领整个市场,而只能用它生产的产品,满足部分消费者的部分需求。那么,到底应该生产什么产品,满足哪部分消费者的哪些需求呢?解决这一问题的唯一途径就是选择目标市场。所谓目标市场,是指企业决定要进入的细分市场,是企业所选择和确定的营销对象,即企业能够为之提供有效产品与服务的消费者群体。

(2) 市场细分。确定目标市场的前提是市场细分,即从区别消费者的不同需求出发,根据消费者购买行为的差异性,把对同类产品需求的整体市场分成两个或两个以上具有类似需求的消费者群体。市场细分的基础是同质市场中消费者需求的差异性。影响消费者需求的因素是多种多样的,因此,消费品市场细分的标准也很多。其中,常见的主要有地理因素、人口因素、心理因素和行为因素。经营方向、经营规模、具体产品不同的企业,采用的细分方法必然存在一定差别,这种差别主要表现在选用细分因素的内容、数量及其难易程度上。具体说来,企业进行市场细分的一般方法主要有完全细分和不完全细分两种。完全细分是将每一位消费者分为一个独立的细分市场,企业根据每位消费者的特点设计不同的产品,制定不同的营销战略;不完全细分可以是根据某一细分因素进行市场细分,如根据收入水平的不同或根据年龄的不同将消费者分为不同的群体,还可以根据两个或两个以上的因素进行市场细分,如依据年龄、收入和性别的不同进行市场细分。

(3) 市场定位。企业通过市场细分确定目标市场后,就要进行市场定位,即对企业的产品及企业的形象进行设计,树立企业及其产品的特定形象,从而使企业及其产品在目标消费者的心目中占有一个独特的、有价值的位置。市场定位的实质是使本企业与其他企业严格区分开来，并使消费者明显地感觉和认识到这种差别。市场定位的目的是为了影响消费者的心理，增强企业及其产品的竞争能力，促进产品的销售，增加企业的经济效益。

企业可以根据消费者的需求和偏好为产品培养相应的特色，还可以根据竞争对手的产品特色决定本企业的产品特色，并运用各种方式努力传递这些特色，如与竞争对手针锋相对，争夺相同的目标消费者；或避开与竞争者直接对抗，填空补缺，开拓新的市场领域；还可以对已经上市的产品实施再定位，改变目标顾客对其原有产品的印象，树立新的形象。

3. 企业自身条件分析

根据价值链分析法，每个企业都是设计、生产、营销、交货以及对产品起辅助作用的各种价值活动的集合。企业价值链：企业的基本活动（primary activities）和辅助活动（support activities），如图4-11所示。

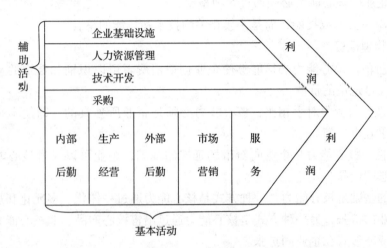

图4-11　企业价值链：企业的基本活动和辅助活动

按价值活动的工艺顺序，基本活动由5个部分构成：①内部后勤，包括与接收、存储和分配相关的各种活动；②生产经营，包括与将投入转化为最终产品形式相关的各种活动；③外部后勤，包括与集中、存储和将产品发送给买方有关的各种活动；④市场营销，包括与传递信息、引导和巩固购买有关的各种活动；⑤服务，包括与提供服务以增加或保持产品价值有关的各种活动。每种基本活动可以进一步细分或组合，有助于企业内部分析。辅助活动由4个部分构成，分别是企业基础设施、人力资源管理、技术开发以及采购。

四、战略计划选择

战略环境分析使企业认识自己所面临的机遇与威胁，了解自身的实力与不足，以及能为何种消费者进行服务。战略计划选择的实质是企业选择恰当的战略，从而扬长避短，趋利避害和满足消费者需求。

（一）基本战略姿态

企业基本战略揭示企业如何为顾客创造价值。波特认为"竞争优势归根结底产生于企业为消费者所能创造的价值，或者在提供同等效益时采取相对低价格，或者其不同寻常的效益用于补偿溢价而有余"。一种基本战略姿态可以有多种实现形式，如多元化和一体化战略都可以是成本领先或特色优势战略姿态。同样，一种战略形式可以为多种基本战略姿态服务。比如，多元化战略既可以实现成本领先的战略姿态，又可以实现特色优势的战略姿态。

（二）企业核心能力与成长战略

美国学者哈梅尔（G. Hamel）和普拉哈拉德（C. K. Prahalad）认为，"核心能力是组织内的集体知识和集体学习，尤其是协调不同生产技术和整合多种多样技术流的能力"，一项能力能否成为企业的核心能力必须通过5项检验：

（1）不是单一技术或技能，而是一簇相关的技术和技能的整合。

（2）不是物理性资产。

（3）用户价值。核心能力必须能够使企业创造消费者可以识别和看重的且在消费者价值创造中处于关键地位的价值。

（4）独特性。与竞争对手相比，核心能力必须是企业所独具的，即使不是独具的，也必须比竞争对手胜出一筹。

（5）延展性。核心能力是企业向新市场延展的基础，企业可以通过核心能力的延展而创造出丰富多彩的产品。

企业成长的基础是核心能力。一种方式是核心能力通过一体化、多元化和加强型战略等战略形式在企业内扩张，另一种方式是核心能力通过出售核心产品、非核心能力的虚拟运作和战略联盟等战略形式在企业间扩张。

五、防御性战略

在企业成长的道路上，经常需要采取防御性战略。以退为进，以迂为直，从而使企业更加健康地成长。常采用的防御性战略有收缩、剥离和清算等方式。企业可选择的各种战略类型如表4-4所示。

表4-4　企业可选择的各种战略类型

分　类	战　略	定　义
基本战略	成本领先	企业强调以低单位成本价格为用户提供标准化产品，其目标是要成为其产业中的低成本生产厂商
	特色优势	企业力求就顾客广泛重视的一些方面在产业内独树一帜。它选择被产业内许多客户视为重要的一种或多种特质，并为其选择一种独特的地位以满足顾客的要求
	目标集聚	企业选择产业内一种或一组细分市场，并量体裁衣使其战略为它们服务而不是为其他细分市场服务

（续）

分 类	战 略		定 义
成长战略Ⅰ：核心能力企业内扩张	一体化战略	前向一体化	企业获得分销商或零售商的所有权或加强对他们的控制
		后向一体化	企业获得供应商的所有权或加强对他们的控制
		横向一体化	企业获得与自身生产同类产品的竞争对手的所有权或加强对他们的控制
	多元化战略	同心多元化	企业增加新的，但与原有业务相关的产品与服务
		混合多元化	企业增加新的，与原有业务不相关的产品或服务
	加强型战略	市场渗透	企业通过加强市场营销，提高现有产品或服务在现有市场上的市场份额
		市场开发	企业将现有产品或服务打入新的区域市场
		产品开发	企业通过改进或改变产品或服务而提高销售
成长战略Ⅱ：核心能力企业外扩张		战略联盟	企业与其他企业在研究开发、生产运作、市场销售等价值活动进行合作，相互利用对方资源
		虚拟运作	企业通过合同、参少数股权、优先权、信贷帮助、技术支持等方式同其他企业建立较为稳定的关系，从而将企业价值活动集中于自己的优势方面，将其非专长方面外包出去
		出售核心产品	企业将价值活动集中于自己少数优势方面，产出产品或服务，并将产品或服务通过市场交易出售给其他生产者作进一步的生产加工
防御战略		收缩战略	通过减少成本和资产对企业进行重组，加强企业所具有的基本的和独特的竞争能力
		剥离战略	企业出售分部、分公司或任何一部分，以使企业摆脱那些没有盈利、需要太多资金或与公司其他活动不相适宜的业务
		清算战略	企业为实现其有形资产的价值而将公司资产全部或分块出售

任务四　目标管理

 学习目标

1. 掌握目标管理的基本思想。
2. 能够实施目标管理。

教学视频

【任务导入】

公司的目标管理

某公司刘总经理在一次职业培训中学习到很多目标管理的内容,对于这种理论逻辑上的简单清晰及其预期的收益,他印象非常深刻。因此,他决定在公司内部实施这种管理方法。首先他需要为公司的各部门制定工作目标。刘总认为:由于各部门的目标决定了整个公司的业绩,因此应该由他本人为他们确定较高目标。确定了目标之后,他就把目标下发给各个部门的负责人,要求他们如期完成,并口头说明在计划完成后要按照目标的要求进行考核和奖惩。但是他没有想到的是中层经理在收到任务书的第二天,就集体上书表示无法接受这些目标,致使目标管理方案无法顺利实施。为此刘总感到很困惑。

【任 务 书】
1. 理解目标管理的基本思想和目标管理实施的过程。
2. 结合案例,分析企业管理者应该如何更好地实施目标管理?

【相关知识】

在管理过程中,组织目标不仅可以为管理工作指明方向,为组织决策提供依据,而且对组织成员具有激励作用,是组织稳定的依据。目标管理是美国管理学家彼得·德鲁克(Peter F. Drucker)于1954年提出的。我国企业于20世纪80年代初开始引进目标管理法。

一、目标管理的基本思想

(1)企业的任务必须转化为目标,企业管理人员必须通过这些目标对下级进行领导,并以此来保证企业总目标的实现。对于那些工作成就和成果直接、严重地影响企业的生存和繁荣的部门,目标更是必不可少的。部门经理取得的成就必须是从企业的目标中引申出来的,他们的成果必须用他们对企业的贡献来衡量。

(2)目标管理是一种程序,它使一个组织中的上下各级管理人员统一起来制定共同的目标,确定彼此的责任,并将此项责任作为指导业务和衡量各自贡献的准则。一个管理人员的职务应该以达到公司目标所要完成的工作为依据;如果没有方向一致的分目标来指导每个人的工作,那么企业的规模越大,人员越多时,发生冲突和浪费的可能性就越大。

(3)每个企业管理人员或工人的分目标就是企业总目标对他的要求,同时也是这个企业管理人员或工人对企业总目标的贡献。只有每个人的分目标都完成了,企业的总目标才有完成的希望。

(4)管理人员和工人是依据设定的目标进行自我管理的,他们以所要达到的目标为依据,进行自我指挥、自我控制,而不是由他的上级来指挥和控制。

(5)企业管理人员对下级进行考核和奖惩也是依据这些分目标开展的。

二、目标管理的基本过程

目标管理实际上就是全体员工参加目标的制定并保证目标的实现，其过程大体分为以下4个步骤。

（一）建立一套完整的目标体系

目标的确定是目标管理的关键，一般采取自上而下和自下而上相结合的方式。首先，由组织的最高管理层确定组织在未来一定时期内要达到的总目标，这是目标管理的中心内容，因为任何一项管理活动都是由一个总目标联系起来的整体，这个总目标体现了一个组织在一定时期内各项工作的努力方向和管理目的；然后，经过上下协商，制定与总目标相一致的下属各部门及个人的分目标。总目标指导分目标，分目标保证总目标，组织内部上下都有自己的具体目标，从而形成一个完整的目标体系，如图4-12所示。

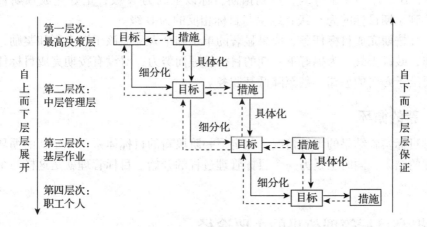

图4-12　组织目标展开图

（二）组织实施

总目标和分目标确定之后，主管人员应放手授权给下级成员，靠执行者的自主管理去实现目标，而主管人员则重点抓总括性管理。因为目标体系中各分目标的确定是建立在充分考虑每个人的能力的基础上的，所以，在目标管理过程中，上级管理者应对每项目标和每个人的能力持信任的态度，并对下属的工作进行指导、协助、提出问题、提供信息、创造良好的工作环境；而下属部门或人员应独立进行工作，自行决定完成目标的方法和手段，在目标规定的范围内自主开展业务。因此，在目标的贯彻实施过程中，应注意做到以下几点。

（1）根据目标体系的要求，明确各级各部门的协调任务和控制要求。

（2）明确目标管理的组织系统，加强对各个环节的指导和领导作用。

（3）合理调配和利用所需要的各种资源，为目标管理活动的正常开展创造条件。

（4）建立信息反馈系统，完善必不可少的统计工作，完善必要的规章制度。

（三）检查结果

在目标实施过程中，应定期检查各项任务的进展情况，以便及时发现问题，采取相应的补救措施。在达到预定期限后，上级管理者必须与相关的下级单位或人员逐个地全面考核目标的完成情况，将其成果与原定目标进行比较，据此给予奖惩。在这一过程中，应注意做到以下几点。

1. 自检

员工本人对自己所完成的工作进行自检是非常重要的一件事情，因为通过自我测定和评价，可以总结经验教训，具体地找到今后提高自己工作能力、弥补自己不足的关键。

2. 商谈

面对员工本人的自检结果，上级管理者必须采取某种形式，通过商谈，使其找出制定下一步更高目标的依据。

3. 评价

在进行成果评价时，要根据目标的完成程度、目标的复杂程度，以及工作的努力程度将结果分为 A，B，C，D 4 个等级，达到预期目标以上的为 A 级；正好完成预期目标的为 B 级；没有达到预期目标的为 C 级；结果与目标相反的为 D 级。

总之，凡按期完成目标任务、成果显著的单位和个人，应该予以表彰和奖励，以便进一步改进工作，鼓舞士气，为搞好下一期的目标管理而努力；对没有按期完成目标任务的单位和个人，要给予必要的惩罚，甚至降低其职务。

（四）新的循环

根据对目标实施结果的考核情况，制定下一阶段新的目标体系，开始新的循环。一个目标管理过程的结束，同时也是另一个目标管理过程的开始，目标管理就是这样一个循环往复的过程。

三、提高目标管理效果的主要途径

要使目标管理取得良好效果，必须注意以下几个问题。

（一）目标要明确

目标管理中的目标应该简明扼要，并尽可能量化，不能仅仅描述性地说明是要降低成本还是改善服务或提高质量。

（二）上下级共同参与目标的选择决策

目标管理中的目标不能完全由高层管理人员制定然后再分派下去，下级人员应积极参加目标的制定和实现过程。首先确定总目标，然后对总目标进行分解，逐级展开，通过上下协商，制定企业各部门、各车间直至每个员工的目标；用总目标指导分目标，用分目标保证总目标，形成一个"目标—手段"链。

（三）规定期限

事先明确规定每一个目标的完成期限，如果在时间概念上模糊不清，将无法对目标的实施过程进行及时控制和考核，不利于目标的实现。

（四）反馈绩效

管理者对实现目标的手段要有相应的控制权力，同时，应强调员工的"自我控制"，不断地将目标进展情况反馈给员工个人，以使他们能够及时调整自己的行动。实行目标管理后，由于有了一套完善的目标考核体系，从而能够按员工的实际贡献大小如实地评价一个人，管理者应根据员工实现目标的情况对他们进行奖励，以增强员工在工作中的满足感。这将有利于调动员工的积极性，增强组织的凝聚力。

四、目标管理的优缺点

目标管理的优点体现在以下几个方面：

1. 目标管理有利于组织全面提高管理水平

实现目标要以计划工作为保证，计划也必须以最终目标为依据才有意义。这就迫使组织的管理人员为实现最终目标而制定计划，同时也促使他们考虑实现目标的手段，考虑与现实目标相适应的组织机构和人员，这样，一套精心设计的分目标体系则提供了最好的控制标准。

2. 目标管理有利于改善组织结构

为了将目标落实到具体岗位上，人们必须明确组织结构的状况，从而发现组织结构设计中所存在的缺陷。

3. 目标管理有利于激励人们的主动精神，诱发人们的责任感

通过实施目标管理，每一位职工都参与了为自己拟定目标的工作，他们不再是被动的接受者，而是有着明确目标、掌握自己命运的主动追求者。

4. 目标管理有利于开展有效的控制工作

控制就是对进行着的业务活动进行衡量，及时发现计划实施过程中所发生的偏差并采取措施加以纠正，从而保证既定目标的实现。对业务活动的衡量取决于所使用的标准，而一套明确的、可考核的标准是最好的衡量标准。

尽管目标管理方法有很多优点，但它也存在弱点和缺陷。主要有以下3点：

（1）目标确定的困难。目标确定的困难性主要体现在以下两方面：一方面，可考核的目标是难以确定的；另一方面，使同一级主管人员的目标都具有正常的"紧张"和"费力"程度更是困难的。而这两个问题恰是使目标管理取得成效的关键。

（2）目标一般是短期的。几乎所有实行目标管理的组织中，所确定的目标一般都是短期的，很少超过一年，常常是一季度或更短些。强调短期目标的弊病是显而易见的。因此，为防止短期目标所导致的短期行为，上级主管人员必须从长期目标的角度提出总目标和制定目标的指导方针。

（3）不灵活的危险。目标管理要取得成效，就必须保持其明确性和肯定性。如果目标经常改变，就难以说明它是经过深思熟虑和周密计划的结果，这样的目标是没有意义的。但是，计划是面向未来的，而未来存在着许多不确定的因素，这又使得主管人员必须根据已经变化了的计划工作提前对目标进行修正。然而，修订一个目标体系与制定一个目标体系所花费的精力相差无几，结果可能迫使主管人员不得不中途停止目标管理的过程。

　　了解目标管理的局限性，对于有效地实施目标管理是很重要的。目标管理在我国的管理发展中还是一种新的趋势，各类组织的主管人员还需不断探索，使之不断完善。

 能力训练

1. 决策的过程包括哪些步骤？影响决策的因素有哪些？
2. 理解孔茨与韦克里的计划层次体系的基本内容。
3. 简述价值链的基本内容。
4. 竞争对手如何研究？
5. 目标管理的基本思想是什么？
6. 如何提高目标管理的效果？

学习情境五 组织职能分析

任务一 组织设计及构造

 学习目标

1. 掌握组织工作的基本原理。
2. 能够进行组织结构设计。

教学视频

【任务导入】

D公司面向市场优化企业组织机构

不断改革企业管理体制，是适应不同产品结构、人才结构和科技结构，发挥企业各种资源效率的内在要求。D公司近年来在组织机构方面的改革主要有：

（1）逐步推行事业部制。为了适应快速多变的市场需要，提高企业的应变能力与管理效率已势在必行。D公司精心研究和策划企业组织机构的改革方案，做出了先实行模拟事业部制，而后实行独立事业部制的决定，将厂部的八个职能部门重新合并成八部一室，压缩或分流102名处室人员。这一措施激发了各经营分厂的活力，管理效率得以提高，而厂部的工作则着重于制定企业的发展战略及协调各经营分厂的经营战略、技术战略等更高层次的决策。

（2）生产组织管理从工艺专业化转向产品专业化。早在80年代末期，D公司采用以工艺专业化为核心的生产组织形式，但常常出现如下问题：

1）该种生产组织是跨行政部门的，在各生产工艺环节出现生产进度不一致时，有时难以协调。

2）由于原料品种多，可能会引起原料组织不到位而出现停工待料现象，影响生产效率。

D公司对该公司产品的生产组织进行仔细研究后，发现其主导的三大类产品基本上是相对独立的，没有必要按照生产工艺划分车间，于是打破了原来低效率的工艺专业化生产格局，建立起产品专业化的新体系，一年内劳动生产率提高了50%。

（3）改革科研体制。1991年以前，D公司将研究所集中于总厂，负责全厂的技术开发，由于科研人员远离市场，缺乏市场意识，新产品开发的速度与品种均跟不上市场需求的变化。针对这一矛盾，D公司做出了把科技人员推向市场的决策，即解散远离市场的集中式新产品开发研究所，而将其转移到相关的经营分厂。这一措施取得了很好的效果，具体表现在：

1）技术开发以市场为导向，消除了科研与生产、销售脱节的弊端。

2）由于有了经济观念，产品开发中的不合理费用得以减少。

（4）引进多种经营机制，实行"一厂多制"。在市场经济条件下，各种经营机制有其各自的优势，国有企业引进多种经营机制、提高自身活力是一种新的尝试，D公司对此进行了初步的探索。例如，D公司的传输分厂积极采用横向联合方式进行生产经营，一方面与某省的乡镇政府合办企业，解决了产业发展所必需的土地与厂房和企业富余人员的流向问题；另一方面与香港一家公司组建了合资企业，生产具有当今国际先进水平的SDH同步数字传输光端机，既获得了必要的资金，又得到了先进的技术。

【任务书】

1. 了解组织设计的意义及重要性。
2. 结合案例分析D公司推行事业部制的主要目的是什么？

【相关知识】

组织既是一个协作系统，又是一个资源配置过程。为实现组织目标，应依据内外条件的变化，采取不同的组织结构形式。组织设计恰当与否，将直接影响组织的运行效率。

一、组织的理解

对于"组织"一词，不同的管理学家做出了不同的解释。切斯特·巴纳德将组织定义为"有意识地加以协调的两个或两个以上的人的活动或力量的协作系统"，哈罗德·孔茨则将其定义为"正式的有意形成的职务结构或职位结构"。对上述两个定义进行分析，不难看出，两位管理学家之所以对组织得出不同的认识，是由于他们处在不同的研究角度。由此可见，组织不仅是人的结合，也是一种特定的体系。

我们还可以从语法的角度对组织一词进行分析。从语法角度看，组织一词既可用作名词，也可用作动词。名词的组织是指以有形实体存在的组织机构（如工商企业）；动词的组织则是指无形的作为关系网络或力量协作系统存在的组织活动（如设计组织结构）。无形的组织活动与有形的组织机构之间是手段与目的的关系，即作为"力量协作系统"存在的无形的组织活动是实现有形的组织机构目标的手段。因此，我们可以从静态（名词的组织）和动态（动词的组织）两个角度理解组织概念。

（一）有形的组织机构

从静态角度考察，组织是以有形实体形式存在的。它是为实现某一共同目标，通过分工与协作，由不同层次的权力和责任制度构成的人群综合系统。其中，共同目标是组织存在的基础和前提，分工与协作关系是由组织目标限定的，权力和责任是达成组织目标的重要保证。通常我们提及某一个组织名称，都是在名词的意义上使用组织这个概念的。在现实生活中，存在各种类型的实体组织，如政府机构、行业协会、工厂商店、学校医院等。它们形态各异、规模不一，承担着不同的社会职能。

（二）无形的组织活动

从动态角度考察，组织是指一系列无形的活动。它是在特定环境中为了有效地实现共同目标和任务，确定组织成员、任务及各项活动之间的关系，对资源进行合理配置的过程。其主要内容包括：组织结构的设计、适度的分权与授权、人力资源管理、组织文化建设等。

无论哪一种类型的组织，为了实现既定的组织目标，都要开展一系列活动，以有效地配置组织内部有限的资源。众所周知，管理具有4项基本职能，当我们谈到管理的组织职能时，就是在动词的意义上使用组织这一概念。

综上所述，从某种意义上讲，组织既是一种结构，又是一种实现管理目的的工具和载体。它既是一个合作的系统，又是一个配置资源的过程。或者说，它涵盖了从静态的结构到动态的活动的所有内容。综合国内外有关学者的研究成果，我们可以给出一般意义上的组织概念：所谓组织，是指为了实现一定的共同目标而按照一定的规则、程序所构成的一种责权结构安排和人事安排，其目的是通过有效配置内部的有限资源，确保以最高的效率实现目标。

二、组织的分类

按照不同的标准，组织可以分为不同的类型。

（一）根据组织基本性质分类

根据组织基本性质的不同，可将组织分为营利性组织与非营利性组织。

1. 营利性组织

营利性组织是指以经济利益为导向，从事生产和经营活动的组织。它提供各类产品和服务，主要履行经济职能。营利性组织在社会中大量存在，如工厂、商店、银行、酒店等。

2. 非营利性组织

非营利性组织是指以社会利益为导向，以维持社会秩序和促进社会发展为己任的组织。它提供各种社会服务，主要履行社会职能。非营利性组织在保证整个社会的协调稳定和有序发展方面起着不可或缺的作用，如政府、军队、学校、社团等。

在社会生产和生活中，营利性组织与非营利性组织都是不可缺少的，它们分别承担不同的社会功能，为人们的生存和发展提供相应的服务。由于营利性组织主要以企业形态存在，具有经济导向的特点，更易于考察和评价，因而成为本书研究的重点。

（二）根据组织形成方式分类

根据组织形成方式的不同，可将组织分为正式组织与非正式组织。

1. 正式组织

正式组织是指为了有效地实现组织目标而明确规定组织成员之间职责范围和相互关系的一种结构，其制度和规范对成员具有正式约束力。政府组织、企业组织都属于正式组织。

2. 非正式组织

非正式组织是指人们在共同的工作或活动中，基于共同的兴趣和爱好，以共同的利益和需要为基础自发形成的群体。除了各种类型的正式组织之外，在现实生活中，还存在大量的非正式组织。

正式组织与非正式组织之间的关系既相互联系又相互区别。一方面，正式组织与非正式组织存在紧密联系。二者常常相伴而生、相伴而存。在正式组织建立之前，往往要先经过非正式组织的酝酿；而正式组织的建立，又往往促成了非正式组织的形成。另一方面，正式组织与非正式组织又存在重大差别。正式组织以共同目标为维系纽带，非正式组织则以共同情感为维系纽带。所有的正式组织中都存在非正式组织，因而，在正式组织的运营中，必须重视非正式组织的特殊作用，通过正确的引导，发挥非正式组织的积极功能。本书重点研究正式组织，同时兼顾考察非正式组织。

三、组织的功能

组织是人的协作体，也是配置资源的过程。对人的力量所进行的组织不同，可能导致完全不同的组织功效。组织活动的功能不仅是简单地把个体力量集合在一起，更为重要的是，通过有效的分工和协作，寻求对个体力量进行汇聚和放大的效应。组织主要有以下两个功能。

（一）力量汇聚功能

把分散的个体汇集成为集体，可以实现单独个体无法达到的目标，这就是组织的力量汇聚功能。用简单的数学公式表示，就是"$1+1=2$"。力量汇聚功能是组织产生和存在的必要前提，由于生理的、物质的、社会的限制，人们为了达到个人的和共同的目标，必须进行合作，于是作为协作群体的组织便应运而生。可见，力量汇聚是组织的基本功能。

（二）力量放大功能

比力量汇聚功能更进一步，通过组织内部有效的分工与协作，个体力量的集合还可以实现个体力量简单加总无法达到的目标，这就是组织的力量放大功能。用简单的数学公式表示，就是"$1+1>2$"。这种功能是在力量汇聚功能的基础上产生的，从某种意义上讲，它比力量汇聚功能更为重要，是组织发展和壮大的根本保障。只有借助力量放大功能，组织才能取得"产出 > 投入"的经济效果，才能实现进一步的发展壮大。可见，力量放大是组织的核心功能。

四、组织结构

（一）组织结构的内涵

组织结构是组织中正式确定的使工作任务得以分解、组合和协调的框架体系。具体地说，它表现为对组织内部进行的职能分工，即横向的部门联系和纵向的层次体系。组织结构通常可以用图表表示，即组织结构图。它以直观的方式，表明了组织中的各种职位及其排列顺序，展示了组织的职权结构及个体的任务，反映了组织内部在职务范围、责任权力等方面所形成的关系体系，其本质是组织内部成员的分工协作关系。

正如人类由骨骼决定其体形一样，组织也是由结构决定其形状。通过对工作任务的不同分解、组合及协调，组织呈现不同的结构形态。

1. 任务分解

为了实现组织目标，组织需要完成多种任务，这就需要进行任务分解，并把任务分派给个人，由特定的人负责完成特定任务及特定任务中的特定部分（即通常所说的任务设计），以提高组织效率。例如，在麦当劳，与厨师和快餐服务生相关的任务被分解成不同的工作。

2. 任务组合

在任务分解的基础上，组织还需要把相似或相关的工作加以组合，并归并为部门，每个部门负责从事不同专长的工作（即通常所说的部门划分），以更好地运用组织的各项资源。例如，在一个组织中，财务工作和营销工作被划分为不同的部门。

3. 组织协调

完成任务分解和任务组合之后，组织最后还要运用各种协调机制来确保部门之间的充分协调，以促进部门之间的沟通和协作，获取因协同效应而带来的组织绩效。一般而言，组织协调的具体内容涉及职权分配、控制幅度、集权与分权等。例如，为了加速新产品推向市场的速度，组织往往会成立一个跨职能小组来增进部门之间的协调。

（二）组织结构的基本类型

依据组织在任务分解、组合和协调方面的不同特点，可以将各种形式的组织简单地归纳为两大类，即机械式组织和有机式组织。这两种组织形式的特点对比如图5-1所示。

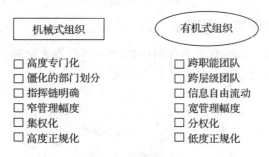

图5-1 机械式组织与有机式组织的对比

1. 机械式组织

机械式组织是一种稳定、僵硬的结构形式，它追求的主要目标是稳定运行中的效率。机械式组织注重对任务进行高度的劳动分工和职能分工，以不受个人情感影响的客观方式挑选符合职务规范要求的合格的任职人员，并对分工以后的专业化工作进行严密的层次控制，同时制定许多程序、规则和标准。在这类组织中，个性差异和人性判断被减少到最低限度，提倡以标准化来实现稳定性和可预见性，规则、条例成为组织高效运行的润滑剂，组织结构特征趋向刚性。其适用条件为：环境相对稳定；任务明确且持久，决策可以程序化；技术相对统一而稳定；按常规活动，以效率为主要目标；企业规模相对较大。

2. 有机式组织

有机式组织是一种松散、灵活的具有高度适应性的结构形式，它追求的主要目标是动态适应中的创新。有机式组织也进行劳动分工，但人们所做的工作并不是高度标准化的，往往需要完成许多非常规的任务，同时，员工受过良好的训练，被授权开展多种工作和处理多样问题，他们主要依靠职业标准和员工团队来指导自己的行为，并不需要过多的正式规则和直接监督。在这类组织中,高技能的职业人员能对组织中出现的各种问题做出迅速反应,正规化和严密的管理控制不再是必不可少的,组织结构特征趋向弹性。

有机式组织不设置永久的固定职位和职能界限严格的部门,成员之间直接的横向及斜向的沟通和协调,取代了机械式组织中的纵向沟通和层级控制,成为实现目标的主要手段。因而,同机械式组织相比,有机式组织更具适应性,能根据需要迅速做出调整。其适用条件为:环境不确定性强;任务多样且多变,无法进行程序化决策;技术复杂多变;有许多非常规活动,需要较强的创新能力;企业规模相对较小。

在现实生活中,纯粹的机械式组织和有机式组织并不存在。它们分别代表两个极端,在这二者之间常常存在多种中间过渡状态。比较而言,大型公司和政府机构在一定程度上具有机械式结构的特点。在通常情况下,我们说某个组织是机械式的,另一个组织是有机式的,并不意味着前者是绝对刚性的,后者是绝对弹性的,而是指前者的刚性成分更为显著,后者的弹性成分更为突出。

在选择组织类型时,应依照组织的发展目标和内外条件,视具体情形而定。当前,组织面临的环境日益充满不确定性,组织结构的发展趋势是由机械式向有机式转变。但这并不意味着有机式结构一定优于机械式结构,对于某些组织,如军队,机械式结构可能更为适合,只不过为了更好地适应环境变化,在选用机械式结构时,应注意使其保持适度的灵活性和弹性。

(三) 影响组织结构的主要因素

组织内外的各种因素,都会对其内部的结构设计产生重大影响,如图 5-2 所示。归纳起来,影响组织结构的因素主要包括以下几个方面。

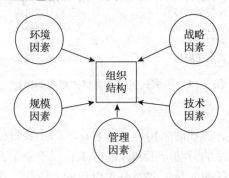

图 5-2　影响组织结构的因素

1. 环境因素

外部环境是影响组织结构的重要外部力量。环境的不确定性影响组织的绩效水平,环境的不断变化,给组织带来了机会和威胁。与此同时,组织对环境因素及其发展变化的确认识别和理解把握,以及对其做出适当反应的能力,是影响组织运作的关键。在构成组织环境的诸多因素之中,经济、科技、政治、法律等环境力量对组织运营的影响更为深远,能够影响组织的长期决策和战略选择。

从根本上讲,机械式组织与简单、稳定的环境更为适应,有机式组织则与复杂、动态的环境较为匹配。当前,随着日趋激烈的全球竞争、日益加速的产品创新,以及日益变化的顾客需求，环境的不确定性日益增强，组织日益处于不断变化的动态环境之中，这就要求组织结构更具有机性，以增强灵活性和适应性。

2. 战略因素

组织战略是制约组织结构的重要因素。组织目标是由组织战略决定的，而组织结构是实现组织目标的手段，因此组织结构应当服从组织战略。如果组织的发展战略进行了重大调整，相应的也应要求改变组织结构。

对战略与结构关系率先进行研究的是艾尔弗雷德·钱德勒（Alfred Chandler）。他分析了美国100家大公司长达50年的发展史后，得出的结论是：组织战略的变化导致了组织结构的变化。在组织发展初期，由于产品线单一，趋向于采用简单的战略，通常要求相对简单、松散的组织结构形式。此时，决策可以集中在一个高层管理人员手中，组织的复杂性、正规化程度较低，而集权化程度较高；当组织成长壮大后，生产向多元化发展，趋向于采用复杂的战略，对协调手段的要求也日益复杂，这就需要重新设计组织结构，采用相对复杂、严格的结构形式。

具体说来，组织战略分为创新战略、低成本战略、模仿战略3类。追求创新战略的组织对灵活性、适应性要求较高，宜采用有机式结构；追求低成本战略的组织对稳定性、效率性要求较高，宜采用机械式结构；追求模仿战略的组织宜同时采用机械式和有机式两种结构，一方面借助机械式结构实现紧密的控制和保持较低的成本，另一方面借助有机式结构寻求新的创新方向。

3. 规模因素

组织规模对组织结构具有显著的影响。一般而言，组织规模越大，工作就越专业化，条例制度就越多，组织的复杂性和正规化程度也就越高，或者说，组织结构越呈现为机械式。需要注意的是，组织规模与组织结构之间的这种关系并不是线性的，随着组织的进一步扩大，规模对结构的影响强度将逐渐减弱。例如，一个拥有2 000名员工的组织已经建立了相当机械式的结构，当它再增加500名员工时，不会对其组织结构产生多大影响。而对一个仅有200名员工的组织来说，同样增加500名员工，则可能会使其转变为更为机械式的结构。

4. 技术因素

组织的技术类型与组织结构具有一定的相关性。任何组织都需要利用某种技术，将投入转换为产出。为了实现这一目标，组织要使用设备、材料、知识和富有经验的员工，并将这些因素组合到一定类型和形式的活动之中。

最早对技术与结构关系进行研究的是英国帝国理工学院的琼·伍德沃德（Joan Woodward）。她对英国南部的近100家小型制造企业进行了调查，并将这些企业按技术复杂程度由低到高依次分为3种类型：①单件生产，即定制产品生产者和小批量生产者（如定制服装）；②大批量生产，即大批和大量生产的制造商（如冰箱、汽车）；③连续生产，即连续流程的生产者（如炼油厂、化工厂）。伍德沃德的结论是：技术类型和组织结构之间存在明显的相关性；组织的绩效与技术和结构之间的"适应度"密切相关。依据上述结论，她认为，成功的企业是那些能够根据技术的要求采取合适的结构安排的企业；制造业的企业组织结构并不存在一种最佳的方式，单件生产和连续生产企业采用有机式结构最为有效，大批量生产企业则与机械式结构最为匹配。

继伍德沃德之后，在技术与结构的关系上不断有新的研究。总体的研究结论是：组织技术在常规化程度上有所不同，常规化的技术宜采用机械式结构，非常规化的技术宜采用有机式结构。

5. 管理因素

管理因素也在一定程度上影响着组织结构的基本形态。影响组织结构的管理因素主要包括管理幅度和管理层次。管理幅度是指管理人员直接指挥和监督的下属数量，管理层次是指从最高管理者到基层工作者的组织层次数目。管理幅度影响组织的横向结构，管理层次决定组织的纵向结构。显然，管理幅度决定管理层次，二者呈反向变化。在组织规模一定的条件下，管理幅度越宽，管理层次越少；反之，管理幅度越窄，则管理层次越多。根据二者的关系，可以将组织结构简单地划分为两种形态，即锥形组织结构和扁平形组织结构。

锥形组织是指在组织最高层与作业层之间具有多级管理层次，每个层次的管理幅度均较窄小。这就使得在作业人员数量一定的情况下，需要增加许多基层管理人员和中间层次管理人员，其结构特征是锥形。传统的组织结构大都是高耸型的。其优点是：组织结构严谨周密，便于管理人员对下属实施严密控制；组织成员分工明确，职责分明；上下级之间等级森严，垂直纵向关系清晰，有利于统一指挥；组织的稳定性程度高。其缺点是：管理层次和管理人员众多，致使层次间和部门间的协调困难；管理层次和管理人员的增多导致管理费用升高，降低了管理工作的经济性；信息的传递要经过各级管理人员的逐层过滤，致使信息交流不畅且易失真；决策民主化程度不够，不利于发挥基层人员的工作积极性；由于管理层次过多，易造成决策迟缓，上下级缺乏沟通，从而致使管理工作的效率降低。

扁平形组织结构又称"横式"结构，它的管理幅度大，管理层次少，与高耸型组织相反，其结构特征是"扁平"。其优点是：高层领导比较容易了解基层情况；节省管理费用开支；加快信息传递速度，减少信息失真；有利于提高决策的民主化程度；有利于促进基层管理人员的成长。其缺点是：由于管理幅度加大，各级管理人员工作负荷加重；同级间的沟通联络易产生新的困难；要求管理人员的素质较高；下属人员需要自觉、自律，否则容易出现失控。

锥形结构与扁平结构各有优缺点，锥形与扁平的划分也是相对的。在适宜的条件下，二者都可能成为有效的结构形态。近年来，随着环境不确定性的增强，组织结构趋向扁平化方向发展。

五、组织设计

（一）组织设计的必要性

组织设计是指以组织结构安排为核心的组织系统的整体设计工作。组织设计是管理者做出明确的组织选择的过程，在进行组织设计时，没有一个最优的组织设计方案，而是要根据不同环境情况予以选择，组织设计结果直接影响组织管理效率的高低。

组织设计是一项庞大的系统工程，内容庞杂，牵涉组织系统的方方面面，其核心是组织结构设计，组织设计的所有工作均围绕此项内容展开。因此，直观地讲，组织设计就是在组织内部进行横向的管理部门的设置和纵向的管理层次的划分。概括地说，组织设计的主要工作是进行组织分化和组织整合：进行组织分化，即把任务划分为具体的工作，由不同的职位和部门来承担；进行组织整合，即在分工的基础上，取得各职位、各部门之间的协调运作。

（二）组织设计的任务

设计组织结构是执行组织职能的基础工作。组织设计的任务是提供组织系统图和编制职务说明书。组织系统图标明了各种管理职务或部门在组织结构中的地位以及它们之间的相互关系。职务说明书规定了该管理职务的工作内容、职责和权力、与组织中其他部门和职务的关系，担任该职务者所必须拥有的基本素质、技术知识、工作经验、处理问题的能力等条件。

1. 职能与职务的分析和设计

组织首先需要将总的任务目标进行层层分解，分析并确定完成组织任务究竟需要哪些基本的职能与职务，然后设计和确定组织内从事具体管理工作所需的各类职能部门以及各项管理职位的类别和数量，分析每位职务人员应具备的资格条件、应享有的权利范围和应负的职责。

2. 部门设计

根据每位职务人员所从事的工作性质以及职务间的区别和联系，按照组织职能相似、活动相似或关系紧密的原则，将各个职务人员聚集在"部门"这一基本管理单元内。由于组织活动的特点、环境和条件不同，划分部门所依据的标准也是不一样的。对同一组织来说，在不同时期不同的战略目标指导下，划分部门的标准可以根据需要进行动态调整。

3. 层级设计

在职能与职务设计以及部门划分的基础上，必须根据组织内外能够获取的现有人力资源情况，对初步设计的职能和职务进行调整和平衡，同时要根据每项工作的性质和内容确定管理层级并规定相应的职责、权限，通过规范化的制度安排使各个职能部门和各项职务形成一个严密、有序的活动网络。

（三）组织设计的原则

以法约尔、泰勒、韦伯等人的观点为代表，古典组织理论提出了许多经典的组织设计原则，这些原则对现代组织设计依然具有重要的指导作用。但是，随着时代的发展，这些原则不可避免地存在某些局限性，这是因为实践总是先于理论的，古典设计理论的提出有其特定的时代背景。当前，组织面临的环境复杂多变，因而，在进行组织设计时，在参照这些原则的同时还要结合组织的现实，对原有的经典原则予以必要的修正。需要指出的是，这种修正不是对上述原则的否定和背弃，而是一种发展和完善。归纳起来，组织设计主要有以下几个基本原则。

1. 劳动分工原则

劳动分工是进行组织设计的一项基本原则，它是指将一项工作划分为若干步骤，每个人专门从事其中的某一个步骤，以提高劳动生产率。传统理论认为，劳动分工使不同员工特有的多样技能得到有效利用，可以产生更高的生产率。现代观点则认为，过度分工会导致问题的发生，在某一点上，劳动分工产生的人员非经济性（如厌倦、压力、低生产率等）会超过专业化的优势。在这种情况下，应通过扩大而不是缩小工作范围来提高生产率。

从总体上看，劳动分工思想至今仍指导着组织的设计工作，并具有较好效果，制造业中的装配线就是最好的例证。一个没有分工的组织是不可想象的，组织是一个协作体，任何一个组织为了实现自身目标，都要在一定范围内、一定程度上进行业务活动的分工。但在某些工作中，到达专业分工的变化点之后，其非经济性开始显现，此时，为了避免专业分工过细的弊端，应在一定分工的基础上，尝试给予组织员工多种工作，或鼓励其单独完成一项完整而全面的任务。

2. 部门化原则

部门化原则是与劳动分工原则紧密相连的，劳动分工的结果必然导致部门的形成。传统理论认为，组织活动应当经过专业分工而组合到部门中，以促进组织的协调。根据组织目标的不同，划分部门的方法主要有职能部门化、产品部门化、地区部门化、过程部门化、顾客部门化等。对大型组织来说，通常需要综合使用上述部门化方法中的几种。现代观点认为，在传统理论所倡导的部门化方法广泛应用于许多大型组织的同时，出现了两种新趋势：一是激烈的竞争使顾客部门化日益受到重视，组织依据具有相同需要的共同顾客来组合工作；二是组织任务的日益复杂使得跨越传统部门界限的跨职能团队被更多地采用，从而在一定程度上改善了原来僵硬的部门划分。

3. 指挥链原则

指挥链是传统组织设计的基石，是指从组织高层延伸到基层的一条持续的职权线。传统理论认为，与指挥链相关的概念有3个，即职权、职责、统一指挥。其中，职权是指管理职务所固有的发布命令和期望命令得到执行的权力；职责是指完成任务的义务；统一指挥则是指每个下属应当而且只能向一个上级主管直接负责，以防止政出多门。

现代观点认为，随着信息技术的发展和对员工授权的加大，指挥链概念的重要性已经相对降低。利用计算机，组织员工可以不通过正式的指挥链与组织其他成员沟通，员工更多地被授权制定原本只有管理者才有权做出的决策，自我管理的跨职能团队和双重指挥链的矩阵制结构被越来越多地采用。

4. 管理幅度原则

管理幅度原则是指一个上级直接领导与指挥下属的人数应该有一定的限度，并且应该是有效的。管理幅度的选择是影响组织设计的一个重要因素，因为控制幅度在很大程度上决定了组织的管理层次和管理人员的数目。传统理论认为，应采取窄小的管理幅度，以便对下属实行严密控制和有效指挥。现代观点则认为，在其他条件相同的情况下，应采取宽大的管理幅度，以提高组织的运行效率。

管理幅度是一个权变因素，管理者所处的组织层次不同，控制幅度也将不同。随着组织层次的提高，控制幅度应相应减小。此外，管理者的知识经验、下属的工作能力、任务的复杂程度等因素均会对管理幅度产生影响。法国的管理学者格拉丘纳斯曾提出一套数学公式，说明了当上级的控制幅度超过 6~7 人时，其和下级之间的关系会更复杂，甚至于无法驾驭。该公式为

$$N = n(2^{n-1} + n - 1)$$

式中　n——直接向上一位上级报告的下级人数；

　　　N——需要协调的人际关系数。

5. 集权与分权原则

集权与分权的选择影响组织设计的效率，反映了组织决策制定权的集中程度和归属情况。传统观点认为，应把组织决策权尽可能集中于高层管理者。现代观点则认为，应把组织

决策权尽可能地下授给直接采取行动那一层次的管理人员。

集权与分权是一个相对的概念，而非绝对的两极。如果高层管理者在进行关键性决策时，没有基层人员的参与，则组织是集权化的；反之，如果基层人员更多地参与了决策制定，则组织的分权化程度较高。一般而言，在环境相对稳定、决策影响较大、组织规模较大的情况下更适合采用集权化的组织结构。组织的高层管理者必须在集权与分权之间寻求平衡，当前，组织设计的明显趋势是充分授权。

6. 正规化原则

正规化也是影响组织设计的一个重要因素。所谓正规化，是指组织中各项工作标准化及员工行为受规则和程序约束的程度。在高度正规化的组织设计中，有明确的职位说明、工作程序和规则条例，员工被要求以完全相同的方式处理同样的投入，从而产生一致的、统一的产出。同时，标准化也取消了员工采取其他行为方式的可能性，甚至排除了员工的思考。反之，如果组织正规化程度较低，员工的工作行为就有较大的自主权。

传统理论认为，组织设计应遵循高度正规化原则，用标准和规则来约束与协调员工行为。现代观点则认为，在确保组织目标的前提下，应尽可能提高员工对工作的自主程度。在管理实践中，不同组织的正规化程度存在较大差别，即使在同一组织内部，正规化程度也有所不同。例如，在报社中，新闻记者通常拥有较大的工作自主权，他们可以选定报道主题，并以自己喜欢的方式撰写，而编辑、排版人员则没有这种自由，他们在时空两方面所受到的约束使其工作更为标准化。

综合上述组织设计原则，不难得出这样的结论：传统的组织设计强调分工，强调以部门为单位实现组织目标；现代的组织设计则强调合作，强调以群体和协作优势赢得竞争的主导地位。因此，传统理论在组织结构设计上更倾向于机械式组织，现代理论则认为理想的组织设计取决于各种权变因素。

（四）组织设计的内容

按类别划分，组织设计主要包含3类内容：组织结构设计、组织责权关系设计、组织制度设计，具体可分为以下内容。

1. 职务设计

职务设计是组织设计的最基本单元。根据组织技术的要求和员工的技能，将组织的各项任务进行不同组合，从而形成不同的职务设计。通过职务设计，每个员工负责完成某类职务的特定任务。

2. 部门设计

部门设计是组织结构设计的基础。在职务设计的基础上，按照专业化分工的要求，将分解后的职务活动按照相关性的原则加以归并，从而形成横向的部门划分，每个部门负责完成某类特定的任务。

3. 管理层次与管理幅度的设计

管理层次与管理幅度的设计决定了组织的基本构架。首先要对影响管理层次和管理幅度的各种因素加以分析，然后据此确定适当的管理幅度，并划分出纵向的管理层次，以保证整个组织结构安排的精干高效。

4. 组织决策系统的设计

决策系统的设计保证了组织的统一指挥与统一领导。主要包括组织领导体制的设计，高层组织的权力结构设计与决策机制设计，各种咨询性或顾问性组织的设计等。

5. 组织执行系统的设计

执行系统的设计保证了组织各项活动的有效开展和实施。具体内容是为达成组织目标，执行组织决策明确规定的不同职能部门的任务职责。

6. 横向联系和控制系统的设计

横向联系和控制系统的设计，有助于加强部门间的横向联系，纠正可能出现的各种偏差，促进组织整体目标的实现。具体包括设置一定的协调机构，制定一定的协调制度，采取有效的协调方式和手段，以及建立相应的监督与奖励机制等。

7. 组织的行为规范设计

行为规范设计为组织各项活动的开展提供了可供遵循的规章制度，具体包括制定各部门的活动目标、规则程序和工作标准等。

8. 组织变革与发展的规划设计

变革与发展规划设计则为组织的未来发展提供了方向和指南，具体包括组织未来的发展战略、发展目标等。

在上述各项内容中，职务设计、部门设计、管理层次与管理幅度的设计属于组织结构设计的范畴；组织决策系统的设计、组织执行系统的设计、横向联系和控制系统的设计属于组织责权关系设计的范畴；组织的行为规范设计、组织变革与发展的规划设计则属于组织制度设计的范畴。它们相互联系、相互影响、相互依存、相互支持，共同为实现组织目标服务。

（五）组织设计的程序

如前所述，组织设计是为组织目标服务的，其实质是实现组织目标的手段。因此，在进行组织设计时，首先应明确组织目标，然后在此基础上进行组织的分化和整合工作，使组织成为一个既有明确分工，又相互协调的有机整体。组织设计包括以下具体程序。

1. 确定组织目标

这是进行组织设计的根本出发点。组织目标是组织存在的基础，任何组织都以实现一定目标为宗旨，在进行组织设计时，首先应在综合分析组织外部环境和内部条件的基础上，合理确定组织的总体目标及各种具体的派生目标。

2. 确定业务内容

根据组织目标的要求，确定为实现组织目标所必需的各项业务工作，并根据性质不同将其进行分类，如产品开发、质量管理、市场研究、营销服务等。在此之后，明确各类活动的工作范围和工作量，并对业务流程进行总体设计。

3. 确定组织结构

根据组织规模、技术特点、业务工作量的大小，参考其他同类组织的设计经验，选择确定组织结构的具体形式和组织部门的具体类型，并把性质相同或相近的业务工作分别划归至适当的部门负责，形成层次化、部门化的结构。

4. 配备职务人员

根据各部门业务性质和工作要求的不同，挑选和配备称职的工作人员与行政负责人，并明确其职务与职称。

5. 规定职责权限

根据责权对等的原则，一方面要根据组织目标的要求，明确规定各部门及其负责人对业务工作应负的责任以及评价工作业绩的标准；另一方面还要根据业务工作的实际需要，授予各部门及其负责人相应的权力。

6. 联为一体

这是组织设计的最后步骤。在部门划分的基础上，应明确规定各部门之间的相互关系以及相互沟通与协调的原则方法，把组织实体整合联结起来，使之成为一个能够协调运作、有效实现组织目标的管理系统。

【知识链接】

组织的部门化

部门化可以依据多种不同的标准，如业务的职能、所提供的产品或服务、目标顾客、地区、流程等进行安排选择。不同时期、不同环境条件下，组织所依据的标准可以是不同的，但这种选择安排应当遵循部门化的一些基本原则，并以组织目标为基准。归纳起来，常见的部门化主要有以下几种。

一、直线制组织结构

直线制组织结构又称"军队型"结构，是一种集权式的组织结构形式，是指组织中的各种职位按垂直系统直线排列，各级行政主管行使统一指挥和管理职能，不设专门职能机构，如图5-3所示。

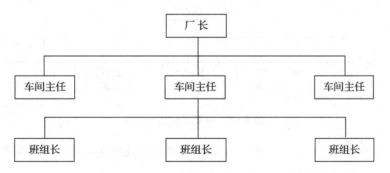

图5-3 直线制组织结构

直线制组织结构出现得最早，也是最为简单的一种结构，只有在组织规模较小，员工人数较少，生产和管理工作相对简单的情况下才适用。多数组织在初创时期可能会在短期内选择直线制结构，随着组织的成长壮大、员工人数的不断增多，组织通常会采取更为复杂的结构形式。从管理实践上来看，直线制结构在所有者与经营者合一的小企业中应用最广。

直线制组织结构的优点为：设置简单；权责分明；便于统一指挥和集中管理。该结构的缺点为：缺乏横向协调关系，要求行政主管通晓多种专业管理知识，亲自处理多种业务，容易产生忙乱现象。

二、职能制组织结构

职能制组织结构又称"U形"结构,是指在各级行政主管之下,根据业务活动的相似性来设立管理职能部门,各职能部门拥有相应的管理职责和权力,在其职能范围内有权直接指挥下级单位。职能制组织结构如图5-4所示。

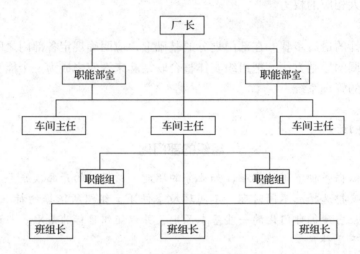

图5-4 职能制组织结构

组织还可以根据业务活动的需要,在公司总裁之下,分别设立营销、研发、生产、人力资源、财务等职能副总裁,如图5-5所示。

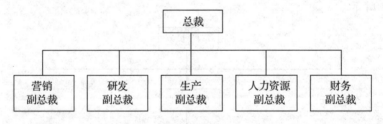

图5-5 按职能设置的组织

职能制是一种传统的组织结构形式,其适用对象是只有单一类型产品或少数几类产品并且是处于相对稳定市场环境的企业。

职能制组织结构的主要优点为:

(1) 将专业技能紧密联系的业务活动归类组合到一个单位内部,提高了管理的专业化程度和工作效率。

(2) 便于组织成员发挥职能专长,提高业务水平。

(3) 减轻了各级行政主管的工作负担。

职能制组织结构的主要缺点为:

(1) 各职能部门长期只从事某项专门业务,缺乏总体观念,不利于培养高级管理人才。

(2) 各职能部门只注重依据本部门的准则行动,可能导致部门之间的活动缺乏协调性,影响组织整体目标的实现。

(3) 各职能部门都拥有指挥权，致使每一个下级机构和人员都有多个上司并接受多人领导，不利于统一领导和统一指挥。

三、直线职能制组织结构

直线职能制组织结构是把直线制和职能制结合起来形成的组织结构，是指以直线为基础，在各级行政主管下设置相应的职能部门，分别从事专业管理，作为该级行政主管的助手，实行行政主管统一指挥与职能部门参谋指导相结合的方式。在这种组织结构形式中，各级行政主管实行逐级负责，职能部门则起业务指导作用，如图5-6所示。

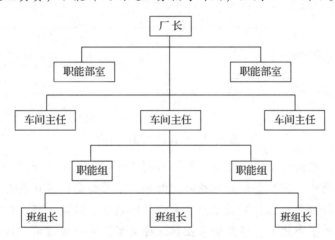

图5-6 直线职能制组织结构

直线职能制普遍适用于组织规模不大、产品品种不太复杂、市场环境较为稳定的各类中小企业。由于综合了直线制和职能制这两种结构形式的优点，它在世界范围内被各国普遍采用，也被我国的大多数组织所采用。

直线职能制组织结构的主要优点为：

(1) 既保持了直线制集中统一指挥的长处，又汲取了职能制发挥专业管理的长处。

(2) 既摒弃了直线制管理粗放的缺点，又避免了职能制多头指挥的弊端。

直线职能制组织结构的主要缺点为：

(1) 权力集中于最高管理层，下级缺乏必要的自主权。

(2) 参谋部门与指挥部门之间目标不统一，造成决策迟缓。

(3) 各职能部门之间横向联系较差，容易产生矛盾。

(4) 信息传递路线长，反馈速度慢，难以迅速适应环境变化。

四、事业部制组织结构

事业部制组织结构又称"M形"结构，是指在公司总部领导下，按产品、地域、顾客等分别设立若干事业部，每个事业部都是独立核算单位，在经营管理上拥有很大自主权，公司总部主要充当外部监管者角色，对各事业部的活动进行协调和控制，同时提供财务、法律等支援服务。可见，事业部制组织结构是一种分权式的组织结构形式，其主要特点是"集中政策，分散经营"，即在集权领导下实行分权管理，如图5-7所示。

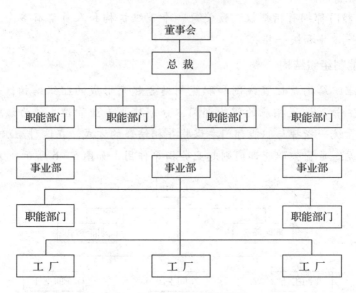

图 5-7 事业部制组织结构

事业部制组织结构由通用汽车公司和杜邦公司在 19 世纪 20 年代创立。在管理实践中，企业可依据产品、地域、顾客等划分事业部。例如，宝洁公司按产品类别进行划分，麦当劳公司按地理区域进行划分，银行则常按顾客类型进行划分。因而，事业部制组织结构主要分产品型事业部、地域型事业部、顾客型事业部三种类型。它一般适用于具有较复杂的产品类别、较广泛的地域分布及多样化的顾客类型的大型企业。需要指出的是，许多大型企业在采用事业部制组织结构时，往往综合采用几种方法进行事业部的划分，从而形成了多维立体的事业部形式。

事业部制组织结构的主要优点为：

（1）各事业部单独核算、自成体系，在生产经营上具有较大的自主权，提高了管理的灵活性和适应性。

（2）最高管理层能够摆脱日常行政事务，集中精力进行长远的战略规划。

（3）分部经理对经营结果负完全责任，能够拓展其多方面才能和全局视野，有利于培养能独当一面的高级管理人才。

事业部制组织结构的主要缺点为：

（1）职能部门重复设置，造成管理机构重叠，管理成本上升，管理效率较低。

（2）由于各事业部独立经营，容易滋长本位主义倾向，不利于事业部之间的相互支持。

五、矩阵制组织结构

"矩阵"是从数学中移植过来的概念，用以形象直观地说明该组织结构的特点。矩阵制组织结构类同于数学中的矩阵，组织结构由纵横两套管理系统组成：一套是按职能划分的纵向领导系统，另一套是为完成某一任务而组成的横向项目系统。在传统的按照职能划分部门的基础上，添加按照任务划分的项目小组的结果，就形成了纵横交错的矩阵结构。项目小组是为完成一定的管理目标或某种临时性任务而设置的，由具有不同专长技能、选自不同部门的人员组成。为了加强对项目小组的管理，每个项目在总经理或厂长领导下由专人负责。小组成员既受项目小组领导,又与原职能部门保持组织与业务联系,受原职能部门领导,如图 5-8 所示。

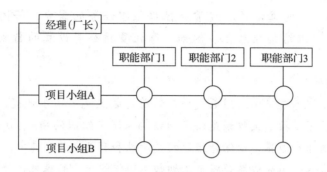

图 5-8 矩阵制组织结构

与上述几种组织结构相比,矩阵制组织结构更具有机性,尤其适合在需要对环境变化做出迅速反应的企业中使用。在复杂多变的环境中,采取灵活的项目小组形式可增强企业对外部环境的适应能力,确保每个项目按计划要求准时完成。例如,咨询公司、广告公司及高科技公司就经常采用矩阵制组织结构。

矩阵制组织结构的主要优点为:

(1) 将组织的纵向联系和横向联系很好地结合起来,有利于加强各职能部门之间的协作配合与及时沟通。

(2) 具有较强的灵活性和适应性,能根据特定需要和外部环境的变化迅速应变。

(3) 把不同部门、具有不同专长的专业人员组织在一起,有利于相互启发、集思广益,攻克各种复杂的技术难题,进行新技术开发和新产品研制。

矩阵制组织结构的主要缺点为:

(1) 稳定性差。由于小组成员是由各部门临时抽调的,任务一经完成,就会返回原部门工作,容易使小组成员产生临时观点,影响工作效率。

(2) 权责不清。由于每个小组成员都要接受两个或两个以上的上级领导,这种双重指挥链容易造成管理秩序混乱,权责划分不清。

在上述 5 种组织结构中,相对而言,前 4 种组织结构形式更为机械,最后一种矩阵制组织结构形式更具有机性。同时,每种结构都各有优势和缺陷,组织应根据环境变化和自身目标予以选择。需要指出的是,组织结构图只是提供了有关组织结构的基本信息,组织不只是由一组静态的工作关系构成的,现实的组织更像动态的画面——它是运动的、灵活的、新颖的,甚至是虚拟的形式,并且处在不断发展之中。

六、组织结构的变化趋势

当前,组织面临的环境日益动态化和复杂化,传统的层级制组织结构已经无法适应环境要求,这就使得组织的管理者必须依据灵活性、创新性的原则来重新构建和安排组织结构。具体地说,组织结构主要呈现出以下发展趋势。

(一) 团队结构组织

团队结构组织是指整个组织由执行各项任务的工作小组或团队组成,不存在从高层到基层的管理职权链,通过对员工进行充分授权,使员工团队可以自由地以其认为最好的方式安排工作,并对工作结果负责。当前,在一些大型组织中,为了既保持总体的稳定性,又获得一定的灵活性,常常会根据组织任务的需要,将团队结构与原有的职能制或事业部制组织结构相结合。例如,摩托罗拉公司设立的自我管理团队,惠普公司采用的跨职能团队。

(二)无边界组织

无边界组织这一概念最早由通用电气公司的前总裁杰克·韦尔奇提出,其基本内涵是,在构建组织结构时,不是按照某种预先设定的结构来限定组织的横向、纵向和外部边界的,而是力求打破和取消组织边界,以保持组织的灵活性和有效运营。其中,横向边界是由专业分工和部门划分形成的,纵向边界是将员工划归不同组织层次的结果,外部边界则是指将组织与顾客、供应商及其他利益相关者分离开来的隔墙。通过运用跨层级团队和参与式决策等结构性手段,可以取消组织内部的纵向边界,使组织结构趋向扁平化;通过采用跨职能团队以及围绕工作流程而不是职能部门组织相关的工作活动等方式,可以取消组织内部的横向边界;通过与供应商建立战略联盟以及体现价值链管理思想的顾客联系等方式,可以削弱或取消组织的外部边界。

随着计算机技术的发展和网络的普及,人类已经步入数字时代。在数字时代的管理实践中,电子商务企业是无边界组织的最好范例。从本质上讲,电子商务企业是一个没有边界的组织,信息和工作活动能在各个参与者之间自由流动,其结构已不仅仅包含工作安排和员工关系问题,还包含与顾客、供应商及其他利益相关者的关系。

无边界组织实质上是一种组织设计思想和理念。事实上,任何组织都不可能完全取消组织内部的纵向指挥链和横向职能部门,也不可能完全消除组织与外部的边界,它只是为组织结构设计提供了一种思路,其操作要点是尽量淡化和模糊组织边界,而非绝对地真正消除组织边界。

(三)学习型组织

与无边界组织的概念一样,学习型组织不仅仅涉及某种特定的结构设计,更重要的是提供了一种组织理念和组织哲学。所谓学习型组织,是指由于所有组织成员都积极参与识别和解决与工作有关的问题,从而使组织形成了具有持续适应和变革能力的一种组织。其提出依据是,当前的组织环境日益动荡,过去的许多管理原则和指南不再适用,因此,21世纪的组织要获得成功,必须具有快速学习和响应的能力。一些管理学家把组织的这种学习能力称为组织的"可持续竞争优势",很多企业也越来越意识到学习对组织的发展至关重要,并将这种新的组织理念付诸实践。

在学习型组织中,员工通过不断获取和共享新知识,参与到组织的知识管理中来,并有意愿将其知识用于制定决策或做好工作。学习型组织的特征主要表现在组织设计、信息共享、领导力及组织文化等方面。概括地讲,信息共享和工作协作要求组织设计采用团队和授权方式,组织的学习要求信息共享公开、及时、准确,组织的学习要求领导者以促进组织共同愿景和协作氛围的形成为职责,组织的学习还要求培育一种有利于学习的组织文化,如图5-9所示。

学习情境五 组织职能分析

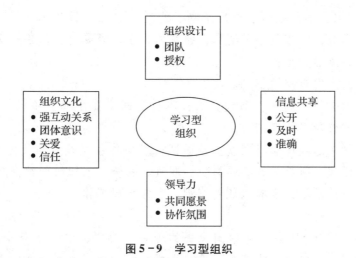

图 5-9 学习型组织

任务二 组织运行分析

 学习目标

1. 掌握人力资源计划及员工招聘流程。
2. 熟悉员工培训内容并能够进行绩效评估。

教学视频

【任务导入】

一次失败的招聘

某外资 SP 公司因业务发展需要从外部招聘新员工。期间先后招聘了两位行政助理（女性），结果都失败了。具体情况如下：

第一位女性 A 入职的第二天就没来上班，没有来电话，上午公司打电话联系不到本人。经她弟弟解释，她不打算来公司上班了，具体原因没有说明。下午，她本人终于接电话了，但不肯来公司说明辞职原因。三天后又来公司，中间反复两次，最终决定不上班了。她的工作职责是负责前台接待。入职当天晚上公司举行了聚餐，她和同事谈得也挺愉快。她自述的辞职原因：工作内容和自己预期不一样，琐碎繁杂，觉得自己无法胜任前台工作。

HR 对她的印象：内向，有想法，不甘于做琐碎、接待人的工作，对批评（即使是善意的）非常敏感。

第二位女性 B 工作 10 天后辞职。B 的工作职责是负责前台接待、出纳、办公用品采购、公司证照办理与变更手续等。她自述的辞职原因为：奶奶病故了，需要辞职在家照顾爷爷（但是当天身穿大红毛衣，化彩妆）。据她透露说家里很有钱，家里没有人打工。

125

HR 对她的印象：形象极好、思路清晰、沟通能力强，行政工作经验丰富。总经理印象：商务礼仪不好，经常是小孩姿态，撒娇的样子，需要进行商务礼仪的培训。

该公司的招聘流程如下：

(1) 公司在网上发布招聘信息。

(2) 总经理亲自筛选简历。筛选标准：本科应届毕业生或者年轻的，最好有照片，看起来漂亮的，学校最好是名校。

(3) 面试：如果总经理有时间就直接面试；如果总经理没时间就由 HR 进行初步面试，总经理最终面试。新员工的工作岗位、职责、薪资、入职时间都由总经理确定。

(4) 面试合格后录用，没有入职前培训，直接上岗工作。

公司背景：

此公司是一个国外 SP 公司在中国投资的独资子公司，主营业务是提供技术支持，提供手机移动增值服务以及手机广告。该公司所处行业为高科技行业，薪水待遇高于其他传统行业。公司的位置位于北京繁华商业区的著名写字楼，对白领女性具有很强的吸引力。总经理为外国人，在中国留过学，自认为对中国很了解。

被招聘的员工背景：

A，23 岁，北京人，专科就读于北京工商大学，后专升本就读于中国人民大学。期间做过一年的少儿剑桥英语教师。

B，21 岁，北京人。学历大专，就读于中央广播电视大学电子商务专业。在上学期间曾在两个单位工作：一个为拍卖公司，另一个为电信设备公司，职务分别为商务助理和行政助理。B 曾参加瑞丽封面女孩华北赛区复赛，说明 B 的形象气质均较佳。

招聘行政助理连续两次失败，作为公司的总经理和 HR 觉得这不是偶然现象，在招聘行政助理方面肯定有重大问题。那问题又出在什么地方了呢？

其实，一方面，在整个招聘过程中总经理干涉过多，没有充分授权给人力资源部门，包办了 HR 筛选简历的任务。他长期处在国外，不懂中国国情，自然就有可能使不适合的人被选进来，而适合的人可能被淘汰在筛选简历环节。对于这种较初级的员工招聘，应该把权力完全授权给熟悉国情的 HR，他在这次事件应该负主要责任。另一方面，在招聘行政助理时，公司没有根据行政助理这个岗位的任职资格制定结构化的甄选标准，而只是凭面试官的直觉进行甄选，这就造成了招聘过程中的不科学。因为面试官会在面试过程中受到归类效应、晕轮效应、自我效应和个人偏见（地域，血缘，宗教信仰等）的影响。上例中总经理就对相貌，毕业院校和是否应届带有明显偏见，没有考虑应聘的人是否和企业的文化、价值观念相吻合，是不是真正的具备了工作需要的知识、能力、性格和态度。此外，正常的招聘流程应该是公布招聘信息、初步面试、评价申请表和简历、选择测试、雇佣、面试证明材料和背景材料核实、体检、录用、入职前培训、入职。该公司在招聘过程中不仅少了选择测试，还忽略了入职前培训这个重要步骤。

入职前的培训对加入公司的员工很重要。因为通过入职前的培训能够给新员工灌输公司的企业文化和价值观念，可以帮助新员工树立正确的工作态度，对工作有更深刻的认识。如果给 A 和 B 进行了系统的入职前培训，完全有可能改变她们本来的价值取向和对工作的态度，她们有可能就不会离职。

【任务书】

1. 理解员工招聘环节设计的重要性。
2. 结合案例，思考建立一个科学的人力资源管理体系需要注意的问题有哪些。

【相关知识】

人力资源是组织的第一资源，是构筑组织竞争优势的重要源泉。员工素质的高低，直接影响组织的运营效果和竞争能力，是企业正常运行的基本保证。招聘到优秀的员工对于企业具有极其重要的意义。

一、人力资源的理解

（一）人力资源的含义

美国著名管理大师彼得·德鲁克在其《管理的实践》（1954年）一书中将"人力资源"这一概念引入管理学的研究中。德鲁克认为，人是具有企业里任何其他资源都没有的"特殊能力"（又译为"特殊资产"）的资源，特殊能力即协调能力、融合能力、判断力和想象力。德鲁克的观点强调了人力资源的特殊性，但并没有给出人力资源的明确定义。为了更好地理解和把握这一概念，我们可以从以下两个层面对其进行阐释。

1. 经济学意义层面的分析

在经济学中，将可以投入生产并创造财富的一切生产要素通称为资源，具体分为自然资源、资本资源、信息资源、时间资源和人力资源5大类。其中，人力资源是指一定范围内人口总体所具有的劳动能力的总和，即一定范围内具有为社会创造物质和精神财富、从事体力和智力劳动能力的人的总称。需要指出的是，上述定义中的"一定范围"可以指一个国家或一个地区。从本质上讲，人力资源是其数量和内在质量的统一，包括量和质两方面的规定性：一方面，人力资源数量体现为一定范围内现实和潜在的劳动力人口数量，可以用绝对数量和相对数量两种指标表示，每种指标又有"现实"和"潜在"两种计算口径，它反映了人力资源量的规定性，是人力资源构成的基础；另一方面，人力资源质量则是一定范围内劳动力素质的综合反映，与构成人力资源的单个劳动力素质相关。劳动力素质由劳动者的身体素质、智能素质和心理素质构成，在三者的组合作用下，具体体现为劳动者在劳动中表现出的体力、智力、知识和技能水平。它反映了人力资源质的规定性，是人力资源构成的核心。

2. 微观组织意义层面的分析

从微观的组织角度考察，任何一个组织拥有的资源都可以分为3类：实物资源、财务资源、人力资源。简单地说，组织的人力资源是指组织所雇用的劳动者，即组织拥有的体现在全体员工体力与智能上的经济资源。对组织而言，人力资源包括一个组织的所有成员，范围从高层管理者到刚进入组织的新员工。组织的人力资源不能运用实物资源和财务资源的标准进行计量，从其现实应用状态来看，主要包括体力、智力、知识和技能等。

广义的人力资源强调人口数量和质量的统一，狭义的人力资源则更为注重质量，经济学意义上的人力资源侧重于广义人力资源的分析，微观组织意义上的人力资源则更侧重于狭义人力资源（即高素质的劳动者）的分析。除本节内容外，本书主要是在微观组织的意义上使用人力资源这一概念的。

综上所述，从宏观角度看，人力资源是指一个国家或地区所有人口所具有的劳动能力的总和；从微观角度看，人力资源是企业等组织雇用的全部员工所具有的劳动能力的总和。

（二）人力资源的特征

人力资源是生产活动中最活跃的因素，被誉为"资源中的资源"。与其他资源相比，人力资源具有以下基本特征。

1. 能动性

人力资源在经济活动中是居于主导地位的能动性资源。与其他被动性生产要素相比，人力资源是最积极、最活跃的主动性生产要素，在社会生产中具有主导地位。人力资源的能动性主要表现在自我强化、选择职业及劳动积极性等方面。自我强化可以通过人力资源自身的努力学习知识、积极锻炼身体得以实现；选择职业是人力资源主动地与物质资源结合的过程；劳动积极性的发挥则是人力资源能动性最重要的方面，对人力资源潜力的发挥具有决定性影响。

2. 再生性

人力资源是一种可再生资源，其再生性可基于人口的再生产和劳动力的再生产过程得以实现。与物质资源相似，人力资源在使用过程中会出现有形磨损和无形磨损。有形磨损是指由于个体的疲劳、衰老、体质下降、技能退化等原因造成的劳动能力下降；无形磨损则主要是指由于社会和科技进步等现实而导致的个人的知识、技能、经验等相对老化造成的劳动能力下降。人力资源的有形磨损是不可抗拒的，但人们可以通过医疗和保健来延缓磨损进程；人力资源的无形磨损可以积极预防甚至可以在一定程度上避免，人们可以通过加强培训、终身教育实现持续的自我开发，消除和避免无形磨损。

3. 时效性

人力资源是一种存在于人的生命有机体中的劳动能力，其形成、开发和利用均受到时间的限制。一方面，就人力资源构成的个体看，作为生命有机体的人，都有其生命周期。作为人力资源的人，在从事劳动的不同时期，其劳动能力也有所不同。另一方面，就人力资源总体或社会角度看，在各个年龄组人口的数量及其联系方面，也存在时效性问题。

4. 生产与消费的两重性

人力资源既是创造财富的生产要素资源，又是投资（消耗社会资源）的结果，它与其他资源一样具有投入产出规律。从生产和消费的角度看，人力资源的投资、开发和维持是一种消费行为，人力资源的使用和创造财富则是一种生产性行为。一方面，人们的消费行为具有刚性，无论是否为社会创造财富，都需要消耗社会生产资料；另一方面，人们的生产行为具有弹性，受到年龄、能力、机会、生产资料等多种因素的影响。因此，在投资、开发、利用和管理人力资源时，应充分重视和平衡人力资源的两重性，正确处理人力资源的投入与产出、开发与使用、数量与质量等相互制约的多重关系。

5. 社会性

人力资源是一种社会性资源。人是社会存在与自然存在的统一，人力资源既是人类社会的主体,又是人类社会活动的结果。从宏观看,人力资源的形成、配置、使用要通过社会进行;从微观看,人类社会是群体性劳动,不同的人分别处于社会经济分工体系的不同劳动组织中。因此,对人力资源的开发和管理,既要关注其经济性的一面,又要重视其社会性的一面,通过精神文化、价值观念、人际关系、团队建设、利益整合等方式,促进其有效开发和管理。

(三) 人力资源管理及其流程

人力资源管理因其主体、对象、范围的不同,分为宏观人力资源管理和微观人力资源管理。

1. 宏观人力资源管理

宏观人力资源管理是指在一个国家或地区范围内,对全社会各阶层、各类型的从业人员进行的从招聘、录用、培训、使用、升迁、调动,直至退休的全过程管理。宏观人力资源管理的管理主体是一个国家或地区的政府,管理对象是正在从事体力劳动和脑力劳动的现实劳动力人口,即已经进入劳动过程的人力资源。宏观人力资源管理的特点是强调国家、地区或行业范畴的用人管理、就业管理和组织管理,其目的是通过对人力资源的宏观管理来推动经济发展和社会进步,主要包括人力资源决策管理、人力资源配置使用管理、人力资源流动管理、人力资源保护管理及劳动关系管理等内容。

2. 微观人力资源管理

微观人力资源管理是指企业等微观组织对本组织的人力资源进行的全过程管理。微观人力资源管理的管理主体是企业等微观组织,管理对象是正在本组织从事体力劳动和脑力劳动的员工,即已进入本组织工作的人力资源。微观人力资源管理的特点是强调调动组织员工的积极性和创造性,目的是推动本组织战略目标的实现,主要包括人力资源规划、员工招聘、员工培训与职业发展、绩效评估等一系列工作程序,如图5-10所示。

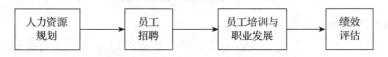

图 5-10 组织人力资源管理过程

具体地说,组织首先应通过人力资源规划,在对组织的当前情况与未来发展进行评估后,测算出人力资源的短缺与超额配置程度。然后在此基础上,进行员工招聘工作。在招聘到胜任的员工后,为使其适应组织需要并确保知识与技能的不断更新,应有计划地进行员工培训并规划职业发展。最后,还要通过绩效评估促使组织成员在工作中保持良好的绩效水平。

二、人力资源规划

人力资源规划是指根据组织的发展目标和战略规划,通过对组织未来的人力资源需求和人力资源供给状况的分析及预测,对组织的人力资源管理活动进行的总体规划。简单地说,人力资源规划就是在适当的时间为适当的职位配备适当数量和类型的工作人员。人力资源规划是组织进行人力资源管理的首要步骤,具有重要的战略性意义。一方面,人力资源规划的制定要服从组织的战略目标；另一方面，组织战略目标的实现要由具体的人力资源规划来支持。

（一）人力资源规划的内容

一个完整的人力资源规划包括人力资源总体规划和具体业务计划两个层次。

1. 人力资源总体规划

人力资源总体规划是有关人力资源开发的总目标、总政策、实施步骤及总预算的安排，主要包括下列内容：

（1）阐述在战略计划期内组织人力资源配置的总框架。
（2）阐明与组织人力资源有关的重要方针、政策和原则。
（3）确定组织人力资源投资预算总额。
（4）确立组织人力资源的净需求。

2. 人力资源业务计划

人力资源业务计划是总体规划的展开和具体化，包括人员招聘计划、人员培训计划、职业发展计划、绩效评估计划及人员使用计划、提升与降职计划、薪金福利计划、退休解聘计划、劳动关系计划等。

（二）人力资源规划的流程

概括地讲，人力资源规划的基本流程包括评价组织现有的人力资源、预测组织未来需要的人力资源、制定面向未来的人力资源行动方案等步骤，如图5-11所示。

图5-11 人力资源规划基本流程

1. 评价组织现有的人力资源

（1）现状考察。组织在制定人力资源规划时，首先要对现有的人力资源状况进行调查，草拟一份人力资源调查报告。资料来源是现有员工填写的调查表，调查内容涉及姓名、年龄、性别、最高学历、工作简历、职业专长、教育培训经历等。

（2）职务分析。当前评价的另一项重要内容是进行职务分析，其目的是定义组织中的职务以及履行职务所需的行为，方法是拟定职务说明书与职务规范。职务说明书与职务规范是选聘员工的重要文件，其中，职务说明书是对任职者基本任务、责任、义务的书面说明，可用来向申请者详细描述职务内容；职务规范则指明任职者有效地从事工作所需的知识、技术、能力和其他素质，可用来考察申请者是否具备某种最低限度的任职资格条件。

2. 预测组织未来需要的人力资源

未来人力资源的需求由组织的战略目标所决定。在对组织现有的人力资源进行评价之后，应根据组织的战略目标确定未来规划时间内对人力资源数量、质量、层次、结构的需求。可根据规划时间长短、收集信息类型等的不同，分别采用定性预测方法和定量预测方法进行预测。

3. 制定面向未来的人力资源行动方案

在对现有能力和未来需要进行全面评估之后，应以此为依据，进行人力资源供需分析，测算出组织人力资源在数量、结构方面的短缺或过剩状况，发现和找出组织中人员不足或超额配置的领域，在此基础上，拟订面向未来的行动方案。

三、员工招聘

在组织存在职位空缺的情况下，应根据职务分析的要求进行员工招聘。所谓员工招聘，是指把有能力的申请者吸引到组织空缺职位上的活动过程。它实质上是一种组织与应聘者之间双向选择的动态过程，其目的是实现人员与职位的匹配。

（一）员工招聘的流程

组织的人力资源规划为员工招聘提供了基本依据，员工招聘的具体流程如下。

1. 发布招聘信息

当组织中出现需要填补的职位空缺时，应根据职位的类型、数量等制订招聘计划，同时成立相应的招聘工作小组，向组织内外进行招聘。招聘小组可通过多种渠道发布待聘职位的性质、数量及对应聘者的要求等信息，吸引符合条件的申请者主动求职。

招聘渠道的选择主要受3方面因素影响：①劳动力市场规模。在不考虑职位因素的情况下，大规模劳动力市场的人力资源供应更为充足，一般比小规模市场更易于进行招聘。②职位因素。待聘职位对技能的要求越高，在组织中的地位越高，招聘需要扩展的范围就越广。③组织规模。组织规模越大，社会声望越高，晋升机会越多，越容易吸引外部应聘者，组织内部也有更大的候选人储备。

2. 对应聘者进行初选

在应聘者的数量较多时，招聘小组要对其进行初步筛选。对内部候选人的初选相对容易，可以参照其以往的绩效评估记录进行；对外部应聘者，可以根据其填写的申请表做出初步判断。在通常情况下，招聘小组都会要求应聘者填写一份申请表，主要内容涉及姓名、地址、电话、学历、曾任职务、成就、离职原因等。申请表提供了求职者的基本信息，能使组织对求职者的背景和经历有一个大概的了解。

3. 对初选合格者进行知识与能力的考核

在初选基础上，招聘小组要对数量相对有限的初选合格者进行进一步的深入考核。具体内容包括以下两个方面。

（1）智力与知识测试。合格的任职者应当具备一定的智力水平与知识水平，招聘小组可以通过笔试的形式对此进行考察，包括智力测试和知识测试。智力测试是评价应聘者个人潜能（包括思维能力、记忆能力、灵敏度、判断力）的基本方法，知识测试则是评价应聘者是否熟练掌握与待聘职务有关的基本技术知识和管理知识的基本方法。

（2）绩效模拟测试。智力与知识测试考核的是个人的基本素质，绩效模拟测试考核的则是个人的实际工作能力，它是基于职务分析资料做出的，比单纯的笔试更能满足工作表现相关性的要求。绩效模拟测试的主要方法有工作抽样法和测评中心法两种。工作抽样法适用于一般职位的测试，具体做法是：给应聘者提供一种小型的工作样本，让他们去实际执行，以考察其是否具备该项职位所必需的技能。工作样本是根据职务分析资料设计的，其中含有履行职务必备的知识、技术和能力因素。测评中心法适用于管理职位的测试，具体做法是：由组织经理人员、监督人员及受过训练的心理学家共同组成一个测评中心，模拟性地设计出实际工作中可能面对的一些现实问题，让应聘者进行广泛的测试练习，从中评价其管理能力。练习活动根据实际工作者可能遇到的一系列可以描述的活动要素来设计，如处理公文、与人面谈、小组讨论、解决出现的意外问题等。

4. 面谈

在对应聘者进行知识与能力考核后，还应对其进行面谈，以考查应聘者的沟通能力、应变能力和综合素质。需要注意的是，由于面谈的时间较短，面谈者对应聘者的履历、测试成绩等往往有一个先入为主的印象，容易产生认识偏差。为提高面谈的有效性，应尽量避免这种情况。

5. 选定录用

在上述各项工作的基础上，应利用加权的方法，计算出每个候选人智力、知识、能力的综合得分，根据待聘职位的性质和要求，综合有关各方的意见，予以选择录用。

6. 评价和反馈招聘结果

在员工选定录用后，还要对整个选聘工作程序进行全面的检查和评价，并对录用的员工进行追踪分析，以检验招聘工作的成效，同时应总结招聘过程中的经验与教训，及时反馈到招聘部门，以便改进和修正日后的招聘工作。

（二）人员选拔

在组织出现职位空缺需要招聘员工时，既可以在组织内部进行，也可以在组织外部进行。根据招聘来源的不同，人员选拔的方式分为内部选拔和外部选拔。两种方式各有其优势和局限性，可依据实际情况灵活运用。

1. 内部选拔

内部选拔是指组织中出现职位空缺时，从组织内部选拔符合条件的员工予以填补。组织现有员工是组织最大的招聘来源，尤其是管理职位的人员选拔。

（1）内部选拔的主要优势：

1）有利于调动员工的工作积极性。内部选拔制度给组织中的员工带来重新调整职位的机会和新的发展空间，使员工更为积极地工作，从而最大限度地利用组织现有的人力资源。尤其是在出现管理职位的空缺时，内部选拔制度能产生巨大的示范效应，极大地激发员工的士气，维系员工对组织的忠诚。

2）有利于保证选聘工作的正确性。组织内部的应聘者已经在组织中工作了一定时间，组织对其了解程度要高于外聘者。同时，组织还可以采取多种方式对其进行全面深入的考查和评估，从而保证其适合相应职务的要求。

3）有利于被聘者迅速展开工作。同外部人员相比，在组织内部成长起来的被聘者，对组织目标、组织文化、组织制度、组织结构有深入的了解，并熟知组织的各种情况，可以迅速地适应新的职位和工作。

（2）内部选拔的主要弊端：

1）可能造成"近亲繁殖"现象。从组织内部选拔的员工往往沿袭过去的工作方法与工作作风，沿用同样的观察视角与思维方式，不利于组织的管理创新。

2）可能引发内部矛盾。在组织内部的若干个候选人中选拔一名员工，往往会招致落选者的不满，尤其是在竞聘同一管理职位时，这一现象极易发生。这将不利于被选拔者开展工作，不利于组织成员的团结协作。为此，组织必须不断完善人事考核制度，客观公正地评价每一个内部候选人的情况，做到条件公开、择优录用。

2. 外部选拔

外部选拔是指组织中出现职位空缺时，按照一定的标准和程序，从组织外部选拔符合条件的应聘者予以填补。

（1）外部选拔的主要优势：

1）为组织注入新鲜血液。来自组织外部的被聘者可以为组织带来新的工作方法与工作作风，突破组织原有的思维定式，拓宽组织的视野，促进组织的多元化发展，从而为组织带来更多的创新和发展机会。在组织面临重大危机时，外部选拔方式尤为有效。例如，IBM公司的前任首席执行官路易斯·郭仕纳，以一个外来者的身份，通过一系列大刀阔斧的改革，使企业起死回生，成功地重塑了IBM的行业领导地位。

2）缓和内部矛盾。组织中的一个空缺职位往往会吸引多个内部竞争者，如采用内部选拔方式，落选的组织成员极易产生消极不满情绪，甚至影响组织正常工作的开展。在内部矛盾激烈的情况下，采用外部选拔方式，可以使这些内部竞争者得到某种心理上的平衡，从而有利于缓解其紧张关系。

（2）外部选拔的主要弊端：

1）对内部员工造成打击。每个组织成员都希望在组织中有不断发展的机会，希望担任越来越重要的工作。如果组织经常从外部选拔人员，会挫伤内部员工的工作积极性，降低员工的士气，不利于组织的长久发展。这也是外部选拔的最大缺陷。

2）可能出现选拔失误。组织对外部应聘者的实际情况往往缺乏深入了解，而是更多地依据其提供的背景资料和考核成绩进行判断，并评价其工作潜力。因此，尽管在选拔过程中经过了层层筛选和各种测试，仍可能出现被聘者的实际工作能力不符合职位要求的情况，从而给组织带来损失。

3）外部选拔的员工需要较长的调整期。外部选拔的人员不熟悉组织的内部情况，同时也缺乏一定的人事基础，往往需要较长一段时间的适应才能有效地开展工作。

（三）员工录用

1. 背景调查

背景调查的主要目的是了解应聘者与应聘职位有关的一些背景信息，对应聘者做一个更为全面的了解，并考察其诚实性。背景调查的主要内容包括：学历学位调查、工作经历调查、不良记录调查等。在进行背景调查时，应把调查重点放在与应聘者未来工作有关的信息上，尽量从不同信息渠道验证信息，同时要避免侵犯应聘者的个人隐私。

2. 健康检查

健康检查的主要目的是确定应聘者的一般健康状况，检查其是否有工作职务所不允许的疾病和生理缺陷，以减少员工因生病所增加的费用支出及体能不支对工作带来的负面影响。

3. 签订试用协议

在确定录用前，组织应与被录用者签订试用协议，以法律形式明确双方的权利与义务。

4. 注册报到

在规定时间内，被录用者应携带录用通知书和其他规定材料到组织人力资源部门注册报到，在试用合格后，与组织正式签订用人合同。

四、员工培训

根据组织的内部、外部环境特点，采用科学的方法，有计划、有组织、有重点地进行全员培训，特别是对有发展潜力的未来管理人员进行培训，这是组织人力资源管理中的一项重要工作。

（一）培训目的

员工培训是指组织对员工进行的有计划、有针对性的教育和训练。员工培训旨在提高员工的素质，促进组织的发展，具体包括以下目标。

1. 适应职位要求

组织中的每个职位都有相应的任务和目标，组织员工必须具备一定的知识与技能，才能与特定职位相匹配，从而达到较高的绩效水平。为了保证新员工更好地适应工作要求，必须对其进行专业系统的岗前培训；为了防止在职员工知识与技能的老化，必须对其进行持续不断的在职培训，以补充与更新其与工作有关的最新知识与技能。

2. 提高综合能力

员工的综合素质和能力是形成组织竞争优势的重要源泉，员工培训的目标不仅要着眼于培养员工的基本技能，还要着眼于培养员工的综合能力，即沟通、创新等能力。这些能力对组织的未来发展至关重要，会使组织的各项工作更有成效，会给组织带来更大的发展机会，从而全面提高组织的竞争力。

3. 转变态度观念

员工对组织文化的认同将直接影响其工作态度和工作绩效，员工培训的目标不能仅局限于能力的培养，还应注重观念的培养。每个组织都有自己的价值观念和行为准则，员工培训的重要目标就是通过对组织成员特别是新聘主管人员的培训，使其逐步了解和接受组织文化，并融入组织文化中，按照组织共有的行动准则来从事各项工作。

（二）培训内容

组织员工应具备的技能可分为技术技能、人际关系技能、解决问题技能3类，与之相对应，员工培训也将围绕这3方面内容展开。

1. 技术技能培训

技术技能既包括一些最基本的能力（如阅读、写作、进行数学计算的能力），也包括与特定职位相关的能力（如运用计算机的能力）。随着科技的发展，对组织员工技术技能的要求日益提高。例如，在办公自动化的条件下，员工必须具备一定的阅读能力、写作能力和运用计算机的能力，能够使用文字处理软件和电子邮件系统，从而有效地开展日常工作。

2. 人际关系技能培训

员工的工作绩效在很大程度上取决于其与上下级及同事有效相处的能力。人际关系技能培训的目标是使员工学会增进信任合作，更好地适应团队工作。具体内容包括：学习如何做个好听众，如何更清晰地表达自己的思想，以及如何减少摩擦冲突等。在强调团队精神的今天，培养良好的人际关系技能尤为重要。

3. 解决问题技能培训

组织内的员工，尤其是从事非常规工作的员工和管理人员，在日常工作中经常需要解决一系列问题，其中的许多问题是非常规的、富于变化的，甚至有些问题是重大的突发、意外事件，这些问题的处理和解决没有固定的模式可循。这就要求组织员工必须具备较强的逻辑推理和判断问题的能力，面对意外和混乱，能够迅速对因果关系做出评价，果断制定解决问题的可行方案，并从中选定最佳的解决办法。通过专门的员工培训，可以改进和提高员工解决问题的技能。

（三）员工培训的方法

1. 在职培训

所谓在职培训，是指员工在完成工作任务的同时，在工作场所接受培训。在职培训的最大特点是员工通过实践进行学习，如玫琳凯化妆品公司的销售代表接受的就是在职培训。其优点是培训的针对性更强；简单易行；成本低廉。其缺点是难以兼顾学习和工作；可能扰乱工作的正常秩序。

在职培训主要有下列方式：

（1）职务轮换。职务轮换是指通过横向的变换，使员工从一个职位调到另一个职位以扩展其工作经验的培训方法。一方面，职务轮换可以在一定程度上消除专业分工过细带来的弊端，使员工有机会承担多种工作任务，学会多种工作技能；另一方面，职务轮换可以使员工全面了解整个组织的不同工作情况，培养更广阔的工作视角，为员工今后的发展和升迁打下基础，从而有利于培养全面的高级管理人才。

（2）预备实习。预备实习是指受训员工以一对一的方式跟随经验丰富的老员工工作一段时间，在其指导下提升自己的知识与技能的一种培训方法。对于新员工的培训，指导者通常是年长的富有经验的优秀员工，他以导师和顾问的身份对新员工的工作进行指导和监督，并成为受训员工仿效的榜样。预备实习方式有助于新员工的迅速成长，一方面，受训员工有机会观察和学习老员工的工作方法和工作技巧；另一方面，受训员工还有机会独立承担一些重要任务。

2. 脱产培训

所谓脱产培训，是指员工脱离自己的工作岗位，在专门的课堂环境中接受系统的培训。

脱产培训的最大特点是员工通过课堂环境进行学习，如摩托罗拉公司通过建立自己的专门教育机构——摩托罗拉大学来实施脱产培训。

脱产培训的优点是：使员工摆脱工作压力，便于集中精力；面向组织内外的专家学习，便于拓宽视野。其缺点是：需要抽出专门的时间；费用较高。

脱产培训主要有下列方式：

（1）课堂讲座。课堂讲座特别适合传播具体的信息，但很难培养员工在实际工作中运用理论解决实际问题的能力。这是一种传统的培训方式。

（2）电视录像。电视录像由于其直观示范性的特点，更适合技术技能的学习。这种远程学习的方式，使同时、整体地传递组织所需的各种信息成为可能，并可根据需要反复使用，为传统的课堂提供灵活性和自主性。其最大好处是能确保教学的一致性，同时增加培训数量，减少培训费用。目前一些大型组织（包括某些跨国公司）开始采用这种培训方式。

（3）模拟练习。模拟练习更适合人际关系技能和解决问题技能的学习。具体的练习方式有案例分析、角色扮演、小组互动等。

相对而言，在工作场所进行的在职培训主要适用于技术技能的培训，在工作场所以外进行的脱产培训则更适用于人际关系技能和解决问题技能的培训。

五、绩效评估

所谓绩效评估，是指组织定期对员工的工作行为与业绩表现进行考察评价。组织中每个员工的工作绩效，直接影响整个组织的经营业绩。因而，必须定期对组织员工进行绩效评估，以便做出客观公正的人事决策，从而更好地实现组织的发展目标。

（一）评估的目的

从总体上说，组织的绩效评估旨在确保员工的工作与组织的目标保持一致。具体地讲，绩效评估的主要目的包括3个方面。一是为确定员工的工作报酬提供依据。收入分配的基本原则是工作报酬与工作者的能力和贡献相结合，因而，在确定工作报酬时，不仅要根据担任某项职务所必需的素质来确定能力工资或职务工资，而且应根据员工的工作成效等因素来确定绩效工资或各种奖酬，这就需要通过绩效评估来提供依据。

二是为组织的人力资源规划提供依据。通过对组织成员的工作定期进行全面综合的考察，能够检验其是否有效地完成工作，是否存在改进的必要，从而对员工的现实能力和发展潜力做出客观评价，并且根据员工在工作中的实际表现，对组织的人力资源规划进行重新调整，最终为晋升、解聘、职务调动、进一步培训等人力资源决策提供依据。

三是促进组织和员工个人的共同发展。科学有效的绩效评估不仅要对员工的工作绩效进行评价，还应提供及时的反馈信息，并为员工改进和提高工作绩效提供建议和支持，从而更好地开发员工的潜能，使其保持较高的绩效水平，促进员工的职业发展。

（二）评估的标准

绩效评估是人力资源管理活动中最难操作的环节，评估标准的选择直接影响评估结果的有效性。在一般情况下，评估标准由组织的管理者、员工及相关专家共同确定。首先，组织的管理者对组织的总体目标最为了解，是制定评估标准的发起者；其次，员工对自己从事的具体工作最为熟悉，应该参与评估标准的制定；最后，由于管理者和员工缺乏制定评估标准的专业知识和技能，还应邀请相关专家参与。在上述3方的共同参与下，参照组织及部门的工作目标，结合员工个人的实际工作和能力等因素，确定科学的评估标准，作为绩效评估的基本依据。

绩效评估主要评价员工以下3方面与工作业绩有关的内容，即个人特征、工作行为、工作结果。其中，个人特征是指员工的知识、能力、个性等；工作行为是指员工在工作中表现出的实际行为；工作结果是指员工的工作业绩或工作的实际产出。

1. 主观标准

主观标准又称定性标准，主要适用于对员工的个人特征、工作行为、工作结果的主观描述。在评估内容无法测量的情况下，可采用主观标准对其进行文字叙述式的总结评价。主观标准的主要缺陷是：缺少一个客观统一的评价尺度，评估结果依赖于评估者的主观认识。

2. 客观标准

客观标准又称定量标准，主要适用于对可用数字测量的员工工作结果的客观评价。相对而言，员工的工作结果比个人特征和工作行为更易于衡量，而且往往可以表现为具体的数据。客观标准的主要缺陷是：单纯依靠抽象的数字评价，无法体现被评估者的具体工作状态。

在进行绩效评估时，组织往往同时采用上述两种评估标准，以实现对员工全面、综合、科学、有效的评估。

（三）评估方法

绩效评估的方法有很多，每种方法都有其优势和局限性，没有一种适合一切评估目标和一切组织的通用方法。在实际评估时，可依据不同的评估目标和要求选择使用，有时还可综合使用几种方法。常用的评估方法如下：

1. 书面描述法

书面描述法是指评估者以书面形式描述员工的长处、缺点、以往业绩和发展潜能，并提出改进建议。这种方法的优点是简单易行。其缺陷是由于没有统一的标准，评估结果不仅取决于被评估者的实际绩效水平，还与评估者的写作能力有很大关系。

2. 关键事件法

关键事件法是指评估者将被评估者有效的和无效的工作行为记录为书面材料，运用这些记录材料对其业绩进行评价，被评估者所做的特别有效的和无效的工作行为即关键事件。这种方法的特点是，只记述被评估者的具体行为，不评价其个性特质，以丰富的关键事件和行为为依据，向被评估者指明今后的工作方向。该方法的缺陷是耗时、无法量化，且需要评估者有较强的分析归纳能力。

3. 评分表法

评分表法是指列出一系列绩效因素，如工作的数量与质量、出勤、协作、忠诚、创新等，由评估者对表中每一项逐一给出评分，评分尺度通常采用5分制。这是一种最常用的评估方法，由于耗费时间较少，便于定量分析和横向比较，在实际中被广泛地采用。该方法的缺点是缺乏详尽的信息。

4. 行为定位评分法

行为定位评分法综合了关键事件法和评分表法两种方法的主要要素，评分项目是某人从事某项具体职务的具体行为事例，由评估者按序数值尺度对各项指标评分。该方法的优点是侧重具体而可测量的工作行为；其缺点是耗时，使用难度大。

5. 多人比较法

多人比较法是指将一个员工的工作绩效与另一个或多个其他员工进行比较。这种方法是一种相对的衡量方法，可以与其他方法结合使用。

6. 目标管理法

目标管理法是指每个员工都确定若干具体指标，这些指标是其工作成功开展的关键目标，它们的完成情况可以作为评价员工的依据。目标管理法是对管理人员和专门职业人员进行绩效评估的首选方法。目标管理法的最大特点是注重结果甚于手段，该方法的缺陷是耗时，容易导致急功近利的行为。

7. 360度反馈法

360度反馈法是指综合运用上级、员工本人、同事、下属、客户等人的意见对员工进行全面的绩效评估，如图5-12所示。

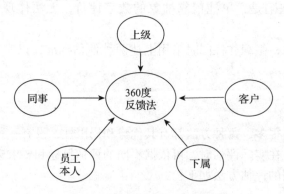

图5-12　360度反馈法

这种方法的优点是采用了多个评估人，涵盖了不同信息来源，评估结果最为全面，其主要缺陷是耗时。需要注意的是，360度反馈法是进行职业指导的一种有效方法，能帮助员工认清自己的长处和短处，但不适合将其用于加薪、提升等人事决策。

（四）考评实施流程

大多数组织按照固定的时间进行绩效评估，一般为每年或每半年一次。

1. 确定评估目标

不同职位的工作要求不同，相应的评估目标也有所不同。在进行绩效评估时，首先要根据职位的性质和特点，有针对性地选择确定特定的绩效评估目标，并据此设计科学的评估表，这是有效开展绩效评估工作的基本前提。

2. 选择评估执行者

在确定评估目标后，还应选择合适的评估执行者。尽管绩效评估是组织人力资源部门的重要工作，但其主要职责是负责评估的组织工作，而非具体地填写每份评估表。因此，评估执行者应该是与评估对象在业务上发生联系的有关人员，如上级、同事、下属等。在有些情况下，也可由评估对象做出自我评价。

3. 进行绩效评估

评估执行者应本着公正客观的原则，坚持定量评估与定性评估相结合，根据评估目标的要求综合使用多种评估方法，杜绝平均主义和个人偏见，得出真实可靠、科学有效的考评结论。这是因为，一方面，评估结论直接反映了上级、部属、同事对员工的评价，从而反映了组织对其努力的承认程度；另一方面，组织将根据评估结论进行分配或晋升决策，从而影响员工在组织中的现有地位和发展前景。

4. 反馈评估结果

评估结果应及时反馈给本人，使他们了解组织对其的业绩评价和未来改进的方向，这也是绩效评估的意义所在。反馈的方式有两种：直接面谈和书面通知。在采用直接面谈方式时，尤其是同时需要提供负面反馈信息时，上级管理者应注意反馈和面谈的目的是解决问题和寻找解决方案，而不是人身批评。

5. 将评估结果备案

人力资源部门最后还应将评估结果进行备案，并根据评估结果确定不同员工的发展方向，从而为组织的人力资源规划工作和各项人事决策提供依据。

【知识链接】

职位说明书

职位说明书（也称职务说明书、岗位说明书）是通过职位描述把直接的工作实践经验归纳总结上升为理论形式，使之成为指导性的管理文件。职位说明书是对企业岗位的任职条件、岗位目的、指挥关系、沟通关系、职责范围、负责程度和考核评价内容给予的定义性说明。一般职位说明书是由一线经理来制定的，人力资源经理起辅助作用，主要提供制定职位说明书的框架格式，并提供参考性建设建议。职位说明书是猎头公司开展业务过程中必不可少的工具之一。通常职位说明书为一式三份，一份为用人部门负责人保管，一份为员工自己保管，一份由人力资源部备份保管。

职位说明书主要包括两个部分：一是职位描述，主要对职位的工作内容进行概括，包括职位设置的目的、基本职责、组织图、业绩标准、工作权限等内容；二是职位的任职资格要求，主要对任职人员的标准和规范进行概括，包括该职位的行为标准，胜任职位所需的知识、技能、能力、个性特征以及对人员的培训需求等内容。职位说明书的这两个部分并非简单的罗列，而是通过客观的内在逻辑形成一个完整的系统。

职位说明书根据用途不同有各种不同的标准，通常使用的是内部管理用途的职位说明书，但是烽火猎聘公司根据招聘市场的特点，提出了用职位说明书招聘的方法。内部管理用途的职位说明书一般是由下面的有机组成部分构成的：

（1）职位名称。例如，以人力资源部门的经理为例（以下简称HRM），职位名称应该写为经理。

（2）部门名称。HRM的部门名称应该写为人力资源部。

（3）任职人。要写上任职人的名字，并要有任职人签字的地方，以示有效性。

（4）直接主管。HRM的直接主管应该写为分管副总经理，要提供直接主管签字的地方，以示有效性。

（5）任职时间。任职时间也是生效时间，一般与劳动合同的时间一致。

（6）任职条件。包括学历要求、工作经验要求、特殊技能等。例如，HRM的特殊技能是指掌握现代人力资源管理运作模式，熟悉国内人力资源管理政策法规及人才市场动态等。

（7）下属人数。下属人数是指部门内所管辖的人数。

（8）沟通关系。一般分为外部与内部两个层面。例如，HRM的内部沟通有分管副总经理，部门经理与员工；外部沟通有上级主管部门，所在城市人事劳动部门，各主要媒体或招聘网站，各主要培训机构，应聘人员或同行，相关行业协会。

（9）职位设置的目的。例如，HRM的职位目的应为：根据公司战略发展需求，设计运用人力资源管理模式和相关激励政策，激发员工潜力，开发人才，实现人力资源开发在行业内具有市场领先者的目标。

（10）行政权限。行政权限是指在公司所拥有的财务权限和行政审批权限等。

（11）工作内容和职责。这是职位说明书重之又重的地方，所耗费的笔墨也最多。包括职责范围与负责程度、衡量标准等。如HRM的职责包括：组织体系与制度，培训，人事考核与绩效评估，招聘，薪酬激励政策，职位管理、部门管理与建设等。

（12）能力要求与个性倾向和特征等。属于个性化的东西，算作职位的修正要求。

（13）职业生涯发展规划。包括职位关系与理论支持。职位关系又分为直接晋升的职位、相关转换的职位、升迁至此的职位。理论支持是指学习和培训所达到的相关要求。

职位说明书编制要点：

（1）是对职位的描述，不是任职者的现在工作。

（2）不局限于现状，着眼于组织设定岗位需要。

（3）针对岗位而不是人。

（4）归纳而非罗列。

职位说明书一般用表单形式编制，通常分为7大部分设计：

（1）基本信息：职位名称、部门、直接上级、所属下级、编写日期等。

（2）职位目的：对职位概述。

（3）职责和权限：分主要职责权限、相关职责权限和临时性工作。

（4）工作关系：分内部关系和外部关系，包括联系部门、人员。

（5）任职资格：包括教育水平、工作经验、技能和水平、个性和品质等。

（6）考核指标、权重、薪资等级、职位发展方向。

（7）工作环境。

以下为一份工作岗位说明书模板。

工作岗位说明书

岗位名称：	前厅经理	岗位等级：	
直接上级：	房务部经理	直接下级：	前厅主管
所属部门：	前厅部	下属人数：	
任职要求	基本素质：热爱前厅工作，服务意识强；反应灵活，工作细心，有责任心，有事业心，办事稳重踏实，作风正派，品德高尚。 自然条件：身体健康，精力旺盛，仪表端庄，气质佳，年龄在35岁以下。男身高1.72米以上，女身高1.62米以上。 文化程度：相关专业大专以上学历。 外语水平：具有较高的外语会话和书写能力。 工作经验：从事星级酒店相关岗位2年以上。 特殊要求：具有深入的前厅业务知识，全面了解和掌握前厅从整体到局部各环节的工作内容和流程；能掌握和运用各种激励因素，调动员工的积极性。			
岗位职责	1. 全面掌握酒店客房的产品数量和质量，熟知酒店所有服务设施的服务功能，保证其发挥最佳效益。通过客房销售的积极控制及住房比例的合理分配，保证客房达到最高出租率，获取最大效益。 2. 督导下属人员礼貌待客、高效服务，提高前厅接待服务效果以支持客房产品销售，同时控制本部门各项费用支出。 3. 督导下属并委派工作任务，交清各项责任并及时收集下属人员的反馈信息，以便及时调整部署。 4. 培训员工和激励员工，提高员工的工作积极性，确保各项服务达到优质水平。 5. 通晓前厅各岗位的工作程序，了解酒店市场环境，明确工作目标，及时进行有关市场分析，及时做好各项工作报告。 6. 有能力指导、激励和评价属下员工的工作表现，公平待人，正确运用表扬和批评的手段。有能力独立高效的处理客人投诉，并积极与各部门协调关系，开展工作。 7. 有良好的人际关系，为下属员工树立热情、礼貌、公正和有才干的样板。 8. 考核各管区管理员的工作，积极倡导良好的管理气氛，不断探索管理方法，提高管理效能。 9. 建立良好的公共关系，广泛听取和搜集宾客及各部门的意见，不断改进工作。			
工作流程	1. 根据饭店的实际情况安排全年和各月份的经营计划，制定营业指标。 2. 每日根据部门管理工作的需要制定部门的工作计划和任务。 3. 定期召开本部门的管理人员会议，通过会议方式来传达、督导部门工作计划完成情况。 4. 通过"每日客房收入报表"来控制客房价格。 5. 通过检查预订部流量情况，来控制客房流量。 6. 负责每日将客房分析报表呈交销售部经理和总经理。 7. 解决客人提出的重大投诉和大堂值班经理无法处理的账务问题。 8. 综合进行人员的调配和使用，对有管理才能的服务人员给予培养和提升，对工作情况不理想的员工进行教育和处理。 9. 协调部门各班组的关系，使之运转正常。 10. 负责评定部门员工的效益工资。 11. 定期向饭店销售部门和总经理提供客房推销情况的分析和价格报告以及客源结构的意见。			

任务三　组织文化及组织变革

学习目标

1. 说明组织文化的特征、功能、内容、结构以及组织文化的塑造过程。
2. 掌握组织文化建设的要点并能够根据企业特点进行文化设计。
3. 掌握组织变革的一般规律。
4. 对组织变革进行过程管理。

教学视频

【任务导入】

美的组织变革："无变革，不发展"

移动互联网对产业结构作用的深化，推动着美的走到了一个关键时刻。美的集团董事长方洪波思考的是，未来企业新的增长点在哪里？更长远的思虑是"如何从低成本竞争转向新的竞争驱动；如何融入移动互联网时代；如何走向全球化经营"。在方洪波看来，破坏和颠覆是互联网时代的特征，现阶段的管理创新和组织再造比任何创新都重要。美的正在通过"合伙人"制度和文化的打造，电商平台、中央研究院等平台价值再造，打破静态，实现美的新的增长空间。

电商转型，构建大数据能力

作为产品落地与销售渠道的重要方式之一，美的集团电商平台实现了从批发模式向零售模式的转型。2015年的"双十一"美的交出了漂亮的成绩单。在这个被家电企业视为年底"关键之战"的"购物节"上，美的"双十一"当天全网销售实现14.3亿元，较2014年的7.1亿元翻了一倍多。更为重要的是，通过电商平台更近距离地接触最终用户，美的还可以助力新品的开发。

早在2008年，美的就开始试水电商业务，但美的都是按照经销商体系的批发模型来做这部分业务的，存在巨大瓶颈。正因如此，2014年年初美的集团层面成立电商公司，统筹线下实体旗舰店、专卖店和安得物流等线下优质资源，构建全新业务体系，培养美的自身的电商整体运营能力。2015年以来，美的下了很大力气，"伤筋动骨"地对整个电商系统做了彻底改造。有了自己的商品系统，接入了第三方数据，在全国也形成了统一的库存系统、物流系统和人员结构系统等，并启动了对传统渠道的改造，用线上思维来改造传统业务。

通过电商转型，美的构建了大数据能力。通过电商数据，美的可以优化店铺、消化滞销商品，可以直接送货给消费者，还可以助力新品开发。美的集团电商总经理吴海泉介绍，以前主要是看竞品怎么做、市场上同行怎么做，现在是先看历史产品和销售的数据，看消费者搜索的数据，然后找到标杆用户全程互动参与开发，在营销方面不再广撒网，而是定位精准人群、做口碑营销。

研发创新，寻求新增长方式

产品是连接企业与用户的关键纽带，更是企业核心竞争力的所在。企业所有的战略、战术、变革、改造的主要目的是实现以用户为中心、让更多的用户使用自己的产品。"我们要建立一个新的盈利能力，要靠技术领先和产品创新的路径来实现。"方洪波说。

2014年12月，美的集团投资30亿元在广东顺德奠基了中央研究院。美的集团副总裁兼中央研究院院长胡自强介绍，配合创新业务的管理体制正在搭建。建立中央研究院只是美的实施转型战略中的一步，其责任是推动与产品性能相关的核心技术的升级和创新。同时推动产业机构创新，拓展美的原来不具备的跨界发展的产品形态和业务形态。同时，美的还设立了专项创新基金，建立了孵化器运行机制，以此鼓励全员创新；成立了与产业链投资相关的产业并购平台，设立了新业务与新产业投资基金。

美的不仅鼓励员工创新，更鼓励外部专业人员进入中央研究院。为了获得更多的创新项目，美的集团计划为外部创新项目投资10亿元，在激励内部员工创新方面也有1~2亿元的预算。2015年5月底，中央研究院进行过一轮路演，在当天的路演中，几个技术与创新相结合的产品被立项。与以往不同，这次的项目，美的除了进行投资，还将把项目的持股以一定条件用奖励的形式配发给项目组团队。

这也正是美的自去年以来推行的合伙人制度和文化的延伸。事实上，美的正在用这样的制度和文化实现团队核心成员与企业发展的紧密结合。

背后推手：组织变革和新合伙人计划

历来，企业发展最关键的都是人。如何影响人？推动人？美的通过组织改造和合伙人计划，推动美的深层次变革。现在，美的集团一位普通员工到方洪波这个层面就4级。同时，美的在业内首推合伙人计划，促进长效激励。公司在核心管理团队层面，滚动推出核心管理团队持股计划暨美的合伙人计划，实质为"业绩股票"，设立专门的资产管理计划来购买和持有美的集团股票。持股计划作为创新的长期激励机制，将有效推动与促进公司"经理人"向"合伙人"的身份转变，绑定公司长期价值，实现全体股东利益一致，帮助企业提升价值，实现责任共担、价值共享。

美的希望用这样大刀阔斧的组织和文化变革，推动企业实现新增长。事实上，美的要面对的是整个家电行业的增长瓶颈，美的需要面对的增长难题是中国家电企业需要集体面对的难题。一些家电企业已经在企业内部做了"小微企业""内部创业"等尝试，让庞大的组织变得更加灵活和柔性。虽然挑战诸多，但它都在迈出转型的步伐。这看起来也是必须做出的改变。

【任 务 书】

1. 通过美的公司变革的案例，探讨为何"无变革，不发展"？
2. 分析组织变革的重要性。

【相关知识】

组织文化是组织成员共有的价值体系和群体行为规范，组织通过对组织文化的培育和塑造，能影响员工的工作态度，引导其实现组织目标。组织变革是组织保持活力的一种重要手段。在今天的动态环境中，组织必须根据内外条件的变化进行适时的变革。本章主要阐述组织文化的一般理论，揭示组织变革的基本规律，分析组织变革的管理方法，说明组织变革的内容与程序。

一、组织文化

（一）组织文化的内涵

组织文化是指组织在长期的实践活动中形成的，为组织成员普遍认可和遵循的，具有本组织特色的价值观念和行为规范的总和。正如每个人都具有一定的个性特征一样，每个组织也具有自己的个性特征。简单地说，组织的个性即组织文化。尽管我们无法使用规范的方法测量组织文化，但可以使用形象化的语言对其进行描述。例如，有些组织是正规、冷静、不愿冒险的，有些公司则是松散、富有人情味、勇于创新的。惠普公司目标的引言部分说："惠普不应采用严密的军事组织方式，而应赋以全体员工以充分的自由，使每个人按其本人认为最有利于完成本职工作的方式，使之为公司的目标做出各自的贡献。"而随意的穿着反映和强化了微软公司的创新文化和价值观，正式的制服则支持着安达信公司的保守文化。

组织文化并不是通过外部强制发挥作用的约束系统，而是首先由员工内化组织的价值观和规范，然后再以这些价值观和规范指导其决策和行动。同时，组织文化不仅影响组织一般成员的行为，还制约着管理者的决策选择。组织文化有强弱之分，主要取决于组织的规模、历史、员工的流动程度及文化起源的强烈程度。一方面，强势的组织文化对组织员工的影响更大；另一方面，员工对组织基本价值观的接受程度和承诺程度越高，组织文化就越强。

组织文化的特征也是反映组织文化的重要体现。一般来说，组织文化具有实践性、独特性、相对稳定性、可塑性和综合性的特征。

（二）组织文化的内容

组织文化包含的内容相当广泛，其中最能体现组织文化根本特征的内容包括下面几点。

1. 组织的价值观

所谓价值观，就是关于价值的观念，它是客观的价值体系在人们主观意识中的反映，包括价值主体的价值取向、价值主体对价值客体及自身的评价等内容。组织的价值观是一种以组织为主体的价值观念，是组织人格化的产物，是组织所信奉和推崇的基本行为准则，是组织内部全体员工对组织的生产、经营、服务等活动及指导上述活动的一般看法和基本观点，包括组织存在的意义和目的、组织中各项规章制度的必要性与作用、组织中人的行为与组织利益之间的关系等。可见，组织的价值观为组织的生存和发展提供了基本的方向和指南。

2. 组织精神

组织精神是组织经过共同奋斗和长期培养所逐步形成的认识和看待事物的共同心理趋势、价值取向和主导意识。组织精神是现代意识与组织个性相结合的一种群体意识，往往以简洁而富有哲理的语言形式加以概括，通常以厂歌、厂训、厂规、厂徽等形式表现出来，是组织经营宗旨、价值准则、管理信条、发展规划的综合体现，是构成组织文化的基石。组织精神是指导组织运作的哲学思想和主导意识，通过领导者的引导、宣传、教育、示范以及员工的积极参与配合，在长期的管理实践中逐渐形成，它反映了一个组织的基本素养和精神风貌，是凝聚组织成员的精神动力。

3. 组织伦理

组织伦理是一种微观的道德文化，以道德规范为内容和基础。一方面，组织伦理是一种善恶评价，可以通过舆论和教育方式，影响员工的心理和意识；另一方面，组织伦理又是一种行为标准，可以通过规章、习惯等成文或不成文的形式，调节组织及员工行为。

（三）组织文化的结构

从结构上看，组织文化有3个层次：潜层次、表层和显现层。

1. 潜层次的精神层

潜层次的精神层是组织独有的意识形态，包括价值观念、组织精神、组织伦理等。它是组织文化的核心。

2. 表层的制度系统

表层的制度系统又称制度层，是具有组织文化特色的各种规章制度、道德规范和员工行为准则的总称。制度层是处于组织文化核心层与显现层之间的中间层次，是由虚体文化向实体文化转化的中介。

3. 显现层的组织文化载体

显现层的组织文化载体又称物质层，是凝聚着组织文化抽象内容的物质体的外在显现，既包括组织整个物质和精神的活动过程、组织行为、组织产出等外在表现形式，也包括组织的实体性设施，如劳动环境、厂容厂貌等。显现层是组织文化最直观、最易于感知的部分。

上述3个层次相互影响、相互作用，共同构成组织文化的完整结构体系。其中，潜层次的精神层是组织文化的根本，决定组织文化的其他两个层次。

（四）组织文化的功能

组织文化不同于一般的社会文化，它在组织管理中发挥着下列重要功能。

1. 导向功能

组织文化对组织成员的价值与行为取向具有引导作用，通过组织共同价值观向个人价值观的渗透与内化，引导组织成员的行为和活动，使组织目标转化为员工的自觉行动。

2. 发展功能

实践证明，组织的兴旺发达与组织文化的自我完善密不可分。组织在发展过程中所形成的文化积淀，会随着时代的发展而更新和优化，组织文化的不断深化和完善，会推动组织本身的持续发展，从而形成一种良性循环。

3. 整合功能

组织文化通过培育组织成员的认同感和归属感，建立起员工与组织之间相互信任和依存的关系，使个人的思想、行为与整个组织有机地整合在一起，做出符合组织要求的行为选择，使组织形成相对稳固的文化氛围，凝聚成一股无形的合力，从而激发组织成员的主动性和创造性，为组织的共同目标而努力。

4. 激励功能

组织文化具有使组织成员从内心产生一种高昂情绪和发奋进取精神的效应。组织文化强调以人为中心的管理方法，它对人的激励不是一种外在的推动力而是一种内在的引导，它不是被动消极地满足人们对实现自身价值的心理需求，而是通过组织文化的塑造，使每个组织成员从内心深处产生为组织拼搏的献身精神。

5. 约束功能

组织文化对组织成员的思想、心理和行为具有约束和规范的作用。组织文化的约束不是制度式的硬约束，而是一种软约束，这种软约束表现为组织文化氛围、群体行为准则和道德规范。群体意识、社会舆论、共同的习俗和风尚等精神文化内容，造成使个体行为从众化的强大的群体心理压力和动力，使组织成员产生心理共鸣，继而产生行为的自我控制。

6. 辐射功能

组织文化一旦形成较为固定的模式，将不仅在组织内发挥作用，对本组织员工产生影响，而且会通过各种渠道对社会产生影响。一方面，组织文化的辐射功能有助于树立组织的公众形象；另一方面，组织文化对促进社会文化的发展也有很大影响，组织价值观、组织精神和组织伦理可向社会扩散，并为其他组织所借鉴、学习和采纳。

（五）组织文化的形成

企业文化首先是在企业中的主要管理者（或称企业家）的倡导下形成的。同时，只有当企业家倡导的价值观念和行为准则为企业员工广泛认同、普遍接受，并自觉地作为自己行为的选择依据时，企业文化才能在真正意义上形成。

1. 管理者的倡导

企业文化首先是企业家文化。企业家倡导某种价值观念和行为准则主要借助两种途径。

（1）在日常工作中，不仅言传，而且身教。企业家不仅提出，并促使企业员工接受某种价值观念，而且身体力行，自觉表现出与自己倡导的价值观和行为准则相应的行为选择，以求对身边的人，进而通过身边的人对企业组织中其他成员的行为产生潜移默化的影响。这种潜移默化通常需要假以时日，所以企业文化的建设通常是一个漫长的过程。

（2）借助重大事件的成功处理，促进企业成员对重要价值观和行为准则的认同。企业生产经营活动中经常遇到一些突发性的重大事件。这些事件处理的妥善与否对企业的持续发展可能产生重要影响：处理得当可能为企业的未来发展提供重要机遇，而处理不当则可能引发企业自下而上的危机。在这些事件的处理过程中，企业主管会自觉或不自觉地依循某些价值观念以及与之相应的行为准则。事件的成功处理则可使这些价值观念和行为准则为企业员工所认同并在日后的工作中自觉模仿。企业文化便可能在这种自觉模仿或认同的基础上逐渐形成。

2. 组织成员的接受："社会化"与"预社会化"

社会学的相关研究中把与一定文化相对应的价值观和行为准则被组织成员接受的过程称为文化的"社会化"过程。严格意义上来说，文化被组织成员的接受包括"社会化"和"预社会化"两个不同路径。

所谓社会化是指组织通过一定形式不断向员工灌输某种特定的价值观念，比如通过组织培训、宣传和介绍反映特定价值观的英雄人物的事迹，借助正式或非正式渠道传颂体现特定价值观的企业内部的各种"神话"以及企业家在各种场所的言传身教，从而使组织成员逐渐接受这些价值观和行为准则。

所谓预社会化是企业在招募新员工时不仅对其提出相应的技能和素质要求，而且注意分析应聘者的行为特征，判断影响应聘者外显行为的内在价值观念与企业文化是否一致，从而保证新聘员工接受组织文化，并迅速融入特定的文化氛围中。

（六）组织文化的塑造途径

组织文化的塑造是个长期的过程，同时也是组织发展过程中一项艰巨、细致的系统工程。许多组织致力于导入 CIS 系统（Corporation Identity System），颇有成效，它已成为一种直观的、便于理解和操作的组织文化塑造方法。从路径上讲，组织文化的塑造需要经过以下几个过程：

1. 选择合适的组织价值观标准

组织价值观是整个组织文化的核心，选择正确的组织价值观是塑造良好组织文化的首要战略问题。选择组织价值观要立足于本组织的具体特点，根据自己的目的、环境要求和组成方式等特点选择适合自身发展的组织文化模式。其次要把握住组织价值观与组织文化各要素之间的相互协调，因为各要素只有经过科学的组合与匹配才能实现系统的整体优化。

在此基础上，选择正确的组织价值观标准要注意以下 4 点：

（1）组织价值标准要正确、明晰、科学，具有鲜明特点。

（2）组织价值观和组织文化要体现组织的宗旨、管理战略和发展方向。

（3）要切实调查本组织员工的认可程度和接纳程度，使之与本组织员工的基本素质相和谐，过高或过低的标准都很难奏效。

（4）选择组织价值观要发挥员工的创造精神，认真听取员工的各种意见，并经过自上而下和自下而上的多次反复，审慎地筛选出既符合本组织特点又反映员工心态的组织价值观和组织文化模式。

2. 强化员工的认同感

在选择并确立了组织价值观和组织文化模式之后，就应把基本认可的方案通过一定的强化灌输方法使其深入人心。具体做法可以是：

（1）利用一切宣传媒体。利用媒体宣传组织文化的内容和精要，使之家喻户晓，以创造浓厚的环境氛围。

（2）培养和树立典型。榜样和英雄人物是组织精神和组织文化的人格化身与形象缩影，能够以其特有的感召力和影响力为组织成员提供可以仿效的具体榜样。

（3）加强相关培训教育。有目的地培训与教育，能够使组织成员系统地接受组织的价值观并强化员工的认同感。

3. 提炼定格

组织价值观的形成不是一蹴而就的，必须经过分析、归纳和提炼方能定格。

（1）精心分析。在经过群众性的初步认同实践之后，应当将反馈回来的意见加以剖析和评价，详细分析和比较实践结果与规划方案的差距，必要时可吸收有关专家和员工的合理意见。

（2）全面归纳。在系统分析的基础上，进行综合化的整理、归纳、总结和反思，去除那些落后或不适宜的内容与形式，保留积极进步的内容与形式。

（3）精练定格。把经过科学论证和实践检验的组织精神、组织价值观、组织伦理与行为予以条理化、完善化、格式化，再经过必要的理论加工和文字处理，用精练的语言表述出来。

4. 巩固落实

要巩固落实已提炼定格的组织文化首先要建立必要的制度保障。在组织文化演变为全体员工的习惯行为之前，要使每一位成员在一开始就能自觉主动地按照组织文化和组织精神的标准去行动比较困难，即使在组织文化业已成熟的组织中，个别成员背离组织宗旨的行为也是经常发生的。因此，建立某种奖优罚劣的规章制度十分必要。其次，领导者在塑造组织文化的过程中有着决定性的作用，他们应起到率先示范的作用，率先更新观念并带领组织成员为建设优秀组织文化而共同努力。

5. 在发展中不断丰富和完善

任何一种组织文化都是特定历史的产物，当组织的内外条件发生变化时，组织必须不失时机地丰富、完善和发展组织文化。这既是一个不断淘汰旧文化和不断生成新文化的过程，也是一个认识与实践不断深化的过程。组织文化由此经过不断地循环往复达到更高的层次。

二、组织变革

（一）组织变革的成因

哈默和钱皮曾在《再造公司》一书中把"3C"力量，即顾客（Customers）、竞争（Competition）、变革（Change），看成是影响市场竞争最重要的3种力量，并认为3种力量中尤以变革最为重要，"变革不仅无所不在，而且持续不断，这已成了常态"。

组织变革就是组织根据内外环境的变化，及时对组织中的要素及其关系进行调整，以适应组织未来发展的要求。

任何一个组织，无论过去如何成功，都必须随着环境的变化而不断地调整自我并与之相适应。组织变革的根本目的就是为了提高组织的效能，特别是在动荡不定的环境条件下，要想使组织顺利地成长和发展，就必须自觉地研究组织变革的内容、变革的阻力及其一般规律，研究有效管理变革的具体措施和方法。

推动组织变革的因素可以分为外部环境因素和内部环境因素两个部分。

1. 外部环境因素

推动组织变革的外部环境因素主要是：

（1）整个宏观社会经济环境的变化。诸如政治、经济政策的调整，经济体制的改变以及市场需求的变化等，都会引起组织内部深层次的调整和变革。

（2）科技进步的影响。知识经济社会，科技发展日新月异，新产品、新工艺、新技术、新方法层出不穷，对组织的固有运行机制构成了强有力的挑战。

（3）资源变化的影响。组织发展所依赖的环境资源对组织具有重要的支持作用，如原材料、资金、能源、人力资源、专利使用权等。组织必须要能克服对环境资源的过度依赖，同时要及时根据资源的变化而顺势变革组织。

（4）竞争观念的改变。基于全球化的市场竞争将会越来越激烈，竞争的方式也将会多种多样，组织若要想适应未来竞争的要求，就必须在竞争观念上顺势调整，争得主动，才能在竞争中立于不败之地。

2. 内部环境因素

推动组织变革的内部环境因素主要是：

（1）组织机构适时调整的要求。组织机构的设置必须与组织的阶段性战略目标相一致，组织需要根据环境的变化调整机构，新的组织职能必须充分地保障和体现组织的战略目标。

（2）保障信息畅通的要求。随着外部不确定性因素的增多，组织决策对信息的依赖性增强，为了提高决策的效率，必须通过变革保障信息沟通渠道的畅通。

（3）克服组织低效率的要求。组织长期一贯运行极可能会出现某些低效率现象，其原因可能是由于机构重叠、权责不明，也有可能是人浮于事、目标分歧。组织只有及时变革才能进一步制止组织效率的下降。

（4）快速决策的要求。决策的形成如果过于缓慢，组织常常会因决策的滞后或进行中的偏差而错失良机。为了提高决策效率，组织必须通过变革对决策过程中的各个环节进行梳理，以保证决策信息的真实、完整和迅速。

（5）提高组织整体管理水平的要求。组织整体管理水平的高低是竞争力的重要体现。组织在成长的每一个阶段都会出现新的发展矛盾，为了达到新的战略目标，组织必须在人员素质、技术水平、价值观念、人际关系等各个方面都做出进一步的改善和提高。

（二）组织变革的类型

依据不同的划分标准，组织变革可以有不同的类型。如按照变革的程度与速度不同，可以分为渐进式变革和激进式变革；按照工作的对象不同，可以分为以组织为重点的变革、以人为重点的变革和以技术为重点的变革；按照组织所处的经营环境状况不同，可以分为主动性变革和被动性变革。本章按照组织变革的不同侧重，将其分为以下4种类型。

1. 战略性变革

战略性变革是指组织对其长期发展战略或使命所做的变革。如果组织决定进行业务收缩，就必须考虑如何剥离非关联业务；如果组织决定进行战略扩张，就必须考虑购并的对象和方式，以及组织文化重构等问题。

2. 结构性变革

结构性变革是指组织需要根据环境的变化适时对组织的结构进行变革，并重新在组织中进行权力和责任的分配，使组织变得更为柔性灵活，易于合作。

3. 流程主导性变革

流程主导性变革是指组织紧密围绕其关键目标和核心能力，充分应用现代信息技术对业务流程进行重新构造。这种变革会使组织结构、组织文化、用户服务、质量、成本等各个方面产生重大的改变。

4. 以人为中心的变革

组织中人的因素最为重要，组织如若不能改变人的观念和态度，组织变革就无从谈起。以人为中心的变革是指组织必须通过对员工的培训、教育等引导，使他们能够在观念、态度和行为方面与组织保持一致。

（三）组织变革的目标

组织变革应该有其基本的目标，总的来看，应包括以下3个方面。

1. 使组织更具环境适应性

环境因素具有不可控性，组织要想阻止或控制环境的变化是不太现实的。组织要想在动荡的环境中生存并得以发展，就必须顺势变革自己的任务目标、组织结构、决策程序、人员配备、管理制度等，唯有如此，组织才能有效地把握各种机会，识别并应对各种威胁，使组织更具环境适应性。

2. 使管理者更具环境适应性

一个组织中，管理者是决策的制定者和组织资源的分配人。在组织变革中，管理者必须要能清醒地认识到自己是否具备足够的决策、组织和领导能力来应对未来的挑战。因此，管理者一方面需要调整过去的领导风格和决策程序，使组织更具灵活性和柔性；另一方面，管理者要能根据环境的变化要求重构层级之间、工作团队之间的各种关系，使组织变革的实施更具针对性和可操作性。

3. 使员工更具环境适应性

组织变革的最直接感受者就是组织的员工。组织如若不能使员工充分认识到变革的重要性，顺势改变员工对变革的观念、态度、行为方式等，就可能无法使组织变革措施得到员工的认同、支持和贯彻执行。需要进一步认识到的是，改变员工的固有观念、态度和行为是一件非常困难的事，组织要使人员更具环境适应性，就必须不断地进行再教育和再培训，决策中要更多地重视员工的参与和授权，要能根据环境的变化改造和更新整个组织文化。

（四）组织变革的内容

组织变革具有互动性和系统性，组织中任何一个因素的改变，都会带来其他因素的变化。然而，就某一阶段而言，由于环境情况各不相同，改革的内容和侧重点也有所不同。综合而言，组织变革过程的主要变量因素包括人员、结构、技术与任务，具体内容有以下几个方面。

1. 对人员的变革

人员的变革是指员工在态度、技能、期望、认知和行为上的改变。组织发展虽然包括各种变革，但是人是最主要的因素，人既可能是推动变革的力量也可能是反对变革的力量。变革的主要任务是组织成员之间在权力和利益等资源方面的重新分配。要想顺利实现这种分配，组织必须注重员工的参与，注重改善人际关系并提高实际沟通的质量。

2. 对结构的变革

结构的变革包括权力关系、协调机制、集权程度、职务与工作再设计等其他结构参数的变化。管理者的任务就是要对如何选择组织设计模式，如何制订工作计划，如何授予权力以及授权程度等一系列行动做出决策。现实中，固化式的结构设计往往不具有可操作性，需要随着环境条件的变化而改变，管理者应该根据实际情况灵活改变其中的某些组成要素。

3. 对技术与任务的变革

技术与任务的改革包括对作业流程与方法的重新设计、修正和组合，包括更换机器设备，采用新工艺、新技术和新方法等。由于产业竞争的加剧和科技的不断创新，管理者应与当今的信息技术相联系，注重在流程再造中利用最先进的计算机技术进行一系列的技术改造，同时，组织还需要对组织中各个部门或各个层级的工作任务进行重新组合，如工作任务的丰富化、工作范围的扩大化等。

三、组织变革的管理

（一）组织变革的阻力及原因

组织变革并不是一帆风顺的，在变革过程中，总会出现各种阻碍变革的力量。组织的任何一项变革都涉及对原有制度、关系、行为规范和传统习惯的改变，而组织固有的惯性使组织成员很难放弃原有的态度与习惯去适应新环境，这就容易使得组织成员出现心理上的失衡和行为上的抵制，竭力以各种方式反对变革，成为组织变革的阻力。相对而言，越是大型的组织，其变革的过程就越复杂，变革的阻力也越大。

组织变革的阻力反映在两个层面上，即个体层面和群体层面。从个体层面看，变革的阻力表现为员工工作被动应付、消极怠工，甚至申请离职调动；从群体层面看，变革的阻力表现为部门业务开展不力、工作效率降低。这些变革阻力既影响了组织现行正常工作的开展，又妨碍了组织变革的顺利进行，更危及组织未来的发展，必须分清原因，予以消除。

传统观点认为，组织成员之所以反对变革，技术因素是最基本的理由，因为技术进步可能导致其失业。现代观点则认为，组织成员反对变革的深层次原因并非技术因素，而是人性与社会因素，具体表现在以下几个方面。

1. 对不确定性的恐惧

变革的阻力在很大程度上来自人类本性中对不确定性的恐惧。人类有安于现状的习性，对变革有一种天然的抵触情绪，任何管理制度、行为规范的变革都会使他们的内心产生恐慌与失去平衡。变革将使已知的东西变得模糊不清和不确定，组织成员对不确定性有一种天生的厌恶感，他们不愿意冒已知同未知相对换的风险，因而，宁愿抱残守缺，也不愿尝试变革，结果往往导致组织丧失变革的最佳时机。

2. 对既得利益的威胁

组织变革往往会触及甚至损害一部分人的既得利益。变革意味着原有的平衡系统被打破，意味着管理层级、职能机构、关系结构的重新调整，从而影响组织成员的既得利益与资源。例如，变革之后，有可能导致组织成员的权力缩小、地位降低，或劳动强度加大、工作自由度减弱，或要求其重新学习新知识、新技术，甚至可能导致其失业。因而，组织成员出于对自身安全的考虑，会极力反对变革。一般情况下，组织成员对现有体制的投入越多，反对变革的阻力就越大。

3. 对未来发展的认识不足

组织成员通常对组织未来的发展趋势缺乏足够认识。由于没有意识到组织面临的各种环境压力，组织成员往往对变革缺乏一种应有的紧迫感，对未来盲目乐观，缺少创新精神和危机意识，缺少变革的勇气和承担变革风险的心理承受能力，不愿做组织变革的先行者，甚至认为组织变革是多此一举。这种认识上的盲目性，使得组织成员从感情到行为都会表现出毫无理由地拒绝和排斥组织变革的倾向。这种观念上的障碍不利于现有组织的有效运营，更会妨碍组织的未来发展，在组织内外环境发生重大变化，需要组织做出迅速反应时，会因组织成员缺少居安思危的意识而措手不及，丧失进一步发展的良机。

此外，组织所固有的文化在有些情况下也会成为阻碍变革的因素。相对而言，有机、灵活的组织（如高科技组织）往往比机械、保守的组织（如大型军工企业）更易于接受变革。

（二）消除组织变革阻力的管理对策

为了确保组织变革的顺利进行，必须事先针对变革中的种种阻力进行充分研究，并采取一些具体的管理对策。

1. 客观分析变革的推力和阻力的强弱

勒温普提出运用力场分析的方法研究变革的阻力。其要点是：把组织中支持变革和反对变革的所有因素分为推力和阻力两种力量，前者发动并维持变革，后者反对和阻碍变革。当两种力量均衡时，组织维持原状；当推力大于阻力时，变革向前发展，反之变革受到阻碍。管理层应当分析推力和阻力的强弱，采取有效措施，增强支持因素，削弱反对因素，进而推动变革的深入进行。

2. 创新组织文化

冰山理论认为，假如把水面之上冰山比作组织结构、规章制度、任务技术、生产发展等要素的话，那么，水面之下的冰体便是由组织的价值观体系、组织成员的态度体系、组织行为体系等组成的组织文化。只有创新组织文化并渗透到每个成员的行为之中，才能使露出水面的改革行为变得更为坚定，也才能够使变革具有稳固的发展基础。

3. 创新策略方法和手段

为了避免组织变革中可能会造成的重大失误，使人们坚定变革成功的信心，变革者必须采用比较周密可行的变革方案，并从小范围逐渐延伸扩大。特别是要注意调动管理层变革的积极性，尽可能削减团体对组织变革的抵触情绪，力争使变革的目标与团体的目标相一致，提高员工的参与程度。

四、组织变革的过程与程序

（一）组织变革的过程

为使组织变革顺利进行，并能达到预期效果，必须先对组织变革的过程有一个全面的认识，然后按照科学的程序组织实施。

组织变革的过程包括解冻—变革—再冻结3个阶段。

1. 解冻阶段

这是改革前的心理准备阶段。一般来讲，成功的变革必须对组织的现状进行解冻，然后通过变革使组织进入一个新阶段，同时对新的变革予以再冻结。组织在解冻期间的中心任务是改变员工原有的观念和态度，组织必须通过积极的引导，激励员工更新观念，接受改革并参与其中。

2. 变革阶段

这是变革过程中的行为转换阶段。进入到这一阶段，组织上下已对变革做好充分的准备，变革措施就此开始。组织要把激发起来的改革热情转化为改革的行为，关键是要能运用一些策略和技巧减少对变革的抵制，进一步调动员工参与变革的积极性，使变革成为全体员工的共同事业。

3. 再冻结阶段

这是变革后的行为强化阶段，其目的是要通过对变革驱动力和约束力的平衡，使新的组织状态保持相对的稳定。由于人们的传统习惯、价值观念、行为模式、心理特征等都是在长期的社会生活中逐渐形成的，并非一次变革所能彻底改变的，因此，改革措施顺利实施后，还应采取种种手段对员工的心理状态、行为规范和行为方式等进行不断地巩固和强化。否则，稍遇挫折，便会反复，使改革的成果无法巩固。

（二）组织变革的程序

组织变革程序可以分为以下几个步骤。

1. 通过组织诊断，发现变革征兆

组织变革的第一步就是要对现有的组织进行全面诊断。这种诊断必须要有针对性，要通过收集资料的方式，对组织的职能系统、工作流程系统、决策系统以及内在关系等进行全面的诊断。组织除了要从外部信息中发现对自己有利或不利的因素之外，更主要的是能够从各种内在征兆中找出导致组织或部门绩效差的具体原因，并确立需要进行整改的具体部门和人员。

2. 分析变革因素，制定改革方案

组织诊断任务完成之后，就要对组织变革的具体因素进行分析，如职能设置是否合理、决策中的分权程度如何、员工参与改革的积极性怎样、流程中的业务衔接是否紧密、各管理层级间或职能机构间的关系是否易于协调等。在此基础上制定几个可行的改革方案，以供选择。

3. 选择正确方案，实施变革计划

制定改革方案的任务完成之后，组织需要选择正确的实施方案，然后制订具体的改革计划并贯彻实施。推进改革的方式有多种，组织在选择具体方案时要充分考虑到改革的深度和难度、变革的影响程度、变革速度以及员工的可接受程度和参与程度等，做到有计划、有步骤、有控制地进行。当改革出现某些偏差时，要有备用的纠偏措施及时纠正。

4. 评价变革效果，及时进行反馈

组织变革是一个包括众多复杂变量的转换过程，再好的改革计划也不能保证完全取得理想的效果。因此，变革结束之后，管理者必须对改革的结果进行总结和评价，及时反馈新的信息。对于没有取得理想效果的改革措施，应当给予必要的分析和评价，然后再做取舍。

五、组织变革中的压力及其管理

（一）压力的定义

所谓压力是在动态的环境条件下，个人面对种种机遇、规定以及追求的不确定性所造成的一种心理负担。压力既可以带来正面激励效果，也可以造成负面影响。显然，改革就是要把个人内在的潜能充分地发挥出来，起到正面的效果。一般而言，压力往往与各种规定、对目标的追求程度相关联，如组织中的各项规定使每一个人都不能随心所欲、为所欲为，而对工作业绩、奖励和提升的追求又使每一个人产生极大的工作压力。组织中只有当目标结果具有不确定性和重要性时，潜在的压力才会变为真实的压力。

（二）压力的起因及其特征

产生压力的因素可能会有多种，变革中的主要压力因素是组织因素和个人因素两种。

1. 组织因素

组织中的结构变动和员工的工作动力是产生压力的主要因素。例如，矩阵结构要求员工具有两个上级，从而打破了组织的统一指挥原则，并要求员工具有更强的组织协调能力。同样，工作负担过于沉重或过于枯燥也会产生很大的压力，虽然从事具有挑战性工作的人可能更富有工作的激情，然而，一旦出现权责不统一或预期不明确，马上就会造成工作压力。另外，过于严厉的管制和规章制度、不负责任的上级、模糊不清的沟通渠道、不愉快的工作环境等都会产生很大的工作压力。

2. 个人因素

组织中的个人因素如家庭成员的去世、个人经济状况的困难、离异、伤病、配偶下岗、负债、法律纠纷等都是产生压力的主要因素。经验表明，员工的人格类型划分有助于组织对个人压力进行识别和调节。组织中往往将人区分为 A 型和 B 型两种人格。A 型人总觉得时间紧迫，富有竞争性，比较没有耐心，做事非常快，很难有空闲时间，因此承受的压力就比较大，也容易通过各种形式表现出来，身体也更容易得病。B 型人则刚好相反，轻松、悠闲、与世无争，性格比较开朗，因此压力也就较轻。

3. 压力的特征

（1）生理上的反应。医学界认为，压力会造成一系列的生理反应，如新陈代谢的改变、心跳和呼吸频率加快、血压升高、头痛、心脏病、胃溃疡等。

（2）心理上的反应。压力产生不满意，产生对工作的不满足，这可以说是最简单、最明显的心理现象。除此之外还有其他心理现象，如紧张、焦虑、易怒、枯燥、拖延等。

（3）行为上的反应。由于受到压力，表现在行为上有：工作效率减低、饮食习惯改变、增加吸烟酗酒频率、说话速度增快、不安、睡眠不规律等。

（三）压力的释解

并非所有的压力都是不良的。对于员工而言，如何对待因工作要求和组织结构的变革而产生的压力是非常重要的，如何减轻和消除不适的压力则是更为重要的。

对于组织因素而言，必须从录用员工时就要确定员工的潜力大小，看其能否适应工作的要求。显然，当员工能力不足时，就会产生很大的压力。另外，改善组织沟通也会使因沟通不畅而产生的压力减至最小。组织应当建立规范的绩效考核方案，如采取目标管理方法，清楚地划分工作责任并提供清晰的考核标准和反馈路径，以减少各种不确定性。如果压力来自于枯燥的工作或过重的工作负荷，可以考虑重新设计工作内容或降低工作量。

对于个人因素而言，减轻个人的压力会存在两个问题：一是管理者很难直接控制和把握某些因素，如团队建设往往需要人们有更多的自觉意识，而这种意识又很难取得观念上的一致；二是必须考虑到组织文化和道德伦理等因素，员工如果是因缺乏计划和组织观念而产生压力，组织可以提供帮助予以合理安排，如果是涉及个人隐私方面的问题，则一般很难插手。组织可以通过建构强势文化使员工的目标和组织的目标尽可能趋于一致，同时也可以采用一些比较适宜的、能够有效减轻压力的放松技术，如深呼吸、改善营养平衡、做形体操等方法，引导员工减少压力。

随着外部不确定性因素的增加，如生产效率的不稳定、员工流动率的增加、大量的医疗保健支出等，变革中的压力成本有上升趋势。所以，如何帮助员工克服压力、适应环境，仍然是管理者和组织应当深入探讨的一个重要问题。

六、组织冲突及其管理

任何一个组织都存在不同程度地各种各样的冲突。所谓冲突是指组织内部成员之间、不同部门之间、个人与组织之间由于在工作方式、利益、性格、文化价值观等方面的不一致导致彼此相抵触、争执甚至攻击等行为。

组织中的冲突是常见的，特别是在变革中，是不可避免的，对此不能一概排斥和反对，重要的是研究导致这种冲突的原因，区分冲突的性质，并有效地加以管理。

（一）组织冲突的影响

组织冲突会对组织造成很大的影响。研究表明，竞争是导致团体内部或团体之间发生冲突的最直接因素，组织可以通过有效的竞争来降低组织的交易成本，因此，团体内部或团体之间的竞争是不可避免的，组织冲突可以说是这种竞争的一种表现形式。

（1）竞争胜利对组织的影响：

1）组织内部更加团结，成员对团体更加忠诚，这有利于加强和保持团体的凝聚力。

2）组织内部气氛更为轻松，紧张的情绪有所消除，同时也容易失去继续奋斗的意志，容易滋生骄傲和得意忘形的情绪。

3）强化组织内部的协作，组织更为关心成员的心理需求，但对于完成工作及任务的关心则有减少的趋势。

4）组织成员容易感到满足和舒畅，认为竞争胜利证实了自己的长处和对方的弱点，因此，反而不愿对其自身的不足重做估计和弥补，也不想重新反思团体是否还需要根据环境的变化做进一步的改善。

（2）竞争失败对组织的影响：

1）如果胜败的界限不是很分明，则团体会以种种借口和理由来掩饰自己的失败，团体之间也容易产生偏见，每个团体总是只看到对方的短处，而非长处。

2）当团体发现失败是毋庸置疑的事实时，依据团体的基本状况，如平时的团结程度、失败的程度、对挫折的忍受程度等，会存在两种情况：一种情况是团体内部可能发生混乱与斗争，以及频繁的攻击现象，团体最终趋于瓦解；另一种情况是全体成员可能会知耻而奋起，通过努力探寻失败的原因，大胆改进，勤奋工作，以求走出失败。

3）竞争失败后的团体往往不太关心成员的心理需求，而只集中精力于自己的本职工作，组织中的组织性和纪律性明显增强，组织有集权化的倾向。

4）成员以往的自信心会受到极大的打击，过去的固执和偏见经过失败检验之后不得不重新进行检讨和反思，实际上，这也正给了组织一个自我检讨和改革的机会。

无论是竞争胜利还是竞争失败，组织冲突都会存在两种截然不同的结果：建设性冲突和破坏性冲突。

所谓建设性冲突是指组织成员从组织利益角度出发，对组织中存在的不合理之处提出意见等。建设性冲突可以使组织中存在的不良功能和问题充分暴露出来，防止事态的进一步恶化；同时，可以促进不同意见的交流和对自身弱点的检讨，有利于促进良性竞争。

所谓破坏性冲突是指由于认识上的不一致、组织资源和利益分配方面的矛盾，员工发生相互抵触、争执甚至攻击等行为，从而导致组织效率下降，并最终影响到组织的发展。破坏性冲突造成了组织资源的极大浪费和破坏，影响了员工的工作热情，导致组织凝聚力的严重降低，从根本上妨碍了组织任务的顺利完成。

（二）组织冲突的类型

每一种环境都可以对应一种冲突类型。常见的组织冲突来源于组织目标不相容、资源的相对稀缺、层级结构关系的差异以及信息沟通上的失真等；组织冲突会在不同的层次水平上发生，如个体内部的心理冲突、组织内部个人之间的冲突、各种不同部门之间的冲突等。而其中又以组织内的正式组织与非正式组织之间、直线与参谋之间以及委员会成员之间的冲突最为典型。

1. 正式组织与非正式组织之间的冲突

正式组织与非正式组织之间的成员是交叉混合的，由于人们心理上存在的感性因素的作用，非正式组织的存在必然要对正式组织的活动产生影响。正面的影响可以满足员工在友谊、兴趣、归属、自我表现等心理上的需要，使员工之间的关系更加和谐融洽，易于产生和加强成员之间的合作精神，使员工自觉地帮助维持正常的工作和生活秩序。

但是，一旦非正式组织的目标与正式组织相冲突，则可能对正式组织的工作产生负面影响，特别是在强调竞争的情况下，非正式组织可能会认为这种竞争会导致成员间的不合，从而抵制这些竞争。非正式组织还要求成员的行动保持一致，这往往会束缚成员的个人发展，使个人才智受到压制，从而影响组织工作的效率。由于非正式组织中大多数成员害怕变革会改变其非正式组织性，这种组织极有可能会演化成为组织变革的一种反对势力。

2. 直线与参谋之间的冲突

组织中的管理人员是以直线主管或参谋两类不同身份出现的，现实中这两类人员之间的矛盾往往是组织缺乏效率的重要原因。直线关系是一种指挥和命令的关系，具有决策和行动的权力，而参谋关系则是一种服务和协调的关系，具有思考、筹划和建议的权力。实践中，保证命令的统一性往往会忽视参谋作用的发挥；而参谋作用发挥失当，又会破坏统一指挥的原则。这将使直线主管和参谋有可能相互指责，互相推诿责任。

3. 委员会成员之间的冲突

委员会是集体工作的一种形式，它起到了汇聚各种信息，加强人员交流，协调部门关系等重要作用。委员会是一个讲坛，每个成员都有发言的权力，而这些成员既代表不同的利益集团、利益部门，也代表个人的行为目标。在资源一定的条件下，成员之间的利益很难取得一致。而一旦某个利益代表未能得到支持，他将会被动执行或拒绝执行委员会的统一行动，导致组织效率的下降。委员会必须充分考虑各方利益，其协调的结果必然是各方势力妥协、折中的结果，这势必会影响决策的质量和效率。

（三）组织冲突的避免

避免组织冲突有许多方法，首先需要强调组织整体目标的一致性，同时需要制定更高的行动目标并加强团体之间的沟通联系，特别要注意信息的反馈。

对于非正式组织来讲，首先，要认识到非正式组织存在的必要性和客观性，积极引导非正式组织的积极贡献，使其目标与正式组织的目标相一致；其次，要建立良好的组织文化，规范非正式组织的行为。

对于直线与参谋应该首先明确必要的职权关系，既要充分认识到参谋的积极作用，也要认识到协作和改善直线工作的重要性，在工作中不越权，不争权，不居功自傲。其次，为了确保参谋人员的作用，应当授予他们必要的职能权力，这种权力应当更多的是一种监督权。最后，给予参谋人员必要的工作条件，使其能够及时了解直线部门的活动进展情况，并提出更具有实际价值的建议。

对于委员会，应该选择勇于承担责任的合格的成员加入委员会，并注意委员会人选的理论和实践背景，力争使之成为一个有效的决策机构和专家智囊团；同时，要对委员会的规模提出限制。显然，信息沟通的质量与成员的多少具有关联性，在追求沟通效果和代表性这两者之间要尽可能取得平衡。为了提高委员会的工作效率，做好会议的准备工作，发挥委员会主席的积极作用，避免漫无边际的争论和时间的浪费。讨论中主席应善于引导和把握各种意见，去粗取精，从总体上把握组织利益的方向。

需要注意的是，要把建设性冲突和破坏性冲突区分开来。过去，人们常把组织冲突视为组织中的一种病态，是组织管理失败或组织崩溃的前兆。然而事实显然并非如此，适度的组织冲突是组织进步的表现，它会使组织保持一定的活力和创造力。为了促进和保护这种有益的建设性冲突，首先应当创造一种组织气氛，使成员敢于发表不同意见。同时，要保持信息的完整性和畅通性，把组织冲突控制在一定的范围之内，要避免和改正组织中压制民主、束缚成员创新的机械式的规章制度，以保持组织旺盛的活力。

【知识链接】

六西格玛管理

六西格玛管理是一种能够严格、集中和高效地改善企业流程管理质量的实施原则和技术。

一、基本内涵

六西格玛管理包含两个方面的含义：其一，是对不合格产品或服务的一种测量评价指标。其二，是驱动经营绩效改进的一种方法论和管理模式。

管理专家罗纳德·斯尼（Ronald Snee）先生将六西格玛管理定义为："寻求同时增加顾客满意度和企业经济增长的经营战略途径。"

管理专家汤姆·帕兹德克（Tom Pyzdek）认为："六西格玛管理是一种全新的管理企业的方式，六西格玛主要不是技术项目，而是管理项目。"

西格玛即希腊字 σ 的音译，是统计学家用来衡量工艺流程中的变化性而使用的代码。企业也可以用西格玛的级别来衡量在商业流程管理方面的表现。传统的公司一般品质要求已提升至3西格玛。这就是说产品的合格率已达99.73%的水平，只有0.27%为次货。又或者解释为每1 000件产品只有2.7件为次品。很多人认为产品达至此水平已非常满意。可是，根据专家研究结果证明，如果产品达到99.73%合格率的话，以下事件便会继续在现实中发生：每年有20 000次配错药事件；每年有超过15 000名婴儿出生时会被抛落地上；每年平均有9小时没有水、电、暖气供应；每星期有500宗做错手术事件；每小时有2 000封信邮寄错误。由此可以看出，随着人们对产品质量要求的不断提高和现代生产管理流程的日益复杂化，企业越来越需要像六西格玛这样的高端流程质量管理标准，以保持在激烈的市场竞争中的优势地位。事实上，日本已把六西格玛管理作为他们品质要求的指标。

二、基本理念

1. 真正关注顾客

顾客是指接受产品或服务的组织或个人，顾客分为外部顾客和内部顾客。外部顾客包括中间用户和最终用户，内部顾客包括企业内部员工、上下道工序人员等。六西格玛管理业绩测量的起点和终点都是"顾客的心声"，以顾客贯彻始终，从而真正关注顾客。那么顾客关注什么呢？顾客关注的是产品或服务的质量、成本、供应、售后、安全等问题。六西格玛管理首先要确定顾客的需求以及确定能满足这些需求的流程。没有满足顾客需求即构成"缺陷"。六西格玛管理正是在逐步降低"缺陷"的过程中提高顾客的满意度的。

无边界合作，也叫全面合作。我们知道，企业内部的分工能够极大提高劳动生产效率，但也会出现这种情况，即虽然企业内部各部门都很努力，加班加点，挥汗如雨地工作，可是最终的结果可能仍不完美，其问题就出在有边界的分工上面。无边界合作是指打破或不去理睬一切人为的屏障，如职能、官衔、地域、种族、性别或其他障碍，直奔最佳想法。各部门只有从顾客利益而非部门利益出发，从顾客方便的角度来考虑问题，这样才容易目标一致，紧密协作，提供完美的产品或服务。六西格玛管理就是要打破组织的边界，展示能突出公司整体利益的效果。

2. 以数据（事实）驱动管理

在六西格玛管理中，确定要解决的问题需要收集数据，衡量目前的水平需要数据，实际做到的与期望做到的差距需要数据，可以说用数据说话是六西格玛管理的显著特点。六西格玛管理要求测量影响顾客满意的所有因素，通过评估系统，跟踪结果和产出，并追溯生产、服务和业务流程的投入与其他可预测因素。六西格玛管理用数据作为基础来支持或推动决策的形成，而非靠定性的、感觉的、经验的、情绪的、职位的等方法和模式来进行决策和驱动管理，因为这些东西不稳定、不可靠、不科学。

3. 针对过程采取措施

任何生产或服务都有一个过程，过程就是把生产要素、要求、目标等输入因素，通过一系列的物理、化学、生物、社会的作用和反应，形成产品和服务输出的一个流程。把要素投入了，能否形成合格的满足要求的产出，关键取决于生产过程本身。六西格玛管理强调要针对过程，而非针对结果采取措施。例如，加强检验就是对结果采取措施，接待不满顾客也是对结果采取措施，提高售后服务同样是对结果采取措施。其实这些不符合顾客要求的，不符合规定的产品，都是在生产过程中制造的，在随后的检验漏掉的，最后流到客户那里。六西格玛管理水平不是靠检验来实现的，它强调要对生产、服务过程中造成品质不稳定的因素采取控制措施，减少波动，防止缺陷的产生，从而从根本上解决问题。

4. 主动（预防性）管理

主动管理（Proactive Management）意味着在事件发生之前，预测问题、数据、状况等的变化方向和趋势，提前采取前瞻性、预防性的控制、纠偏措施，来保证生产过程朝着预期的目标发展。六西格玛强调要进行预防性的积极管理，积极管理意味着设定并跟踪有挑战性的目标，建立清晰的优先顺序，对采取预防措施和事后解决问题的人都给予同等程度的奖赏，挑战传统的、静态的、被动的、消极的做事方法。

5. 追求完美但容忍失败

六西格玛是一种能够严格、集中和高效地改善企业流程管理质量的实施原则和技术，以"零缺陷"的完善商业追求，带动质量成本的大幅度降低，最终实现财务成效的提升与企业竞争力的突破。为此要进行探索，要采取一些措施对企业生产、服务系统进行改进甚至进行全新设计，要建立六西格玛管理的企业文化等。在这个追求卓越的过程中，不见得每一种方法、手段、措施都非常正确、得力和有效，有些尝试可能是失败的。六西格玛管理强调要追求完美，但也能坦然接受或处理偶发的挫败，从错误中总结经验教训，进行长期、持续的改进。

三、主要特点

1. 对顾客需求的高度关注

六西格玛管理以更为广泛的视角，关注影响顾客满意的所有方面。六西格玛管理的绩效评估首先就是从顾客开始的，其改进的程度用对顾客满意度和价值的影响来衡量。六西格玛质量代表了极高的对顾客要求的符合性和极低的缺陷率。它把顾客的期望作为目标，并且不断超越这种期望。企业从三西格玛开始，然后是四西格玛、五西格玛，最终达到六西格玛。

2. 高度依赖统计数据

统计数据是实施六西格玛管理的重要工具，以数字来说明一切，所有的生产表现、执行能力等，都量化为具体的数据，成果一目了然。决策者及经理人可以从各种统计报表中找出问题在哪里，真实掌握产品不合格情况和顾客抱怨情况等，而改善的成果，如成本节约、利润增加等，也都以统计资料与财务数据为依据。

3. 重视改善业务流程

传统的质量管理理论和方法往往侧重结果，通过在生产的终端加强检验以及开展售后服务来确保产品质量。然而，生产过程中已产生的废品对企业来说已经造成损失，售后维修需要花费企业额外的成本支出。更为糟糕的是，由于容许一定比例的废品已司空见惯，人们逐渐丧失了主动改进的意识。六西格玛管理将重点放在产生缺陷的根本原因上，认为质量是靠流程的优化，而不是通过严格地对最终产品的检验来实现的。企业应该把资源放在认识、改善和控制原因上，而不是放在质量检查、售后服务等活动上。质量不是企业内某个部门和某个人的事情，而是每个部门及每个人的工作，追求完美成为企业中每一个成员的行为。六西格玛管理有一整套严谨的工具和方法来帮助企业推广实施流程优化工作，识别并排除那些不能给顾客带来价值的成本浪费，消除无附加值活动，缩短生产、经营循环周期。

4. 积极开展主动改进型管理

掌握了六西格玛管理方法，就好像找到了一个重新观察企业的放大镜。人们惊讶地发现，缺陷犹如灰尘，存在于企业的各个角落。这使管理者和员工感到不安。要想变被动为主动，努力为企业做点什么，员工便会不断地问自己：现在达到了几个西格玛？问题出在哪里？能做到什么程度？通过努力提高了吗？这样，企业就始终处于一种不断改进的状态中。

5. 倡导无边界合作

勤于学习的企业文化，六西格玛管理扩展了合作的机会，当人们确实认识到流程改进对于提高产品品质的重要性时,就会意识到在工作流程中各个部门、各个环节的相互依赖性,加强部门之间、上下环节之间的合作和配合。由于六西格玛管理所追求的品质改进是一个永无终止的过程,而这种持续的改进必须以员工素质的不断提高为条件,因此,有助于形成勤于学习的企业氛围。事实上,导入六西格玛管理的过程,本身就是一个不断培训和学习的过程,通过组建推行六西格玛管理的骨干队伍,对全员进行分层次的培训,使大家都了解和掌握六西格玛管理的要点,充分发挥员工的积极性和创造性,在实践中不断进取。

能力训练

1. 什么是组织文化?它有哪些特征和功能?
2. 组织文化包括哪些内容?它的构成包含哪些层次?
3. 怎样塑造组织文化?
4. 引起组织变革的动因有哪些?
5. 结合实际谈谈你如何看待关于组织变革的两种不同观点,并说明管理者在组织变革中所起的推动作用。
6. 为什么会产生变革阻力?如何排除变革阻力?
7. 组织变革的主要内容有哪些?
8. 组织变革的基本程序是怎样的?

学习情境六

领 导 职 能

任务一 领导及领导者认知

 学习目标

1. 理解领导及领导理论。
2. 识别领导风格类型。

【任务导入】

不同风格的领导方式

ABC 公司是一家中等规模的汽车配件生产集团。最近，对该公司的 3 个重要部门的经理进行了一次有关领导类型的调查。

一、安西尔

安西尔对他本部门的产出感到自豪。他总是强调对生产过程、出产量控制的必要性，坚持下属人员必须很好地理解生产指令以得到迅速、完整、准确的反馈。安西尔遇到小问题时，会放手交给下级去处理，当问题很严重时，他则委派几个有能力的下属人员去解决问题。通常情况下，他只是大致规定下属人员的工作方针、完成怎样的报告及完成期限。安西尔认为只有这样才能带来更好的合作，避免重复工作。

安西尔认为对下属人员采取敬而远之的态度对一个经理来说是最好的行为方式，而所谓的"亲密无间"会松懈纪律。

安西尔说，在管理中的最大问题是下级不愿意接受责任。他讲到，他的下属人员其实有机会做许多事情，但他们并不是很努力地去做。

他表示不能理解以前他的下属人员如何能与一个毫无能力的前任经理相处，他说，他的上司对他们现在的工作运转情况非常满意。

二、鲍勃

鲍勃认为每个员工都有人权，他偏重于管理者有义务和责任去满足员工需要的学说，他说，他常为他的员工做一些小事，如给员工两张下月在伽利略城举行的艺术展览的入场券。他认为，每张门票才 15 美元，但对员工和他的妻子来说却远远超过 15 美元。这种方式，也是对员工过去几个月工作的肯定。

鲍勃说，他每天都要到工厂去一趟，与至少 25% 的员工交谈。鲍勃不愿意为难别人，他认为前任管理者的管理方式过于死板，员工也许并不那么满意，但除了忍耐别无他法。

鲍勃说，他已经意识到在管理中有不利因素，但大都是由于生产压力造成的。他的想法是以一个友好的、粗线条的管理方式对待员工。他承认尽管在生产率上不如其他单位，但他相信他的员工有高度的忠诚与士气，并坚持认为他们会因他的开明领导而努力工作。

三、查里

查里说他面临的基本问题是与其他部门的职责分工不清。他认为不论是否属于他们的任务都安排在他的部门，似乎上级并不清楚这些工作应该谁做。

查里承认他没有提出异议，他说这样做会使其他部门的经理产生反感。他们把查里看成是朋友，而查里却不这样认为。

查里说过去在不平等的分工会议上，他感到很窘迫，但现在适应了，其他部门的领导也就不以为意了。

查里认为纪律就是使每个员工不停地工作，预测各种可能发生的问题。他认为作为一个好的管理者，没有时间像鲍勃那样握紧每一个员工的手，告诉他们正在从事一项伟大的工作。他相信如果一个经理声称为了决定将来的提薪与晋职而对员工的工作进行考核，那么，员工则会更多地考虑他们自己，由此而产生很多问题。

他主张，一旦给一个员工分配了工作，就让他以自己的方式去做，取消工作检查。他相信大多数员工知道自己把工作做得怎么样。

如果说存在问题，那就是他的工作范围和职责在生产过程中发生的混淆。查里的确想过，希望公司领导叫他到办公室听听他对某些工作的意见。然而，他并不能保证这样做不会引起风波而使情况有所改变。他说他正在考虑这些问题。

【任 务 书】

1. 你认为这3个部门经理各采取什么领导方式？试预测这些模式各将产生什么结果？
2. 是否每一种领导方式在特定的环境下都有效？为什么？

【相关知识】

领导是管理的重要职能，领导水平的高低常常决定组织的生死存亡。组织要想维持生存和获得发展，就需要有效地领导，一个组织能否实现既定的目标，关键在于领导者的领导是否有效。领导的重要职能就是把人们调动、组织起来，并激励他们实现目标，或者说，把组织中所蕴含的潜能挖掘出来，变成现实。

一、领导和管理

领导这一概念兼有两重含义，其一是指一种实际的活动，即领导；其二是指推动、实施这一活动的主体，即领导者（leader）。在日常用语中，这两种含义通常不加区别，事实上，领导者与领导是两个不同的概念。领导者是指担任某项职务、扮演某种领导角色，并实现领导过程的人。而领导则是一个内涵要广得多的概念，它是一种活动，一个动态过程。该过程

是由领导者、被领导者以及所处环境三要素所组成的复合函数,用公式表示为:

$$领导 = 领导者 \times 被领导者 \times 环境$$

领导者是领导过程三要素的核心因素,是领导过程中各种人际关系以及人与情境相互作用的核心,领导者的素质与领导水平是事业成败的关键。一般说来,领导者是确定自己所领导的群体或组织的行动方向、实现目标等重大关键问题的决策者、指挥者和组织者。领导者的行为要受到被领导者和客观环境的限制,领导者必须认识和顺应社会历史发展的客观规律和必然趋势,理解和符合被领导者的共同要求,体现群体和组织的共同愿望。只有这样,才会发挥其领导才能,实现预定的目标,真正发挥领导者的积极作用。

领导和管理有着密切的关系,从表面上看,两者似乎没有什么差别,人们通常将它们混为一谈。但实际上,两者既有紧密联系,又有很大差异。领导与管理的共同之处在于:从行为方式看,领导和管理都是一种在组织内部通过影响他人、协调活动,以实现组织目标的过程。从权力的构成看,两者也都与组织层级的岗位设置有关。领导者与管理者之间关注点的差异如表6-1所示。

表6-1 领导者与管理者的差异

领导者	管理者
剖析	执行
开发	维护
价值观、期望和鼓舞	控制和结果
长期视角	短期视角
询问"做什么"和"为什么"	询问"怎么做"和"何时做"
挑战现状	接受现状
做正确的事	正确地做事

就组织中的个人而言,可能既是领导者,又是管理者;也可能只是领导者,而不是管理者;也可能只是管理者,而不是真正的领导者。两者分离的原因在于,管理者的本质是依赖被上级任命而拥有某种职位所赋予的合法权利而进行管理。被管理者往往因追求奖励或害怕处罚而服从管理。而领导者的本质就是被领导者的追随和服从,它完全取决于追随者的意愿,并不完全取决于领导者的职位与合法权利。

二、领导的作用

领导就是指挥、带领、引导和鼓励其部下为实现目标而努力的过程。因此,领导者必须具备3个要素:①领导者必须有部下或追随者;②领导者拥有影响追随者的能力或力量,这既包括由组织赋予领导者的职位和权力,也包括领导者个人所具有的影响力;③领导行为具有明确的目的,可以通过影响部下来实现组织的目标。

领导者在带领、引导和鼓舞部下为实现组织目标而努力的过程中,要具有指挥、协调和激励3个方面的作用。指挥作用,是指在组织活动中,需要有头脑清醒、胸怀全局,能高瞻远瞩、运筹帷幄的领导者帮助组织成员认清所处的环境和形势,指明活动的目标和达到目标的路径。协调作用,是指组织在内外因素的干扰下,需要领导者来协调组织成员之间的关系和活动,朝着共同的目标前进。激励作用,是指领导者为组织成员主动创造能力发展空间和职业生涯发展的行为。

三、领导权力的来源

领导的核心在权力。领导权力通常就是指影响他人的能力,在组织中就是指排除各种障碍完成任务,达到目标的能力。根据法兰西(John French)和雷温(Bertram Raven)等人的研究,领导权力有5种来源。

1. 法定性权力

法定性权力是由个人在组织中的职位决定的。个人由于被任命担任某一职位,因而获得了相应的法定权力和权威地位。例如,在政府和企业等层级组织中,上级在自己的职责范围内有权给下级下达任务和命令,下级必须服从;教练有权决定谁上场和比赛的策略,队员必须服从;裁判有权判定是否犯规是否得分,并有权用出示黄牌或红牌提出对某一队员的警告或处罚,选手必须服从;老师有权布置作业,出试题和给分,学生必须服从等。

但拥有法定权的权威,并不等于就是领导,虽然我们通常把层级机构中担任各级职位的官员都称为领导。其实这些负责人可能是有效的领导者,也可能不是。有些官员根本没有自愿的追随者,只是凭借手中的权力作威作福而已,这样的人并不是真正的领导者。

同时,应当充分认识到下层甚至普通员工也拥有宪法、劳动法、合同法、工会法等法律和规章制度赋予他们的法定权力,他们凭借这种权力,也可以有效地影响和抵制领导者的领导行为。

2. 奖赏性权力

奖赏性权力是指个人控制着对方所重视的资源而对其施加影响的能力。例如,上级在其职权范围内可以决定或影响下级的薪水、晋升、提拔、奖金、表扬或分配任务、职位,或给予下属所希望得到的其他物质资源或精神上的安抚、亲近、信任、友谊等,从而有效地影响他人的态度和行为。

奖赏性权力是否有效,关键在于领导者要确切了解对方的真实需要。人们的需要是多方面的,也可能各不相同,不一定都是金钱或官位,所以必须采用适当方式针对性地雪中送炭才能取得良好的效果。

被领导者也拥有某种奖赏权,如对领导者的忠诚、顺从,更加积极地忘我工作,为了组织利益不计个人安危的英雄行为,甚至对领导者的热情招呼、演讲后的热烈鼓掌等,都可以看作被领导者对领导者的奖赏。这种奖赏权也能有效地影响领导行为。

3. 惩罚性权力

惩罚性权力是指通过强制性的处罚或剥夺而影响他人的能力。例如,批评、罚款、降职、降薪、撤职、除名、辞退、开除、起诉等,或者调离到偏远、劳苦、无权的岗位上去。这实际上是利用人们对惩罚和失去既得利益的恐慌心理而影响和改变他人的态度和行为。

应当注意,惩罚权虽然十分必要,见效也很快,但毕竟是一种消极性的权力,更不是万能的,因此务必慎用。如果使用不当,可能产生严重的消极后果。例如,下属在合法范围内拥有消极怠工、抗议、上访、静坐、游行、示威、罢工等权力,员工可以利用这些合法权利来对领导者的不当行为进行反抗,甚至引发不应有的暴力事件。

4. 感召性权力

感召性权力是由于领导者拥有吸引别人的个性、品德、作风而引起人们的认同、赞赏、钦佩、羡慕之情，因而自愿地追随和服从他。例如，无私工作、刚正不阿、主持正义、清正廉洁、思路敏捷、开拓创新、不畏艰险、有魄力、关心群众疾苦、保护下属利益、倾听不同意见、结交下层朋友等模范行为，都会引来大批追随者，形成巨大的模范权力。

感召性权力的大小与职位高低无关，只取决于个人的行为。不过具有高职位的人，其模范行为会有一种放大的乘数效应。一些行为对普通人来说可能很平常，但对于某些高层领导者就会变成非常感人的模范行为，产生巨大的感召性权力。但是任何组织中，都往往会有许多没有任何职位的人，也具有巨大的感召性权力，成为非正式的群众领袖，他们对人们的影响力可能远远大于拥有正式职位的领导者。对组织有利的做法是后者应对前者有更多的尊重和争取更好的合作。

5. 专长性权力

专长性权力是知识的权力，是由于人在某一领域所特有的专长而影响他人。一位医术精湛的医生在医院中具有巨大的影响力；一位资深的教授、著名学者可能没有任何行政职位，但在教师和学生中具有巨大的影响力；企业中的财务专家、营销专家、工程师等都可能拥有某种专长权力，而在一定领域内发挥巨大的影响。

任何领导者绝对不可能在所有领域内都具有专长权，所以对组织中正式职位的领导者而言，只要在他的工作职责范围内具有一定的专长权就可以，而不必要求一定是某一领域的专家。例如，大学校长只要具有正确的办学理念，能充分尊重和依靠各领域的专家教授，能筹集到足够的办学经费就行，不一定非要"院士"不可。实践证明，许多院士在本领域有专长权、有追随者、有无可争辩的权威地位，但面对全校错综复杂的局面往往一筹莫展。这样既耽误了组织的发展机遇，又浪费了专家的宝贵精力，荒芜了专长业务的长进，给组织和个人都带来了无可挽回的损失。

组织中的各级领导者只有正确地理解领导权力的来源，精心地营造和运用这些权力，才能成为真正有效的领导者。

即使成为真正有效的领导者，也必须清醒地认识到领导者与追随者，领导者与管理者的正确关系。没有追随者就没有领导者，没有埋头苦干的管理者，领导者也难以获得成功。一个组织的成功必须依靠领导者、追随者、管理者的共同努力；不仅领导者要成为有效的领导者，追随者也要成为有效的追随者，而不是一味地盲从，管理者也要成为有效的管理者，而不能只满足于循规蹈矩地工作。

四、领导风格

（一）按权力运用方式划分

按领导者权力运用方式，可以将领导风格分为两类：集权式领导者和民主式领导者。

1. 集权式领导者

所谓集权，是指领导者把权力进行集中的行为和过程。因此，所谓集权式领导者，就是把管理的制度权力相对牢固地进行控制的领导者。由于管理的制度权力是由多种权力的细则构成的，如各级领导的法定权、奖赏权、惩罚权等，都有正式的规章制度严格地明文规定。

这就意味着对被领导者或下属而言，受控制的力度较大。在整个组织内部，资源的流动及其效率主要取决于集权式领导者对管理制度的理解和运用。同时，个人专长权和模范权是其行使上述制度权力成功与否的重要基础。这种领导者把权力的获取和利用看成是自我的人生价值。

显然，这种领导者的优势在于通过完全的行政命令，使管理的组织成本在其他条件不变的情况下，低于在组织边界以外的交易成本，可能获得较高的管理效率和良好的绩效。这对于组织在发展初期和组织面临复杂突变的环境时，是有益处的。但是，长期将下属视为某种可控制的工具，则不利于他们职业生涯的良性发展。

2. 民主式领导者

和集权式领导者形成鲜明对比的是民主式领导者。这种领导者的特征是向被领导者授权，鼓励下属的参与，并且主要依赖于其个人专长权和模范权影响下属。从管理学角度看，意味着这样的领导者通过对管理制度权力的分解，进一步通过激励下属的需要，去实现组织的目标。不过，这种权力的分散性使得组织内部资源的流动速度减缓，因为权力的分散性一般会导致决策速度降低，进而增大组织内部的资源配置成本。但是，这种领导者为组织带来的好处也十分明显。通过激励下属的需要，发展所需的知识，尤其是意会性或隐性知识，领导者能够充分地积累和进化组织，员工的能力结构也会得到长足提高。因此，相对于集权式领导者，这种领导者更能为组织积累21世纪越来越需要的智力资本。

（二）按创新方式划分

按领导者在领导过程中进行制度创新的方式，可以把领导风格分为魅力型领导者和变革型领导者。

1. 魅力型领导者

这种领导者有着鼓励下属超越他们预期绩效水平的能力。他们的影响力来自以下方面：有能力陈述一种下属可以识别的、富有想象力的未来愿景；有能力提炼出一种每个人都坚定不移赞同的组织价值观系统；信任下属并获取他们充分信任的回报；提升下属对新结果的意识；激励他们为了部门或组织利益而超越自身的利益。这种领导者不像事务型领导者那样看不到未来光明的远景，而是善于创造一种变革的氛围，热衷于提出新奇、富有洞察力的想法，把未来描绘成诱人的蓝图，并且还能用这样的想法去刺激、激励和推动其他人勤奋工作。此外，这种领导者对下属有某种情感号召力，可以鲜明地拥护某种达成共识的观念，有未来眼光，而且能就此和下属沟通并激励下属。

2. 变革型领导者

这种领导者鼓励下属为了组织的利益而超越自身利益，并能对下属产生了深远而不同寻常的影响，如美国微软公司的比尔·盖茨。这种领导者关心每个下属的日常生活和发展需要，帮助下属用新观念分析老问题，进而改变他们对问题的看法，能够激励、唤醒和鼓舞下属为达到组织或群体目标而加倍地努力。

（三）按思维方式划分

按领导者在领导过程中的思维方式，可以将领导者分为两类：事务型领导者和战略型领导者。

1. 事务型领导者

事务型领导者也称维持型领导者。这种领导者通过明确角色和任务要求，激励下属向着既定的目标活动，并且尽量考虑和满足下属的社会需要，通过协作活动提高下属的生产率水平。他们对组织的管理职能和程序推崇备至，勤奋、谦和、公正。他们以把事情理顺、工作有条不紊地进行引以为豪。这种领导者重视非人格的绩效内容，如计划、日程和预算，对组织有使命感，并且严格遵守组织的规范和价值观。

2. 战略型领导者

战略型领导者的特征是用战略思维进行决策。战略本质上是一种动态的决策和计划过程，战略追求的是长期目标，行动过程是以战略意图为指南，以战略使命为目标基础的。因此，战略的基本特征是行动的长期性、整体性和前瞻性。对战略领导者而言，是将领导的权力与全面调动组织的内外资源相结合，实现组织长远目标，把组织的价值活动进行动态调整，在市场竞争中站稳脚跟的同时，积极竞争未来，抢占未来商机。战略领导者认为组织的资源由有形资源、无形资源和有目的地整合资源的能力构成。他们的焦点经常超越传统的组织边界范围中的活动，进入组织之间的相互关联区，并将这种区域视为组织潜在的利润基地。

战略型领导行为是指拥有预见、洞察、保持灵活性并向他人授权，以创造所必需的战略变革能力。战略型领导是多功能的，涉及通过他人进行管理，包含整个企业的管理，并帮助组织处理随着竞争环境的巨变带来的变化。管理人力资本的能力是战略领导者最重要的技能。能干的战略领导者有能力创造产生知识资本的社会结构，能提出组织创新的思想。对企业来说，21世纪的竞争将不只是产品之间或公司之间的竞争，更是组织管理人员思维方式之间和管理框架之间的竞争。战略领导者行为的有效性，取决于他们是否愿意进行坦荡、鼓舞人心但却务实的决策。他们强调同行、上级和员工对决策价值的反馈信息，讲究面对面的沟通方式。

【知识链接】

领导理论

一、领导特性论

领导特性论是一种最古老的传统理论，认为伟大的领导者都具有某些共同的特性。个人特性的差异形成各自不同的领导风格。例如，拿破仑、丘吉尔、甘地、斯大林、毛泽东等都天生具有一些共同的特性，这才使他们成为伟大的领导者。20世纪90年代，领导特性论出现了一些新的观点，认为领导者确实具有某些共同的特性，但是领导者的特性并不是先天具有的，而是后天形成的。他们都是经过非常勤奋地努力学习和在实践中长期艰苦锻炼，才渐渐成为有效的领导者的。

有效的领导者具有的共同特性，一般有以下几点：

1. 努力进取，渴望成功

他们具有崇高的抱负和志向，并能为之付出全部精神，进行持之以恒的不懈努力，正是这种坚强的意志和毅力，使他们到达成功的顶峰。

2. 强烈的领导欲望

他们具有强烈的领导欲望。遇事都勤于思考，常常会提出与众不同的见解。并总想用自己的见解和理论去影响他人。试图赢得他人的信任、尊重和对理想的认同，从而争取得到更多的追随者。

3. 正直诚信，言行一致

这是人类社会普遍推崇的价值观，只有具有这种特性的人才能取得他人的信任。尽管一些想成为领导者的人在这方面实际做得还有差距，但他们一定不遗余力地完善自己，尽量给人们展示自己公正直率、诚实可信、言行一致的形象，因为只有这样人们才愿意追随他。

4. 充满自信

他们不怕任何困难、挫折，勇于面对巨大的挑战。对自己追求的事业永远充满自信，并且善于把这种自信传递给他人，使群体产生一种勇往直前的力量。

5. 追求知识和信息

他们对新事物充满敏感和兴趣，尽一切可能坚持不懈地去获取有关的知识和有用的信息，努力使自己拥有更多的专长，在相关领域中使自己拥有更多的发言权，从而获得更多的追随者，或者使追随者更加理性和坚定。

每个领导者在上述各个特性方面，发展不可能完全均衡，因而形成了领导者各自的个性和领导风格。权力欲和自信心特别强的人可能更易于走向集权；反之则更乐于实行民主。特别重视正直诚信、渴望成功的人，可能更愿意采取务实的事务型领导风格；知识和信息方面特强的人，可能更倾向于进行战略思维。除此之外，每个领导者的性格心态和领导所处的情景，以及追随者状态都会对领导风格产生重大影响，这正是特性理论的不足之处。

二、领导行为论

领导行为论试图从研究领导者的行为特点与绩效的关系，来寻找最有效的领导风格。以前的学者主要从领导者更关心工作绩效，还是更关心群体关系，以及是否让下属参与决策3个方面研究领导行为。

（一）密歇根大学的研究

密歇根大学的研究由R.李克特（Rensis Likert）及其同事在1947年开始进行。他们试图比较群体效率如何随领导者行为的变化而变化。这项研究的目的是打算建立实现预期的绩效和满意水平的基本原理，以及有效的领导方式类型，结果发现了两种不同的领导方式。

一是工作（生产）导向型的领导行为。这种领导者关心工作的过程和结果，并用密切监督和施加压力的办法来获得良好绩效、满意的工作期限和结果评估。对这种领导者而言，下属是实现目标或任务绩效的工具，而不是和他们一样有着情感和需要的人，群体任务的完成情况是领导行为的中心。

二是员工导向型领导行为。这种领导者表现为关心员工，并有意识地培养与高绩效的工作群体相关的人文因素，重视人际关系。员工导向型领导者把他们的行为集中在对人员的监督，而不是对生产的提高上。他们关心员工的需要、晋级和职业生涯的发展。

密歇根大学的研究人员发现，在员工导向型领导的组织中，生产的数量要高于工作导向型领导组织的生产数量。另外，这两种群体的态度和行为也根本不同。在员工导向型的生产单位中，员工的满意度高，离职率和缺勤率都较低。在工作导向型的生产单位中，产量虽然不低，但员工的满意度低，离职率和缺勤率较高。在这种经验观察的基础上，密歇根大学领导行为方式研究的结论是，员工导向的领导者与高群体生产率和高满意度正相关，而生产导向的领导者则与低群体生产率和低满意度正相关。

（二）俄亥俄州立大学的研究

大约在密歇根大学对领导方式展开研究的同一时期，美国俄亥俄州立大学的研究人员弗莱什曼（E. A. Fleishman）和同事也在进行关于领导方式的比较研究。他们的研究样本，是国际收割机公司的一家货车生产厂。他们的研究结果本来罗列了10种不同的领导方式。但最后，他们把这10种类型进一步分为两个维度，即关怀维度（consideration）和定规维度（initiation of structure）。

关怀维度代表领导者对员工以及领导者与追随者之间的关系，对相互信任、尊重和友谊的关注，即领导者信任和尊重下属的程度。定规维度代表领导者构建任务、明察群体之间的关系和明晰沟通渠道的倾向，或者说，为了达到组织目标，领导者界定和构造自己与下属的角色的倾向程度。该项研究说明，一个领导者的行为在每一种维度中可以出现很大的变化。领导者在每种维度中的位置通过对两种维度的问卷调查进行测度。根据这样的分类，领导者可以分为4种基本类型，即高关怀-高定规、高关怀-低定规、低关怀-高定规和低关怀-低定规。

俄亥俄州立大学的这项研究发现，在两个维度方面皆高的领导者，一般更能使下属达到高绩效和高满意度。不过高关怀-高定规型风格并不总是产生积极效果；而其他3种维度组合类型的领导者行为，普遍与较多的缺勤、事故、抱怨以及离职有关。其他发现还有，领导者的直接上级给领导者的绩效评估等级，与高关怀度成负相关。

（三）管理方格论

密歇根大学和俄亥俄州立大学的研究结果发表以后，引起了人们对理想的领导行为的广泛讨论。一般的看法是，理想的领导行为既要是绩效型的，又要是关怀型的。对这种理想的领导行为加以综合的重要成果是美国得克萨斯大学的布莱克（Blake）和穆顿（Mouton）提出的管理方格论。这一理论充分概括了上述两项研究所提炼的员工导向和生产导向维度。在这种领导理论中，首先把管理人员的绩效按照导向行为（称为对生产的关心）和维护导向行为（称为对人员的关心）进行评估，给出等级分值。然后以此为基础，把分值标注在两个维度坐标界面上，并在这两个维度坐标轴上分别划出9个等级，从而生成81种不同的领导类型，如图6-1所示。

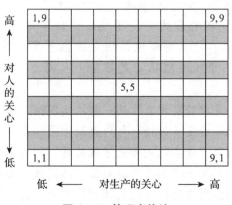

图6-1 管理方格论

在图 6-1 中，有代表性的领导行为包括 (1, 9) 型，又称为乡村俱乐部型管理，表示领导者只注重支持和关怀下属而不关心任务和效率；(1, 1) 型，又称为贫乏型管理，表示领导者不愿努力工作，对工作绩效和对人员的关心都很少，很难维持组织成员的关系，也很难有良好的工作绩效；(5, 5) 型，又称为中庸之道型管理，表示领导者维持足够的任务效率和令人满意的士气；(9, 1) 型，又称为任务型管理，表示领导者只重视任务效果而不重视下属的发展和士气；(9, 9) 型，又称为团队型管理，表示领导者通过协调和综合工作相关活动而提高任务效率与士气。他们认为，(9, 9) 方式的管理者工作是最佳的领导方式，并提出，原则上达不到 (9, 9) 型的管理人员，但要接受如何成为一个 (9, 9) 型领导人的培训。

20 世纪 60 年代，管理者方格培训受到美国工商界的普遍推崇。但在后来，这一理论逐步受到批评，因为它仅仅讨论一种直观而且是最佳的领导行为。但是，管理方格论并未对如何培养管理者提供答案，只是为领导方式的概念化提供了框架。另外，也没有实质性证据支持在所有情况下，(9, 9) 型领导方式都是最有效的方式。例如，在不同的社会、经济、文化和政治背景中，管理者领导方式的优劣，并不是简单地通过中性或平衡的 (9, 9) 分布能够陈述的。这说明，领导的行为理论并不是对某种领导方式的最佳选择，领导方式的研究应是多角度的。

三、领导情境论

领导情境论认为，并不存在具有普遍适用的领导特性和领导行为，有效的领导者能因自己当时所处情境的不同而变化自己的领导行为和领导方式。

（一）菲德勒权变理论

权变理论认为不存在一种"普遍适用"的领导方式或领导风格，领导工作强烈地受到领导者所处的客观环境的影响。或者说，领导者和领导方式是某种既定环境的产物，即

$$S = f(L, F, E)$$

式中 S——领导方式；

L——领导者特征；

F——追随者特征；

E——环境。即领导方式是领导者特征、追随者特征和环境的函数。

领导者的特征主要指领导者的个人品质、价值观和工作经历。追随者的特征主要指追随者的个人品质、价值观、工作能力等。环境主要指工作特征、组织特征、社会状况、文化影响、心理因素等。工作是具有创造性还是简单重复，组织的规章制度是比较严密还是宽松，社会时尚是倾向于追随服从还是推崇个人能力等，都会对领导方式产生强烈的影响。

菲德勒的领导权变理论是比较有代表性的一种权变理论。该理论认为各种领导方式都可能在一定环境内有效，这种环境是多种外部与内部因素的综合作用体。菲德勒将权变理论具体化为 3 个方面，即职位权力、任务结构和上下级关系。所谓职位权力是指领导者所处的职位具有的权威和权力的大小，或者说领导的法定权、惩罚权、奖励权的大小。权力越大，群体成员遵从指导的程度越高，领导的环境也就越好；反之，则越差。任务结构是指任务的明确程度和部下对这些任务的负责程度。如果这些任务越明确，而且部下责任心越强，则领导

环境越好;反之,则越差。上下级关系是指下属乐于追随的程度。如果下级对上级越尊重,并且乐于追随,则上下级关系越好,领导环境也越好;反之,则越差。

菲德勒设计了一种问卷来测定领导者的领导方式。该问卷的主要内容是询问领导者对最不与自己合作的同事(Least Preferred CO-worker,LPC)的评价。如果领导者对这种同事的评价大多用敌意的词语,则该领导趋向于工作任务型的领导方式(低 LPC 型);如果评价大多用善意的词语,则该领导趋向于人际关系型的领导方式(高 LPC 型)。

菲德勒认为环境的好坏对领导的目标有重大影响。对低 LPC 型领导来说,比较重视工作任务的完成,如果环境较差,他将首先保证完成任务;当环境较好时,任务能够完成,这时他的目标将是搞好人际关系。对高 LPC 型领导来说,比较重视人际关系,如果环境较差,他将首先将人际关系放在首位;如果环境较好时,人际关系也比较融洽,这时他将追求完成工作任务,如图 6-2 所示。

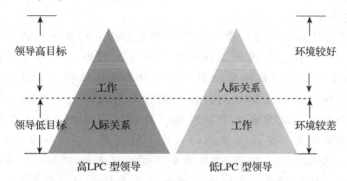

图 6-2 领导目标与环境关系示意图

菲德勒对 1 200 个团体进行抽样调查,得出结论,如表 6-2 所示。

领导环境决定了领导的方式。在环境较好的Ⅰ、Ⅱ、Ⅲ和环境较差的Ⅶ、Ⅷ情况下,采用低 LPC 领导方式,即工作任务型的领导方式比较有效。在环境中等的Ⅳ、Ⅴ和Ⅵ情况下,采用高 LPC 领导方式比较有效,即人际关系型的领导方式比较有效。

表 6-2 菲德勒模型

人际关系	好	好	好	好	差	差	差	差
工作结构	简单	简单	复杂	复杂	简单	简单	复杂	复杂
职位权力	强	弱	强	弱	强	弱	强	弱
环境	Ⅰ	Ⅱ	Ⅲ	Ⅳ	Ⅴ	Ⅵ	Ⅶ	Ⅷ
领导目标	高			不明确			低	
低 LPC 领导	人际关系			不明确			工作	
高 LPC 领导	工作			不明确			人际关系	
最有效方式	低 LPC			高 LPC			低 LPC	

(二)路径—目标理论

路径—目标理论是罗伯特·豪斯(Robert House)发展的一种领导权变理论。

该理论认为,领导者的工作是帮助下属达到他们的目标,并提供必要的指导和支持,以确保各自的目标与群体或组织的总体目标一致。所谓"路径—目标"是指有效的领导者既要帮助下属充分理解工作目标，又要指明实现目标所应遵循的路径。

根据路径—目标理论，领导者的行为被下属接受的程度，取决于下属是将这种行为视为获得当前满足的源泉，还是作为未来满足的手段。领导者行为的激励作用在于：①使下属的需要满足取决于下属有效的工作绩效；②提供有效绩效所必需的辅导、指导、支持和奖励。为考察这些陈述，豪斯确定了4种领导行为：指导型领导者让下属知道他对他们的期望是什么，以及他们完成工作的时间安排，并对如何完成任务给予具体指导，这种领导类型与俄亥俄州立大学的定规维度相似；支持型领导十分友善，表现出对下属需要的关怀，它与俄亥俄州立大学的关怀维度相似；参与型领导则与下属共同磋商，并在决策之前充分考虑他们的建议；成就导向型的领导设定富有挑战性的目标，并期望下属发挥出自己的最佳水平，与菲德勒的领导方式学说不同的是，豪斯认为领导者是灵活的，同一领导者可以根据不同的情景表现出任何一种领导风格。

路径—目标理论提出了两类情景变量作为领导行为—结果关系的中间变量，即环境因素（任务结构、正式权力系统与工作群体）和下属的个人特点（控制点、经验与知觉能力）。控制点是指个体对环境变化影响自身行为的认识程度。根据这种认识程度的大小，控制点分为内向控制点和外向控制点两种。内向控制点是说明个体充分相信自我行为主导未来而不是环境控制未来的观念，外向控制点则是说明个体把自我行为的结果归于环境影响的观念。依此，下属分为内向控制点（internal locus of control）和外向控制点（external locus of control）两种类型。环境因素和下属个人特点决定着领导行为类型的选择。这一理论指出，当环境因素与领导者行为相比重复或领导者行为与下属特点不一致时，效果皆不佳。

以下是路径—目标理论引申出的一些假设范例：

（1）相对于具有高度结构化和安排完好的任务来说，当任务不明或压力过大时，指导型领导产生更高的满意度。

（2）当下属执行结构化任务时，支持型领导使得员工高绩效和高满意度。

（3）指导型领导不太适合于知觉能力强或经验丰富的下属。

（4）组织中的正式权力关系越明确，越层级化，领导者越应表现出支持性行为，降低指导性行为。

（5）内向控制点型的下属，比较满意于指导型风格。

（6）当任务结构不清时，成就导向型领导将会提高下属的努力水平，从而达到高绩效的预期。

（三）领导生命周期理论

另外一种领导情景理论，是由美国管理学者保罗·赫塞（Paul Hersey）和肯尼斯·布兰查德（Kenneth Blanchard）提出的，他们补充了另外一种因素，即领导行为在确定是任务绩效还是维持行为更重要之前应当考虑的因素——成熟度（maturity），并以此发展为领导方式生命周期理论。这一理论把下属的成熟度作为关键的情景因素，认为依据下属的成熟度水平选择正确的领导方式，决定着领导者的成功。

赫塞和布兰查德把成熟度定义为：个体对自己的直接行为负责任的能力和意愿。它包括工作成熟度（job maturity）和心理成熟度（psychological maturity），工作成熟度是下属完成任务时具有的相关技能和技术知识水平。心理成熟度是下属的自信心和自尊心。高成熟度的下属既有能力又有信心做好某项工作。

生命周期论提出任务行为和关系行为这两种领导维度，并且将每种维度进行了细化，从而组合成4种具体的领导方式：

（1）指导型领导（高任务—低关系），领导者定义角色，告诉下属应该做什么、怎样做以及在何时何地做。

（2）推销型领导（高任务—高关系），领导者同时提供指导行为与支持行为。

（3）参与型领导（低任务—高关系），领导者与下属共同决策，领导者的主要角色是提供便利条件和沟通。

（4）授权型（delegating）领导（低任务—低关系），领导者提供不多的指导或支持。

在此基础上，领导方式和任务成熟度之间的关系如图6-3所示。

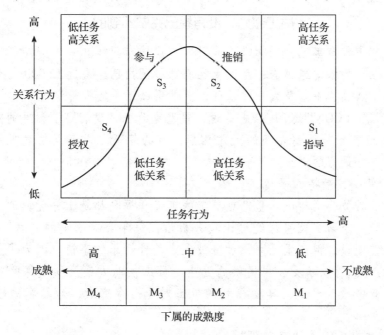

图6-3 领导方式生命周期理论

图中，S代表4种领导方式，分别是授权、参与、推销和指导，它们依赖下属的成熟度M。M_1表示低成熟度，M_4代表高成熟度。这样一来，赫塞和布兰查德就把领导方式和员工的行为关系通过成熟度联系起来，形成一种周期性的领导方式。当下属的成熟度水平不断提高时，领导者不但可以减少对活动的控制，而且还可以不断减少关系行为。如指导型领导方式S_1，是对低成熟度的下属而言的，表示下属需要得到明确而具体的指导。S_2方式表示领导者需要高任务-高关系行为，高任务行为能够弥补下属能力的欠缺，高关系行为则试图使下属在心理上领悟领导者的意图。S_3表示可以运用支持性、非指导性的参与风格有效激励下属。S_4是对高成熟度的下属而言的，表示下属既有意愿又有能力完成任务。

和菲德勒的权变理论相比，领导方式生命周期理论更直观和容易理解。但它只针对了下属的特征，而没有包括领导行为的其他情景特征。因此，这种领导方式的情景理论算不上完善，但它对于深化领导者和下属之间的研究，具有重要的基础作用。

任务二　激励原理及实务

学习目标

1. 理解激励的基本原理及应用。
2. 学习激励的需要及过程理论。
3. 能够识别各种理论误区。

教学视频

【任务导入】

员工激励，没有星巴克做不到的

在许多大都市都有星巴克的咖啡店，且同一座城市里不止一家分店，这是令人惊叹的现象。作为最大的咖啡连锁店，星巴克在全球范围内已经有近12 000间分店，遍布北美洲、南美洲、欧洲、中东及太平洋地区，俨然引领了一股咖啡潮流。

美国《语境》（CONTEXT）杂志曾说，星巴克改变了我们对于咖啡的想象力。星巴克的诞生是CEO霍华德·舒尔茨的天才构想，他的管理之道令人拍案叫绝，星巴克的员工激励机制就是最好的例证。

1. 优厚的薪酬，独特的福利

与同行业的其他公司相比，星巴克员工的工资和福利都是十分优厚的。星巴克每年都会在同业间做一个薪资调查，经过比较分析后，每年会有固定的调薪。在许多企业，免费加班是家常便饭，但在星巴克，加班被认为是件快乐的事情。因为那些每周工作超过20个小时的员工可以享受公司提供的卫生、员工扶助方案及伤残保险等额外福利措施，这在同行业中极为罕见。享受福利的员工对此心存感激，对顾客的服务就会更加周到。

2. 股票期权激励——"豆股票"

在星巴克公司，员工不叫员工，而叫"合伙人"。也就是说，受雇于星巴克公司，就有可能成为星巴克的股东。

1991年，星巴克开始实施"咖啡豆股票"（Bean Stock），这是面向全体员工（包括兼职员工）的股票期权方案。这个方案使每个员工都持股，都成为公司的合伙人，这样就把每个员工与公司的总体业绩联系起来。要具备获得股票派发的资格，一个合伙人需在从4月1日起的财政年度内必须至少工作500个小时，平均起来为每周20个小时，并且在下一个一月份，即派发股票时仍为公司雇佣。一年挣2万美元的合伙人，5年后仅以他们当年的期权便可兑换现款5万美元以上。如果说，优厚的薪酬是星巴克吸引人才成为其员工的原因，那股票期权激励则是它留住人才的关键。

3. 鼓励员工出谋划策，小主意成就大精彩

星巴克对每位员工的建议都认真对待。公司经常在公司范围内进行民意调查，员工

可以通过电话调查系统或者填写评论卡对问题畅所欲言，相关的管理人员会在两周时间内对员工的建议做出回应。星巴克公司还在内部设立公开论坛，探讨员工对工作的忧虑，告诉员工公司最近发生的大事，解释财务运行的状况，允许员工向高级管理层提问。星巴克通过这种方式，鼓励员工为公司的发展出谋划策，同时也增加了员工的归属感和主人翁意识！

4. 让员工免费上大学

星巴克与美国亚利桑那州立大学（Arizona State University）达成战略合作协议，允许星巴克的员工从该大学的网上课程获得大学学士学位。星巴克规定只要每周工作满20个小时的员工，公司就会为他们付全部或部分学费来让他们完成一个两年的学士学位课程。这是一个非常好的投资：一方面，星巴克可以在员工流失和培训上每年节省百万美元的开支；另一方面，星巴克能够增加员工工作的积极性并且吸引优秀的人才加入公司。对零售行业来说，过高的员工流失率永远是一个痛点和企业发展的弊病。星巴克通过让员工免费上大学的方法，大大降低了员工离职率。

5. 世界那么大，送你去看看

对此前网上疯转的"世界那么大，我想去看看"的辞职信，星巴克就有自己的创意：既然大家想出去看看，那么星巴克就创造这样的机会。2015年是星巴克在中国推出"伙伴识天下"的第一年。为了提高员工的积极性，星巴克开放了20个门店伙伴名额让员工前往新加坡交流工作一年，另外也提供国内各城市轮岗的机会。对于现在追求潮流、讨厌一成不变的员工来说，这无疑是巨大的福利和诱惑。

星巴克的创意永远出乎你的意料，永远最能抓住员工的心！在员工激励这一块，永远只有你想不到的，没有星巴克做不到的，这也就是为什么很多人说星巴克的员工最难挖！令人拍案叫绝的员工激励机制不仅让星巴克成了"最佳雇主"，成了世界500强企业；更让一杯小小的咖啡成了影响世界的流行文化。

【任务书】

1. 理解激励的基本原理及相关理论。
2. 通过星巴克的案例，探讨当代企业应当怎样激励员工。

【相关知识】

要实现组织的活动目标，必须设法让组织成员提供有效的工作贡献。这意味着管理者不仅要根据组织活动的需要和个人素质能力的差异，将不同的人安排在不同的工作岗位上，为他们规定不同的职责和任务，还要分析他们的行为特点和影响因素，创造并维持一种良好的工作环境，以调动他们的工作积极性，改变和引导他们的行为。成功的管理者必须知道用什么样的方式有效调动下属的工作积极性。激励就是实现管理效率的重要手段。

一、激励及其对象

（一）激励的概念

激励（motivation），在管理学的一般教科书中，通常是和动机连在一起的。主要是指人类活动的一种内心状态。美国管理学家罗宾斯把动机定义为个体通过高水平的努力而实现组织目标的愿望，而这种努力又能满足个体的某些需要。因此，无论是激励还是动机，都包含3个关键要素：努力、组织目标和需要。一般而言，动机是指为达到任何目标而付出的努力。所以，激励是由动机推动的一种精神状态。它对人的行动起激发、推动和加强的作用。

（二）激励的对象

从激励的定义来看，激励是针对人的行为动机而进行的工作。因而，激励的对象主要是人，准确地说，是组织范围中的员工或领导对象。

正确认识激励的对象，有助于体现领导的管理学职能。从激励的内涵来看，意味着组织中的领导者应该从行为科学和心理学的基础出发，认识员工的组织贡献行为，即认识到人的行为是由动机决定的，而动机则是由需要引起的。动机产生以后，人们就会寻找能够满足需要的目标，而目标一旦确定，就会进行满足需要的活动。从需要到目标，人的行为过程是一个周而复始、不断进行、不断升华的循环。这样，通过认识激励的对象来说明：需要是人类行为的基础，不同的需要在不同的条件下会诱发出不同的行为。

（三）激励的特征

激励的激发、引导和保持都是建立在人的心理活动之上的，而人的心理活动有其自身的特点，因而激励也表现出鲜明的特性。

1. 相容性

激励以组织成员的心理作为出发点，旨在满足组织成员的各种需要，即通过设计适当的奖酬形式和工作环境来满足其需要。

2. 奖惩性

在组织管理的过程中，既需要通过适当的奖酬形式对个体表现出来的符合组织期望的行为进行奖励，又需要通过明确的行为规范和惩罚性措施对不符合组织期望的行为进行惩罚。

3. 过程性

激励贯穿组织成员工作的全过程，包括对个人需要的了解、个性的把握、行为过程的控制和行为结果的评价。

4. 可变性

同一激励产生的行为表现在某一组织成员身上不是固定不变的，会受到多种主观因素的影响。同一激励导致的行为在不同的人身上也会有不同的表现。

二、激励与行为

对激励对象的讨论说明，人类有目的的行为都是出于对某种需要的追求。未得到满足的需要是产生激励的起点，进而导致某种行为。行为的结果可能需要得到满足，之后再发生对新需要的追求；行为的结果也可能遭受挫折，追求的需要未得到满足，由此而产生消极的或积极的行为。

所以，激励是组织中人的行为的动力，而行为是人实现个体目标与组织目标相一致的过程。无激励的行为，是盲目而无意识的行为；有激励而无效果的行为，说明激励的机理出现了问题。如领导者打算通过增加额外的休息日来提高员工的劳动生产率，但结果可能有效，也可能无效，因为在一定的环境下，员工可能更愿意保持以往的工作日，希望提高薪水，而不是增加闲暇支出。这说明，激励与行为也有匹配的问题。

这样就进一步说明，要通过激励促成组织中人的行为的产生，取决于某一行动的效价和期望值。所谓效价，是指个人对达到某种预期成果的偏爱程度，或某种预期成果可能给行为者带来的满足程度；期望值则是某一具体行动可带来某种预期成果的概率，即行为者采取某种行动，获得某种成果，从而带来某种心理上或生理上满足的可能。显然，能够满足某一需要的行动对特定个人的激励力是该行动可能带来结果的效价与该结果实现可能性的综合作用的结果。激励力、效价和期望值之间的相互关系可以用下式来表示

$$激励力 = 效价 \times 期望值$$

三、激励产生的内因与外因

如何对组织中的人或员工进行激励，是建立在对人的运动规律的认识基础上的。人不是孤立存在的，而是生活在特定的环境之中的。这个环境包括气候、水土、阳光、空气等自然环境和社会制度、劳动条件、经济地位、文化条件等社会环境。外界环境对人的影响是客观存在的。

因此，激励产生的根本原因，可分为内因和外因。内因由人的认知知识构成，外因则是人所处的环境，在此基础上，人的行为可以看成是人自身特点及其所处环境的函数。显然，激励的有效性在于对内因和外因的深刻理解，并达成一致性。

这样，为了引导人的行为达到激励的目的，领导者既可以在了解人的需要的基础上，创造条件促进这些需要的满足，也可以通过采取措施，改变个人的行动的环境。这个环境被研究人员称为人的行动的"力场"。对企业而言，领导者对在"力场"中活动的员工行为的引导，就是要借助各种激励方式，减少阻力，增强驱动力，提高员工的工作效果，从而改善企业经营的效率。

四、激励的相关理论

（一）激励的需要理论

1. 需要层次论

这一理论是由美国社会心理学家亚伯拉罕·马斯洛（Abraham Maslow）提出来的，因而也称为马斯洛需要层次论（hierarchy of needs theory）。

需要层次论主要试图回答这样的问题：决定人的行为的尚未得到满足的需要有些什么内容？早在20世纪30年代著名的霍桑试验中，梅奥等研究人员就以工厂为研究对象，希望找出提高工人劳动生产率的手段，除泰勒从前倡议的经济利益刺激外，是否还有其他的激励内容。结果发现，工人劳动积极性的提高，在很大程度上取决于他们所处的环境，这既包括车间环境也包括工厂外的社会环境。为此，梅奥认为工人在劳动过程中被激励的前提，是作为"社会人"的人格状态存在的人，而不仅仅是简单的"经济动物"。

马斯洛在这种意义上深化了包括霍桑试验在内的其他关于激励对象的行为科学研究，他

通过对需要的分类，找出对人进行激励的途径，即激励可以看成是对具体的社会系统中未满足的需要进行刺激的行为过程。

马斯洛的需要层次论有两个基本出发点。一个基本论点是：人是有需要的动物，其需要取决于他已经得到了什么，还缺少什么，只有尚未满足的需要能够影响行为。换言之，已经得到满足的需要不再起激励作用。另一个基本论点是：人的需要都有轻重层次，某一层需要得到满足后，另一层需要才出现。

在这两个论点的基础上，马斯洛认为，在特定的时刻，人的一切需要如果都未能得到满足，那么满足最主要的需要就比满足其他需要更迫切。只有前面的需要得到充分的满足后，后面的需要才会显示出其激励作用。

为此，马斯洛认为，每个人其实都有5个层次的需要：生理的需要、安全的需要、社交或情感的需要、尊重的需要、自我实现的需要。

（1）生理的需要。这是任何动物都有的需要，只是不同的动物对这种需要的表现形式不同而已。对人类来说，衣、食、住、行等是最基本的需要。所以，在经济欠发达的社会，必须首先研究并满足这方面的需要。

（2）安全的需要。保护自己免受身体和情感伤害的需要。它又可以分为两类：一类是现在的安全的需要，另一类是对未来的安全的需要。即一方面要求自己现在的社会生活的各个方面均能有所保证；另一方面还希望未来生活能有所保障。

（3）社交的需要。它包括友谊、爱情、归属及接纳方面的需要。这主要产生于人的社会性。马斯洛认为，人是一种社会动物，人们的生活和工作都不是孤立地进行的，这已由20世纪30年代的行为科学研究证明。这说明，人们希望在一种被接受或属于的情况下工作，属于某一群体，而不希望在社会中成为离群的孤岛。

（4）尊重的需要。它分为内部尊重和外部尊重。内部尊重因素包括自尊、自主和成就感；外部尊重因素包括地位、认可和关注或者说受人尊重。自尊是指在自己取得成功时有一股自豪感，它是驱使人们奋发向上的推动力。受人尊重，是指当自己做出贡献时，能得到他人的承认。

（5）自我实现的需要。它是指成长与发展、发挥自身潜能、实现理想的需要。这是一种追求个人能力极限的内趋力。这种需要一般表现在两个方面：一是胜任感方面，有这种需要的人力图控制事物或环境，不是等事物被动地发生与发展，而是希望在自己控制下进行；二是成就感方面，对有这种需要的人来说，工作的乐趣在于成果和成功，他们需要知道自己工作的结果。成功后的喜悦要远比其他任何报酬都重要。

马斯洛还将这5种需要划分为高低两级。生理需要和安全需要称为较低级需要，而社会需要、尊重需要与自我实现需要则称为较高级需要。高级需要是从内部使人得到满足，低级需要则主要是从外部使人得到满足。马斯洛的需要层次论会自然得到这样的结论：在物质丰富的条件下，几乎所有员工的低级需要都得到了满足。

需要的多样性，是指一个人在不同时期可以有多种不同的需要；即使在同一时期，也可能存在着好几种程度不同、作用不同的需要。需要的层次性，应是相对排列，而不是绝对由低到高排列的，需要的层次应该由其迫切性来决定，对于不同的人在不同时期，感受到最强烈的需要类型是不一样的，因此，有多少种类型的需要，就有多少种层次不同的需要结构。需要的潜在性，是决定需要是否迫切的原因之一，人的一生中可能存在多种需要，而且许多是以潜在的形式存在的，只是到了一定时刻，由于客观环境和主观条件发生了变化，人们才发现、感觉到这些需要。需要的可变性，是指需要的迫切性，因而需要的层次结构是可以改变的。

2. 双因素理论

这种激励理论也叫"保健—激励理论（hygiene-motivation theory）"，是美国心理学家弗雷德里克·赫兹伯格（Frederick Herzberg）于20世纪50年代后期提出的。这一理论的研究重点，是组织中个人与工作的关系问题。赫兹伯格试图证明，个人对工作的态度在很大程度上决定着任务的成功与失败。

赫兹伯格提出，影响人们行为的因素主要有两类：保健因素和激励因素。保健因素是那些与人们的不满情绪有关的因素，如公司的政策、管理和监督、人际关系、工作条件等。保健因素处理不好，会引发员工对工作产生不满情绪；处理得好，可以预防或消除这种不满。但这类因素并不能对员工起激励的作用，只能起到保持人的积极性，维持工作现状的作用，所以保健因素又称为"维持因素"。

激励因素是指那些与人们的满意情绪有关的因素。与激励因素有关的工作处理得好，能够使人们产生满意情绪；如果处理不当，其不利效果顶多只是没有满意情绪，而不会导致不满。他认为，激励因素主要包括这些内容：工作表现机会和工作带来的愉快，工作上的成就感，由于良好的工作成绩而得到的奖励，对未来发展的期望，职务上的责任感。这两类因素与员工对工作的满意程度之间的关系如图6-4所示。

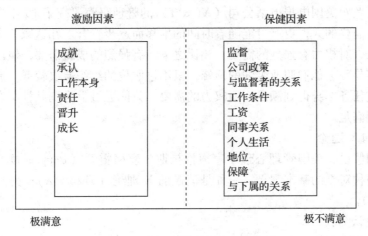

图6-4 赫兹伯格双因素激励理论

赫兹伯格双因素激励理论的重要意义在于它把传统的满意—不满意（认为满意的对立面是不满意）的观点进行了拆解，认为传统的观点中存在双重的连续体：满意的对立面是没有满意，而不是不满意；同样，不满意的对立面是没有不满意，而不是满意。这种理论对企业管理的基本启示是：要调动和维持员工的积极性，首先要注意保健因素，以防止不满情绪的产生。但更重要的是要利用激励因素去激发员工的工作热情，努力工作，创造奋发向上的局面，因为只有激励因素才会增加员工的工作满意感。

3. 成就需要论

出于对前两种理论的补充，美国管理学家大卫·麦克兰（David MaClelland）提出了成就需要理论。

成就需要理论认为，在人的一生中，有些需要是靠后天获得的。换句话说，人们不是生来就有这些需要的，而是通过生活经验学习的。有3种需要被研究得最多，它们是：

（1）成就的需要。指渴望完成困难的事情、获得某种高标准的成功、掌握复杂的工作以及超过别人。

（2）依附的需要。指渴望结成紧密的个人关系、回避冲突以及建立亲切的友谊。

（3）权力的需要。指渴望影响或控制他人、为他人负责以及拥有高于他人的职权的权威。

早期的生活阅历决定着人们是否获得这些需要。如果鼓励儿童做自己的事情，并且让他们接受强化培训，他们就会获得某种实现成就的需要；如果让他们加强形成温暖的人际关系，他们就会发展出某种依附的需要；如果让他们从控制别人那儿获得满足，那他们就会获得某种权力的需要。麦克兰对人的需要及其在管理学上的意义研究了20多年。他指出，一方面，有着强烈成就感需要的人，是倾向于成为企业家的人。他们喜欢把事情做得比竞争者更好，并且敢冒商业风险。另一方面，有着强烈依附感需要的人，是成功的"整合者"，他们的工作是协调组织中几个部门的工作。整合者包括品牌管理人员和项目管理人员，他们必须具有过人的人际关系技能，能够与他人建立积极的工作关系。不过，麦克兰指出，这种需要一直未能引起研究人员的足够重视。高归属需要者喜欢合作而不是竞争的环境，希望彼此间的沟通和理解。而有着强烈权力需要的人，则经常有较多的机会晋升到组织的高级管理层。例如，麦克兰对美国电报电话公司（AT＆T）的管理跟踪研究了16年，结果发现，那些有着强烈权力需要的人，更可能随着时间的推移而逐步晋升。在这家公司，高层管理中有一半以上的人，对权力有强烈的需要。相比之下，有强烈的成就需要，但没有强烈的权力需要的人，更容易登上他们职业生涯的顶峰，只不过职位的组织层次较低。原因在于，成就的需要可以通过任务本身得到满足，而权力的需要，只能通过上升到某种具有高于他人的权力层次才能得到满足。

4. X 理论和 Y 理论

基于人性的假设，美国管理心理学家道格拉斯·麦格雷戈（Douglas McGregor）对人性的假设提出了两种对立的基本观点：一种是消极的 X 理论（Theory X）；另一种是积极的 Y 理论（Theory Y）。

（1）X 理论认为：

①员工天性好逸恶劳，只要可能，就会躲避工作。

②员工以自我为中心，漠视组织要求。

③员工只要有可能就会逃避责任，安于现状，缺乏创造性。

④员工不喜欢工作，需要对他们采取强制措施或惩罚办法，迫使他们实现组织目标。

（2）Y 理论认为：

①员工并非好逸恶劳，而是自觉勤奋，喜欢工作。

②员工有很强的自我控制能力，在工作中执行完成任务的承诺。

③一般而言，每个人不仅能够承担责任，而且还主动寻求承担责任。

④绝大多数人都具备做出正确决策的能力。

麦格雷戈本人认为，Y 理论的假设比 X 理论更实际有效，因此他建议让员工参与决策，为员工提供富有挑战性和责任感的工作，建立良好的群体关系，有助于调动员工的工作积极性。

（二）激励的过程理论

1. 公平理论

公平理论是美国心理学家亚当斯（J. S. Adams）在 1965 年首先提出来的，也称社会比较理论。这种理论的基础在于：员工不是在真空中工作的，他们总是在进行比较，比较的结果对于他们在工作中的努力程度有影响。大量事实表明，员工经常将自己的付出与所得和他人进行比较，而由此产生的不公平感将影响到他们以后付出的努力。这种理论主要讨论报酬的公平性对人们工作积极性的影响。他指出，人们将通过横向和纵向两个方面的比较来判断其所获报酬的公平性。

员工选择的与自己进行比较的参照类型有 3 种，分别是"他人""制度"和"自我"。"他人"包括在本组织中从事相似工作的其他人以及别的组织中与自己能力相当的同类人，包括朋友、同事、学生甚至自己的配偶等。"制度"是指组织中的工资政策与程序以及这种制度的运作。"自我"是指自己在工作中付出与所得的比率。

对某项工作的付出（inputs），包括教育、经验、努力水平和能力。通过工作获得的所得或报酬（outcomes），包括工资、表彰、信念和升职等。

亚当斯提出"贡献率"的公式，用以描述员工在横向和纵向两方面对所获报酬的比较以及对工作态度的影响。

$$\frac{Q_p}{I_p} = \frac{Q_x}{I_x}$$

式中 Q_p——自己对自己所获报酬的感觉；

Q_x——自己对他人所获报酬的感觉；

I_p——自己对付出的感觉；

I_x——自己对他人付出的感觉。

（1）横向比较。所谓横向比较，就是将"自我"与"他人"相比较来判断自己所获报酬的公平性，从而对此做出相对应的反应。

①$Q_p/I_p = Q_x/I_x$，进行比较的员工觉得报酬是公平的，他可能会为此而保持工作的积极性和努力程度。

②$Q_p/I_p > Q_x/I_x$，则说明此员工得到了过高的报酬或付出的努力较少。在这种情况下，一般来说，他不会要求减少报酬，而有可能会自觉地增加自我的付出。但过一段时间他就会重新因过高估计自己的付出而对高报酬心安理得，于是其产出又会回到原先的水平。

③$Q_p/I_p < Q_x/I_x$，则说明员工对组织的激励措施感到不公平。此时他可能会要求增加报酬，或者自动地减少付出以便达到心理上的平衡，也可能离职。

（2）纵向比较。除了进行横向比较，还存在着在纵向上把自己目前的状况与过去的状况进行比较。结果仍然有 3 种情况。

如以 Q_{pp} 代表自己目前所获报酬，Q_{pl} 代表自己过去所获报酬，I_{pp} 代表目前的投入量，I_{pl} 代表自己过去的投入量，则：

①$Q_{pp}/I_{pp} = Q_{pl}/I_{pl}$，此员工认为激励措施基本公平，积极性和努力程度可能会保持不变。

②$Q_{pp}/I_{pp} > Q_{pl}/I_{pl}$，一般来讲，此员工不会觉得所获报酬过高，因为他可能会认为自己

的能力和经验有了进一步的提高，其工作积极性不会因此而提高多少。

③$Q_{pp}/I_{pp} < Q_{pl}/I_{pl}$，此员工会觉得很不公平，工作积极性会下降，除非管理者给他增加报酬。

上述分析表明，公平理论认为组织中员工不仅关心从自己的工作努力中所得的绝对报酬，还关心自己的报酬与他人报酬之间的关系。他们对自己的付出与所得和别人的付出与所得之间的关系进行比较，作出判断。如果觉得这种比率和其他人相比不平衡，就会感到紧张，这样的心理是进一步驱使员工追求公平和平等的动机基础。

公平理论对企业管理的启示是非常重要的，它告诉管理人员，员工对工作任务以及公司的管理制度，都有可能产生某种关于公平性的影响作用。而这种作用对仅仅起维持组织稳定性的管理人员来说，是不容易觉察到的。员工对工资提出增加的要求，说明组织对他至少还有一定的吸引力；但当员工的离职率普遍上升时，说明企业组织已经使员工产生了强烈的不公平感，这需要管理人员引起高度重视，因为它意味着除了组织的激励措施不当以外，更重要的是，企业的现行管理制度有缺陷。

公平理论的不足之处在于员工本身对公平的判断是极其主观的，这种行为对管理者施加了比较大的压力。因为人们总是倾向于过高估计自我的付出，而过低估计自己所得到的报酬，对他人的估计则刚好相反。因此管理者在应用该理论时，应当注意实际工作绩效与报酬之间的合理性，并注意对组织的知识吸收和积累有特别贡献的个别员工的心理平衡。

2. 期望理论

相比较而言，对激励问题进行比较全面研究的是激励过程的期望理论。这一理论主要由美国心理学家弗鲁姆（Victor Vroom）在20世纪60年代中期提出并形成的。期望理论认为只有当人们预期到某一行为能给个人带来有吸引力的结果时，个人才会采取特定的行动。他对于组织通常出现的这样一种情况给予了解释，即面对同一种需要以及满足同一种需要的活动，为什么有的人情绪高昂，而另一些人却无动于衷呢？有效的激励取决于个体对完成工作任务以及接受预期奖赏的能力的期望。

根据这一理论的研究，员工对待工作的态度依赖于对下列3种联系的判断：

（1）努力—绩效的联系。员工感觉到通过一定程度的努力而达到工作绩效的可能性。如需要付出多大努力才能达到某一绩效水平？我是否真能达到这一绩效水平？概率有多大？

（2）绩效—奖赏的联系。员工对于达到一定工作绩效后即可获得理想的奖赏结果的信任程度。如当我达到这一绩效水平后，会得到什么奖赏？

（3）奖赏—个人目标的联系。如果工作完成，员工所获得的潜在结果或奖赏对他的重要性程度。如这一奖赏能否满足个人的目标？吸引力有多大？

在这3种关系的基础上，员工在工作中的积极性或努力程度（激励力）是效价和期望值的乘积，即：

$$M = V \times E$$

式中　M——激励力；

　　　V——效价；

　　　E——期望值。

如本章第一节所述，所谓期望值是指人们对自己能够顺利完成某项工作可能性的估计，即对工作目标能够实现概率的估计；效价，是指一个人对这项工作及其结果（可实现的目标）能够给自己带来满足程度的评价，即对工作目标有用性（价值）的评价。

效价和期望值的不同结合，会产生不同的激发力量，一般存在以下几种情况：

高 E × 高 V = 高 M
中 E × 中 V = 中 M
低 E × 低 V = 低 M
高 E × 低 V = 低 M
低 E × 高 V = 低 M

这表明，组织管理要想收到预期的激励效果，就要以激励手段的效价（能使激励对象带来的满足）和激励对象获得这种满足的期望值都同时足够高为前提。只要效价和期望值中有一项的值较低，都难以使激励对象在工作岗位上表现出足够的积极性。

期望理论的基础是自我利益，它认为每一位员工都在寻求获得最大的自我满足。期望理论的核心是双向期望，管理者期望员工的行为，员工期望管理者的奖赏。期望理论的假说是管理者知道什么对员工最有吸引力。期望理论的员工判断依据是员工个人的知觉，而与实际情况关系不大。不管实际情况如何，只要员工以自己的知觉确认自己经过努力工作就能达到所要求的绩效，达到绩效后就能得到具有吸引力的奖赏，他就会努力工作。

因此，期望理论的关键是，正确识别个人目标和判断 3 种联系，即努力与绩效的联系、绩效与奖赏的联系、奖赏与个人目标的联系。

3. 激励的强化理论

这种理论观点主张对激励进行针对性的刺激，只看员工的行为及其结果之间的关系，而不是突出激励的内容和过程。强化理论是由美国心理学家斯金纳（B. F. Skinner）首先提出的。该理论认为人的行为是其所获刺激的函数。如果这种刺激对他有利，则这种行为就会重复出现；若对他不利，这种行为就会减弱直至消逝。因此管理要采取各种强化方式，以使人们的行为符合组织的目标。根据强化的性质和目的，强化分为两大类型。

（1）正强化。所谓正强化，就是奖励那些符合组织目标的行为，以便使这些行为得到进一步加强，从而有利于组织目标的实现。正强化的刺激物不仅包含奖金等物质奖励，还包含表扬、提升、改善工作关系等精神奖励。为了使强化达到预期的效果，还必须注意实施不同的强化方式。一种正强化是连续的、固定的，譬如对每一次符合组织目标的行为都给予强化，或每隔一个固定的时间都给予一定数量的强化。尽管这种强化有及时刺激、立竿见影的效果，但久而久之，人们就会对这种正强化有越来越高的期望，或者认为这种正强化是理所应当的。管理者应当不断加强这种正强化，否则其作用会减弱甚至不再起到刺激行为的作用。另一种正强化的方式是间断的、时间和数量都不固定的正强化，管理者根据组织的需要和个人行为在工作中的反映，不定期、不定量实施强化，以使每次强化都能起到较大的效果。实践证明，后一种正强化更有利于组织目标的实现。

（2）负强化。所谓负强化，就是惩罚那些不符合组织目标的行为，以使这些行为削弱甚至消失，从而保证组织目标的实现不受干扰。实际上，不进行正强化也是一种负强化，譬如，过去对某种行为进行了正强化，现在组织不再需要这种行为，但这种行为并不妨碍组织目标的实现，这时就可以取消正强化，使该行为减少或者不再重复出现。同样，负强化也包含减少奖酬或者采取罚款、批评、降级等。实施负强化的方式与正强化有所差异,应以连续负强化为主,即对每一次不符合组织的行为都应及时予以负强化,消除人们的侥幸心理,减少这种行为重复出现的可能性。

【知识链接】

激励实务

基于各种激励理论,常用的主要有4种激励方式:工作激励、成果激励、批评激励以及培训教育激励。

工作激励是指通过分配适当的工作来激发员工内在的工作热情;成果激励是指在正确评估工作成果的基础上给员工以合理的奖惩,以保证员工行为的良性循环;批评激励是指通过批评来激发员工改正错误行为的信心和决心;培训教育激励则是通过灌输组织文化和开展技术知识培训来提高员工的素质,增强其更新知识、共同完成组织目标的热情。在管理实务过程中主要表现为以下激励内容。

一、薪酬管理

获得薪酬是许多员工参与企业活动的基本目的。薪酬制度的建立和完善是管理激励的基本工作内容之一。除与基本工作相应的基本工资外,员工的薪酬管理还应注意以下几个方面:

(1)绩效工资。企业突出绩效工资意味着员工是根据他的绩效贡献而得到奖励的,因此这种工资一般又称为奖励工资。它实际上是激励的期望理论和强化理论的逻辑结果,因为增加工资是和工作行为挂钩的。通用汽车公司就曾大力推行这种激励计划。公司管理层在取消员工的年度生活补贴后,建立了一种绩效工资制度,通过涨工资刺激员工努力工作。公司管理层分别对员工人数的上限10%、上部25%、中部55%和下限10%强化工资差别。

(2)分红。这是员工和管理人员在特定的单位中,当单位绩效打破预先确定的绩效目标时,接受奖金的一项激励计划。这些绩效目标可以是细化了的劳动生产率、成本、质量、顾客服务或者利润。和绩效工资不同的是,分红鼓励协调和团队工作,因为全体员工都在对经营单位的利益做贡献。绝大多数公司都采用了某种精确指定的绩效目标和奖金的核算方法。

(3)总奖金。这是以绩效为基础的一次性现金支付计划。单独的现金支付旨在提高激励的效价。这种计划在员工感到他们的奖金真正反映了公司的繁荣时才有效,不然效果适得其反。

(4)知识工资。这是指一个员工的工资随着他能够完成的任务的数量增加而增加。知识工资增加了公司的灵活性和效率,因为公司需要做工作的人会越来越少。但要贯彻这项计划,公司必须有一套高度发达的员工评估程序,必须明确工作岗位,这样工资才可能随着新工作的增加而增加。

二、员工持股计划

实施员工持股计划(Employee Stock Ownership Plans,ESOPs)是给予员工部分企业的股权,允许他们分享改进的利润绩效。相对而言,员工持股计划在小企业的管理中比较流行,但也有像宝洁公司(P&G)这样的大企业在采用这种激励计划。员工持股计划实际上是公司以放弃股权的代价来提高生产率水平，绝大多数企业主管发现这种激励形式的效果很不错。员工持股计划使得员工们更加努力工作，因为他们是所有者，要分担企业的盈亏。但要使这种激励计划有效进行，管理人员必须向员工提供全面的公司财务资料，赋予他们参加主要决策的权力，以及给予他们包括选举董事会成员在内的投票权。

三、灵活的工作日程

灵活的工作日程主要指取消对员工固定的5日上班8个小时工作制的限制。修改的内容包括4日工作制、灵活的时间以及轮流工作。

执行4日工作日，就是员工工作4天，每天10个小时，而不是5日工作制中的每天从上午8点到下午5点的8个小时。这一激励目的，是满足员工想得到更多闲暇时间的需要。灵活的时间就是让员工自己选择工作日程。轮流工作是让两个或两个以上的人共同覆盖某一项每工作周40个小时的工作。这一激励计划意味着公司同意使用兼职员工，这很大程度是为了满足带小孩的母亲的需要，同时又消除了员工因长期从事某种工作而导致的枯燥感和单调感。

四、目标管理

无论是管理学家德鲁克的目标管理理论（MBO），还是心理学家卢克的目标设定理论都有一个共同基础：一个为员工所接受的清楚的目标，可以使员工受到激励。所以，目标激励是至关重要的、有效的激励手段。克里斯托夫·埃利和克莱斯门·沙利描述了个体目标设定过程推理的4个阶段：①确定要达到的标准；②判断这个标准能否达到；③判断这个标准与个体目标是否相匹配；④接受标准，目标随之确定，开始为实现目标采取行动。

实践表明，当目标明确并具有挑战性时，能更有效地激励个体或团队行动。目标管理理论将目标的具体性、参与决策、明确时间规定、绩效反馈作为目标激励的4个组成部分。当员工们亲自参加目标的确定时，士气会更高，也会产生更大的责任感来完成目标。对员工的行动作出准确的反馈，可以帮助他们调整工作方法，鼓舞他们为实现目标做坚持不懈的努力。

目标设定需要相当的管理技术。更具体的、有挑战性的、可实现的目标问题总是在某些具体条件下更有效。在群体之中，当成员之间的相互协作对群体的绩效至关重要时，个体的绩效目标就可能是无效的，因为追求个体绩效目标可能会降低合作，所以绩效目标要根据群体的需要来设定。管理者不断延伸目标会进一步激发员工产生更大的积极性和更高的绩效。

任务三　沟通及组织冲突管理

学习目标

1. 掌握沟通的基本原理。
2. 学习组织沟通机制。
3. 掌握组织冲突管理及谈判能力培养。

教学视频

【任务导入】

广州标致：跨文化的差异与冲突

广州标致是由广州汽车制造厂、法国标致汽车公司、中国国际信托投资公司、国际金融公司和法国巴黎国民银行合资经营的汽车生产企业，成立于1985年，总投资额8.5亿法郎，注册资本为3.25亿法郎。广州汽车集团公司占股46%，法国标致汽车有限公司占股22%（主要以技术入股），中国国际信托投资公司占股20%，国际金融公司占股8%，法国巴黎银行占股4%。广州标致员工共2000余人，由广州汽车制造厂和法国标致汽车公司共同管理。合同规定，1994年以前的总经理由法方担任，公司任何一个部门的两名经理中，至少有一名是法方人员。广州标致的主要产品是标致504轻型小货车、505家庭旅行车和505轿车。截至1997年8月，广州标致累积亏损10.5亿元（人民币），实际年生产量最高时为2.1万辆，未达到国家产业政策所规定的年产15万辆的生产能力，除了中法双方在一些重大问题上的分歧外，未能解决文化的差异和冲突，是无法进一步合作的主要原因。

在中法合资之初，广州标致公司从总经理、各部门经理到技术监督等重要管理岗位的重要负责人几乎都是法方人员，他们采用的是生硬的、强制的方式，推行全套的法式管理模式，由此引起中方人员的强烈不满，导致罢工事件，最后由中国政府和法国领事馆出面调解。事后，该企业的中方员工道出了心里话："法国人的管理方式我们接受不了，我们受不了洋人的气"。事件的实质是观念意识的冲突和文化的冲突。

广州标致公司中两种文化的冲突首先表现在各自不同的目标期望上。由于双方来自不同的利益主体，法方的主要经营目标是在短期内获得高额利润，而中方的主要经营目标是通过合资带动汽车工业乃至整个地区的产业发展，同时推进国产化进程。在这样的背景下，法方人员的决策带有明显的短期行为倾向，工作重点放在向中国出口技术、设备、零配件上，中方则以推进国产化进程为工作重点。法国管理人员敢于表达自己的意见，对不满意的地方直截了当地指出来，而中方的管理人员的表达方式较为委婉，很少直接发表意见，这使得在中法合作中表现出法方人员占主导地位的现象，共同管理成为一句空话。

广州标致采用了法国标致的组织机构设置，实行层级管理，强调专业化分工和协作，同时采用法国标致的全套规章制度。法国标致的规章制度是总结了全球20多个国家建立合资企业的经验而制定的，有一定的科学性和合理性。但由于文化背景的不同和企业管理的基础不同，生搬硬套沿用原来的规章制度就会出现问题。

第一，中方大部分员工都是从原国有老企业广州汽车制造厂中转过来的，中方员工长期在缺乏竞争的环境下工作和生活，部分员工对执行规章制度不够严格，带有一定的随意性，加上人员素质及其机器设备等方面的原因，有些工作难以完全达到规定的标准。法方人员对中方人员的做法表示不理解并进行抗议，认为中方人员没有很好地执行有关部门的规定，而中方人员则认为自己的做法是有道理的，双方各执己见。法国的资金技术密集型产业的现代化大生产方式移植到中国后，面对大量低水平的手工劳动操作难以发挥其优势。

第二，受产业政策和市场政策的影响，中法在合资前就一直存在投资和经营管理指导上的分歧，法方人员要从习惯于高技术、大规模生产的管理过渡到中方现有的生产方式，需要有较长的心理调适过程，因为中方汽车制造技术起点低一时上不了规模，也缺乏应有的物质文化基础。

第三，虽然中法两国的管理人员都对文化差异有一定的共识和心理准备，并且各自都在努力互相了解，但做出退让的多数是中方，法方容易在许多情况下以原有的管理方法和管理定式行事，使中方的管理人员产生逆反心理引发更大的矛盾和冲突。

第四，在生产经营管理中，双方经常出现不一致的看法，法方总经理在不一致时会单方面做出决定。这种情况下，为了保证政令的严肃性，就以法方的意见执行，而等到执行不下去的时候才去修正。这种以事实为依据，避免文化习惯上的不同而产生直接碰撞的做法，对解决跨文化管理的问题有值得肯定的地方，但有时也造成决策的延误。对复印机的管理，法方的习惯是随到随用，无需专人看管，没有必要增加办公室人员，坚决反对中方人员提出的专人看管的办法，沿用国外普遍采用的无人看管，机器放在办公室通道，用者随时自行打开复印机使用。结果由于一些中方人员擅自操作或大量复印私人东西，造成设备的损坏和纸张的大量浪费，最后不得不改用专人看管。

与广东标致出现的问题类似，外商投资企业的跨文化现象比单一文化形态下的管理存在更多的问题，更为复杂和更具有挑战性。不少外商投资企业都曾遇到过由于文化观念上的差异而使中外双方在管理工作上存在分歧的问题，在此基础上要达到管理上的统一其难度可想而知。

【任 务 书】

1. 广州标致公司跨文化的差异和冲突主要表现在哪些方面？导致差异和冲突产生的原因是什么？
2. 从广州标致公司跨文化冲突中，我们可以得到哪些启示？

【相关知识】

组织目标的实现要求不同成员提供不同的努力，不同成员在参与组织活动中能够提供的贡献也各不相同。只有当组织的要求与组织成员能够提供的服务相吻合时，组织成员的人力资源价值才能充分实现，组织的目标也才能有效地达成。良好的沟通是组织与组织成员相互了解的基本前提。组织与其成员以及组织成员间认知等方面存在的种种差异决定了必须建立有效的沟通机制以防止因沟通不足而可能引发的认知、态度乃至行为上的冲突。

一、沟通的内涵及其过程

（一）沟通的概念及沟通的重要性

沟通（communication）是指信息或想法的传递过程。沟通的目的是激励和影响他人的行为。如果信息或想法没有被传送，则表明沟通并没有发生。发生沟通不仅要求信息或想法被传递，而且要求发出的信息或想法能够被理解。接受者能够准确理解所收到的信息或想法，不论最终是否接受这些信息或想法，都应当被理解为发生了良好的沟通。良好的沟通在实际工作中是必不可少的，它能够最大限度地化解工作中的各类矛盾，使管理者充分了解组织内外部与管理工作有关的各种信息或想法。因此，可以认为，组织的整个管理工作都与沟通有关。这不仅体现在发生于组织之内的员工之间的交流、员工与工作团队之间的交流、工作团队之间的交流，还体现在发生于组织之外的该组织与客户之间的交流、该组织与其他组织之间的交流等各个方面。

具体来说，沟通在管理工作中具有以下作用：

（1）通过沟通，能够把组织中的各种要素有机地结合起来，增强组织的凝聚力和竞争力。

（2）通过沟通，领导者能够全面、及时、准确地了解组织情况，便于激发下属员工的工作热情，从而有效地实现领导职能。

（3）通过沟通，组织能够与外部环境建立联系，从而为其生存和发展赢得更大的空间。

（二）沟通的过程

沟通是一个复杂的过程。这个过程一般有3种表现形式：人与人之间的交流、人与机器之间的交流以及机器与机器之间的交流。在领导工作中，沟通一般是指人与人之间的交流，因而沟通过程也就是人与人之间交流的过程。通过两个或更多人之间的信息或思想的传递，来增强彼此之间的了解，从而在组织内部建立良好的人际关系，这是沟通的主要目的。

从表面上看，沟通就是传递信息的过程。但是实际上，管理学意义上的沟通是一个复杂的过程，如图6-5所示。

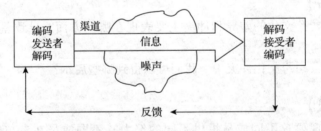

图6-5 沟通过程示意图

在这个过程中至少存在着一个发送者和一个接受者，即信息发送方和信息接收方。其中沟通的载体成为沟通渠道，编码和解码分别是沟通双方对信息进行的信号加工形式。信息在两者之间的传递是通过下述几个方面进行的。

（1）发送者需要向接受者传送信息或者需要接受者提供反馈信息。这里所说的信息范围很广，诸如想法、观点、资料等。

（2）发送者将这些信息译成接受者能够理解的一系列符号。为了有效地进行沟通，这些符号必须符合适当的媒介。例如，如果媒介是书面报告，符号的形式应选择文字、图表或者照片。

（3）将上述符号传递给接受者。由于选择的符号种类不同，传递的方式也不同。传递的方式可以是书面的，也可以是口头的，甚至还可以通过形体动作来表示。

（4）接受者接受这些符号。接受者根据这些符号传递的方式，选择相对应的接受方式。

（5）接受者将这些符号译为具有特定含义的信息。由于发送者翻译和传递能力的差异，以及接受者接受和翻译水平的不同，信息的内容和含义经常被曲解。

（6）接受者理解信息的内容。

（7）发送者通过反馈来了解他想传递的信息是否被对方准确无误地接受。图中的反馈构成了信息的双向沟通。

二、沟通的类别

沟通的类别可以依据以下标准进行划分。

1. 按照功能划分，沟通可以分为工具式沟通和情感式沟通

工具式沟通是指发送者将信息和想法传达给接受者，目的在于影响和改变接收者的行为，其特点是直截了当、过程简单、相对程序化。情感式沟通是指沟通双方就各自的感受进行交流，进而获得对方在精神上的同情、谅解和支持，最终达到改善彼此之间关系的目的，其特点是间接委婉、生动感人、相对个性化。

2. 按照方法划分，沟通可以分为口头沟通、非语言沟通等

沟通的方法很多，包括口头沟通、书面沟通、非语言沟通和电子媒介沟通等，其中口头沟通是组织中最为普遍的一种沟通方式。各种沟通方法具有不同的形式，各有其优势和缺点，如表6-3所示。

表6-3 各种沟通方法的比较

沟通方式	常用形式	优 点	缺 点
口 头	交谈、讲座、讨论会、电话	快速传送、快速反馈、信息量大	层次越多失真越重、核实困难
书 面	报告、备忘录、信件、文件	持久、有形、可以核实	效率低、缺乏反馈
非语言	声光信号、体态、语调	内涵丰富，含义灵活	距离有限，含义模糊
电子媒介	传真、电视	传递快速、信息量大、廉价	信息单向传递

3. 按照组织系统划分，沟通可以分为正式沟通和非正式沟通

一般来说，正式沟通需要依照组织规定的渠道进行信息传递。例如，组织规定的定期汇报制度、上级会议精神的层层传达、下级情况的逐级反映等。非正式沟通则无须依照组织规定的渠道进行信息传递，具有信息传递速度快、内容不受局限的特点。由于非正式沟通是正式沟通的重要补充，且往往能够起到正式沟通所起不到的作用，因而它是现代管理理论研究的重点内容。

4. 按照方向划分，沟通可分为下行沟通、上行沟通和平行沟通

下行沟通是指上级将信息传递给下级，从方向上看，是自上而下的信息流动。下行沟通渠道通畅，能够保证管理者意图的贯彻落实。上行沟通是指下级将信息传递给上级，从方向上看，是由下而上的信息流动。上行沟通渠道通畅，能够保证管理者及时掌握基层实情，但也易于造成信息失真，如图6-6所示。平行沟通是指同级之间横向的信息传递，是组织内部各平行部门或人员之间的信息交流,其中包括部门内人员与其他部门的上级、下级或同级人员的直接沟通。值得注意的是,在实际工作中,为了便于监督工作的顺利开展,下行沟通渠道与上行沟通渠道应分别设置。

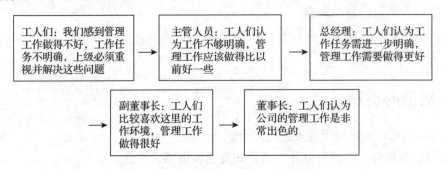

图6-6　自下而上过程中的沟通信息失真

5. 按照是否反馈划分,沟通可分为单向沟通和双向沟通

发送者与接收者的地位保持不变属于单向沟通,二者之间的地位不断变换属于双向沟通。做工作报告、指示、演讲等属于单向沟通,而举行谈判、会议、协商则属于双向沟通。一般而言,单向沟通没有信息反馈,双向沟通存在信息反馈。单向沟通虽然比双向沟通节省时间,但信息接收者不一定能够像在双向沟通中那样准确把握发送者的意图,因此,即使双向沟通的噪声(干扰)比单向沟通大,信息接收者仍然更乐于选择双向沟通。单向沟通和双向沟通的比较如表6-4所示。

表6-4　单向沟通和双向沟通的比较

因素	结果
时间	双向沟通比单向沟通需要更多的时间
信息不明确的准确程度	在双向沟通中,接收者不明确信息和发送者意图的准确程度大大提高
接收者和发送者的置信程度	在双向沟通中,接收者和发送者都比较相信自己对信息的理解
满意	接收者比较满意双向沟通,发送者比较满意单向沟通
噪声(干扰)	由于与问题无关的信息较易进入沟通过程,双向沟通的噪声比单向沟通大

三、组织沟通

1. 个体间沟通

在组织中,个体间沟通构成组织沟通最基本的内容。在一般意义上,组织中的个体间沟通是指组织中的个体成员间相互传递相关信息以促成行为与目标相互协调并与组织目标相一致的过程。每个企业都由数人、数十人、数百人甚至成千上万人组成,企业每天的活动也由许许多多的具体工作所构成。由于个体的地位、利益和能力的不同,他们对企业目标的理解、所感受的信息也不同,这就使得个体的目标有可能偏离企业的总目标,甚至完全背道而驰。如何保证上下一心、不折不扣地完成企业总的目标呢?这就需要相互交流意见,统一思想认识,自觉地协调个体之间的工作活动,以保证组织目标的实现。因而,个体间沟通在组织中是最基本的协调工作，认识不到这一点，就不可能完全实现企业的目标。

个体间沟通对组织的重要意义还在于组织中人的管理。自20世纪90年代以来，随着外部经营环境的巨大变化，传统的将人视作成本因素的观念转变为当今的资源因素观念。从成本观到资源观的转变，说明企业由传统的经营实体向以资源为基础的，以知识获取和管理为中心的新型企业组织发展。企业员工日益成为企业经营流程中专有知识的载体，成为产生企业核心竞争能力的源泉。员工之间的交流及其效率，在一定程度上是企业的知识在内部传递的表现。

2. 团队沟通

团队沟通是指组织对以工作团队为基础的单位进行信息交流和传递的方式。工作团队随着组织内外部环境的变化而日新月异，在企业管理，尤其是西方企业管理中，重要性越来越明显。

团队是两个或两个以上的个体相互作用和协作以便完成组织预定的某项特别目标的单位。团队的概念包含3个要素：第一，需要两个或两个以上的人员。团队的规模可大可小，但一般的团队规模都低于15人。第二，团队人员有规律地相互接触，彼此间不打交道的人不能组成一个团队。第三，团队人员共享绩效目标。团队有时在组织中又称"群体"，但团队在工商界已成为通俗易懂的词汇。团队概念意味着一种崇高的使命感和竞争感。"团队"和"群体"这两个词汇经常相互替换。

重视组织中的团队工作，是指要重视团队沟通的需要。团队成员在一起工作，以便完成任务。团队的沟通结构既影响团队绩效，又影响员工的满意度。对团队沟通的研究集中在两个方面：团队沟通集权的程度和团队任务的性质。而这两个方面又是由企业组织中沟通网络的复杂性决定的。在集权的网络中，团队成员必须通过一个人解决问题和做决策来进行沟通。在分权网络中，个人可以随意地和其他团队成员进行沟通，团队成员平等地处理信息直至达成一致共识。

集权沟通网络对简单问题能够较快地解决，分权沟通则显得迟缓些，因为信息在个体间要等到有人最终获得信息并解决问题时才会传递。但对复杂问题而言，分权沟通网络的解决速度就较快。由于所有的必需信息并不局限在一个人那里，通过广泛的沟通而产生的信息汇总就为决策提供了更多的产出。

这对组织的意义在于，在高度竞争的全球环境中，组织应用群体或团队解决复杂问题。当团队活动复杂而且难度大时，所有成员都应该在一种分权的结构中共享信息，以便解决问题。团队需要在各个方向上自由沟通。应该鼓励团队成员彼此间讨论问题，员工的大量时间应该投放于信息加工。但是，执行常规任务的团队沟通可以是集权式的，在处理信息上的时间不宜太多。

3. 组织间沟通

简单地说，组织间沟通就是组织之间如何加强有利于实现各自组织目标的信息交流和传递的过程。组织间沟通的目的在于，通过协调共同的资源投入活动，实现各方的共同利益。

与一般性的组织中的个体间沟通和工作团队沟通不同的是，组织间沟通日益成为管理学中沟通的重要一环，这主要是企业战略管理中战略和企业边界扩张范式分别转型的结果。

在一个相对狭小的市场区域中，如果竞争的驱动力不是十分强大，企业组织的内部开发活动足以扩展企业的边界。但随着竞争力量的强大，以及生产要素流动的便利性和壁垒降低，单一的企业内部开发活动不足以支撑企业占领市场的需要。为了在速度上把握先机，世界范围的企业经营从20世纪60年代起，开始用资本在资本市场上部分获取或全部买下资产，以并购的形式来扩大企业的边界。无论并购的对象与自身的经营方向关系如何，总的来说，并购是一种一体化战略行为，或者说是以市场内部化的方式降低了企业经营管理的交易成本。一体化使企业的市场力量得到加强，资产的互补性和控制权也完全在企业组织内部。

这种在总的形态上以突出无形资本的投入来实现资本积累的经济，现在一般称为知识经济。知识经济对企业的启示主要在于，企业本身应是由有形资源和无形资源组成的集合体。在主要由资源决定企业边界和绩效的观念中，企业与其说是某种固定资产的载体和表现形式，不如说是某种经营知识体系的载体。由于知识的隐性和显性特征，企业要控制伴随竞争环境的变化而增加的各种知识是相当困难的，因此，要进行有效的竞争，企业必须走向合作，选择合作的竞争战略。

合作竞争战略的形式之一是战略联盟。这种合作形式是一种具有清楚明确的"积聚性理念"的多边合作伙伴关系。它以松散的组织方式为特征，企业在自愿加盟的基础上，以共同的方式拓展未来的竞争空间，实现"双赢"或"全赢"的市场目的。管理学家们称，21世纪的企业竞争将主要是企业联盟以及联盟基础上企业网络的竞争。战略联盟的稳定性虽然远强于产业组织中限制性产出的卡特尔组织形式，但战略联盟的成功与否，的确在一定程度上取决于战略联盟存在过程中的沟通效果。由于这种战略既跨越了资产的约束，又跨越了地域的限制，因此，这种战略一旦运作起来其优势是多方面的。西方大多数跨国公司在世界各地广泛采取这种合作战略。管理这种战略，通常是要建立特别的联络委员会，这一机构一般是由各联盟企业的最高层管理者负责的。它的主要职责是协调联盟的运行并且监督合作伙伴在共同领域中的新动向，加强组织间沟通，以使联盟切实为各成员企业创造价值。

组织间沟通的重要基础，一般不是建立市场交易关系基础上的契约关系，而是建立相互信任的互惠关系。如果沟通的主要目标是有关践约和履约的问题，那组织间的关系就会走向纯粹的市场交易关系，进而失去组织间沟通的本来意义。在经济活动全球化和技术进步日益加快的背景中，组织间沟通，尤其对互联网领域的企业而言，正起着越来越重要的作用。

四、组织沟通的管理

（一）有效沟通的障碍

在沟通的过程中，由于存在着外界干扰以及其他种种原因，信息往往被丢失或曲解，使得信息的传递不能发挥正常的作用。因此组织的沟通存在有效沟通的问题。所谓有效沟通，简单地说就是传递和交流信息的可靠性和准确性高，实际上还表示组织对内外噪声的抵抗能力强，因而和组织智能（organizational intelligence）是连在一起的。沟通的有效性越明显，则说明组织智能越高。影响有效沟通的障碍包括下列因素。

1. 个人因素

个人因素主要包括两大类：一是有选择地接受，二是沟通技巧的差异。

所谓有选择地接受，是指人们拒绝或片面地接受与他们的期望不一致的信息。研究表明，人们往往听或看他们感情上能够接纳的东西，或者他们想听或想看到的东西，甚至只愿意接受中听的，拒绝不中听的。

除了人们接受能力有所差异外，许多人运用沟通的技巧也很不相同。有的人擅长口头表达，有的人擅长文字描述。所有这些问题都会影响有效沟通。

2. 人际因素

人际因素主要包括沟通双方的相互信任、信息来源的可靠度和发送者与接收者之间的相似程度。

沟通是发送者与接收者之间"给"与"受"的过程。信息传递不是单方面，而是双方面的事情，因此，沟通双方的诚意和相互信任至关重要。上下级间的猜疑只会增加抵触情绪，减少坦率交谈的机会，也就不可能进行有效的沟通。

信息来源的可靠性由4个因素决定：①诚实；②能力；③热情；④客观。有时，信息来源可能并不同时具有这4个因素，但只要信息接受者认为发送者具有即可，可以说信息来源的可靠性实际上是由接受者主观决定的。就个人来说，员工对上级是否满意很大程度上取决于他对上级可靠性的评价；就团体而言，可靠性较大的工作单位或部门相对能比较公开、准确和经常地进行沟通，它们的工作成就也相应地较为出色。

沟通的准确性与沟通双方间的相似性有着直接的关系。沟通双方特征的相似性影响了沟通的难易程度和坦率性。沟通一方如果认为对方与自己很接近，那么他将比较容易接受对方的意见，并且达成共识。相反，如果沟通一方视对方为异己，那么信息的传递将很难进行下去。

3. 结构因素

结构因素包括地位差别、信息传递链、团体规模和空间约束4个方面。

研究表明，地位的高低对沟通的方向和频率有很大的影响。地位悬殊越大，信息趋向于从地位高的流向地位低的。事实清楚地表明，地位是沟通中的一个重要障碍。

一般来说，信息通过的等级越多，它到达目的地的时间也越长，信息失真程度则越大。这种信息连续地从一个等级到另一个等级时所发生的变化，称为信息链传递现象。

当工作团队规模较大时，人与人之间的沟通也相应变得较为困难。这可能部分地由于沟通渠道的增长大大超过人数的增长。

企业中的工作常常要求员工只能在某一特定的地点进行操作。这种空间约束的影响往往在员工单独于某位置工作或在数台机器之间往返运动时尤为突出。空间约束不仅不利于员工之间的交流，也限制了他们的沟通。一般来说，两人之间的距离越短，他们交往的频率也越高。

4. 技术因素

技术因素主要包括语言、非语言暗示、媒介的有效性和信息过量。

大多数沟通的准确性依赖于沟通者赋予字和词的含义。由于语言只是个符号系统，本身没有任何意思，它仅仅是我们描述和表达个人观点的符号或标签。每个人表述的内容常常是由他独特的经历、个人需要、社会背景等决定的。因此，语言和文字极少对发送者和接受者双方都具有相同的含义，更不用说许许多多不同的接受者。语言的不准确性不仅表现为符号多样，它还能激发各种各样的感情，这些感情可能又会更进一步歪曲信息的含义。同样的字词对不同的团体来说，会产生完全不同的感情和不同的含义。

管理人员十分关心各种不同沟通工具的效率。一般来说，书面和口头沟通各有所长。书面沟通常常用于传递篇幅较长、内容详细的信息。其优点是：为读者提供适合自己的速度，用自己的方式阅读材料的机会；易于远距离传递；易于储存，并在做决策时提取信息；经过多人审阅，信息比较准确。

口头沟通适合需要翻译或精心编制才能使拥有不同观念和语言才能的人理解的信息。其优点是：快速传递信息，并且希望立即得到反馈；传递敏感的或秘密的信息；适用于不适合用书面媒介传递的信息；传递感情和非语言暗示的信息。

总之，选择何种沟通工具，在很大程度上取决于信息的种类和目的，还与外界环境和沟通双方有关。

我们生活在一个信息爆炸的年代。企业主管人员面临着"信息过量"的问题。例如，管理人员只能利用他们所获得信息的 1/100 到 1/1 000 进行决策。信息过量不仅使主管人员没有时间去处理，而且也使他们难于向同事提供有效的、必要的信息，沟通也随之变得困难重重。

（二）有效沟通的实现

只有采取适当的措施有效清除上述各个环节中可能存在的沟通障碍，才能实现组织管理工作中的有效沟通。因此，无论是对于组织内部沟通还是组织之间沟通而言，有效沟通的实现从根本上是由沟通技能的开发和改进决定的。清除组织沟通中的各种障碍，应当坚持以下原则。

1. 正确对待沟通

通常情形下，组织的管理人员十分重视计划、组织、领导和控制等职能，对于有效沟通的作用则不够重视，而且在信息流向方面侧重于观察自上而下的流动是否正常，即主管人员的工作意见能否全面、及时、准确地传递下去，对于下属人员的反映和相关建议，有时会采取无所谓的态度。这表明组织管理中没有从根本上对沟通给予足够的重视。

2. 运用反馈机制

很多沟通问题是因误解和信息不准确引起的。正确使用信息反馈系统，能够极大地减少沟通中出现的障碍。这里所指的反馈既可以是语言，也可以是非语言。反馈不应是简单的是与否或对与错，而是核实信息接收者是否真正掌握了信息发送者的意图。

3. 力求表达清楚

在各种信息传递中，表达不清晰、晦涩难懂是经常出现的问题。这样的信息可能成为沟通障碍。因此，管理者应该选择措辞并科学组织这些信息，以使信息内容清楚明确，表达方式易于被接受者领会，又不失信息应有的本意。有人认为简化表达就可达到表达清楚，其实并不尽然。对于一些必须详细说明的内容，则不应去繁从简。繁简程度的掌握，要视传递信息的内容和接收者的能力而定，基本原则应是"该繁则繁，当简则简"。

4. 能够积极倾听

积极倾听既是一种管理艺术，也是一种人生境界。对于管理人员来说，能够从繁重的工作中抽出时间，倾听对自己所从事工作的意见和建议，不仅需要有一定的耐心和意志力，更需要有一种对于组织工作的责任心，这不是一件容易的事。因此，组织管理人员要实现有效沟通，需要较好地掌握"听"的技巧。这些技巧主要有：选择一个比较安静的地方听讲，对讲话内容表现出兴趣，并注意一些非语言暗示；在该沉默时保持沉默，不要轻易打断别人的讲话或进行争辩，更不应该从事无关的活动；应当留下一定的时间进行讨论，不要受其他情绪影响而草率做出结论；在没有听清讲话内容时，应该以委婉的方式提出问题。

5. 拓宽沟通渠道

缩短信息传递链，拓宽沟通渠道，这是保证信息畅通无阻和信息完整的重要途径。一般来说，两个人之间距离越短，他们交往的频率也就越高。因此，减少组织机构重叠，创造有利于沟通的工作环境，对于实现有效沟通尤为重要。同时，在充分利用正式沟通渠道的基础上，要在战略上使用非正式沟通渠道。非正式沟通渠道是正式沟通渠道的重要补充，可以弥补正式沟通渠道的不足，当正式沟通渠道不畅时，它能够极大地提高信息传递的质量和频率。

6. 加强平行沟通

地位差别对沟通效果影响较大。沟通各方地位差距越大，信息越趋向于从地位高的一方流向地位低的一方，由此信息反馈的质量和频率就会大大降低。为了克服由于地位差距所造成的障碍，应当加强平行沟通，促进横向交流。通常情形下，组织内部的沟通多以与命令链一致的纵向沟通为主，平行的部门之间或小组之间的横向交流较少，特别是在专业化分工较细的职能型组织结构中，本位主义、缺乏沟通表现得更为突出，而平行沟通可以消除这些障碍。此外，在平行沟通中，信息接收的准确程度与沟通双方之间的相似程度有直接关系。沟通各方的组织状况越接近，越容易达成共识。

五、组织冲突与谈判

（一）组织内冲突的原因

沟通是为了降低组织的管理成本，进而降低组织之间的交易成本。但是，由于组织之间以及组织中员工之间本质的区别，沟通并不会达到尽善尽美的效果，这样，组织摩擦和人员摩擦不可避免地发生，带来额外的管理组织成本。这种摩擦程度越大，组织的协调成本越高。这就是冲突的由来。因此，冲突是指由于某种差异而引起的抵触、争执或争斗的对立状态。人与人之间由于利益、观点、掌握的信息或对事件的理解都可能存在差异，有差异就可能引起冲突。不管这种冲突是否真实存在，只要一方感觉到有差异就会发生冲突。显然，沟通不足或没有沟通，都可能导致冲突。所以，要了解冲突，前提是了解出现差异的原因及其表现形式。这些原因大体上可以归纳为3类。

1. 沟通差异

由于文化和历史背景不同、语义困难、误解以及沟通过程中的噪声的干扰，都可能造成人们之间意见不一致。沟通不良是产生这种冲突的重要原因，但不是主要原因。

2. 结构差异

观察管理中经常发生的冲突，绝大多数是由组织结构的差异引起的。分工造成了组织结构中垂直方向和水平方向各系统、各层次、各部门、各单位、各不同岗位的分化。组织越庞大越复杂，则组织分化越细密，组织整合越困难。由于信息不对称和利益不一致，人们之间在计划目标、实施方法、绩效评估、资源分配、劳动报酬、奖惩等许多问题上都会产生不同看法，这种差异是由组织结构本身造成的。为了本单位的利益和荣誉，许多人都会理直气壮地与其他单位甚至上级组织发生冲突。不少管理者，甚至把挑起这种冲突看作自己的职责，或作为建立自己威望的手段。几乎每位管理者都会经常面临着与同事或下属之间的冲突。

3. 个体差异

每个人的社会背景、教育程度、阅历、修养，塑造了每个人各不相同的性格、价值观和作风。人们之间这种个体差异造成的合作和沟通的困难往往也容易导致某些冲突。

这说明，由于沟通差异、结构差异和个体差异的客观存在，冲突也就不可避免地存在于一切组织中，因而管理冲突的必要性就显现了出来。

（二）冲突的管理

多年来，对组织冲突的看法，形成了以下3种观点。

第一种观点存在于19世纪末到20世纪40年代，认为组织应该避免冲突，冲突本身表明组织内部的机能失调。换句话说，这种观点的核心认为冲突对组织无益，是有害的。这种观点一般被称为冲突的传统观点。

第二种观点认为冲突是任何组织不可避免的产物，但它同时指出，冲突并不一定会导致对组织的危害，相反，冲突可能是有利于组织的积极动力。显然，这一观点认为冲突客观存在，主张接纳冲突，使冲突的存在合理化，并希望将冲突转化为有利于组织的程序。自20世纪40年代到70年代中期，这一观点在冲突理论中占主导地位。因为强调冲突的必然性，有时这种观点又被称为冲突的人际关系观点。

第三种观点是当今的冲突管理观点，明确认为冲突不仅可以成为组织中的积极动力，而且其中有些冲突对于组织或组织单元的有效运作是必要的。换言之，冲突是组织保持活力的一种有效手段。因而，这种观点鼓励管理者维持一种冲突的最低水平，以便使组织保持创新的激发状态。由于突出冲突对于组织的运作效率，这种观点又被称为冲突的相互作用观点。

所以组织应保持适度的冲突，使组织养成批评与自我批评、不断创新、努力进取的风气，组织就会出现人心汇聚，奋发向上的局面，组织就有旺盛的生命力。20世纪90年代中期以来，全世界企业管理界掀起建立学习型组织（learning organization）的企业管理浪潮，这在很大程度上是关于如何转化企业环境中激发的越来越多的冲突。其组织行为观点的中心，实际上是要求组织开放和提高内外沟通效率，达到提高组织在市场中盈利水平的目的，并进一步提高组织的竞争力。

由此，冲突的管理实际上包括两个方面：一是管理者要设法消除冲突产生的负面效应，因为这些冲突阻碍了组织实现目标，属于功能失调的冲突，它们对组织具有破坏性作用；二是要求管理者激发冲突，利用和扩大冲突对组织产生的正面效应，因为这些冲突支持组织的目标，属于建设性的、功能正常的冲突。因而，冲突的管理实际上是一种艺术，优秀的管理者一般按下列方式管理冲突。

（1）谨慎地选择想处理的冲突。管理者可能面临许多冲突，其中，有些冲突非常琐碎，不值得花很多时间去处理；有些冲突虽然很重要，但不是自己力所能及的，不宜插手。有些冲突难度很大，要花很多时间和精力，未必有好的回报，不要轻易介入。管理者应当选择那些员工关心、影响面大，对推进工作，打开局面，增强凝聚力，建设组织文化有意义、有价值的事件，亲自抓，一抓到底。对冲突事必躬亲的管理者并不是真正的优秀管理者。

（2）仔细研究冲突双方的代表人物。是哪些人卷入了冲突？冲突双方的观点是什么？差异在哪里？双方真正感兴趣的是什么？代表人物的人格特点、价值观、经历和资源因素如何？

（3）深入了解冲突的根源。不仅了解公开的、表层的冲突原因，还要深入了解深层的、没有说出来的原因。冲突可能是多种原因交叉作用的结果，如果是这样，还要进一步分析各种原因作用的强度。

（4）妥善地选择处理办法。通常的处理办法有5种：回避、迁就、强制、妥协、合作。当冲突无关紧要时，或当冲突双方情绪极为激动，需要时间平静时，可采用回避策略；当维持和谐关系十分重要时，可采用迁就策略；当必须对重大事件或紧急事件进行迅速处理时，可采用强制策略，用行政命令方式牺牲某一方的利益处理后，再慢慢做安抚工作；当冲突双方势均力敌、争执不下需要采取权宜之计时，只好双方都做出一些让步，实现妥协；当事件十分重大，双方不可能妥协时，经过开诚布公的谈判，走向对双方均有利的合作或双赢的解决方式。其冲突管理战略如图6-7所示。

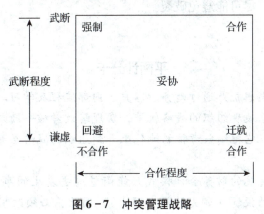

图6-7 冲突管理战略

（三）有效谈判的实现

为了管理冲突，管理者必须和组织内外的人员打交道。在组织内部，冲突管理时常可以有效地通过行政手段进行；但对于组织之间的冲突，像企业之间在新的经济形式下开展的旨在拓展未来商机的战略联盟这样的竞争战略，其组织形式通常出现联盟各方协调上的困难，此时就不能简单地用行政干预的手段去降低管理成本，实现组织目标。相反，联盟各方必须从包括协议、信任和互惠等多方面的视角，寻求解决组织间冲突的途径。谈判作为一种对目标实现的调剂手段，必然是冲突管理的重要内容。

谈判是双方或多方为实现某种目标就有关条件达成协议的过程。这种目标可能是为了实现某种商品或服务的交易，也可能是为了实现某种战略或策略的合作；可能是为了争取某种待遇或地位，也可能是为了减税或贷款；可能是为了弥合相互的分歧而走向联合，也可能是为了明确各自的权益而走向独立。市场经济本身就是一种契约经济，一切有目的的经济活动，一切有意义的经济关系都要通过谈判来建立。

谈判有两种基本方法，零和谈判与双赢谈判。

（1）零和谈判就是有输有赢的谈判，一方所得就是另一方所失。零和谈判能够成功，在于双方的目标都有弹性并有重叠区存在，重叠区就是双方和解达成协议的基础。

（2）双赢谈判就是谈判要找到一种双方都赢的方案。这种谈判要求双方对对方的需求十分敏感，各自都比较开放和灵活，双方都对对方有足够的了解和信任。在此基础上通过开诚布公的谈判，就可能找到双赢的方案，从而建立起牢固的长期合作关系。

优秀的管理者实现有效的谈判，一般应遵循以下原则：

（1）理性分析谈判的事件。抛弃历史和感情上的纠葛，理性地判别信息、依据的真伪，分析事件的是非曲直，分析双方未来的得失。

（2）理解你的谈判对手。他的制约因素是什么？他的真实意图是什么？他的战略是什么？他的兴奋点和抑制点在哪里？

（3）抱着诚意开始谈判。态度不卑不亢，条件合情合理，提法易于接受，必要时可主动让步（也许只是一个小小的让步），尽可能寻找双赢的方案。

（4）坚定与灵活相结合。对自己目标的基本要求要坚持，对双方最初的意见不必太在意，那多半只是一种试探，有极大的伸缩余地。当陷入僵局时，应采取暂停、冷处理后再谈，或争取第三方调停，尽可能避免破裂。

【知识链接】

平衡计分卡

平衡计分卡的核心思想就是通过财务、客户、内部流程及学习与发展4个方面的指标之间的相互驱动的因果关系展现组织的战略轨迹，实现绩效考核—绩效改进以及战略实施—战略修正的战略目标过程。它把绩效考核的地位上升到组织的战略层面，使之成为组织战略的实施工具。

平衡计分卡强调，传统的财务会计模式只能衡量过去发生的事项（落后的结果因素），但无法评估企业前瞻性的投资（领先的驱动因素），因此，必须改用一个将组织的愿景转变为一组由4项观点组成的绩效指标架构来评价组织的绩效。此4项指标分别是：财务（Financial）、客户（Customer）、内部流程（Internal Business Processes）、学习与成长（Learning and Growth）。

平衡计分卡不仅保留了传统上衡量过去绩效的财务指标，而且在支持组织追求业绩之余，也监督了组织行为的学习与成长，把复杂而笼统的概念转化为精确的目标，借以寻求财务与非财务的衡量之间、短期与长期的目标之间、落后的与领先的指标之间，以及外部与内部绩效之间等的平衡。

一、主要思想

平衡计分卡包含5项平衡。

（1）财务指标和非财务指标的平衡。目前企业考核的一般是财务指标，而对非财务指标（客户、内部流程、学习与成长）的考核很少，即使有对非财务指标的考核，也只是定性的说明，缺乏量化的考核，缺乏系统性和全面性。

（2）企业的长期目标和短期目标的平衡。平衡计分卡是一套战略执行的管理系统，如果以系统的观点来看平衡计分卡的实施过程，则战略是输入，财务是输出。

（3）结果性指标与动因性指标之间的平衡。平衡计分卡以有效完成战略为动因，以可衡量的指标为目标管理的结果，寻求结果性指标与动因性指标之间的平衡。

（4）企业组织内部群体与外部群体的平衡。平衡计分卡中，股东与客户为外部群体，员工和内部业务流程是内部群体，平衡计分卡可以发挥在有效执行战略的过程中平衡这些群体间利益的重要性。

（5）领先指标与滞后指标之间的平衡。财务、客户、内部流程、学习与成长这4个方面包含了领先指标和滞后指标。财务指标就是一个滞后指标，它只能反映公司上一年度发生的情况，但不能告诉企业如何改善业绩和可持续发展。而对于后3项领先指标的关注，使企业达到了领先指标和滞后指标之间的平衡。

二、核心内容

1. 财务层面

财务业绩指标可以显示企业的战略及其实施和执行是否对改善企业盈利做出了贡献。财务目标通常与获利能力有关，其衡量指标有营业收入、资本报酬率、经济增加值等，也可能是销售额的迅速提高或创造现金流量。

财务性指标是一般企业常用于绩效评估的传统指标。财务性绩效指标可显示出企业的战略及其实施和执行是否正在为最终经营结果（如利润）的改善做出贡献。但是，不是所有的长期策略都能很快产生短期的财务盈利。非财务性绩效指标（如质量、生产时间、生产率和新产品等）的改善和提高是实现目的的手段，而不是目的本身。财务层面指标衡量的主要内容有收入的增长、收入的结构、降低成本、提高生产率、资产的利用和投资战略等。

2. 客户层面

在平衡计分卡的客户层面，管理者确立了其业务单位将竞争的客户和市场，以及业务单位在这些目标客户和市场中的衡量指标。客户层面指标通常包括客户满意度、客户保持率、客户获得率、客户盈利率，以及在目标市场中所占的份额。客户层面使业务单位的管理者能够阐明客户和市场战略，从而创造出出色的财务回报。

平衡计分卡要求企业将使命和策略诠释为具体的与客户相关的目标和要点。企业应以目标顾客和目标市场为方向，应当关注是否满足核心顾客需求，而不是企图满足所有客户的偏好。客户最关心的不外乎5个方面：时间、质量、性能、服务和成本。企业必须为这5个方面树立清晰的目标，然后将这些目标细化为具体的指标。客户层面指标衡量的主要内容有市场份额、老客户挽留率、新客户获得率、顾客满意度、从客户处获得的利润率。

3. 内部流程层面

在这一层面上，管理者要确认组织必须擅长的关键的内部流程，这些流程可帮助业务单位提供价值主张，以吸引和留住目标细分市场的客户，并满足股东对卓越财务回报的期望。

建立平衡计分卡的顺序，通常是在先制定财务和客户方面的目标与指标后，才制定企业内部流程方面的目标与指标，这个顺序使企业能够抓住重点，专心衡量那些与股东和客户目标息息相关的流程。内部流程绩效考核应以对客户满意度和实现财务目标影响最大的业务流程为核心。内部流程指标既包括短期的现有业务的改善，又涉及长远的产品和服务的革新。内部流程方面指标涉及企业的改良/创新过程、经营过程和售后服务过程。

4. 学习与成长层面

它确立了企业要实现长期的成长和改善就必须建立的基础框架，确立了目前和未来成功的关键因素。平衡计分卡的前3个层面一般会揭示企业的实际能力与实现突破性业绩所必需的能力之间的差距，为了弥补这个差距，企业必须投资于员工技术的再造、组织程序和日常工作的理顺，这些都是平衡计分卡学习与成长层面追求的目标。如员工满意度、员工保持率、员工培训和技能等，以及这些指标的驱动因素。

学习与成长的目标为其他3个方面的宏大目标提供了基础架构，是驱使上述计分卡3个方面获得卓越成果的动力。面对激烈的全球竞争，企业今天的技术和能力已无法确保其实现未来的业务目标。削减对企业学习和成长能力的投资虽然能在短期内增加财务收入，但由此造成的不利影响将在未来对企业带来沉重打击。学习和成长面指标涉及员工的能力、信息系统的能力与激励、授权与相互配合。

三、基本原理和流程

（1）以组织的共同愿景与战略为内核，运用综合与平衡的哲学思想，依据组织结构，将公司的愿景与战略转化为下属各责任部门（如各事业部）在财务、客户、内部流程、学习与成长4个方面的系列具体目标（即成功的因素），并设置相应的4张计分卡。

（2）依据各责任部门分别在财务、客户、内部流程、学习与成长4种计量可具体操作的目标，设置一一对应的绩效评价指标体系，这些指标不仅与公司战略目标高度相关，而且是以领先（Leading）与滞后（Lagging）两种形式，同时兼顾和平衡公司长期与短期目标、内部与外部利益，综合反映战略管理绩效的财务与非财务信息。

（3）由各主管部门与责任部门共同商定各项指标的具体评分规则。一般是将各项指标的预算值与实际值进行比较，对应不同范围的差异率，设定不同的评分值。以综合评分的形式，定期（通常是一个季度）考核各责任部门在财务、客户、内部流程、学习与成长4个方面的目标执行情况，及时反馈，适时调整战略偏差，或修正原定目标和评价指标，确保公司战略得以顺利与正确地实行。

四、实施平衡计分卡的障碍

1. 沟通与共识上的障碍

根据Renaissance与CFO Magazine的合作调查，企业中少于1/10的员工了解企业的战略及战略与其自身工作的关系。尽管高层管理者清楚地认识到达成战略共识的重要性，但却少有企业将战略有效地转化成被基本员工能够理解且必须理解的内涵，并使其成为员工的最高指导原则。

2. 组织与管理系统方面的障碍

据调查，企业的管理层在例行的管理会议上花费近85%的时间处理业务运作的改善问题，却以少于15%的时间关注战略及其执行问题。过于关注各部门的职能，却没能使组织的运作、业务流程及资源的分配围绕着战略而进行。

3. 信息交流方面的障碍

平衡计分法的编制和实施涉及大量绩效指标的取得和分析，是一个复杂的过程。因此，企业对信息的管理及信息基础设施的建设不完善，将会成为企业实施平衡计分法的又一障碍。许多企业的管理层已经意识到信息的重要性，并对此给予了充分的重视，但在实施的过程中，信息基础设施的建设受到部门的制约，部门间的信息难以共享，只是在信息的海洋中建起了座座岛屿，却难以互通。这不仅影响到了业务流程，也是实施平衡计分法的障碍。

4. 对绩效考核认识方面的障碍

如果企业的管理层没有认识到现行的绩效考核的观念、方式有不妥当之处，平衡计分法就很难被接纳。长期以来，企业的管理层已习惯于仅从财务的角度来测评企业的绩效，并没有思考这样的测评方式是否与企业的发展战略联系在一起。

能力训练

1. 领导者应该如何执行激励职能？
2. 试比较不同沟通方式的优点和局限性。
3. 导致组织冲突的原因可能有哪些？如何有效管理组织冲突？
4. 通过老师的帮助，请以你所在的学校为例，分析它的激励机制，并做出点评。

学习情境七

控制及控制实务

任务一 控制及控制过程

 学习目标

1. 理解控制活动、控制方法及控制过程。
2. 学习有效控制。

教学视频

【任务导入】

麦当劳的标准化管理

麦当劳公司以经营快餐闻名遐迩。1955 年，克洛克在美国创办了第一家麦当劳餐厅，其菜单上的品种不多，但食品质量高，价格低廉，供应迅速，环境优美。连锁店迅速发展到每个州，至 1983 年，其国内分店已超过 6 000 家。1967 年，麦当劳在加拿大开办了首家国外分店，此后国外业务快速发展。到 1985 年，国外销售额就已占它的销售总额的 1/5。在 40 多个国家里，每天都有 1 800 多万人光顾麦当劳。

麦当劳金色的拱门允诺：每个餐厅的菜单基本相同，而且"质量超群，服务优良，清洁卫生，货真价实"。它的产品、加工和烹制程序乃至厨房布置，都是标准化的，严格控制。它撤销了在法国的第一批特许经营权，因为他们尽管盈利可观，但未能达到快速服务和清洁方面的标准。

麦当劳的各分店都由当地人所有和经营管理。鉴于在快餐饮食业中维持产品质量和服务水平是其经营成功的关键，因此，麦当劳公司在采取特许连锁店经营这种战略开辟分店和实现地域扩张的同时，就特别注意对各连锁店的管理控制。如果管理控制不当，使顾客吃到不对味的汉堡或受到不友善的接待，其后果就不仅是这家分店将失去这批顾客及其周围人光顾的问题了，还会波及影响到其他分店的生意，乃至损害整个公司的信誉。为此，麦当劳公司制定了一套全面、周密的控制办法。

麦当劳公司主要通过授予特许权的方式来开辟连锁分店。其考虑之一，就是使购买特许经营权的人在成为分店经理人员同时也成为该分店的所有者，从而在直接分享利润的激励机制中把分店经营得更出色。特许经营使麦当劳公司在独特的激励机制中形成了对其扩展中的业务的强有力控制。麦当劳公司在出售其特许经营权时非常慎重，总是通过各方面调查了解后挑选那些具有卓越经营管理才能的人作为店主，而且事后如发现其能力不符合要求则会撤回这一授权。

麦当劳公司还通过详细的程序、规则和条例规定，使分布在世界各地的所有麦当劳分店的经营者和员工们都遵循一种标准化、规范化的作业。麦当劳公司对制作汉堡、炸土豆条、招待顾客和清理餐桌等工作都事先进行详实地动作研究，确定各项工作开展的最好方式，然后再编成书面的规定，用以指导各分店管理人员和一般员工的行为。公司在芝加哥开办了专门的培训中心——汉堡包大学，要求所有的特许经营者在开业之前都必须接受为期一个月的强化培训。回去之后，这些经营者还被要求对所有工作人员进行培训，确保公司的规章条例得到准确的理解和贯彻执行。

为了确保所有特许经营分店都能按统一的要求开展活动，麦当劳公司总部的管理人员还经常走访、巡视世界各地的经营分店，进行直接的监督控制。例如，有一次巡视中发现某家分店自作主张，在店厅里摆放电视机和其他物品以吸引顾客，这种做法因与麦当劳的风格不一致，立即被纠正。除了直接控制外，麦当劳公司还定期对各分店的经营业绩进行考评。为此，各分店要及时提供有关营业额和经营成本、利润等方面的信息，这样总部管理人员就能把握各分店经营的动态和出现的问题，以便商讨和采取改进的对策。

麦当劳公司的另一个控制手段是在所有经营分店中塑造公司独特的组织文化，这就是大家熟知的"质量超群，服务优良，清洁卫生，货真价实"的口号所体现的文化价值观。麦当劳公司的共享价值观建设，不仅在世界各地的分店，在上上下下的员工中进行，而且还将公司的一个主要利益团体——顾客也包括进这支建设队伍中，麦当劳的顾客虽然要求自我服务，但公司特别重视满足顾客的要求，如为他们的孩子开设游戏场所、提供快乐餐厅和组织生日聚会等，以形成家庭式的氛围，这样既吸引了孩子们，也增强了成年人对公司的忠诚感。

【任务书】

1. 控制职能在管理活动中的地位与作用是什么？
2. 麦当劳公司所创设的管理控制系统具有哪些基本构成要素？

【相关知识】

控制是管理工作的最重要职能之一。它是保障企业计划与实际作业动态相适应的管理职能。控制工作的主要内容包括确立标准、衡量绩效和纠正偏差。一个有效的控制系统可以保证各项活动朝着组织目标的方向前进，而且，控制系统越完善，组织目标就越容易实现。

一、控制活动

控制一词原意为"驾驭、支配"。一般意义上的控制是任何系统都必须具备的职能。随着科技的发展和社会的进步，各种各样的系统不断增加而且日益复杂，系统管理的要求也越来越高，越分越细，致使一般意义上的控制在各行各业中得到广泛的应用，组织系统的管理自然也不例外。

所谓管理控制，是指为了确保组织的目标以及所拟订的计划能够实现，各级主管人员根据事先确定的标准或因发展需要而重新拟定的标准，对下级的工作进行衡量和评价，并在出现偏差时进行纠正,以防止偏差继续发展或今后再度发生。根据管理控制的定义,管理的控制职能既可以理解为一系列的检查、调整活动,即控制活动,也可以理解为检查和纠正偏差的过程,即控制过程。总之,管理者进行控制的根本目的在于保证组织活动的过程和实际绩效与组织目标及计划内容相一致,最终保证组织目标的实现。一般控制与管理控制既有相似之处,又有明显区别。

(一) 控制的必要性

斯蒂芬·罗宾斯曾这样描述控制的作用:"尽管计划可以制订出来,组织结构可以调整得非常有效,员工的积极性也可以调动起来,但是这仍然不能保证所有的行动按计划执行,不能保证管理者追求的目标一定能达到。"理想的状态是不可能成为企业管理的现实的。无论计划制订得如何周密,由于各种各样的原因,人们在执行计划的活动中总是会或多或少地出现与计划不一致的现象。管理控制的必要性主要是由下述原因决定的。

1. 环境的变化

如果企业面对的是一个完全静态的市场,其中各个影响企业活动的因素永不发生变化,如市场供求、产业结构、技术水平等,那么,企业管理人员便可以年复一年、日复一日地以相同的方式组织企业经营,工人可以以相同的技术和方法进行生产作业,因而,不仅控制工作,甚至管理的计划职能都将成为完全多余的东西。事实上,这样的静态环境是不存在的,企业外部的一切每时每刻都在发生着变化。这些变化必然要求企业对原先制订的计划做出改变,从而对企业经营的内容做出相应的调整。

2. 管理权力的分散

只要企业经营达到一定规模,企业主管就不可能直接地、面对面地组织和指挥全体员工的劳动。时间与精力的限制要求他委托一些助手代理部分管理事务。由于同样的原因,这些助手也会再委托其他人帮助自己工作,这便是企业管理层次形成的原因。为了使助手们有效地完成受托部分的管理事务,高一级的主管必然要授予他们相应的权限。因此,任何企业的管理权限都制度化或非制度化地分散在各个管理部门和层次。企业分权程度越高,控制就越有必要。每个层次的主管都必须定期或非定期地检查直接下属的工作,以保证授予他们的权力得到正确的利用,保证这些权力组织的业务活动符合计划和企业目标。如果没有控制,没有为此而建立相应的控制系统,管理人员就不能检查下级的工作情况。即使出现权力的滥用或活动不符合计划要求等其他情况,管理人员也无法发现,更无法采取及时的纠正措施。

3. 工作能力的差异

即使企业制订了全面完善的计划,经营环境在一定时期内也相对稳定,对经营活动的控制仍然是必要的。这是由不同组织成员的认识能力和工作能力的差异所造成的。完善计划的实现要求每个部门严格按计划的要求来协调地进行工作。然而,由于组织成员是在不同的时空进行工作的,他们的认识能力不同,对计划要求的理解可能发生差异,即使每个员工都能完全正确地理解计划的要求,但由于工作能力的差异,他们的实际工作结果也可能在质和量上与计划要求不符。如某个环节产生偏离计划的现象,会对整个企业活动的进行造成冲击。因此,加强对组织成员的工作控制是非常必要的。

（二）控制的基本原理

（1）任何系统都是由因果关系链联结在一起的元素的集合，元素之间的这种关系，就叫耦合。控制论就是研究耦合运行系统的控制和调节的。

（2）为了控制耦合系统的运行，必须确定系统的控制标准 Z。控制标准 Z 的值是不断变化的某个参数集的函数，即 $Z=f(S)$。例如，为了控制飞机的航行，必须确定航线，飞机在航线上的位置 S 的值是不断变化的，所以控制标准 Z 的值也必然是不断变化的。

（3）可以通过对系统的调节来纠正系统输出与标准值 Z 之间的偏差，从而实现对系统的控制。

企业也是一个耦合运行系统。企业生产经营活动的全过程就是由严密的因果关系链联结起来的。无论是整个过程或其中的某个阶段、某个环节，为了得到一定的产出，就必须有一定的投入。通过控制投入生产过程的资金、人力、物资及管理和技术信息，就可控制企业生产经营活动的产出。

（三）控制的分类与原则

1. 控制的分类

在组织中，由于控制的内容、性质、范围不同，控制可以分成很多类型。了解控制的各种类型，根据组织的实际情况选择合适的控制类型，对于实施有效的控制十分必要。尽管控制的种类很多，但是关于控制的各种分类方法并不是孤立的，有时一个控制可能同时属于几种类型。表 7-1 是较为常见的几种分类方法。

表 7-1 控制的类型

分类原则	控制类型	分类原则	控制类型
按控制活动的性质划分	预防性控制 更正性控制	按采用的手段划分	直接控制 间接控制
按控制点的位置划分	预先控制 过程控制 事后控制	按控制范围划分	全面控制 局部控制
按控制来源划分	正式组织控制 群体控制 自我控制	按控制主体划分	内部控制 外部控制
按有无信息反馈划分	开环控制 闭环控制		

（1）按控制活动的性质分为预防性控制和更正性控制：

使用预防性控制是为了避免产生错误，尽量减少今后的更正活动。一般来说，企业的规章制度、工作程序、人员培训和培养计划等都起到了预防性控制的作用。

在组织管理实践中，更正性控制使用得更为普遍一些。其目的是当出现偏差时，使行为或实施进度返回预先确立或所希望的水平，如审计制度增加了管理部门采取迅速更正措施的能力，因为定期对企业进行检查有助于及时发现问题、解决问题。

（2）按控制点的位置分为预先控制、过程控制和事后控制：

预先控制，也称为前馈控制、事前控制，是指通过对情况的观察、规律的掌握、信息的分析、趋势的预测，预计未来可能发生的问题，并在问题发生之前即采取措施加以预防。预先控制的着眼点是通过预测对被控制对象的投入或过程进行控制，以保证获得所期望的产出，可以较好地解决由于时滞现象所带来的问题。由此可见，预先控制需要及时准确的信息，并进行细致、反复地预测。预先控制的内容包括检查资源的筹备情况和预测其利用效果两个方面，这是一个组织在一项活动正式开始之前所进行的管理努力。之所以需要对资源投入进行预先控制，主要是为了防止组织所使用的资源在"质"和"量"上产生偏差。

过程控制，也称为事中控制、即时控制、现场控制、实时控制或同期控制，是指某项活动或工作过程中进行的控制，管理者在现场对正在进行的活动给予指导与监督，以保证活动按规定的政策、程序和方法进行。实施过程控制，主管人员越是较早地知道业务活动与计划的不一致，越可以快速地采取纠正措施，越能够在重大问题发生之前及时纠正偏离的现象，从而将问题解决在萌芽状态，或者避免已经产生的问题对组织的不利影响的扩散。

事后控制也称为反馈控制，这是古老的控制类型，传统的控制方法几乎都属于此类。所谓事后控制，是指在一个时期的生产经营活动结束以后，对本期的资源利用状况及其成果进行总结。由于事后控制是在经营过程结束之后进行的，因此，它的主要作用在于总结过去的经验教训，为将来的计划制订和活动安排提供借鉴，也就是根据过去的情况，来指导现在和将来。事后控制在组织中尽管得到了广泛的应用，但简单的事后控制并不能有效地解决一切控制问题，因为从发现偏差到纠正偏差之间存在时滞现象。事后控制主要包括财务分析、成本分析、质量分析和员工成绩评定等内容。

（3）按控制来源分为正式组织控制、群体控制和自我控制：

正式组织控制是指由管理人员设计和建立的对一些机构或规定进行的控制。例如，规划、预算和审计部门就是正式组织控制的典型例子。

群体控制是指基于群体成员的价值观和行动准则而进行的控制，是由非正式组织发展维持的。非正式组织有自己的一套行为规范，尽管这些规范没有明文规定，但非正式组织中的成员都予以认可，并遵循这些规范。

自我控制是指组织成员有意识地按照某一行为规范进行活动。自我控制能力取决于组织成员个人本身的素质。具有良好素质和顾全大局的人，一般来说自我控制能力也比较强。

（4）按有无信息反馈分为开环控制和闭环控制：

开环控制的控制程序对系统的干扰影响和控制系统的未来行为都是预先认定的，不考虑实施程序中出现的外界干扰，这种控制方式缺乏适应力和应变性。

闭环控制的控制程序考虑到系统被控量的信息反馈过程，并根据结果反馈，对实施程序中出现的各种干扰影响采取措施及时纠正偏差，从而起到良好的调控作用。

（5）按采用的手段分为直接控制和间接控制：

直接控制是指对执行计划的人采用一定的控制方法和手段，使其能够有效地执行计划，从而保证计划完成的控制形式。直接控制主要是一种对人的控制，人的素质越高，产生偏差的可能性越小。这是一种对偏差产生源头的控制。

间接控制是指根据计划的执行情况，发现计划执行中的偏差，分析产生偏差的原因，找出责任人，改进下一步的工作。可见，间接控制主要是针对事件偏差而进行的控制。

（6）按控制范围分为全面控制和局部控制：

全面控制是对计划执行全方位、全过程所实施的控制，如成本控制等。

局部控制是指对计划的某一方面或某一过程所进行的控制，如项目的预算控制和库存控制等。

（7）按控制主体分为内部控制和外部控制：

内部控制是一种自我责任控制。它通过增加责任感，自觉完成各项既定目标和标准，在工作中实行自我管理。

外部控制是一种强制性控制。它是通过行政权力系统实现的，实施中需要严格执行各种标准和各种规章制度。

2. 控制的原则

（1）计划控制原则。控制与计划相连接，使管理过程形成一个循环过程。在现代管理活动中，控制既是一个管理过程的终结，又是一个新的管理过程的开始，控制职能使管理工作成为一个闭路系统，成为一种连续的过程。计划越明确、越完整、越全面，所设计的控制就越能反映这样的计划，控制系统也就越能有效地为主管人员服务，控制过程也就会更加有效。由于控制的任务是保证计划能够按预期的目标进行，所以没有计划的控制系统是不可能工作的。

（2）组织适宜性原则。组织适宜性原则可表述为：一个组织结构中的职责与职务的要求越匹配，就越有助于纠正脱离计划的偏差。组织适宜性原则的另一层含义是：控制系统必须切合每位主管人员的特点。也就是说，在设计控制系统时，不仅要考虑具体的职务要求，还应考虑到担任该职务的主管人员的个性。控制必须反映组织结构的类型，组织结构既然是对组织内各个成员担任什么职务的一种规定，那么它也就成为明确执行计划和纠正偏差职责的依据。在设计控制信息的格式时，必须针对每位主管人员对信息所采用的形式分别进行设计，避免过于依赖人的因素。在组织管理中经常听到"疑人不用，用人不疑"这句话，这就反映出组织在实施控制的时候，不是靠组织制度和组织机制，不是靠建立健全的规章制度，而是依赖人的因素。这样一来势必造成追悔莫及的后果，英国巴林银行倒闭，就是因为该银行过于相信尼克森·李这位"期货神童"的虚假赢利，对他提出的资金需求几乎有求必应，致使巴林银行总部失控，最终导致银行破产。

（3）及时控制原则。及时控制原则，也称为控制效率原则。高效率的控制系统，要求能够迅速、准确和及时地采取纠正偏差的措施。追求控制效率是控制活动的核心，是为了保证控制活动取得良好的成果。否则，就有可能导致事态的进一步恶化，带来预想不到的后果。由于经济活动是极为复杂的，受多种因素制约，经常会有许多潜在的因素尚未显露，或因其发展势态难以确切估计。因此，在客观上不存在有百利而无一弊的方案、手段与途径，需要进行多方面的比较与选择，反复权衡，或者需要相辅而行。例如，有的控制活动虽能短期见效，但只能缓解一时，不能从根本上解决问题。有的控制活动虽然有助于从根本上解决问题，但需要经过较长的时期，有远水难救近火之虞。因此，为使控制有高效率和好效果，往往需要进行多种方案、多种手段和多种途径的比较和选择，在权衡利弊之后有选择地加以使用。

（4）重点控制原则。组织既无能力也无必要针对组织中的所有活动进行管理控制。只能或只需在影响其最终经营成果中的众多因素中，选择若干关键环节作为管理控制的重点对象。由于经济活动受多种内外部因素的影响与干扰,即使发生偏离与错误,也有其错综复杂的原因,特别是在市场经济条件下,各种组织都有其自身独立的经济利益,更增加了组织行为的复杂程度。在管理中运用控制活动进行纠偏和矫正时,必须善于捕捉最具有影响的和起干扰作用最大的、最亟须解决和最能取得成效的因素,有重点地进行控制,这样控制才能最强有力地起到控制一点而影响全局的功效。否则,不分巨细、不分轻重缓急地将控制对象分化,就难以奏效。有些组织管理者认为控制得越紧越好,结果产生了过分控制。对员工在组织内的一切,越是事无巨细地过度控制、过细控制,员工越是感到控制过分,反对和抵制控制的情绪就越强烈。另外,组织中的权力过于集中,事事需要审批,没有或者很少授权,难免导致僵化,失去效率,不能适应变化的环境和激烈的竞争。

(5) 关键点控制原则。有效控制要求对那些评价个别计划执行情况的关键因素给予注意。对一个主管人员来说,时刻关注执行情况的每一个细节通常是浪费的和没有必要的。他们应当把注意力集中在工作过程中的突出因素上,因为这些因素将表明计划的重大偏离。至于他们应注意哪些关键点,则没有什么简易的准则可遵循,因为关键点的选择主要是一种管理艺术。没有控制点或者控制点不清晰、选择不当,控制不符合以人为本的精神,或放任自流,或组织目标不明确、标准不具体、差异不清楚,控制以惩罚为主,以为惩罚越严,控制力度就越大,效果就越好,这些都将影响控制的有效性。

(6) 直接控制原则。管理系统内的主管人员质量越高,就越没有必要实行间接控制。大多数控制在很大程度上是基于这样一个事实,即人们常常犯错误,并经常不能对此采取适当而及时的纠正措施。主管人员对他们所担负的职务越能够胜任,也就越能够觉察出偏离计划的误差,并及时采取措施来避免误差的出现。这意味着任何一种控制的最直接有效的方式,就是采取措施来尽可能地保证和提高主管人员的质量。

(7) 例外控制原则。主管人员越是注意对例外情况的控制,其控制结果就越有效。这个原则说明,主管人员应当注意那些重大的偏差,以及特别好或特别差的情况。它与控制关键点的原则常常混淆,两者也确实有一些共同之处。但是,控制关键点的原则是要认识到观察的关键点,而例外原则是要观察偏差的大小,自然也是这些关键点上的偏差大小。

(8) 灵活控制原则。未来的不可预测性是客观存在的,要使控制有效,不因计划不可预见的因素的改变而失败,在控制中就需要灵活性。按照这个原则,要求增加组织管理控制的弹性,适当地制定多种应对变化的方案和留有后备力量。绝不能机械地将控制强硬地与某个计划联系在一起,以免在整个计划失策或发生突变时,控制也随之失效。需要注意的是,这一原则应当用于计划失策的情况,而不是用于计划指导正确但人们工作不当的情况。

(9) 经济性控制原则。控制的经济性原则有两层含义:一是要求实行有选择的控制,包揽无余的控制不仅是不必要的,同时也是不可能的,组织的管理者要正确和精心地选择控制点的数量,控制点太多会不经济,太少又会失去控制;二是要求努力降低控制的各种耗费而提高控制效果,改进控制的方法和手段,以最少的成本查出偏离计划的现有和潜在的原因。控制是一项需要投入大量人力、物力和财力的活动,其耗费之大正是目前许多应该控制却没有加以控制的主要原因之一。是否进行控制,控制到什么程度,都涉及控制的经济性问题。因此,必须考虑控制的经济性,要把控制所需要的费用与控制所产生的效果进行经济上的比较,只有当有利可图时才实施控制。费用的降低使人们有可能在更大的范围内实行控制。花费少而控制效率高的系统才是有效的控制系统。

二、控制过程

控制是根据计划的要求,设立衡量绩效的标准,然后把实际工作结果与预定标准相比较,以确定组织活动中出现的偏差及其严重程度;在此基础上,有针对性地采取必要的纠正措施,以确保组织资源的有效利用和组织目标的圆满实现。不论控制的对象是新技术的研究与开发,还是产品的加工制造,或是市场营销宣传;是企业的人力资源,还是物质要素,或是财务资源,控制的过程都包括3个基本环节的工作:①确立标准;②衡量绩效;③纠正偏差。

(一) 确立标准

标准是人们检查和衡量工作及其结果(包括阶段结果与最终结果)的规范。制定标准是进行控制的基础。没有一套完整的标准,衡量绩效或纠正偏差就失去了客观依据。

1. 确定控制对象

标准的具体内容涉及需要控制的对象。企业经营与管理中,经营活动的成果是需要控制的重点对象。控制工作的最初动机就是要促进或比较有效地取得预期的活动结果。因此,要分析企业需要什么样的结果。这种分析可以从营利性、市场占有率等多个角度来进行。确定了企业活动需要的结果类型后,要对它们加以明确的、尽可能定量的描述,也就是说,要规定需要的结果在正常情况下希望达到的状况和水平。

要保证企业取得预期的成果,必须在成果最终形成以前进行控制,纠正与预期成果的要求不相符的活动。因此,需要分析影响企业经营结果的各种因素,并把它们列为需要控制的对象。影响企业在一定时期经营成果的主要因素有:

(1) 关于环境特点及其发展趋势的假设。企业在特定时期的经营活动是根据决策者对经营环境的认识和预测来计划和安排的。如果预期的市场环境没有出现,或者企业外部发生了某种无法预料和不可抗拒的变化,那么原来计划的活动就可能无法继续进行,从而难以为组织带来预期的结果。因此,制订计划时所依据的对经营环境的认识应作为控制对象,列出"正常环境"的具体标志或标准。

(2) 资源投入。企业经营成果是通过对一定资源的加工转换得到的。没有或缺乏这些资源,企业经营就会成为无源之水、无本之木。投入的资源,不仅会影响经营活动按期、按量、按要求进行,还会影响最终的物质产品,而且其取得费用会影响生产成本,从而影响经营的盈利程度。因此,必须对资源投入进行控制,使之在数量、质量以及价格等方面符合预期经营成果的要求。

(3) 组织的活动。输入到生产经营中的各种资源不可能自然形成产品。企业经营成果是通过全体员工在不同时间和空间上利用一定技术和设备对不同资源进行不同内容的加工劳动才最终得到的。企业员工的工作质量和数量是决定经营成果的重要因素,因此,必须使企业员工的活动符合计划和预期结果的要求。为此,必须建立员工的工作规范以及各部门和各员工在各个时期的阶段成果的标准,以便对他们的活动进行控制。

2. 选择控制的重点

企业无力,也无必要对所有成员的所有活动进行控制,而必须在影响经营成果的众多因素中选择若干关键环节作为重点控制对象。美国通用电器公司关于关键绩效领域（key performance areas）的选择或许能为我们提供某种启示。

通用电器公司在分析影响和反映企业经营绩效的众多因素的基础上，选择了对企业经营成败起决定作用的8个方面，并为它们建立了相应的控制标准。这8个方面分别是：

（1）获利能力。利润率实现情况与计划的偏离，可能反映了生产成本的变动或资源利用效率的变化，从而为企业采取改进方法指出了方向。

（2）市场地位。市场地位是指对企业产品在市场上占有份额的要求。这是反映企业相对于其他厂家的经营实力和竞争能力的一个重要标志。

（3）生产率。生产率标准可用来衡量企业各种资源的利用效果，通常用单位资源所能生产或提供的产品数量来表示。其中，最重要的是劳动生产率标准。企业其他资源的充分利用在很大程度上取决于劳动生产率的提高。

（4）产品领导地位。产品领导地位通常是指产品的技术先进水平和功能完善程度。通用电器公司是这样定义产品领导地位的：它表明企业在工程、制造和市场方面领导一个行业的新产品和改良现有产品的能力。

（5）人员发展。通过人员发展规划的制订和实施，为企业及时供应足够的经过培训的人员，为员工提供成长和发展的机会。

（6）员工态度。员工的工作态度对企业目前和未来的经营成就有着非常重要的影响。测定员工态度的标准是多个方面的：可以通过分析离职率、缺勤率来判断员工对企业的忠诚程度；也可通过统计改进作业方法或管理方法的合理化建议的数量来了解员工对企业的关心程度；还可通过对定期调查的评价分析来测定员工态度的变化。

（7）公共责任。企业的存续是以社会的承认为前提的。而要争取社会的承认，企业必须履行必要的社会责任，包括提供稳定的就业机会，参加公益事业等多个方面。能否很好地履行公共责任关系到企业的社会形象。企业应根据有关部门对公众态度的调查，了解企业的实际社会形象同预期的差异，改善对外政策，提高公众对企业的满意程度。

（8）短期目标与长期目标的平衡。企业目前的生存和未来的发展是相互依存，不可分割的。因此，在制订和实施经营活动计划时，应能统筹长期与短期的关系，检查各时期的经营成果，分析目前的高利润是否会影响未来的收益，以确保目前的利益不是以牺牲未来的利益和经营的稳定性为代价而取得的。

3. 制定标准的方法

控制的对象不同，为它们建立标志正常水平的标准的方法也不一样。一般来说，企业可以使用的制定标准的方法有3种。

（1）统计方法。统计方法是根据以前的历史记录，运用统计学的方法确定控制标准。如确定销售收入标准，就是收集前几个月或前几年的销售收入的历史资料，采用直线法确立本月的标准。收集相关信息特别是收集数据，是为了获得每个预定特性的度量情况。收集数据的工作可以由人来做，也可以由机器来做。数据可以由施加控制的人或者是群体来收集，也可以由被控制的人或者是群体来收集。当然，在后一种情况下，数据有失真的可能。如果否定的数据是被用来作为奖惩被控制对象的标准的，那么被控制对象就可能曲解或隐瞒数据。特别是当正式控制过分强调惩罚，而不是强调更正错误的行为或措施时，被控制对象就会受到刺激，以至于经常把曲解了的数据或信息报告给上级，这会使辨别责任相当困难。高层管理者为了得到高质量的数据和信息，可以成立专门的部门来从事这项工作，如统计部门、审计部门等。此外，还需要注意，要针对目的来收集数据和信息，不同的部门收集数据和信息的目的是不同的。人事部门收集数据和信息是为了对员工进行评价，以及确立员工的工资待遇并安排工作岗位；财务部门收集数据和信息可能是为了确定收入与消耗方面的记录是否符合某些财务标准。利用组织的历史性资料为某项工作确定标准，具有简便易行的好处。但是，据此制定的工作标准可能低于同行业的最佳水平，甚至低于同行业的平均水平。

（2）工程方法。工程方法是以实测数据和技术参数为基础，对工作情况进行客观的定量分析进行的。如确定某一生产单位的产出，就需要根据主设备的生产能力参数进行分析和计算。

（3）经验估计法。控制标准的确定既没有历史资料，也没有工程参数时，只能由有经验的人凭经验确定。经验估计法是前两种方式的补充。这是因为，并不是所有的工作质量和成果都能用统计数据来表示，也不是所有的活动都保存着历史统计数据。对于新的项目与活动，或者统计资料比较缺乏的工作，可以根据管理人员的经验、判断和评估来为之建立一个平均标准。

（二）衡量绩效

所谓衡量绩效，就是通过实际工作情况与标准的比较获得一定的信息，根据这种信息来评估实际工作的优劣。在实际工作成果不能保证公正客观地评价业务活动时，只有将实际工作成果与标准进行对比后，才能对业务活动进行公正客观的评价。不应把实际业绩简单地理解为某项工作或某个项目的最后结果，有时它可能是中间过程或状态，有时它可能是由中间过程或状态推出来的结果。实际业绩的确定，直接关系到控制措施的采取，因此要十分重视。要进行系统检查，通过调查、汇报、统计、分析等比较全面、确切地了解实际工作的进展情况。这项工作要定期而持续地进行，使它成为一项经常性的工作。要建立一定的检查制度、汇报制度。要抓重点，对关键之处进行重点检查，以使控制更有针对性。控制的目的不是为了衡量业绩，而是为了达到预定的绩效，所以，在控制的过程中也要预测可能出现的偏差，以控制未来的绩效。

（三）纠正偏差

纠正偏差的前提是估价偏差的类型和数量，并寻找产生偏差的原因。偏差有正负之分，正偏差说明计划的执行效果比计划标准要求的好，这是期望和经常出现的情况。但是，如果这种偏差过大，就要对标准的准确性和合理性进行检查，及时修订。如果这种偏差是通过工作的努力得来的，就属于正常现象。如果正偏差过大，而且是由于标准制定得太低造成的，就需重新修改计划或标准，以使控制更加科学有效。负偏差说明计划的执行效果比计划标准要求的差。这种情况也是需要采取措施进行纠正的。

纠正负偏差首先需要查出偏差产生的原因，有时是计划目标错了，有时是计划和组织不适应，有时是人员不称职或培训不到位，有时还可能是高技术条件的影响。找出问题产生的实质性原因以后再采取措施纠正。纠正偏差的措施有：重新制订或修改计划、标准；重新委派任务或明确职责；加强领导；增加投入；培训有关人员；修改有关奖惩制度和激励措施等。

总之，诊断之后，就应采取措施来纠正实际工作结果与标准之间的差异。但这也并不是说任何偏差都需要采取更正措施，也不是任何人都能采取更正措施。仅在偏差较大且影响目标时，才需要采取行动，也只有被授权的人员才能采取行动。因此，着眼点应是如何采取更正措施，防止今后偏差再次发生。正因为产生偏差的原因是复杂的，所以更正行动可能是各种各样的。

【知识链接】

控制方法

企业管理实践中运用着多种控制方法。管理人员除了利用现场巡视、监督或分析下属依循组织路线传送的工作报告等手段进行控制外，还经常借助预算控制、比率分析、审计控制、盈亏控制以及网络控制等方法。

一、预算控制

企业在未来的几乎所有活动都可以利用预算进行控制。预算预估了企业在未来时期的经营收入或现金流量，同时也为各部门或各项活动规定了在资金、劳动、材料、能源等方面的支出额度。预算控制就是根据预算规定的收入与支出标准来检查和监督各个部门的生产经营活动，以保证各种活动或各个部门在充分达成既定目标、实现利润的过程中对经营资源的有效利用，从而使费用的支出受到严格有效的约束。

（一）预算编制

为了有效地从预期收入和费用两个方面对企业经营进行全面控制，不仅需要对各个部门、各项活动制定分预算，而且要对企业整体编制全面预算。分预算是按照部门和项目来编制的，它们详细说明了相应部门的收入目标或费用支出的水平，规定了他们在生产活动、销售活动、采购活动、研究开发活动或财务活动中筹措和利用劳力、资金等生产要素的标准；全面预算则是在对所有部门或项目分预算进行综合平衡的基础上编制而成的，它概括了企业相互联系的各个方面在未来时期的总体目标。只有编制了全面预算，才能进一步明确组织各部门的任务、目标、制约条件以及各部门在活动中的相互关系，从而为正确评价和控制各部门的工作提供客观的依据。

（二）预算的种类

不同企业，由于生产活动的特点不同，预算表中的项目也会有不同程度的差异。但一般来说，预算内容要涉及以下几个方面：收入预算、支出预算、现金预算、资金支出预算、资产负债预算。

（三）预算的作用及缺点

由于预算的实质是用统一的货币单位为企业各部门的各项活动编制计划，因此它使得企业在不同时期的活动效果和不同部门的经营绩效具有可比性，可以使管理者了解企业经营状况的变化方向和组织中的优势部门与问题部门，从而为调整企业活动指明方向；通过为不同的职能部门和职能活动编制预算，也为协调企业活动提供了依据。更重要的是，预算的编制与执行始终是与控制过程联系在一起的，编制预算是为企业的各项活动确立财务标准；用数量形式的预算标准来对照企业活动的实际效果，大大方便了控制过程中的绩效衡量工作，也使之更加客观可靠。在此基础上，很容易测量出实际活动对预期效果的偏离程度，从而为采取纠正措施奠定了基础。

由于这些积极的作用,预算手段在组织管理中得到了广泛运用。但在预算的编制和执行中,也暴露了一些局限性。

(1) 它只能帮助企业控制那些可以计量的,特别是可以用货币单位计量的业务活动,而不能促使企业对那些不能计量的企业文化、企业形象、企业活力的改善予以足够的重视。

(2) 编制预算时通常参照上期的预算项目和标准,从而忽视本期活动的实际需要,因此会导致这样的错误:上期有的而本期不需的项目仍然沿用,本期必需的上期没有的项目会因缺乏先例而不能增设。

(3) 企业活动的外部环境是在不断变化的,这些变化会改变企业获取资源的支出或销售产品实现的收入,从而使预算变得不合时宜。因此,缺乏弹性,非常具体,特别是涉及较长时期的预算可能会过度束缚决策者的行动,使企业经营缺乏灵活性和适应性。

(4) 预算,特别是项目预算或部门预算,不仅对有关负责人提出了希望他们实现的结果,也为他们得到这些成果而有效开支的费用规定了限度。这种规定可能使得主管们在活动中精打细算,小心翼翼地遵守不得超过支出预算的准则,而忽视了部门活动的本来目的。

(5) 在编制费用预算时通常会参照上期已经发生过的本项目费用,同时,主管人员也知道,在预算获得最后批准的过程中,预算申请多半是要被削减的。因此他们的费用预算申报数要多于其实际需要数,特别是对于那些难以观察、难以量化的费用项目更是如此。所以,费用预算总是具有按先例递增的习惯,如果在预算编制的过程中,没有仔细地复查相应的标准和程序,那么预算可能成为低效的管理部门的保护伞。

二、生产控制

(一) 对供应商的控制

毫无疑问,供应商既为本企业提供了所需的原材料或零部件,同时根据波特的市场竞争模型,他们又是本企业的竞争力量之一。供应商供货及时与否、质量的好坏、价格的高低,都对本企业最终产品产生重大影响。因此,对供应商的控制可以说是从企业运营的源头抓起,能够起到防微杜渐的作用。

目前比较流行的做法是在全球范围内选择供应商,其原因是能够有保障地获得高质量低价格的原材料,同时也可避免只选择少数几个供应商可能构成的威胁。大型跨国公司多采用这种方法。

还有一种控制供应商的方法是持有供应商一部分或全部股份,或由本企业系统内部的某个子企业供货。这常常是跨国公司为了保证货源而采用的做法。日本的很多大型企业采用这种做法控制供应商。但要注意,采用这种做法不应以大幅度降低原材料质量或提高原材料成本为代价。

(二) 库存控制

对库存的控制主要是为了在保证生产经营活动正常进行的前提下,降低各种与库存有关的成本耗费,提高经济效益。管理人员使用经济订购批量模型 (Economic Order Quantity,EOQ) 计算最优的订购批量,使所有费用达到最小化。这个模型需要考虑两种成本:一是订购成本,即每次订货所需的费用(包括通讯往来、文件处理、差旅、行政管理费用等);二是保管费用,即储存原材料或零部件所需的费用(包括库存、利息、保险、折旧、损坏变质损失等费用）。

当企业在一定期间内总需求量或订货量为一定时，如果每次订购的量越大，所需订货的次数就越少；如果每次订购的量越少，所需订购的次数就越多。对第一种情况而言，订货成本较低，但保管费用较高；对第二种情况而言，订购成本较高，但保管费用较低。通过经济订购批量模型，可以计算出订购量为多大时，总成本（订购成本和保管成本之和）为最小。

日本企业发明了一种准时制库存系统（just in time inventory system，JIT），其目标是实现零库存。它的基本思路是企业不储备原材料库存，一旦需要，立即向供应商提出，由供应商保质保量按时送来，生产继续进行下去。JIT 的具体做法如下：企业收到供应商送来的装有原材料的集装箱，卸下其中的原材料准备用于生产装配，同时把箱中的"看板"日语中卡片或标牌的含义）交回给供应商；供应商接到"看板"后立即进行生产，并将新生产出来的原材料再送来。如果双方衔接得好的话，此时，上次的原材料刚好用完。

（三）质量控制

质量有狭义和广义之分。狭义的质量是指产品的质量，而广义质量除了涵盖产品质量外，还包括工作质量。产品质量主要是指产品的使用价值，即满足消费者需要的功能和性质。这些功能和性质可以具体化为下列 5 个方面：性能、寿命、安全性、可靠性和经济性。工作质量主要是指在生产过程中，围绕保障产品质量而进行的质量管理工作的水平。

迄今为止，质量管理和控制已经经历了 3 个阶段，即质量检查阶段、统计质量管理阶段和全面质量管理（Total Quality Management，TQM）阶段。质量检查阶段大约发生在 20 世纪 20~40 年代，工作重点在产品生产出来的质量检查。统计质量管理阶段发生在 20 世纪 40~50 年代，管理人员主要采用统计方法，对生产过程加强控制，提高产品质量。从 20 世纪 50 年代开始的全面质量管理是以保证产品质量和工作质量为中心，企业全体员工参与的质量管理体系。它具有多指标、全过程、多环节和综合性的特征。如今，全面质量管理已经形成了一整套管理理念，并风靡全球。

三、财务控制方法

财务控制方法主要有比率分析、经营审计、统计分析和亲自观察等。

（一）比率分析

单个地去考虑反映经营结果的某个数据，往往不能说明任何问题。如企业本年度盈利 100 万元，某部门本期生产了 5 000 个单位产品，或本期人工支出费用为 85 万元，这些数据本身没有任何意义。只有根据它们之间的内在关系，相互对照分析才能说明某个问题。比率分析就是将企业资产负债表和收益表上的相关项目进行对比，形成一个比率，从中分析和评价企业的经营成果和财务状况。

利用财务报表提供的数据，我们可以列出许多比率，常用的有两种类型：财务比率和经营比率。

1. 财务比率

财务比率及其分析可以帮助我们了解企业的偿债能力和盈利能力等财务状况。

（1）流动比率。流动比率是企业的流动资产与流动负债之比。它反映了企业偿还需要付现的流动债务的能力。一般来说，企业资产的流动性越大，偿债能力就越强；反之，偿债能力则越弱，这样会影响企业的信誉和短期偿债能力。因此，企业资产应具有足够的流动性。资产若以现金形式表现，其流动性最强。但要防止为追求过高的流动性而导致财务资源的闲置，从而避免使企业失去本应得到的收益。

（2）速动比率。速动比率是流动资产和存货之差与流动负债之比。该比率和流动比率一样，是衡量企业资产流动性的一个指标。当企业有大量存货且这些存货周转率低时，速动比率比流动比率更能精确地反映客观情况。

（3）负债比率。负债比率是企业总负债与总资产之比。它反映了企业所有者提供的资金与外部债权人提供的资金的比率关系。只要企业全部资金的利润率高于借入资金的利息，且外部资金不从根本上威胁企业所有权的行使，企业就可以充分地向债权人借入资金以获取额外的利润。一般来说，在经济迅速发展时期，债务比率可以很高。

（4）盈利比率。盈利比率是企业利润与销售额或全部资金等相关因素的比例关系。它反映了企业在一定时期从事某种经营活动的盈利程度及其变化情况。常用的比率有销售利润率和资金利润率。

销售利润率是销售净利润与销售总额之间的比例关系。它反映企业从一定时期的产品销售中是否获得了足够的利润。将企业不同产品、不同经营单位在不同时期的销售利润率进行比较分析，能为经营控制提供更多的信息。

资金利润率是指企业在某个经营时期的净利润与该期占用的全部资金之比。它是衡量企业资金利用效果的一个重要指标，反映了企业是否从全部投入资金的利用中实现了足够的净利润。同销售利润率一样，资金利润率也要同其他经营单位和其他年度的情况进行比较。一般来说，要为企业的资金利润率规定一个最低的标准。同样一笔资金，投入到企业营运后的净利润收入，至少不应低于其他投资形式（比如购买短期或长期债券）的收入。

2. 经营比率

经营比率，也称活力比率，是与资源利用有关的几种比例关系。它们反映了企业经营效率的高低和各种资源是否得到了充分利用的情况。

（1）库存周转率。库存周转率是销售总额与库存平均价值的比例关系。它反映了与销售收入相比库存数量是否合理，表明了投入库存的流动资金的使用情况。

（2）固定资产周转率。固定资产周转率是销售总额与固定资产之比。它反映了单位固定资产能够提供的销售收入，表明了企业固定资产的利用程度。

（3）销售收入与销售费用的比率。这个比率表明单位销售费用能够实现的销售收入，在一定程度上反映了企业营销活动的效率。由于销售费用包括人员推销、广告宣传、销售管理费用等组成部分，因此还可以进行更加具体的分析。

反映经营状况的这些比率也通常需要进行横向的（不同企业之间）或纵向的（不同时期之间）比较，才更有意义。

（二）经营审计

审计是对反映企业资金运动过程及其结果的会计记录及财务报表进行审核、鉴定，以判断其真实性和可靠性，从而为控制和决策提供依据。根据审查主体和内容的不同，可将审计划分为3种主要类型：①由外部审计机构的审计人员进行的外部审计；②由内部专职人员对企业财务控制系统进行全面评估的内部审计；③由外部或内部的审计人员对管理政策及其绩效进行评估的管理审计。

1. 外部审计

外部审计是由外部机构（如会计师事务所）选派的审计人员对企业财务报表及其反映的财务状况进行独立的评估。为了检查财务报表及其反映的资产与负债的账面情况与企业真实情况是否相符，外部审计人员需要抽查企业的基本财务记录，以验证其真实性和准确性，并分析这些记录是否符合公认的会计准则和记账程序。

外部审计实际上是对企业内部虚假、欺骗行为的一个重要的系统的检查，因此起着鼓励诚实的作用：由于知道外部审计不可避免地要进行，企业就会努力避免做那些在审计时可能会被发现的不光彩的事。

外部审计的优点是审计人员与管理当局不存在行政上的依附关系，只需对国家、社会和法律负责，因而可以保证审计的独立性和公正性。但是，由于外来的审计人员不了解内部的组织结构、生产流程和经营特点，对具体业务的审计过程中可能产生困难。此外，处于被审计地位的内部组织成员可能产生抵触情绪，不愿积极配合，这也可能增加审计工作的难度。

2. 内部审计

内部审计提供了检查现有控制程序和方法能否有效地保证达成既定目标和执行既定政策的手段。例如，制造质量完善、性能全面的产品是企业孜孜以求的目标，这不仅要求利用先进的生产工艺、工人提供高质量的工作，而且对构成产品的基础——原材料，提出了相应的质量要求，这样，内部审计人员在检查物资采购时，就不仅限于分析采购部门的账目是否齐全、准确，而且要力图测定材料质量是否达到要求。

根据对现有控制系统有效性的检查，内部审计人员可以提供有关改进公司政策、工作程序和方法的对策建议，以促使公司政策符合实际，工作程序更加合理，作业方法掌握正确，从而更有效地实现组织目标。

内部审计有助于推行分权化管理。从表面上来看，内部审计作为一种从财务角度评价各部门工作是否符合规定和程序的方法，加强了对下属的控制，似乎更倾向于集权化管理。但实际上，企业的控制系统越完善，控制手段越合理，越有利于分权化管理。因为主管们知道，许多重要的权力授予下属后，自己可以很方便地利用有效的控制系统和手段来检查下属对权力的运用状况，从而可能及时发现下属工作中的问题，并采取相应措施。内部审计不仅评估了企业财务记录是否健全、正确，而且为检查和改进现有控制系统的效能提供了一种重要的手段，因此有利于促进分权化管理的发展。

虽然内部审计为经营控制提供了大量的有用信息，但在使用中也存在不少局限性，主要表现在：

（1）内部审计可能需要很多的费用，特别是进行深入、详细的审计。

（2）内部审计不仅要收集事实，而且需要解释事实，并指出事实与计划的偏差所在。要能很好地完成这些工作，而又不引起被审计部门的不满，需要对审计人员进行充分的技能训练。

（3）即使审计人员具有必要的技能，仍然会有许多员工认为审计是一种"密探"或"侦察性"的工作，从而在心理上产生抵触情绪。如果审计过程中不能进行有效的信息和思想沟通，那么可能会对组织活动带来负激励效应。

3. 管理审计

外部审计主要核对企业财务记录的可靠性和真实性；内部审计在此基础上对企业政策、

工作程序与计划的遵循程度进行测定，并提出必要的改进企业控制系统的对策建议；管理审计的对象和范围则更广，它是一种对企业所有管理工作及其绩效进行全面系统地评价和鉴定的方法。管理审计虽然也可以组织内部的有关部门进行，但为了保证某些敏感领域得到客观的评价，企业通常聘请外部的专家来进行。

管理审计的方法是利用公开记录的信息，从反映企业管理绩效及其影响因素的若干方面将企业与同行业其他企业或其他行业的著名企业进行比较，以判断企业经营与管理的健康程度。

（三）其他方法

（1）统计分析。管理人员通过对过去的资料或未来的预测进行统计分析，从中发现规律，对比自己企业的经营实际，实行有效的控制，这种控制方法被称为统计分析。该方法的优点是简单明了，如用曲线、图表画出的趋势图或历史资料使人一目了然。但缺点是可比性较差，已经发生的未必一定会再发生，对未来的预测准确性不高。

（2）亲自观察。事实上最简单，常常也是最有效的控制方法是亲自观察，即主管人员到车间或办公室进行实地观察。这种方法有利于主管人员获得来自第一线的信息。

任务二　有效控制

 学习目标

如何进行有效控制。

教学视频

【任务导入】

查克停车公司

如果你在好莱坞或贝弗利山举办一个晚会，肯定会有这样一些名人来参加：杰克·尼科尔森、麦当娜、汤姆·克鲁斯、切尔、查克·皮克。"查克·皮克？""当然！"没有停车服务员你不可能开一个晚会，而南加州停车行业内响当当的名字就是查克·皮克。

查克停车公司中的雇员有100多人，其中大部分是兼职的，每周他至少为几十个晚会办理停车业务。在一个最忙的周六晚上，可能要同时为6~7个晚会提供停车服务，每个晚会可能需要3~15位服务员。

查克停车公司是一家小企业，但每年的营业额差不多有100万美元。其业务包含两项内容：一项是为晚会办理停车；另一项是不断地在一个乡村俱乐部办理停车经营特许权合同。这个乡村俱乐部要求有2~3个服务员，每周7天都是这样。但是查克的主要业务来自私人晚会。他每天的工作就是拜访那些富人或名人的家，评价道路和停车设施，并告诉他们需要多少个服务员来处理停车的问题。

一个小型的晚会可能只要3~4个服务员，花费大约400美元。然而一个特别大型的晚会的停车费用可能高达2000美元。

尽管私人晚会和乡村俱乐部的合同都涉及停车业务，但它们为查克提供的收费方式却很不相同。私人晚会是以当时出价的方式进行的。查克首先估计大约需要多少服务员为晚会服务，然后按每人每小时多少钱给出一个总价格。如果顾客愿意"买"他的服务，查克就会在晚会结束后寄出一份账单。在乡村俱乐部，查克根据合同规定，每月要付给俱乐部一定数量的租金来换取停车场的经营权。他收入的唯一来源是服务员为顾客服务所获得的小费。因此，在私人晚会服务时，他绝对禁止服务员收取小费，而在俱乐部服务时小费是他唯一的收入来源。

【任务书】

1. 你是否认为查克的控制问题在两种场合下是不同的？如果确实如此，为什么？
2. 列举出查克在乡村俱乐部可能采取的控制手段类型是什么？
3. 列举出查克在私人晚会上可能采取的控制手段类型是什么？

【相关知识】

控制的关键在于实施，在于处理问题的过程。控制的目的是保证企业活动符合计划的要求，以有效地实现预定目标。为此，有效的控制应具有下述特征。

一、有效控制的特征

（一）适时控制

企业经营活动中产生的偏差只有及时采取措施加以纠正，才能避免偏差的扩大，或防止偏差对企业不利影响的扩散。及时纠偏，要求管理人员及时掌握能够反映偏差产生及其严重程度的信息。如果等到偏差已经非常明显，且对企业造成了不可挽回的影响后，反映偏差的信息才姗姗来迟，那么，即使这种信息是非常系统、绝对客观、完全正确的，也不可能对纠正偏差带来任何指导作用。

纠正偏差的最理想方法应该是在偏差未产生以前就注意到偏差产生的可能性，从而预先采取必要的防范措施，防止偏差的产生；或者企业由于某种无法抗拒的原因，偏差的出现不可避免，那么这种认识也可以指导企业预先采取措施，消除或遏制偏差产生后可能对企业造成的不利影响。

预测偏差的产生，虽然在实践中有许多困难，但在理论上是可行的，即可以通过建立企业经营状况的预警系统来实现。我们可以为需要控制的对象建立一条警戒线，反映经营状况的数据一旦超过这条警戒线，预警系统就会发出警报，提醒管理人员采取必要的措施防止偏差的产生和扩大。

（二）适度控制

适度控制是指控制的范围、程度和频度要恰到好处。这种恰到好处的控制要注意以下几个方面的问题。

1. 防止控制过多或控制不足

控制常给被控制者带来某种不愉快，但是缺乏控制又可能导致组织活动的混乱。有效的控制应该既能满足对组织活动监督和检查的需要，又能防止与组织成员发生强烈的冲突。适度的控制应能同时体现这两个方面的要求：一方面，要认识到过多的控制会对组织成员的行为造成过多限制，会扼杀他们的积极性、主动性和创造性，会抑制他们的首创精神，从而影响个人能力的发展和工作热情的提高，最终会影响企业的效率；另一方面，也要认识到，过少的控制将不能使组织活动有序地进行，也就不能保证各部门活动进度成比例地协调，将会造成资源的浪费，过少的控制还可能使组织中的个人无视组织的要求，我行我素，不提供组织所需的贡献，甚至利用在组织中的便利地位谋求个人利益，最终导致组织的涣散和崩溃。

控制程度适当与否受许多因素的影响。判断控制程度或额度是否适当的标准，通常要随活动性质、管理层次以及下属受培训程度等因素而变化。一般来说，科研机构的控制程度应小于生产劳动组织；企业中对科室人员工作的控制要少于现场的生产作业；对受过严格训练，从而能力较强的管理人员的控制要低于那些缺乏必要训练的新任管理者或单纯的执行者。此外，企业环境的特点也会影响人们对控制严厉程度的判断：在市场疲软时期，为了共渡难关，部分职工会同意接受比较严格的行为限制，而在经济繁荣时期则希望在工作中有较大的自由度。

2. 处理好全面控制与重点控制的关系

任何组织都不可能对每一个部门、每一个环节的每一个人在每一个时刻的工作情况进行全面的控制。由于存在对控制者的再控制问题，这种全面控制甚至会造成组织中控制人员远远多于现场作业者的现象。值得庆幸的是，并不是所有成员的每一项工作都具有相同的发生偏差的概率，并不是所有可能发生的偏差都会对组织带来相同程度的影响。企业工资成本超出计划的5%对经营成果的影响要远远高于行政系统的邮资费用超过预算的20%。这表明，全面系统的控制不仅代价极高，而且是不可能的，也是不必要的。适度的控制要求企业在建立控制系统时，利用ABC分析法和例外原则等工具，找出影响企业经营成果的关键环节和关键因素，并据此在相关环节上设立预警系统或控制点，进行重点控制。

3. 使花费一定费用的控制得到足够的控制收益

任何控制都需要一定的费用。衡量工作成绩，分析偏差产生的原因，以及为了纠正偏差而采取的措施，都需要支付一定的费用；同时，任何控制，由于纠正了组织活动中存在的偏差，都会带来一定的收益。一项控制，只有当它带来的收益超出其所需成本时，才是值得的。控制费用与收益的比较分析，实际上是从经济角度去分析上面考察过的控制程度与控制范围的问题。

（三）客观控制

控制工作应该针对企业的实际状况，采取必要的纠偏措施，或促进企业活动沿着原先的轨道继续前进。因此，有效的控制必须是客观的，符合企业实际的。客观的控制源于对企业经营活动状况及其变化的客观了解和评价。为此，控制过程中采用的检查、测量的技术与手段必须能正确地反映企业经营在时空上的变化程度与分布状况，准确地判断和评价企业各部门、各环节的工作与计划要求的相符或相背离程度，这种判断和评价的正确程度还取决于衡量工作成效的标准是否客观和恰当。为此，企业还必须定期地检查过去规定的标准和计量规范，使之符合现实的要求。另外，由于管理工作带有许多主观评定，因此，对一名下属人员的工作是否符合计划要求的评定，不应不切实际地加以主观评定，只要是凭主观来控制的地方，都会影响对业绩的判断。没有客观的标准和准确的检测手段，人们对企业实际工作就很难有一个正确的认识，从而难以制定出正确的措施，进行客观的控制。

（四）弹性控制

企业在生产经营过程中经常会遇到某种突发的、无力抗拒的变化，这些变化使企业计划与现实条件严重背离。有效的控制系统应在这样的情况下仍能发挥作用，维持企业的运营。也就是说，有效控制应该具有灵活性或弹性。

弹性控制通常与控制的标准有关。比如说，预算控制通常规定了企业各经营单位的主管人员在既定规模下能够用来购买原材料或生产设备的经营额度。这个额度如果规定得绝对化，那么一旦实际产量或销售量与预测数值存在差异，预算控制就可能失去意义：经营规模扩大，会使经营单位感到经费不足；而销售量低于预测水平，则可能使经费过于富余，甚至造成浪费。有效的预算控制应能反映经营规模的变化，应该考虑到未来的企业经营可能呈现出的不同水平，从而为经营规模的参数值规定不同的经营额度，使预算在一定范围内是可以变化的。

一般地说，弹性控制要求企业制订弹性的计划和弹性的衡量标准。

除此以外，一个有效的控制系统还应该站在战略的高度，抓住影响整个企业行为或绩效的关键因素。有效的控制系统往往集中精力于例外发生的事情，即例外管理原则，凡已出现过的事情，皆可按规定的控制程序处理，一般第一次发生的事例，需投入较大的精力。

二、有效控制的前提

1. 控制必须有一个科学合理、切实可行的计划

计划是控制的依据，计划的正确性是控制工作取得成效的基本前提，没有计划的控制是毫无实际意义的。对于计划造成的"先天不足"，控制也很难彻底消除。反之，控制是计划目标实现的保证，没有控制，计划就难以有效地实施。此外，控制作为计划实施的监督和保证，贯穿于计划执行的每个阶段、每个部门。计划职能是组织对未来一定时期内明确了努力方向后的行动步骤的描述。任何计划都是在特定时间和特定环境下制订的，如果组织的实际活动能够完全按计划实行，那么就无须控制。但是，再科学合理的计划也是主观的产物，再稳定的环境也不可能是一成不变的，因此，实施控制职能是每一位负责执行计划的管理者的主要职责。

2. 组织中必须有专司控制职能的组织机构和人员

在一个组织中，如果没有专门的控制机构，而由各部门自行监督、自行管理、自行控制，就可能出现各个部门出于对自己切身利益或本位主义的考虑，而发生弄虚作假等人为因素造成的无序状况。也可能因为忙于贯彻指令，无暇顾及调查研究、分析评价，而难以反映真实的情况。因此，控制机构与相应的规章制度越健全，控制工作就越能取得预期的效果。

组织中控制系统的主体是各级管理者，组织内的控制活动是由人来执行和操作的，管理者能够根据环境和条件，有意识地调节自己的活动。作为控制主体的管理者的控制水平的高低，是控制系统能够发挥多大作用的决定性因素。在控制主体中，管理者由于所处的位置不同，其控制任务也不相同，一般而言，中、低层管理者执行的主要是例行的、程序性的控制，而高层管理者执行的主要是例外的、非程序性的控制。控制是组织中每一个管理人员都必须执行的一项职能,从组织高层管理人员到基层管理人员无一例外。控制工作并不因管理层次的高低,使其基本原理和一般规律发生变化,只不过是管理层次高的主管人员和管理层次低的主管人员在控制的内容、范围和重要性等方面有所不同。因此,控制是每一位主管人员的职责,尤其是直线主管人员的职责。

3. 组织中控制系统的控制对象必须是整个组织的活动

组织中控制系统的控制对象必须是整个组织的活动。分析控制的对象可以有多种角度,首先,从横向看,组织内的人、财、物、时间、信息等资源,都是控制的对象。其次,从纵向看,组织中的各个层次、各个部门都是控制的对象。最后,从控制阶段的角度看,必须是全过程的控制。如企业中的控制是对供、产、销和售后服务的全过程控制。因此,组织控制是全面的控制,是整体的控制,是统一的控制,是优化的控制,只有这样,组织实施的控制才是有效的控制。

4. 控制必须有畅通的信息反馈渠道

在控制过程中,必须识别所要获得信息的种类,以及所要测量的特性。若建立正式的控制过程,需要尽早确立以下内容:第一,能够被测量的特性是什么?第二,获得与所期望的目标相关的每个特性信息的成本是多少?第三,每个特定行动的变化是否影响子系统完成任务?在识别所要获得的信息之后,管理者就要把那些能够测量的特性挑选出来加以控制,直接控制的目标就是控制少量但关键的要素,而这些要素足以影响结果中的主要内容。

控制工作中的一个重要环节,就是将计划执行情况及时反馈给管理者,以便管理者对已达到的目标水平与预期目标进行比较和分析。这时信息反馈的速度与准确性至关重要,它直接影响控制指令的正确性和纠正偏差措施的及时性、准确性。因此,必须设计好信息反馈渠道,其关键是确定与控制工作有关的人员在信息传递过程中的任务与职责,事先规定信息的传递程序、收集方法和时间要求等事项。除了设计合理的信息反馈渠道外,还要设法保证信息反馈渠道的畅通无阻。只有这样,控制工作才能比较顺利地进行下去。

【知识链接】

商业生态系统理论

长期以来,人们形成了一种商场如战场的观念。在这个没有硝烟的战场上,企业与企业之间、企业的部门之间,乃至顾客之间、销售商之间都存在着一系列的冲突。

美国学者詹姆斯·穆尔(James F. Moore)1996年出版的《竞争的衰亡》一书,标志着竞争战略理论的指导思想发生了重大突破。作者以生物学中的生态系统这一独特的视角来描述当今市场中的企业活动,但又不同于将生物学的原理运用于商业研究的狭隘观念。后者认为,在市场经济中,达尔文的自然选择似乎仅仅表现为最合适的公司或产品才能生存,经济运行的过程就是驱逐弱者。而穆尔提出了"商业生态系统"这一全新的概念,打破了传统的以行业划分为前提的竞争战略理论的限制,力求"共同进化"。穆尔站在企业生态系统均衡演化的层面上,把商业活动分为开拓、扩展、领导和更新4个阶段。商业生态系统在作者理论中的组成部分是非常丰富的,他建议高层经理人员经常从顾客、市场、产品、过程、组织、风险承担者、政府与社会7个方面来考虑商业生态系统和自身所处的位置;系统内的公司通过竞争可以将毫不相关的贡献者联系起来,创造一种崭新的商业模式。在这种全新的模式下,作者认为制定战略应着眼于创造新的微观经济和财富,即以发展新的循环来代替狭隘的以行业为基础的战略设计。

商业生态系统能有效地利用生态观念制定企业的策略,这些策略包括:

1. 鼓励多样化

具有多种生命形态的生态系统是最坚强的生态系统。同样的,多样化的公司是最有创造力的公司。这种多样化不仅表现在公司业务内容与业务模式上,而且表现在用人政策上。

2. 推出新产品

在生态系统中,生命靠复制来繁衍,每一代生产下一代,以确保物种生存。产品寿命有限,不论今天多么成功,终将被下一代产品取代,因此需要不断地推出新产品。

3. 建立共生关系

共生是指两种或多种生物互相合作,以提高生存能力。传统企业视商业为零和竞争,从不考虑互利或共生关系,主张"绝对别把钱留在桌面上"。新型企业总是寻求双赢的共生关系,既在合作中竞争,又在竞争中合作。由此产生了一个新词汇:竞合。例如,"苹果"公司与"微软"公司的关系就是一种竞合关系。

 能力训练

1. 怎样理解管理控制的含义?
2. 如何认识控制职能与其他管理职能的相互关系?
3. 有效控制的基本前提是什么?
4. 控制的原则是什么?
5. 常见的控制类型及控制方法有哪些?其各自的适用范围是什么?
6. 控制过程包括哪些阶段的工作?如何进行有效的控制?

学习情境八
创新管理与创业实践

任务一 创新及创新职能

 学习目标

1. 掌握创新的作用、方法及其内容。
2. 理解创新过程管理。

教学视频

【任务导入】

孟加拉国"穷人银行"的扶贫路

穆罕默德·尤努斯，2006年诺贝尔和平奖获得者。诺贝尔奖评审会给予他的颁奖词为："通过孟加拉国乡村银行向孟加拉国社会底层的穷人提供小额银行贷款，使这些在通常金融制度下无法得到信贷的人有了发展的起步资金。小额信贷为社会最贫困阶层提供了发展经济和人权的前提，众多国家纷纷效仿。地球上的每个人都有可能和有权过上体面的生活。尤努斯的乡村银行已证实，哪怕是穷人也可以为自身的发展作出努力。这适用于任何文化和文明。"尤努斯还与比尔·盖茨、杰克·韦尔奇等人一起当选1979年以来全球最具影响力的25位经济领袖。为什么？因为他一生以帮助穷人自立为己任。创办的只为穷人服务的无抵押小额贷款乡村银行，帮助许多穷人发掘出了自己从未发现的才能，走上了脱贫的道路，感受到生活的快乐与社会的尊重。

1. 27美元的首笔贷款

穆罕默德·尤努斯1940年6月28日生于孟加拉国吉大港的一个宝石加工场场主家庭，20世纪60年代在美国获得经济学博士学位之后，回到故土成为一名大学教师。

1974年的孟加拉国处于空前的饥馑之中。尤努斯眼中的首都达卡是这样一幅场景：瘦骨嶙峋的人们出现在达卡的火车站与汽车站；饥饿的人们遍布全城，他们一动不动地坐在那儿，以至于无法确定他们是死是活，到处都是因饥饿而活在死亡边缘的人。

他每天开车到学校经过的那些村庄，引起了他的注视。像很多妇女一样，苏菲亚每天从早到晚疲惫劳作，制作竹器养活全家。然而她连买竹条的5塔卡（约22美分）都没有，必须借高利贷。但是当她把编制的精美竹器廉价卖给放债人时，每天辛苦劳作的收入只有2美分。尤努斯震惊了，他从来没有听说过一个人因缺少22美分而受穷。接着，他用一周的时间搜罗了像苏菲亚这样依赖放贷的人的名单，再次令他震惊：列着42人的清单，借款总额却不到27美元。尤努斯深有感触："我们在课堂上讨论经济发展，所接触的都是动辄投资上百万美元的项目。但我实际看到的是，人们急需的不是百万美元，而只是很小很小的一笔钱。"

面对现实，尤努斯深思：他们每天辛苦劳作依然贫穷，是因为这个国家的金融机构不能帮助他们扩展他们的经济基础，没有任何正式的金融机构来满足穷人的贷款需要。他拿出27美元按名单给了这42个人，并称还款期限是"在他们还得起的时候，在他们卖自己的产品最有利的时候，什么时候都行"。

2. 创建乡村银行

尤努斯知道，他要解决的不是一个27美元的问题，也不是自己的钱解决的问题，他要找的是一条路。他首先想到自己可以成为连接穷人们和银行的纽带。所以他跑到银行恳求银行家门借钱给这些穷人们，因为没有一家银行把穷人当客户。银行家们异口同声地向尤努斯解释到："银行不能贷款给穷人，因为穷人没有信用。"他们不停地说我借出去的钱不可能得到回报，我要为穷人承担债务。而尤努斯则说："我不知道，但是让我们试试看吧"。尤努斯试了，然后他赢了。1976年，当他的贷款范围扩大到100个村庄时，他成立了自己的银行，取名为乡村银行。

3. 给贫困人口中最贫困者贷款

他的所有尝试都根植于贫困的现实，与传统银行完全背离。尤努斯知道，他的国家孟加拉国是一个保守的伊斯兰国家，妇女地位低下。可是在困境来临时，真正站起来为保护子女而奋斗的，都是这些以母爱为天职的女性。因此，乡村银行自创立之日起，尤努斯就给自己制定了目标——确保一半的用户是妇女。在孟加拉国，让妇女从乡村银行贷款，不是一个容易实现的目标。为此，尤努斯做了很多努力。最初，他主动上门招揽生意，隔着高墙大喊："请你贷点款吧！"因被人误认为勾引良家妇女，多次受到人身攻击和威胁，但是尤努斯没有放弃。通过他和他的银行的努力，很快尤努斯发现，同样的金额，贷给妇女们比贷给男人们给家庭带来更多的好处。妇女们通过银行得到的贷款，添置生产工具、为子女缴纳学费、改善家庭伙食等，不仅提高了整个家庭的生活质量，也提高了自己在家庭中的地位。更重要的是，妇女们靠自己的聪明才智自己管理并统筹贷款，发掘出自己从未发现的才能，对于推动孟加拉国思想转变起着非常积极的作用。所以，尤努斯的乡村银行给予妇女优先贷款的权利。现在乡村银行的400万客户里，96%都是妇女。

乞丐是贫困人口中的最贫困者，因为"你不可能比乞丐更穷，那是生存的最后境界"。于是，2004年尤努斯又推出了针对路边乞丐的扶贫计划。该项目无偿为乞丐们提供9美元的贷款，他们可以用这笔钱在街头摆个糖果摊子，或者卖点小玩具，这样就可以摆脱挨家挨户乞讨的命运。一开始尤努斯预计将会有4000~5000个乞丐参加这个项目。可是，"自食其力"的项目很有感召力，实施一年后即有26000个乞丐拿到了贷款。非常庆幸的是，乞丐们很争气，他们大部分都成功转型为小贩，还清了60%的贷款，并感受到生活的快乐与社会的尊重，用乞丐们的话说，"人们见了我们不躲了，好多人还主动搬来板凳，请我们坐一会，人活着又有了尊严。"

4. 乡村银行的运作方式

穷人常常被认为不符合贷款的种种规定，或者是没有还款能力，或者是没有信用而被银行拒之门外。而乡村银行只为穷人服务，不仅帮助他们自立，而且取得了令人满意的回报。截至2003年3月，银行资金回收率竟高达98.9%。

首先，穷人们乐意来这里贷款，因为"穷人知道这是他们脱贫的唯一办法"。虽然乡村银行20%的利率不算低，但乡村银行为穷人们制订的还贷计划比高利贷要合理多了。其次，乡村银行的业务报告很特别，不像其他银行那样记录贷款给什么人，回收率多少，利润多少，而是记录贷款人用贷款做什么，如何成功脱贫等。这些内容都成为贷款的穷人们定期聚会交流和技术培训的内容，使他们在交流脱贫的教训和经验中成长起来。最后，建立贷款人自我管理小组。一般要求同一个社区内经济地位相近的5户贫困者在自愿的基础上组成贷款人自我管理小组，相互帮助选择项目，相互监督项目实施，相互承担还贷责任，即严格实行2—2—1制度放款，放款时先给小组中的2个人，等前2个人还款后再放给另外2个人，然后是最后1个人；小组内轮流贷款，交错进行，实行小组对贷款集体负责、利益分享、风险共担的原则。严格掌握贷款种类和用途，强调只发放无抵押小额贷款，并要求按周偿还。对于遵守银行纪律、在项目成功基础上按时还款的农户，实行连续放款政策。

孟加拉国乡村银行实践的成功，在全世界反贫困事业中引起巨大反响，被认为是消除贫困的利器。目前乡村银行模式已在全球100多个国家得到推广。

【任务书】

1. 了解创新的发展及其对管理的影响。
2. 熟悉管理变革与创新实践的最新动态。
3. 掌握21世纪管理发展的大趋势。
4. 了解社会创业（公益创业）的概念。

【相关知识】

组织、领导与控制是保证计划目标的实现所不可缺少的职能。从某种意义上来说，它们同属于管理的"维持职能"，其任务是保证系统按预定的方向和规则运行。但是，管理在动态环境中生存的社会经济系统，仅有维持是不够的，还必须不断调整系统活动的内容和目标，以适应环境变化的要求——这即是经常被人们忽视的管理的"创新职能"。

一、创新职能

"创新"并不是陌生的词汇，它经常出现在各类管理学著作和教材之中。人们通常将它与设备的更新、产品的开发或工艺的改进联系在一起。无疑，这些技术方面的革新是创新的重要内容，但不是全部内容。创新首先是一种思想以及在这种思想指导下的实践，是一种原则以及在这种原则指导下的具体活动，是管理的一种基本职能。创新工作作为管理的职能表现在它本身就是管理工作的一个环节，它对于任何组织来说都是一项重要的活动；创新工作也和其他管理职能一样，有其内在逻辑性，建构在其逻辑性基础上的工作原则，可以使得创新活动有计划、有步骤地进行。

（一）创新工作是管理过程的重要一环

从逻辑顺序上来考察，在特定时期内对某一社会经济系统（组织）的管理工作主要包括下述内容：

（1）确立系统的目标，即人们从事某项活动希望达到的状况和水平。

（2）制定并选择可实现目标的行动方案。

（3）分解目标活动，据此设计系统所需要的职务、岗位，并加以组合，规定它们之间相互的关系，形成一定的系统结构。

（4）根据各岗位的工作要求，招聘和调配工作人员。

（5）发布工作指令，组织供应各环节活动所需的物质和信息条件，使系统运行起来。

（6）在系统运转过程中，协调各部分的关系，使他们的工作相互衔接、平衡地进行。

（7）检查和控制各部门的工作，纠正实际工作中的失误和偏差，使之符合预定的要求。

（8）注视内外条件的变化，寻找并利用变革的机会，计划并组织实施系统的变化和发展。

上述管理工作可以概述为：设计系统的目标、结构和运行规划，启动并监视系统的运行，使之符合预定的操作规则；分析系统运行中的变化，进行局部或全局的调整，使系统不断呈现新的状态。显然，概述后管理内容的核心就是：维持与创新。任何组织系统的任何管理工作无不包含在"维持"或"创新"之中。维持和创新是管理的本质内容，有效的管理在于适度的维持与适度的创新的组合。

（二）创新工作是重要管理活动

组织作为一个有机体和所有的生物有机体一样，都是处于不断进化和演变过程之中的，任何组织管理只维持工作显然是不够的，它无法实现组织的可持续发展。管理的创新职能就是要突出"物竞天择，适者生存"的基本规律对于组织的作用。

创新对于组织来说是至关重要的，首先是因为创新是组织发展的基础，是组织获取经济增长的源泉。20世纪，人类的经济获得了迅猛的增长，20世纪大部分时期的增长率超过了第一次工业革命时期。这种发展和增长的根源就是熊彼特所说的创新。创新是经济发展的核心，创新使得物质繁荣的增长更加便利。

其次，创新是组织谋取竞争优势的利器。当今社会，各类组织的迅速发展，使得组织间的相互竞争成为普遍现象。特别是全球化的深入，使得工商业的竞争更加激烈。要想在竞争中谋取有利地位，就必须将创新放在突出的地位。竞争的压力要求企业家们不得不改进已有的制度，采用新的技术，推出新的产品，增加新的服务。有数据表明，创造性思维和组织效益具有直接的正相关性。

最后，创新是组织摆脱发展危机的途径。我们所说的发展危机是指组织明显难以维持现状，如果不进行改革组织就难以为继的状况。发展危机对于组织来说是周期性的，组织每一步的发展都有其工作重心的转变和新的发展障碍。在创业期间，管理目标更注重对需求快速、准确的反应，资金的充裕和安全问题；进入学步期和青春期，组织管理的目标更多在于利润的增加和销售量及市场份额的扩大；组织成熟期后管理目标转向维持已有市场地位。相应地在各阶段组织会出现领导危机、自主性危机、控制危机和硬化危机。组织只有不断创新再创新才能从容渡过各种难关,持续健康地发展。

(三) 创新工作具有逻辑的结构

人们对于管理的创新职能存在一些误解,如有些人会将创新看成是偶然性的活动,是非正常的千奇百怪的事情,创新源于个别敢于吃螃蟹的人等。事实上,就个体的某次创新活动而言,它可能出自于勇于探索的成员,创新的成果也会超出常人的想象,会具有偶然性因素的作用。但是,组织的创新工作并不等于个别的创新活动,而是大量的创新活动表现出的共性的逻辑与原则。作为管理职能的创新工作就是在这种逻辑和原则指导下的创新活动。

实践和理论研究都表明组织的创新工作经历了内外因素分析、创新计划和决策、组织和实施创新活动等几个环节。内外因素分析就是要分析公司所面对的内外环境因素、分析组织的创新需求、明确组织可创新的问题、认知创新活动的利弊得失。创新的计划和决策的任务是确定公司新的愿景和战略,制订创新的计划,如创新的内容、创新的深度和力度、创新的切入点、创新的时间进度和预期达到的目标;在创新的组织和实施阶段包括组建创新团队,培训创新的骨干,进行组织重构和重新分配资源,进行创新进程的控制和评估创新的成果,并将获得的成果加以推广和应用。于是,组织进入到了新的管理阶段,其目标是保持和巩固创新的结果,使得创新活动带动组织绩效全面提升。创新工作就是在此逻辑下持续进行的,永无止境。

二、创新与维持的关系及其作用

作为管理的基本内容,维持与创新对系统的存在都是非常重要的。

维持是保证系统活动顺利进行的基本手段,也是系统中大部分管理人员,特别是中层和基层的管理人员要花大部分精力从事的工作。根据物理学的熵增原理,原来基于合理分工,职责明确而严密衔接起来的、有序的系统结构,会随着系统在运转过程中各部分之间的摩擦而逐渐地从有序走向无序,最终导致有序平衡结构的解体。管理的维持职能便是要严格地按预定的规划来监视和修正系统的运行,尽力避免各子系统之间的摩擦,或减少因摩擦而产生的结构内耗,以保持系统的有序性。没有维持,社会经济系统的目标就难以实现,计划就无法落实,各成员的工作就有可能偏离计划的要求,系统的各个要素就可能相互脱离,各自为政,从而整个系统就会呈现出一种混乱的状况。所以,维持对于系统生命的延续是至关重要的。

但是,仅有维持是不够的。任何社会系统都是一个由众多要素构成的,与外部不断发生物质、信息、能量交换的动态、开放的非平衡系统。而系统的外部环境是在不断地发生变化的,这些变化必然会对系统的活动内容、活动形式和活动要素产生不同程度的影响;同时,系统内部的各种要素也是在不断发生变化的。系统内部某个或某些要素在特定时期的变化必然要求或引起系统内其他要素的连锁反应,从而对系统原有的目标、活动要素间的相互关系等产生一定的影响。系统若不及时根据内外变化的要求适时进行局部或全局的调整,则可能被变化的环境所淘汰,或为改变了的内部要素所不容。这种为适应系统内外变化而进行的局部和全局的调整,便是管理的创新职能。

任何社会经济系统,不论是谁创建了它,不论创建的目的是什么,一旦它开始存在,首先必须追求的目标便是维持其存在,延续其寿命,实现其发展。但是,不论系统的主观愿望如何,系统的寿命总是有一定期限的。我们把系统自诞生被社会承认开始到消亡被社会淘汰结束的时期称为系统的寿命周期。一般社会经济系统在寿命周期中要经历孕育、成长、成熟、蜕变以及消亡五个阶段。

从某种意义上来说,系统的社会存在是以社会的接受为前提的,而社会之所以允许某个系统存在,是因为该系统提供了社会需要的某种贡献;系统要向社会提供这种贡献,则首先必须以一定的方式从社会中取得某些资源并加以组合。系统向社会的索取(投入资源)越是小于它向社会提供的贡献(有效产出),系统能够向社会提供的贡献与社会需要的贡献越是吻合,则系统的生命力就越旺盛,其寿命周期也越有可能延长。孕育期、初生期的系统,限于自身的能力和对社会的了解,提供社会所需贡献的能力总是有限的;随着系统的成长和成熟,它与社会的互相认识不断加深,所能提供的贡献与社会需要的贡献便倾向和谐;而一旦系统不能跟上社会的变化,其产品或服务不再被社会需要,或内部的资源转换功能退化,系统向社会的索取超过对社会的贡献,则系统会逐步地被社会所抛弃,趋向消亡。

根据以上的分析,可以看出,系统的生命力取决于社会对系统贡献的需要程度和系统本身的贡献能力;而系统的贡献能力又取决于系统从社会中获取资源的能力,组织利用资源的能力以及系统对社会需要的认识能力。要提高系统的生命力,扩展系统的生命周期,就必须使系统提高内部的这些能力,并通过系统本身的工作,增强社会对系统贡献的需要程度。由于社会的需要是在不断变化的,社会向系统供应的资源在数量和种类上也在不断改变,系统如果不能适应这些变化,以新的方式提供新的贡献,则可能被社会所淘汰。系统不断改变或调整,取得和组合资源的方式、方向和结果,向社会提供新的贡献,这正是创新的主要内涵和作用。

三、创新的类别与特征

系统内部的创新可以从不同的角度去考察。

(1) 从创新的规模以及创新对系统的影响程度来考察,可将其分为局部创新和整体创新。局部创新是指在系统性质和目标不变的前提下,系统活动的某些内容、某些要素的性质或其相互组合的方式、系统的社会贡献的形式或方式等发生变动;整体创新则往往改变系统的目标和使命,涉及系统的目标和运行方式,影响系统的社会贡献的性质。

(2) 从创新与环境的关系来分析,可将其分为消极防御型创新和积极攻击型创新。防御型创新是指由于外部环境的变化对系统的存在和运行造成了某种程度的威胁,为了避免威胁或由此造成的系统损失扩大,系统会在内部展开局部或全局性调整;攻击型创新是在观察外部世界运动的过程中,敏锐地预测到未来环境可能提供的某种有利机会,从而主动地调整系统的战略和技术,以积极地开发和利用这种机会,谋求系统的发展。

(3) 从创新发生的时期来看,可将其分为系统初建期的创新和运行中的创新。系统的组建本身就是社会的一项创新活动。系统的创建者在一张白纸上绘制系统的目标、结构、运行规划等蓝图,本身就要求有创新的思想和意识,创造一个全然不同于现有社会(经济组织)的新系统,寻找最满意的方案,取得最优秀的要素,并以最合理的方式组合,使系统进行活动。但是"创业难,守业更难",在动荡的环境中"守业",必然要求积极的以攻为守，要求不断地创新。创新活动更大量地存在于系统组建完毕开始运转以后。系统的管理者要不断地在系统运行的过程中寻找、发现和利用新的创业机会，更新系统的活动内容，调整系统的结构，扩展系统的规模。

（4）从创新的组织程度上看，可将其分为自发创新和有组织的创新。任何社会经济组织都是在一定环境中运转的开放系统，环境的任何变化都会对系统的存在和存在方式产生一定影响，系统内部与外部直接联系的各子系统接收到环境变化的信号以后，必然会在其工作内容、工作方式、工作目标等方面进行积极或消极的调整，以应付变化或适应变化的要求。同时，社会经济组织内部的各个组成部分是相互联系，相互依存的。系统的相关性决定了与外部有联系的子系统根据环境变化的要求自发地做出调整后，必然会对那些与外部没有直接联系的子系统产生影响，从而要求后者也做出相应调整。系统内部各部分的自发调整可能产生两种结果：一种是各子系统的调整均是正确的，从整体上说是相互协调的，从而给系统带来的总效应是积极的，可使系统各部分的关系实现更高层次的平衡——除非极其偶然，这种情况一般不会出现；另一种情况是，各子系统的调整有的是正确的，而另一些则是错误的——这是通常可能出现的情况。因此，从整体上来说，调整后各部分的关系不一定协调，给组织带来的总效应既有可能为正，也有可能为负（这取决于调整正确与失误的比例），也就是说，系统各部分自发创新的结果是不确定的。

与自发创新相对应的，是有组织的创新。有组织的创新包含两层意思：

1）系统的管理人员根据创新的客观要求和创新活动本身的客观规律，制度化地研究外部环境状况和内部工作，寻求和利用创新机会，计划和组织创新活动。

2）在这同时，系统的管理人员要积极地引导和利用各要素的自发创新，使之相互协调并与系统有计划的创新活动相配合，使整个系统内的创新活动有计划有组织地展开。只有有组织的创新，才能给系统带来预期的、积极的、比较确定的结果。

鉴于创新的重要性和自发创新结果的不确定性，有效的管理要求有组织地进行创新。为此，必须研究创新的规律，分析创新的内容，揭示创新过程的影响因素。

当然，有组织的创新也有可能失败，因为创新本身意味着打破旧的秩序、打破原来的平衡，因此具有一定的风险，更何况组织所处的社会环境是一个错综复杂的系统，这个系统的任何一次突发性的变化都有可能打破组织内部创新的程序。但是，有计划、有目的、有组织的创新取得成功的机会无疑要远远大于自发创新。

四、创新的内容

（一）目标创新

企业是在一定的经济环境中从事经营活动的，特定的环境要求企业按照特定的方式提供特定的产品。一旦环境发生变化，就要求企业的生产方向、经营目标以及企业在生产过程中与其他社会经济组织的关系进行相应的调整。我国的社会主义工业企业，在高度集权的经济体制背景下，必须严格按照国家的计划要求来组织内部的活动。经济体制改革以来，企业同国家和市场的关系发生了变化，企业必须通过其自身的活动来谋求生存和发展。因此，在新的经济背景中，企业的目标必须调整为"通过满足顾客需要来获取利润"。至于企业在各个时期具体的经营目标，则更需要适时地根据市场环境和消费需求的特点及变化趋势加以整合，每一次调整都是一种创新。

（二）技术创新

技术创新是企业创新的主要内容，企业中出现的大量创新活动是有关技术方面的，因此，有人甚至把技术创新视为企业创新的同义语。

现代工业企业的一个主要特点是在生产过程中广泛运用先进的科学技术。技术水平是反映企业经营实力的一个重要标志，企业要在激烈的市场竞争中处于主动地位，就必须在顺应甚至引导社会技术进步的方面，不断地进行技术创新。由于一定的技术都是通过一定的物质载体和利用这些载体的方法来体现的，因此企业的技术创新主要表现在要素创新、要素组合方法的创新以及产品的创新3个方面。

1. 要素创新

企业的生产过程是一定的劳动者利用一定的劳动手段作用于劳动对象使之改变物理、化学形式或性质的过程。参与这个过程的要素包括材料和设备两类。

（1）材料创新。材料创新的内容包括：开辟新的来源，以保证企业扩大再生产的需要；开发和利用大量廉价的普通材料（或寻找普通材料的新用途），替代量少价昂的稀缺材料，以降低产品的生产成本；改造材料的质量和性能，以保证和促进产品质量的提高。现代材料科学的迅速发展，为企业的原材料创新提供了广阔的前景。

（2）设备创新。现代企业在生产过程中广泛地利用了机器和机器设备体系，劳动对象的加工往往由机器设备直接完成，设备是现代企业进行生产的物质技术基础。设备的技术状况是企业生产力水平具有决定性意义的标志。

设备创新主要表现在下述几个方面：①通过利用新的设备，减少手工劳动的比重，以提高企业生产过程的机械化和自动化的程度。②通过将先进的科学技术成果用于改造和革新原有设备，延长其技术寿命，提高其效能。③有计划地进行设备更新，以更先进、更经济的设备来取代陈旧的、过时的老设备，使企业建立在先进的物质技术基础上。

2. 要素组合方法的创新

利用一定的方式将不同的生产要素加以组合，这是形成产品的先决条件。要素的组合包括生产工艺和生产过程的时空组织两个方面。

（1）生产工艺是劳动者利用劳动手段加工劳动对象的方法，包括工艺过程、工艺配方、工艺参数等内容。工艺创新既要根据新设备的要求，改变原材料、半成品的加工方法，也要在不改变现有设备的前提下，不断研究和改进操作技术和生产方法，以便使现有设备得到更充分的利用，使现有材料得到更合理的加工。

（2）生产过程的组织包括设备、工艺装备、在制品以及劳动者在空间上的布置和时间上的组合。空间布置不仅影响设备、工艺装备和空间的利用效率，而且影响人机配合，从而直接影响工人的劳动生产率；各生产要素在时空上的组合，不仅影响在制品、设备、工艺装备的占用数量，从而影响生产成本，而且影响产品的生产周期。因此，企业应不断地研究和采用更合理的空间布置和时间组合方式，以提高劳动生产率，缩短生产周期，从而在不增加要素投入的前提下，提高要素的利用效率。

3. 产品的创新

生产过程中各种要素组合的结果是形成企业向社会贡献的产品。企业是通过生产和提供产品来求得社会承认、证明其存在的价值，也是通过销售产品来补偿生产消耗，取得盈余，实现其社会存在的。产品是企业的生命，企业只有不断地创新产品，才能更好地生存和发展。

产品创新包括许多内容，这里主要分析物质产品本身的创新。物质产品创新主要包括产品品种和产品结构的创新。

（1）品种创新要求企业根据市场需要的变化，根据消费者偏好的转移，及时地调整企业的生产方向和生产结构，不断开发出用户欢迎的适销对路的产品品种。

（2）产品结构的创新，在于不改变原有品种的基本性能，对现在生产的各种产品进行改进和改造，找出更加合理的产品结构，使其生产成本更低，性能更完善，使用更安全，从而更具市场竞争力。

产品创新是企业技术创新的核心内容，既受制于技术创新的其他方面，又影响其他技术创新效果的发挥：新的产品、新的结构，往往要求企业利用新的机器设备和新的工艺方法；而新设备、新工艺的运用又为产品的创新提供了更优越的物质条件。

（三）制度创新

要素组合的创新主要是从技术角度分析了人、机、料等各种结合方式的改进和更新，而制度创新则需要从社会经济角度来分析企业系统中各成员间的正式关系的调整和变革。

制度是组织运行方式的原则规定。企业制度主要包括产权制度、经营制度和管理制度3个方面的内容。

（1）产权制度是决定企业其他制度的根本性制度，它规定着企业最重要的生产要素的所有者对企业的权力、利益和责任。不同时期，企业各种生产要素的相对重要性是不一样的。在主流经济学的分析中，生产资料是企业生产的首要因素，因此，产权制度主要指企业生产资料的所有制。目前存在的相互对立的两大生产资料所有制——私有制和公有制（更准确地说是社会成员共同所有的"共有制"）——在实践中都不是纯粹的。

（2）经营制度是有关经营权的归属及其行使条件、范围、限制等方面的原则规定。它表明企业的经营方式，确定谁是经营者，谁来组织企业生产资料的占有权、使用权和处置权的行使，谁来确定企业的生产方向、生产内容、生产形式，谁来保证企业生产资料的完整性及其增值，谁来向企业生产资料的所有者负责以及负何种责任。经营制度的创新方向应是不断寻求企业生产资料最有效利用的方式。

（3）管理制度是行使经营权、组织企业日常经营的各种具体规则的总称，包括对材料、设备、人员及资金等各种要素的取得和使用的规定。在管理制度的众多内容中，分配制度是极重要的内容之一。分配制度涉及如何正确地衡量成员对组织的贡献并在此基础上如何提供足以维持这种贡献的报酬。由于劳动者是企业诸要素的利用效率的决定性因素，因此，提供合理的报酬以激发劳动者的工作热情对企业的经营就有着非常重要的意义。分配制度的创新在于不断地追求和实现报酬与贡献的更高层次上的平衡。

（四）组织机构和结构的创新

企业系统的正常运行，既要求具有符合企业及其环境特点的运行制度，又要求具有与之相适应的运行载体，即合理的组织形式。因此，企业制度创新必然要求组织形式的变革和发展。

从组织理论的角度来考虑，企业系统是由不同的成员担任的不同职务和岗位的结合体。这个结合体可以从机构和结构这两个不同层次去考察。所谓机构是指企业在构建组织时，根据一定的标准，将那些类似的或为实现同一目标有密切关系的职务或岗位归并到一起，形成不同的管理部门。它主要涉及管理劳动的横向分工的问题，即把对企业生产经营业务的管理活动分成不同部门的任务。而结构则与各管理部门之间，特别是与不同层次的管理部门之间的关系有关，它主要涉及管理劳动的纵向分工问题，即所谓的集权和分权（管理权力的集中或分散）问题。不同的机构设置，要求不同的结构形式；组织机构完全相同，但机构之间的关系不一样，也会形成不同的结构形式。由于机构设置和结构的形成要受到企业活动的内容、特点、规模、环境等因素的影响，因此，不同的企业有不同的组织形式；同一企业，在不同的时期，随着经营活动的变化，也要求组织的机构和结构不断调整。组织创新的目的在于更合理地组织管理人员，努力提高管理劳动的效率。

（五）环境创新

环境是企业经营的土壤，同时也制约着企业的经营。企业与环境的关系，不是单纯地去适应，而是在适应的同时去改造、引导，甚至去创造。环境创新不是指企业为适应外界变化而调整内部结构或活动，而是指通过企业积极的创新活动去改造环境，去引导环境朝着有利于企业经营的方向变化。例如，通过企业的公关活动，影响社区政府政策的制定；通过企业的技术创新，影响社会技术进步的方向等。就企业来说，环境创新的主要内容是市场创新。

市场创新主要是指通过企业的活动去引导消费，创造需求。成功的企业经营不仅要适应消费者已经意识到的市场需求，而且要去开发和满足消费者自己可能还没有意识到的需求。新产品的开发往往被认为是企业创造市场需求的主要途径。其实，市场创新的更多内容是通过企业的营销活动来进行的，即在产品的材料、结构、性能不变的前提下，通过市场的地理转移，或通过揭示产品新的物理使用价值，来寻找新用户，或通过广告宣传等促销工作来赋予产品以一定的心理使用价值，影响人们对某种消费行为的社会评价，从而诱发和强化消费者的购买动机，增加产品的销售量。

五、创新过程

（一）抵制创新的原因

组织的创新工作始于管理者对于组织内外环境的分析，弄清组织实施创新活动的真实价值。组织总是面对着各种创新的压力，大多数的创新都会遇到组织内外的抵触情绪，这些消极因素导致组织安于现状。因此，有效的创新工作必须对组织中每种创新的驱动力与抵触力有清晰的认识，从而明确实施某项创新活动可能的收益和成本。

组织中对于创新的抵触力来自于复杂的系统因素：组织的文化、既定的发展战略、组织的结构、技术水平、领导的风格、成员的因素等都可能使创新受到阻碍。人的因素是创新抵触力中最活跃的因素。

组织成员抵触情绪的基本原因包括：

1. 个人利益

创新意味着原有的组织结构被打破，工作流程将被重新设计，利益将被重新分配。人们害怕失去原有的利益，担心丢掉工作、减少薪水或者丧失现在的权力和地位。

2. 缺乏了解

不少组织进行创新的方式上存在问题，缺乏与组织成员进行事前的有效沟通。组织成员需要知道如何进行有效沟通，如果出现信息真空，就难免谣言四起，让人们焦躁不安。即使创新的方案能使每个人受益，人们也可能会因为缺乏了解而误解它，进而反对它。

3. 评价差异

组织成员间私有信息的差异会导致人们对创新活动有着不同的评价和看法，信息的不对称使得组织员工并不像管理者那样看待企业制定的新的战略目标；组织成员怀念"过去的好时光"也会导致创新目标认知的差异。这种不同的评价结果产生的抵触力不一定是消极的，因为持有不同意见的双方都可能是正确的。

4. 惰性

人们习惯于原来的工作方式，并不希望打破现状，这使得人们不自觉地产生对于创新的抵触情绪。

5. 团体心理压力

有些团队不能承受变革的心理压力。如果一个团队凝聚力强，来自同事的压力就能让其成员反对哪怕是合理的创新。因为创新可能导致活动，从而导致活动中关系的改变，使员工失去同事的网络，打乱原有的工作节奏。所以大家不愿打破现状而去尝试新路。此外，创新的时机和其出现的突然性也会造成抵触的情绪。不少组织创新的阻力就是来自于缺乏对创新时机的合理把握，缺乏赋予人们足够的心理准备时间。

（二）创新活动的过程

就"一般创新"来说，它们必然依循一定的步骤、程序和规律。总结众多成功企业的经验可以发现，成功的变革与创新要经历"寻找机会、提出构想、迅速行动、坚持不懈"这样几个阶段的努力。

1. 寻找机会

创新是对原有秩序的破坏。原有秩序之所以要打破，是因为其内部存在着或出现了某种不协调的现象。这些不协调对系统的发展提供了有利的机会或造成了某种不利的威胁。创新活动正是从发现和利用旧秩序内部的这些不协调现象开始的。不协调为创新提供了契机。

旧秩序中的不协调既可存在于系统的内部，也可产生于对系统有影响的外部。就系统的外部而言，有可能成为创新契机的变化主要有：①技术的变化，可能影响企业资源的获取、生产设备和产品的技术水平。②人口的变化，可能影响劳动力市场的供给和产品销售市场的需求。③宏观经济环境的变化，迅速增长的经济背景可能给企业带来不断扩大的市场，而整个国民经济的萧条则可能降低企业产品需求者的购买能力。④文化与价值观念的转变，可能改变消费者的消费偏好或劳动者对工作及其报酬的态度。

就系统内部而言，引发创新的不协调现象主要有：①生产经营中的瓶颈，可能影响了劳动生产率的提高或劳动积极性的发挥，因而始终困扰着企业的管理人员。这种卡壳环节，既可能是某种材料的质地不够理想，且始终找不到替代品，也可能是某种加工工艺方法的不完善，或是某种分配政策的不合理。②企业意外的成功和失败，如派生产品的销售额可使其利润贡献出人意料地超过了企业的主营产品；老产品经过精心整顿改进后，结构更加合理，性能更加完善，质量更加优异，但并未得到预期数量的订单……这些出乎企业意料的成功和失败，往往可以把企业从原先的思维模式中驱赶出来，从而可以成为企业创新的一个重要源泉。

企业的创新，往往是从密切地注视、系统地分析社会经济组织在运行过程中出现的不协调现象开始的。

2. 提出构想

敏锐地观察到不协调现象的产生以后，还要透过现象追究其原因，并据此分析和预测不协调的未来变化趋势，估计它们可能给组织带来的积极或消极后果，并在此基础上，努力利用机会或将威胁转换成为机会，采用头脑风暴、德尔菲、畅谈会等方法提出多种解决问题的方法，消除不协调，使系统在更高层次实现平衡的创新构想。

3. 迅速行动

创新成功的秘密主要在于迅速行动。提出的构想可能还不完善，甚至可能很不完善，但这种并非十全十美的构想必须立即付诸行动才有意义。"没有行动的思想会自生自灭"，这句话对于创新思想的实践尤为重要，一味追求完美，以减少受讥讽、被攻击的机会，就可能坐失良机，把创新的机会白白地送给竞争对手。

4. 坚持不懈

构想经过尝试才能成熟，而尝试是有风险的，是不可能"一打就中"的，是有可能失败的。创新的过程是不断尝试、不断失败、不断提高的过程。因此，创新者在开始行动以后，为取得最终的成功，必须坚定不移地继续下去，决不能半途而废，否则便会前功尽弃。要在创新中坚持下去，创新者必须有足够的自信心，有较强的忍耐力，能正确对待尝试过程中出现的失败，既为减少失误或消除失误后的影响采取必要的预防或纠正措施，又不把一次"战役"（尝试）的失利看成整个"战争"的失败，要知道创新的成功只能在屡屡失败后才姗姗来迟。伟大的发明家爱迪生曾经说过：我的成功乃是从一路失败中取得的。这句话对创新者应该有所启示。创新的成功在很大程度上要归因于"最后5分钟"的坚持。

（三）领导创新

管理学家J. 科特提出成功的变革与创新的领导包括8个环节：树立紧迫感，建立强有力领导联盟，构建愿景规划，沟通创新愿景，广泛的授权运动，夺取短期胜利，巩固已有成果、深化创新，将创新成果制度化。

（1）树立紧迫感是创新工作的一项关键责任。领导创新与变革管理需要仔细审视现实中的竞争压力，认清危机和机遇。市场竞争环境的压力既为组织的变革与创新提供了动力，也为变革与创新指明了方向。

（2）建立强有力的领导联盟是创新工作必须要有的组织保障。组织一个强有力的领导创新的群体，赋予他们领导创新足够的权力，鼓励领导群体的成员协同作战。组织的创新与变革工作常常由于缺乏强有力的领导联盟，而导致失败。

（3）构建愿景规划能够引导创新的方向。组织的愿景既是创新工作的出发点也是创新的归宿。一个清晰可信、令人鼓舞的愿景确定了组织存在的理由和目标；它说明组织的经营哲学和经营理念，对组织的活动起指导作用；它能够统一员工的信念，争取利益相关者的依赖和支持。组织的愿景是由组织成员的个人愿景汇集而成，是组织成员的共同愿景。

（4）沟通创新愿景就是利用各种可用的媒介工具，与其他人沟通新的愿景规划和战略，通过领导联盟的示范传授新的行为。

（5）广泛的授权运动是实现组织创新愿景的基础。授权以实施愿景规划就是要扫清创新途中的障碍；改革阻碍组织实现创新的体制和机构；鼓励甘冒风险和非传统的观点、活动与行为。

（6）夺取短期胜利就是不只是等待愿景的完全实现，而是计划取得一些小的胜利，让每个人都能看到进步。要夺取短期胜利就是要制定逐步改进绩效的规划；实施规划，改进绩效；表彰和奖励参与绩效改进并获得成效的员工。尽可能做到将短期胜利的积极影响扩展到整个组织。

（7）巩固已有成果、深化创新就是利用对前一阶段成果的良好信任，改革与愿景规划不相适应的体制、结构、政策；培养、任用、晋升能执行愿景规划的员工；选用新项目、新观点和创新推动者再次激活整个创新过程。

（8）将创新成果制度化就是将创新的活动融入组织文化之中，展示创新的积极成果，表明新的行为方式和改进结果之间的联系，不断地寻找新的变革力量和领导者，不断吸引创新先导者共同对变革与创新负起责任。

六、社会（公益）创业

（一）什么是社会创业

社会创业也可称为公益创业，是指组织或个人（团队）在社会使命的驱动下，借助市场力量解决社会问题或满足某种社会需求，追求社会价值和经济价值的双重价值目标，保持组织的可持续发展，最终使得社会问题朝着人们希望的目标改变。

社会创业是20世纪90年代以来在全球范围内兴起的一种新的创业形式，这一创业形式在公共服务领域被发现，并逐渐超越民间非营利组织的范畴成长为一种不同于商业创业和非营利组织的创业模式，被认为是一种解决社会问题的社会创新模式。

（二）社会创业的内涵

目前学术界对于社会创业的定义并不统一，现有的相关研究大多从社会创业的产生动因、类别、影响因素、作用形式与机理等角度来诠释社会创业概念。社会创业的概念可以从以下三种视角来理解：

（1）社会创业的范围定位的视角。社会创业是一种混合模式，既包括传统的非营利组织为了实现可持续发展逐步地引入一些营利性的活动，也包括传统的营利企业基于提高企业形象承担社会责任而开展的社会活动。这一定义以学者约翰逊为代表，他认为社会创业既包括营利组织的活动也包括非营利组织的活动以及政府跨部门的合作。

（2）社会创业的价值主张的视角。社会创业和商业创业具有不同的价值主张，商业创业的价值主张是提供产品或服务，满足消费者的需求，创造经济价值；社会创业的价值主张是从解决社会问题和满足社会需求出发，创造产品或服务，创造经济价值、社会价值和环境价值，其重点是社会价值。这一定义以格雷戈里·迪斯为代表，他认为社会创业概念包含两部分：一是利用变革的新方法解决社会问题并且为全社会创造效益；二是引用商业经营模式产生经济效益，但是经营所得不是为了谋取个人利益。

（3）社会创业问题解决手段的创新性视角。例如斯坦福大学商学院创业研究中心（2002）认为，社会创业主要是采用创新方法解决社会焦点问题，采用传统的商业手段来创造社会价值（而不是个人价值）。英国社会企业联盟（SEUK）的定义：运用商业手段实现社会目的。国内学者陈劲、王皓白（2008）指出：社会创业是一种在社会、经济和政治等环境下持续产生社会价值的活动。这种活动通过前瞻性地不断发现和利用新机会来履行社会使命和实现社会目的。虽然社会创业定义的角度不同，但其中包含和表达的共同要素有：社会问题、社会使命和目的、商业化的手段、经济价值和社会价值、可持续发展等。

（三）社会创业的特征

社会创业的内涵表明，社会创业作为一种新的创业模式，除了具有一般商业创业的特征外，又具有区别于商业创业的显著特征。社会创业的关键特征主要体现在社会性方面。

（1）以"解决社会问题"为导向。社会问题的存在是社会创业存在的前提和土壤。传统的商业创业尽管也执行具有社会责任感的行为，如捐赠、采用环保材料等，但他们并不直接地面对社会问题。而社会创业并非如此，社会创业源自于发现一些未被解决的社会问题或者没有满足的社会需求。"解决社会问题"是社会创业者的使命和终极目的他们为解决社会问题而创造的产品或服务是直接与他们的使命相关的。他们雇佣弱势群体人员或者销售与使命相关的产品和服务。社会创业主要受社会回报的驱动，其追求的是问题解决的社会影响最大化效果，用以动员更广泛的力量投入解决社会问题。

（2）具有显著的社会目的和使命。社会创业的社会性特征最直接的体现是创造社会价值。具有显著的社会目的性和使命驱动性。社会创业的使命表明社会创业者或机构采取创新的业务模式去解决相应的社会问题。因此社会创业者或机构在社会部门中扮演变革代理的角色。而履行这一角色的手段就是选择一项使命去创造和维持社会价值。与商业创业相比，利润（经济价值）虽然是一个目标。但已不是主要目标。利润是被再投入于使命之中而不是分配给股东。经济价值是社会创业的副产品。创造与使命相关的社会价值多少（而不是利润）是衡量一个社会创业者成功的主要标准。

（3）问题解决方式的创新性。与商业创业不同，社会创业所面临的社会问题在一定程度上具有紧迫性、棘手性、社会危害性等特点。因此，社会创业在解决问题时需要具有比一般商业创业更强的创新性，这种创新性既包括问题解决方式的创新性，也体现在解决问题的组织的创新性。社会创业从根本上说要创造新的价值（主要是社会价值）而不是简单地复制已经存在的组织或模式。因此，社会创业者或组织需要进行创新和变革，发现新问题、开发新项目、组建新组织、引入新资源，最大限度地弥补"政府失效"和"市场失灵"。有效地解决各种社会问题创新性还体现在组织的跨界合作和商业模式的创新。

（4）核心资本的社会性。为确保产品或服务的有效提供，社会创业也需要各类创业资本，例如场所、设施、资金、人员等。与商业创业不同的是，社会资本如社会关系、合作伙伴网络、志愿者、社会支持等是社会创业的核心资本。社会资本不同于物质资本和金融资本，它不会由于使用而减少，而是通过不断地消费和使用增加其价值，社会资本具有资源杠杆的功能。社会创业者或机构通过构建广泛的伙伴网络关系，能够为创业带来实体资本和财务资本。社会创业的成功与否不是取决于其物质资本和金融资本的多少，而是取决于社会资本的多少。

（四）社会创业的价值

1. 促进公民道德建设和社会文明发展

在社会经济发展过程中，经济危机、政治腐败、价值观念多元化，以及利益分配不公正不合理、贫富悬殊太大、人际关系恶化等，都会引起一定的社会道德危机。特别是在商业领域的逐利性驱动下产生的经济道德滑坡现象尤为严重，公民道德建设亟需一种有效的载体和途径，社会创业的产生在一定程度上能够促进公民道德建设。通过社会创业，引导更多的组织和个人重新审视我们赖以生存的社会和我们所面临的种种社会问题。培养公民的社会责任感和使命感，着力于解决社会发展过程中出现的社会问题。社会创业的目的是既需要"道德人"通过社会创业解决社会问题，也需要"经济人"承担更多的社会责任，从根本上解决经济道德滑坡的根源问题，最终实现"让道德人经济起来，让经济人道德起来"，实现全民道德素质提升。

2. 构建主动型福利机制完善福利体系

主动型福利机制是相对于被动型福利机制而言的。当前，我国的社会福利机制正在逐步完善，西方发达国家的福利机制存在的弊端警示我们在完善社会福利制度的过程中要善于构建主动型福利机制，这种机制鼓励服务对象主动对自己的生活负责，而不是把福利当作一种权益，并且主张通过社会创业来动员社会资本以解决社会问题。社会创业则提供了构建主动型福利机制的有效途径，这一途径在当前我国社会福利机制不够健全的情况下显得尤为重要。社会创业可以使弱势群体直接参与价值创造，也可以使受益者成为社会创业的积极参与者，有效推动主动性福利机制的构建。使社会福利最大限度地关注"穷人"，而不是帮助"懒人"，不是单纯给予式的帮助，而是帮助受助者通过劳动实现个人价值最大化的过程。

3. 弥补公共服务供给不足提高服务效率

当前我国正处在社会转型的过程中，民众对于公共服务的需求较以往任何时候都旺盛，但政府在公共服务的提供方面尚显不足，因此民众旺盛的需求与公共服务供给不足形成了矛盾，这就需要一种新的模式来化解这个矛盾。而社会创业作为一种解决社会问题的创新模式起到了积极的作用。例如在保护生态环境、弱势群体就业、养老服务等领域，政府同时应鼓励民间力量的参与，并在政策上和制度上予以保障和支持，形成政府与各级民间组织的合作与互动。社会创业个人和组织将作为一种重要的力量参与社会管理，有效弥补政府公共服务供给不足，提升全社会公共服务水平。

4. 推动社会经济发展和社会繁荣

社会创业在解决社会问题和促进社会变革的同时，还刺激了社会经济发展。这一作用在社会创业最为发达的英国得到验证。据统计，英国5.5万个社会企业每年营业额达270亿英镑，并对GDP产生84亿英镑的贡献，大约占英国GDP的1%。这一数字正呈上升趋势。而且，由于社会创业显著的"社会性"，其在推动经济发展上不符合边际报酬递减的经济规律。因此，其创造的经济价值（金钱）的边际效用比商业企业要高。这在一定程度上对于推动社会经济的发展具有更强的可持续性。社会创业企业将在促进社会及经济发展中发挥着越来越重要的作用。

5. 创造就业机会增加就业岗位

社会创业在推动经济发展的同时能为社会创造现实的就业机会，增加有价值的产出。从发达国家的情况来看，社会领域的创业是解决就业的重要途径，而且非营利部门的就业速度较经济部门的速度较快。截至2016年4月，我国登记注册的社会组织总量66万多个，社会公益领域将成为吸纳就业的热门行业。因此，鼓励发展社会创业不但能吸引更多的人参与公益，也可以通过社会创业创造就业岗位，帮助更多的人实现就业。

6. 促进和谐社会构建

社会不和谐的根源在于社会问题较多。因此，构建和谐社会，就要解决百姓关心的与自身利益和发展相关的社会问题。例如环境污染问题、弱势群体问题、社会不公问题、就业问题、人口老龄化问题、教育问题、食品安全问题等。这些问题无一例外地需要寻求新的方法和途径来有效解决，而社会创业就能很好地解决商业与公益、经济利益和社会价值之间的关系，一定程度上降低这些问题的严重性，这正是构建和谐社会所需要的创业范式。因此，积极推行社会创业活动，对于我国创新社会管理，促进和谐社会构建将产生深远的影响。

【知识链接】

创新管理的技能

有效的创新工作需要管理者能够为部属的创新提供条件，创造环境，有效地组织系统内部的创新。

1. 正确理解和扮演"管理者"的角色

管理人员往往是保守的。他们往往以为组织雇用自己的目的是维持组织的运行，因此自己的职责首先是保证预先制定的规则的执行和计划的实现，"系统的活动不偏离计划的要求"便是优秀管理的象征。因此，他们往往自觉或不自觉地扮演现有规章制度的守护神的角色。为了减少系统运行中的风险，防止大祸临头，他们往往对创新尝试中的失败吹毛求疵，随意惩罚在创新尝试中遭到失败的人，或轻易地奖励那些从不创新、从不冒险的人……在分析了前面关于管理的维持与创新职能的作用后，再来这样狭隘地理解管理者的角色，显然是不行的。管理人员必须自觉地带头创新，并努力为组织成员提供和创造一个有利于创新的环境，积极鼓励、支持、引导组织成员进行创新。

2. 创造促进创新的组织氛围

促进创新的最好方法是大张旗鼓地宣传创新，激发创新，树立"无功便是有过"的新观念，使每一个成员都奋发向上、努力进取、跃跃欲试、大胆尝试。要营造一种人人谈创新、时时想创新、无处不创新的组织氛围，使那些无创新欲望或有创新欲望却无创造行动，从而无所作为者感觉到在组织中无立身之处，使每个成员都认识到组织聘用自己的目的不是要自己简单地用既定的方式重复那些已经重复了许多次的操作，而是希望自己去探索新的方法，找出新的程序，只有不断地去探索、去尝试才有继续留在组织中的资格。

3. 制订有弹性的计划

创新意味着打破旧的规则，意味着时间和资源的计划外占用，因此，创新要求组织的计划必须具有弹性。

创新需要思考，思考需要时间。把每个成员的每个工作日都安排得非常紧凑，对每个成员在每时每刻都实行"满负荷工作制"，创新的许多机遇就不可能发现，创新的构想也无产生的条件。美籍犹太人宫凯尔博士对日本人的高节奏工作制度就不以为然，他说：一个人"成天在街上奔走，或整天忙于做某一件事，没有一点清闲的时间可供他去思考，怎么会有新的创见？"他认为，每个人"每天除了必需的工作时间外，必须抽出一定时间用来思考"。美国成功的企业，也往往让职工自由地利用部分工作时间去探索新的设想。据《创新者与企业革命》一书介绍，IBM、3M、奥尔—艾达公司以及杜邦公司等都允许职工利用5%~15%的工作时间来开发他们的兴趣和设想。同时，创新需要尝试，而尝试需要物质条件和试验场所。要求每个部门在任何时间都严格地制订和执行严密的计划，创新就会失去基地，而永无尝试机会的新构想就只能留在人们的脑子里或图样上，不可能给组织带来任何实际的效果。因此，为了使人们有时间去思考，有条件去尝试，组织制订的计划必须具有一定的弹性。

4. 正确地对待失败

创新的过程是一个充满着失败的过程。创新者应该认识到这一点，创新的组织者更应该认识到这一点。只有认识到失败是正常的，甚至是必需的，管理人员才可能允许失败，支持失败，甚至鼓励失败。当然，支持尝试，允许失败，并不意味着鼓励组织成员去马马虎虎地工作，而是希望创新者在失败中取得有用的教训，学到一点东西，变得更加明白，从而使下次失败到创新成功的路程缩短。美国一家成功的计算机设备公司在它那只有五六条的企业哲学中甚至这样写道："我们要求公司的人每天至少要犯10次错误，如果谁做不到这一条，就说明谁的工作不够努力。"

5. 建立合理的奖酬制度

要激发每个人的创新热情，还必须建立合理的评价和奖惩制度。创新的原始动机也许是个人的成就感、自我实现的需要，但是如果创新的努力不能得到组织或社会的承认，不能得到公正的评价和合理的奖酬，就会渐渐失去继续创新的动力。促进创新的奖酬制度至少要符合下述条件：

（1）注意物质奖励与精神奖励的结合。奖励不一定是金钱至上的，而且往往是不需要金钱的，精神上的奖励也许比物质报酬更能满足驱动人们创新的心理需要。而且，从经济的角度来考虑，物质奖励的效益要低于精神奖励，金钱的边际效用是递减的，为了激发或保持同等程度的创新积极性，组织不得不支付越来越多的奖金。对创新者个人来说，物质上的奖酬只在一种情况下才是有用的：奖金的多少首先被视作衡量个人工作成果和努力程度的标准。

（2）奖励不能视作"不犯错误的报酬"，而应是对特殊贡献，甚至是对希望做出特殊贡献的努力的报酬；奖励的对象不仅包括成功以后的创新者，也应当包括那些成功以前，甚至是没有获得成功的努力者。就组织的发展而言，也许重要的不是创新的结果，而是创新的过程。如果奖酬制度能促进每个成员都积极地去探索和创新，那么对组织发展有利的结果就必然会产生。

（3）奖励制度要既能促进内部竞争，又能保证成员间的合作。内部的竞争与合作对创新都是重要的。竞争能激发每个成员的创新欲望，从而有利于创新机会的发现、创新构想的产生，而过度的竞争则会导致内部的各自为政、互相封锁；合作能综合各种不同的知识和能力，从而可以使每个创新构想都更加完善，但没有竞争的合作难以区别个人的贡献，从而会削弱个人的创新欲望。要保证竞争与协作的结合，在奖励项目的设置上，可考虑多设集体奖，少设个人奖，多设单项奖，少设综合奖；在奖金的数额上，可考虑多设小奖，少设甚至不设大奖，以给每一个人都有成功的希望，避免"只有少数人才能成功的超级明星综合征"，从而防止相互封锁和保密、破坏合作的现象。

任务二　企业技术创新及组织创新

学习目标
1. 学习企业技术创新的战略及其选择策略。
2. 学习企业组织创新的形式及内容。

教学视频

【任务导入】
苹果公司的创新之路

截至 2010 年 7 月 30 日，苹果公司的市值接近 2 500 亿美元，超越了微软公司，成为全球最具价值的科技公司。但是早在 2003 年初，苹果公司的市值也不过 60 亿美元左右，一家大公司在短短 7 年之内，市值增加了 40 倍，这可以说是一个企业史上的奇迹。苹果公司可以从之前的烂苹果变成现在的金苹果，其成功主要缘于不断创新。

一、创新的种类

1. 产品的创新

从 1998 年到 2010 年，苹果公司陆续推出以 i 为前缀的创新产品。

（1）1998 年，第一款 iMac 推出。后面跟随的是塑料机箱，包括 tangerine, blueberry, strawberry, lime 4 种颜色，这种糖果色的计算机大热，第一年便成为市场上的最畅销款产品，它们也是第一个以 i 为前缀的苹果产品。

（2）2001 年，iPod 音乐播放器推出。此后苹果公司陆续推出 10 款 iPod 型号，包括从视频屏幕到更小的 iPod Nano，到 2010 年 4 月为止，已售出 1 亿只 iPod。

（3）2003 年，推出 iTunes。建立了强大商业模式的优秀软件，证明只要价格合适，界面足够简单，人们实际上是可以为音乐付费的。

（4）2007 年，苹果公司推出 iPhone。掀起了一场手机革命，此设备将 E-mail，电影，音乐和网站浏览结合到一个 3.5in（1in=25.4mm）的移动电话上。

（5）2010 年年初，苹果公司又推出 iPad。这款新产品采用了和 iPhone 同样的操作系统，外观也像一个放大版的 iPhone，在应用软件方面也沿用了 iPhone APP store 的模式。虽然这款产品存在很多争议，但受到了"苹果粉"的狂热拥护。

2. 理念的创新

（1）根据用户需要而非技术需求设计新产品。在产品的设计上，首先考虑用户的个性化需求以及操作的简便性。比如 iPod 不是第一款音乐播放器，但却是第一款能够满足用户在欣赏音乐过程中的各种需求的播放器。iPod 开发团队首先对 MP3 播放器为何滞销进行了调查，发现其中一个原因就是存储容量小，当用户想听别的歌曲时不得不将内容一条条地进行替换，不能给用户提供一种良好的体验，因此，iPod 的开发首先就定位在大容量播放器上。在设计上，为了使用户能更方便地操控，一切和音乐无关的硬件尽量避免。此外，iPod 还有一些附加的功能，如录音功能、数码相机伴侣，可以像移动硬盘一样存储非音频格式的数据文件等，方便了用户的工作和生活需求。

（2）超越顾客的需求。不仅满足顾客的需求，而且要给他们必定想要的但还没有想到的。例如，用户对手机的追求已经不再是简单的通话功能，各种应用程序和良好的移动互联网体验才是现在以及未来用户所关注的焦点，而 iPhone 提前为用户准备好了一切。于是，iPhone 不仅仅是取得了自身的成功，而且将手机市场引入了另一个境界，智能、触控、大屏幕、应用程序，在传统手机市场还没有反应过来时，它已经成了新一代手机市场的领军者。

3. 商业模式的创新

（1）重新审视客户的价值主张，创造出一个新的市场。iTunes Music Store 就是这样一种成功的商业模式。它是苹果公司开办的在线音乐商店，和第三代 iPod 同时发布，其曲目更新速度往往比唱片出版还快，歌手众多，曲目、专辑信息非常详尽。苹果公司采用的这种服务模式非常切合消费者的实际需求，在这里，用户可以用 0.99 美元的价格下载新唱片中的任意一首歌，而不必为一两首歌买下整张专辑。并且在唱片公司的授权许可下，用户可以将歌曲刻录成普通 CD，有限制地复制到其他电脑上。另一方面，iTunes Music Store 的销售对于内容提供商来说边际成本很低，即使低价出售也有利润，因此他们有动力为 iPod 提供更多的服务内容。在这一"三赢"的模式下，至 2005 年 7 月，iTunes Music Store 销售的歌曲超过了 5 亿首。

现在，iPod + iTunes 已经成为突破传统产业模式的一种新型、全方位服务提供模式，它覆盖了硬件、软件、服务和配套产品，可以说是创新和服务的集成。其中，硬件是 iPod 播放器，包括 iPod，iPod nano，iPod shuffle 等，软件是 iTunes 的交互界面，只要硬件的结构和内容发生改变，那么 iTunes 的功能也相应地变动。

苹果公司真正的创新不是硬件层面的，而是让数字音乐下载变得更加简单易行。利用 iTunes 和 iPod 的组合，苹果公司开创了一个全新的商业模式——将硬件、软件和服务融为一体。这种创新改变了两个行业——音乐播放器产业和音乐唱片产业。对于苹果公司而言，iPhone 的核心功能就是一个通信和数码终端，它融合手机、数码相机、音乐播放器和掌上电脑的功能，这种多功能的组合为用户提供了超越手机或者 iPod 这样单一的功能。苹果的 APP Store 拥有近 20 万个程序，这些程序也是客户价值主张的重要组成部分。除此之外，苹果在用户体验方面做得非常出色，这些都是苹果提供的客户价值主张。

（2）创新的赢利模式。对于苹果公司而言，赢利路径主要有两个：一个是靠卖硬件产品来获得一次性的高额利润，二是靠卖音乐和应用程序来获得重复性购买的持续利润。由于优秀的设计，以及超过 10 万计的音乐和应用程序的支持，无论是 iPod、iPhone 还是 iPad，都要比同类竞争产品的利润高很多。同样，由于有上面这些硬件的支持，那些应用程序也更有价值。

经过分析苹果公司在商业模式上的创新可以看出，苹果公司在明确客户主张和公司赢利模式方面做了很多创新，从而在为客户创造价值的同时，也为公司创造了价值，并得到了投资者的认可。

二、创新的方法

苹果公司每周有两次会议，这两次会议分别运用两种不同的创新方法，第一次为头脑风暴法，第二次为黑帽子思维方法。

1. 头脑风暴法

此方法要求所有创意无限穷尽、不批评、不反对，发散思维，要求成员不受任何的条件限制，自由地思考，进行自由创意。头脑风暴法遵循一二三四原则，一发言：要求每人都要发言，但每次只能一人发言；二追求：追求数量、追求创意；三不许：不许质疑、不许批评、不许打断；四个关键步骤：主持人发言、个人自由发言、小组讨论、小组决策。

2. 黑帽子思维方法

黑帽子思维考虑的是事物的负面、风险，要求尽量从客观与反面的角度分析实施中有可能存在的问题。此方法与头脑风暴法正好相反，要求参会者必须明确每一件事情，前面疯狂的想法是否可能在实际中应用。尽管在这个过程中，重心已经转移到一些应用的开发和进展，但团队还是要尽量多地考虑到其他各个应用潜在的发展可能。即使到了最后阶段，保持一些创造性的想法做后备选项也是非常重要和明智的。

【任务书】

1. 掌握企业技术创新及组织创新的方法。
2. 结合案例谈谈创新对于一个组织的意义。

【相关知识】

技术创新是企业创新的重要内容。任何企业都是利用一定的产品来表现市场存在、进行市场竞争的；任何产品都是一定的人借助一定的生产手段加工和组合一定种类的原材料生产出来的。技术创新的进行，进而产生技术水平的提高是企业增强自己市场竞争力的重要途径。企业是人的集合体。企业绩效及其生存与发展能力首先取决于其成员的努力。企业是通过制度结构、层级结构以及文化结构来使成员的行为具有一定程度的可预测性，从而实现在企业活动过程中对这些成员不同时空的努力进行引导与整合。知识背景下，组织创新对于企业创新具有特别的意义。

一、技术创新的内涵及贡献

技术创新常被人与技术发明相混同。实际上，创新的概念要远比发明宽泛；发明是一种创新，但创新绝不仅仅是发明。如果说发明可能是新知识、新理论创造基础上一种全新技术的出现的话，那么创新既可能是这种全新技术的开发，也可能是原有技术的改善，甚至可能仅是几种未经改变的原有技术的一种简单的重新组合。

从技术创新的概念分析中不难看出，技术或者依附于物质产品而存在，或者是为物质产品的实体形成而服务。因此，不论是何种内容的技术创新，最终都会在一定程度上促进产品竞争力的提高，从而提高企业的竞争力。

产品竞争力和企业竞争力的强弱从根本上来说取决于产品对消费者的吸引力。消费者对某种产品是否感兴趣，不仅要受到该产品的功能完整和完善程度的影响，还取决于这种或这些功能的实现所需的费用总和。功能的完整和完善程度决定着消费者能否从该种产品的使用中获得不同于其他产品的满足感，功能实现的费用（包括产品的购买、使用和维修费用）则决定着消费者为获得此种产品而需付出的代价。因此，产品竞争力主要表现为产品的成本竞争力与产品的特色竞争力。

技术创新促进企业竞争力的提高便是通过影响产品的成本和/或特色而起作用的。材料的创新不仅为企业提供了以数量丰富、价格低廉的原材料去取代价格昂贵的稀缺资源的机会，而且有可能通过材质的改善而促进企业产品质量的提高；产品创新既可使企业为消费者带来新的满足，也可使企业原先生产的产品表现出新的吸引力；工艺创新既可为产品质量的形成提供更可靠的保证，也可降低产品的生产成本；物质生产条件的创新则直接带来劳动强度的下降和劳动生产率的提高，从而直接促进产品生产成本的下降和价格竞争力的增强。

综合来看，技术创新一方面通过降低成本而使企业产品在市场上更具价格竞争优势，另一方面通过增加用途、完善功能、改进质量以及保证使用而使产品对消费者更具特色吸引力，从而在整体上推动着企业竞争力不断提高。

二、技术创新的源泉

（一）意外的成功或失败

企业经营中经常会发生一些出乎预料的结果：企业苦苦追求基础业务的发展，并为此投入了大量的人力和物力，但结果却是这种业务令人遗憾地不断萎缩；与之相反，另一些业务单位虽未给予足够的关注，却悄无声息地迅速发展。不论是意外的成功，还是意外的失败，都有可能向企业昭示着某种机会，企业必须对之加以仔细的分析和论证。

比如，企业可能长期致力于某种上流产品的研发和完善，对这种产品的质量改进或设施现代化投入过大量资金，而对一些顾客需要的特殊产品则仅投入较少的资源，但最终的结果则可能是后者获得极大的成功，而前者的市场销量长期徘徊不前。这正应了中国那句老话——"有心栽花花不开，无心插柳柳成荫"。

（二）企业内外的不协调

当企业对外部经营环境或内部经营条件的假设与现实相冲突，或当企业经营的实际状况与理想状况不一致时，便出现了不协调的状况。这种不协调既可能是已经发生了的某种变化的结果，也可能是某种将要发生的变化的征兆。同意外事件一样，不论是已经发生的还是将要发生的变化，都可能为企业的技术创新提供一种机会。因此，企业必须仔细观察不协调的存在，分析出现不协调的原因，并以此为契机组织技术创新。

在所有不协调的类型中，消费者价值观判断与实际的不一致不仅是最为常见的，也是对企业的不利影响最为严重的：根据错误的假设来组织生产，企业的产品始终不可能真正满足消费者的需要，因而生产耗费难以得到补偿，企业的生存危机迟早会出现。相反，如果在整个行业的假设与实际不符时企业较早地发现了这种不符，就可能给企业的技术创新和发展提供大量的机会。

（三）过程改进的需要

意外事件与不协调是从企业与外部的关系这个角度来进行分析的，过程改进的需要则与企业内部的工作（内部的生产经营过程）有关。由这种需要引发的创新是对现已存在的过程（特别是工艺过程）进行改善，把原有的某个薄弱环节去掉，代之以利用新知识、新技术、重新设计的新工艺、新方法，以提高效率，保证质量，降低成本。由于这种创新通常存在已久，所以一旦采用，人们常会有一种理该如此或早该如此的感觉，因而可能迅速被组织所接受，并很快成为一种通行的标准。

（四）行业和市场结构的变化

企业是在一定的行业结构和市场结构条件下经营的。行业结构主要指行业中不同企业的相对规模和竞争力结构以及由此决定的行业集中或分散度；市场结构主要与消费者的需求特点有关。这些结构既是行业内或市场内各参与企业的生产经营共同作用的结果，同时也制约着这些企业的活动。行业结构和市场结构一旦出现了变化，企业必须迅速对之做出反应，在生产、营销以及管理等方面组织创新和调整，否则就有可能影响企业在行业中的相对地位，甚至带来经营上的灾难，引发企业的生存危机。相反，如果企业及时应变，那么这种结构的变化给企业带来的将是众多的创新机会。所以，企业一旦意识到产业或市场结构发生了某种变化，就应迅速分析这种变化对企业经营业务可能产生的影响，确定企业经营应该朝什么方向调整。

（五）人口结构的变化

人口因素对企业经营的影响是多方位的。作为企业经营中一种必不可少的资源，人口结构的变化直接决定着劳动力市场的供给，从而影响企业的生产成本；作为企业产品的最终用户，人口的数量及其构成确定了市场的结构及其规模。有鉴于此，人口结构的变化有可能为企业的技术创新提供契机。

（六）观念的改变

对事物的认知和观念决定着消费者的消费态度；消费态度决定着消费者的消费行为；消费行为决定着一种具体产品在市场上的受欢迎程度。因此，消费者观念上的改变影响着不同产品的市场销路，为企业提供着不同的创新机会。

（七）新知识的产生

有人把我们所处的时代称为知识经济时代。从某种意义上说，人类的任何活动都是知识的利用、积累和发展的过程。把目前的时代称作知识经济时代的重要原因可能是新知识以前所未有的速度涌现。一种新知识的出现，将为企业创新提供异常丰富的机会。在各种创新类型中，以新知识为基础的创新是最受企业重视和欢迎的。但同时，无论在创新所需的时间、失败的概率或成功的可能性预期上，还是在对企业家的挑战程度上，这种创新也是最为变化莫测、难以驾驭的。

三、知识经济与管理变革

知识经济是继农业经济和工业经济之后出现的又一个崭新的社会经济形态，是建立在知识和信息的生产、处理、传播、应用基础上的经济。在知识经济中，资源的配置以智力资源为第一要素。它既致力于通过智力资源开发富有的自然资源，以其取代业已成为工业经济命脉但日趋短缺的自然资源，创造新财富，同时，又通过知识和智力对稀缺资源进行科学、合理、综合、集约的配置。

在知识经济时代，一切以不断创新的知识为基础，持续的、高品位的创新是知识经济的时代特征。不但知识经济的形成离不开创新，知识经济的发展也依赖于创新。这是因为：

（1）知识经济是建立在知识基础上的经济，而研究与开发是知识的生产源，只有通过研究与开发，才能产生足够的科学知识，以支撑知识经济的发展。持续的研究与开发是连续不断地创新知识的源泉，也正因为如此，研究与开发活动即创新成为知识经济形成与发展的推动力量。

（2）教育与培训是一种创新性活动过程，只有经过教育与培训才能培养劳动者的创新意识和创新能力。知识经济的产生与发展，依赖于有创新意识和创新能力的劳动者，因而需要通过对劳动者的教育与培训为知识经济的持续发展提供足够的人力资源。

（3）在知识经济社会，创新能力的强弱、创新效率的高低，不但决定着企业的经营成败，也决定着一个国家的综合国力和国际竞争力，这就要求企业建立新型的经营管理结构——学习型企业，以便培养企业的创新精神，增强企业的创新能力。

四、企业制度创新

（一）企业制度及其功能

企业是通过生产和销售产品来表现其社会存在的。为了向社会提供这些产品，企业必须在一定时空集中一定数量的生产资源，并利用一定方式对这些资源进行加工、组合和转换。这样，企业的经营过程便表现为资源筹措、加工转换和产品销售的不断循环。

企业是在下述条件下进行循环的：第一，企业能够投入到经营活动中的资源是有限的，对企业来说，这种有限性是双重的；第二，企业经营的直接目的不是为了取得产品的使用价值，而是为了实现其价值；第三，企业是人的集合体，企业经营有赖于不同参与者在不同的环节和方面提供不同的贡献。

在上述条件的约束下，企业欲求其经营有效，必须解决3个基本问题：①选择正确的经营方向、内容和规模，使企业产品符合社会需要，以保证产品价值的实现。②充分利用能够筹集到的各种资源，使有限的投入获得尽可能多的有效产出。③引导参与者的行为选择，诱发他们提供企业所需的贡献，形成实现企业目标所需的合力。

促进这些问题的有效解决，是企业制度的基本功能。具体地说，企业制度在为经营活动的组织提供基本规则和框架时，表现出 3 种基本功能：导向功能、激励功能、协调功能。导向功能是指企业制度指导企业经营方向的选择、引导稀缺资源的配置和使用的功能；激励功能是指企业制度诱导各类参与提供符合企业要求的贡献的功能；协调功能则是指通过制度安排，使各类参与者在企业经营的不同时空朝着共同的方向努力，使他们提供的不同贡献形成有利于实现企业目标的合力的功能。

企业制度是通过经营权力和利益的分配来实现上述功能的：通过经营权力的分配，企业制度决定了不同参与者在企业活动组织中的相对地位，也影响着企业经营的方向、内容和规模的选择，协调不同参与者的贡献；通过利益分配，企业制度决定了不同参与者在企业活动中的利益实现方式，从而以不同形式诱发这些参与者的行为选择，影响他们的努力程度。这样，根据企业制度的基本功能以及功能实现方式，我们可以把企业制度定义为"规定或调节企业内部不同参与者之间权力关系和利益关系的基本原则或标准的总和"。这些原则或标准以及由此决定的不同参与者的权、利关系，影响着企业的经营绩效，从而在一定程度上促进或阻滞着企业的生存与发展。

（二）知识经济条件下的企业制度创新

企业制度结构的这种特征正在受到知识经济的挑战。知识在现代企业经营中相对作用的加强使得权力的行使以及对成果分配的控制正在逐渐变成知识工作者的"专利"。

知识经济是在工业经济，甚至是在前工业经济中就已经开始孕育，是从工业经济中脱胎而来的。但是与工业经济相比，知识经济条件下人们所倚重的知识类型，以及相关知识的相对重要程度是不同的。

人们在企业中的活动可以分为两类：一类是人作用于物的活动（劳动者利用一定劳动工具借助一定方法对劳动对象进行加工转换，生产出符合要求的某种产品的劳动）；另一类是一些人作用于另一些人的劳动（主要是指管理人员对作用于物的劳动者的工作安排以及工作中的指挥与协调）。人们作用于物的劳动主要需要与操作有关的知识（包括我们在前面所说的作业知识与技术知识），而作用于其他人的劳动则主要需要与协调有关的知识。因此知识可以分为两种类型：有关操作的知识与有关协调的知识。

工业社会是以操作知识的发展为基础的，工业社会的发展又不断促进着操作知识的进步。生产工具的改进促使工业革命的产生，机器的发明和普遍运用促进了工厂制度的发展。工艺的发展和机器的普遍使用使得工业生产渐趋复杂，从而促进了劳动分工的不断细化。细致的劳动分工在促进劳动生产率提高的同时，使得每一个分工劳动者的操作技能和相关专业知识更加狭窄，更加专业化，从而使得工业生产中的每一个人的劳动高度相互依赖。这种相互依赖性使得对不同人在企业中分工劳动的协调变得至关重要。知识在生产中的普遍运用，单个劳动者操作技能的高度专业化，使得工业生产率的提高不仅取决于个人的操作技能和作业的熟练程度，而且更取决于对不同人的劳动的分工协调。正如哈耶克所分析的，分工使人们只知道与自己工作有关的那部分知识，没有人有能力获得这些知识的全部。在分工生产的条件下，"我们必须使用的背景知识不是以集中和整合的形式存在，而是以不完全的，经常是相互矛盾的知识片段分散地分开的个人所占有"。因此，工业经济越发展，劳动分工越细致，劳动者的知识越专业化，与协调不同劳动者的分工劳动有关的知识就越加重要。这种重要性不仅是相对于其他知识（如操作知识）而言的，而且是相对于其他生产要素而言的。

正如德鲁克所指出的，知识，特别是有关协调的知识，正变为"关键的经济资源"，甚至是"今天唯一重要的资源""传统的生产要素——土地（即自然资源）、劳动和资本没有消失，但它们已变成第二位的。假如有知识，人们便可很容易地得到传统的生产要素"。

实际上，劳动分工在工业社会的发展不仅加剧了普通劳动知识和技能的专业化与狭窄化，而且决定了协调劳动分工所需的专业知识的供应的相对稀缺性。这种相对稀缺性进一步加强了协调知识拥有者的相对地位。在生产过程相对简单，从而要求工人所具有的操作技能也相对简单的情况下，只需对这些操作技能有一定了解便可完成协调的任务。所以在工业社会初期，协调工作是由资本所有者承担的。但是，随着工业经济的发展和工业生产过程的复杂化，资本所有者难以拥有这样的知识，只能委托拥有相关知识的经营管理人员去协调。后者在协调实践中地位不断得到加强。所以，今天组织企业活动的协调知识是由企业经营管理人员所拥有的。管理人员的职能就是运用协调知识去组织和管理企业成员的劳动分工。管理人员通过其协调劳动不仅决定着自己所拥有的协调知识的运用效率，而且决定着作为其协调对象的企业生产者的知识利用效果。所以"经理是对知识的应用和知识的绩效负责的人"。

因此，在工业社会蜕变的知识社会中，知识正变为最重要的资源，企业内部的权力关系正朝向知识拥有者的方向变化，企业的制度结构正从"资本的逻辑"转向我们所称的"知识逻辑"。权力派生于知识（特别是协调知识）的供应，利益（经营成果的分配）由知识的拥有者所控制，正逐渐成为后工业社会或知识社会的基本特征。

五、企业层级结构创新

组织是两个以上的人为实现某个共同目标而在一起协调行动的集合体，为了有效整合这些成员在不同时空的努力，使其转变成对企业有用的贡献，必须设计一个合理的框架来安排这些人的行动。层级组织就是这类框架中的一种。

所谓层级组织，是指按照分层授权的原则来设计组织中的职务、机构以及结构，以此为框架来整合组织中的各项活动，特别是组织中的管理活动。这种框架的构造是在工作分解和分析的基础上，首先设计为实现组织目标所需进行的基本活动单元（就企业组织而言，包括具体作业和对这些作业的管理活动），然后根据一定的原则和标准，将这些单元组合为不同层级上的不同机构，并将为从事活动所需的相关资源的支配权力配置给这些不同的机构。

（一）工业社会的企业层级结构及其特征

在利用制度结构规范参与者类群间权力与利益关系的同时，工业经济中的企业试图通过层级结构来规范作为单个成员的参与者在企业活动中的关系和行为。

层级结构曾是人类组织结构的伟大创新，19世纪下半叶以后在工业企业中开始广泛运用，目前仍是企业的主要特征。

作为工业企业的主要组织形式，层级结构曾主要表现为以下特征：直线指挥，分层授权；分工细致，权责明确；标准统一，关系正式。

(二) 知识经济与企业层级结构的改造

层级结构的这些特征曾经促进了工业企业的成功：直线指挥、分层授权保证了企业行动的迅速；分工细致、权责明确促进了效率的提高；而标准统一和正式的角色关系则保证了企业活动的有序性。但是层级结构发挥作用并取得成功是以一定的环境条件和假设作为前提条件的。

层级结构在企业中的广泛运用是以市场环境为背景的：消费者的诸多需求尚未得到充分满足；这些需求基本是无差异的；消费需求以及影响企业经营的其他环境因素基本上是稳定的，或虽有变化，但变化具有连续性的特征，从而基本上是可以预测的。诸多需求的未充分满足使得任何产品都存在极大的市场，因此企业可以组织大规模生产；消费需求的无差异性使得企业可以组织标准化生产；而需求与市场的相对稳定或后者变化的可预测性则使得企业内部生产及其管理的改善主要依赖于经验的累积和总结。经验的累积和总结过程主要是组织记忆的形成。在这种条件下，企业活动的组织调整主要是企业管理中枢的职责。在这样的背景中经营，不仅生产操作工人可以凭借主要以过去经验为基础形成的标准方法作业，而且管理中枢也主要利用组织记忆形成过程中不断累积和总结的经验，即有关过去的知识，借助细致的分工和统一指挥来比较集权地组织生产过程中工人的标准化作业及其调整。

在知识经济正在到来的今天，层级结构赖以成功的上述背景正在或已经发生变化：消费者日趋成熟以及消费者有关消费知识的渐趋丰富使得消费需求越来越具有多样化和个性化的特点；影响企业经营的环境不仅日益复杂，而且越来越不稳定，其变化不仅无法控制，而且也越来越难以预测。多样化的个性需求使企业正在失去标准化生产和一致性政策的基础；市场变化的频繁要求企业活动的内容与方式及时调整。满足个性化的消费需求，要求企业生产组织更具弹性；活动内容与方式的适应性调整则要求相关的权力从管理中枢向下分散。实际上，只有与外部环境直接相连的那些部分才有调整的权力，这种调整才可能是有效的。

弹性的、分权化的企业是不可能完全以组织记忆为基础来组织运行的。实际上，满足个性化需求的生产作业，如不对环境变化做出适时调整，是难以在已经累积的知识中找到现成答案的。这些工作必然要求相关的成员和部门在知识积累的基础上进行知识的创新。因此，新形势下的企业组织必须是有利于企业成员的学习和知识创新的组织。而这种新型企业组织被认为是网络组织。

网络结构主要表现出以下主要特征：第一，它在构成上是"由各工作单位组成的联盟，而非严格的等级排列"。这些工作单位相互依赖，在关键技术和如何解决难题上相互帮助。它们的地位与核心机构平等。核心机构只选择和调整企业的战略方向，设计各部分共享的组织基础，创造促成向心力的企业文化，保证各部分的相互合作，而各项工作则由各工作单元来完成。第二，企业成员在网络组织中的角色不是固定的，而是动态变化的。网络中的工作单元可能是稳定的，但单元之间的关系则是为了完成一定的项目而设计的。一旦项目完成，单元之间的关系则可能需要重组。由于企业活动的项目及其进展情况是在不断变化的，因此网络结构也需要不断地调整。第三，企业成员在网络结构中的权力地位不是取决于其职位（因为职位大多是平行的，而非纵向排列的），而是来自他们拥有的不同知识。"在层级组织中，你拥有的职位决定你的权力。在分权的网络化的组织中，你的权力来源于你了解的知识和你认识的人。"

由于网络结构中的各个工作单元都是一个权力中心，因此可以及时进行应对市场变化的调整；由于每个工作单元都与其他单元保持广泛的联系，从而不仅促进了知识与经验的交流，也使得各单元的适应性调整有充分的知识和信息的基础。因此，网络结构是适应型的、学习型的组织结构。

六、企业文化创新

不同的学者对于企业文化的研究以及关于企业文化的定义都不尽相同。我们认为，企业文化的最简单定义可能是"企业成员广泛接受的价值观念以及由这种价值观念所决定的行为准则和行为方式"。这种价值观念和行为准则可能未被明确宣布，但它们通常隐含于企业成员作为其行为前提的思维模式的假设中，是已经被企业成员无意识地普遍认可的。他们的行为会自觉地，甚至是会不自觉地受到这些价值观念和行为准则的影响。

企业文化对企业成员的行为影响具体表现在行为导向、行为激励以及行为协调3个方面。

而知识经济的到来，对于企业文化具有很大的冲击，将改变工业社会企业文化的基础，可能促使企业文化以下4个方面的调整。

（1）企业文化将成为知识经济条件下企业管理重要的，甚至是主要的手段，文化手段重要性的这种变化是与层级结构的网络化改造相关的。在层级结构中，管理中枢利用严格的等级制度统一指挥和控制着整个企业的活动，而在实行分权化管理的网络化层级结构中，各工作单元也是决策中心。管理中枢主要通过信息的提供去影响、引导和协调这些单元的决策以及决策的组织实施。在这种情况下，用被企业员工广泛认同的价值观念和行为准则去影响各工作单元在不同时空的行为方向、内容及方式的选择就变得至关重要了。文化将成为保证和促进网络化层级结构条件下企业组织活动一体化的黏合剂。

（2）企业文化将是人们自觉创造的结果，而不是企业生产经营中的一种副产品。文化一旦成为企业管理重要的，甚至主要的手段，就如同认可的价值观念成为协调和统一人们行为的主要工具。实际上，在网络化的层级结构中，当管理中枢无须直接利用权力去分配和协调下属单位的活动后，其重要的工作内容就不仅是组织信息的收集、处理与传播，而是要通过基本政策的制定，借助各种沟通渠道，去倡导某种适合企业特点的文化，大张旗鼓地宣传这种文化，总结和介绍在这种文化影响下成功的工作单元的事例，以促进这种文化所包含的价值观和行为准则被各工作单元迅速普遍地接受，并使之成为影响他们行为选择的基本规范。

（3）作为人们自觉行为结果的企业文化不仅是记忆型的，而且是学习型的，或者更准确地说，主要不是记忆型的，而是学习型的。传统工业社会的企业文化体现的主要是企业的"组织记忆"。这种记忆记录了企业过去成功的经验。假使环境参数不发生重要变化，人们依据昨天的经验和惯例还可以应对未来的变化。

然而，知识经济条件下的市场环境是在急剧变化的，过去成功的经验在今天崭新的现实面前往往显得无力。知识经济条件下的企业在客观上需要行为准则和行为方式的不断创新。这种创新要求企业文化必须是学习型的。

实际上，在知识经济条件下，人们也没有足够的时间去等待组织记忆的形成。在管理中枢的倡导和推动下，人们必须迅速学习新的行为准则和行为方式。因此，网络化层级结构中的企业文化首先是自觉学习的结果。网络化的层级结构也将有利于组织文化的学习：各工作单元与外界的广泛接触将会使组织不断习得新的知识，而组织内纵横交错的沟通网络则会使得各单元习得的知识与经验在组织内迅速传播。知识的迅速习得与经验的迅速交流将促进网络化层级组织不断创新并推广新的行为准则和行为方式。

（4）企业文化将在强调主导价值观与行为准则的同时，允许异质价值观和行为准则的存在。学习型的企业文化必然也是多元的。实际上，一定时期的主导价值观主要体现了组织的记忆。如果没有对不断出现的异质价值观的容忍，就不可能有企业文化的创新。此外，网络化层级组织的文化多元化与各工作单元并行中心的特点以及企业需要满足的个性化消费需求的特点也是相一致的。与等级明确的层级结构不同，网络化层级结构不可能要求企业以整齐划一的方式行事，具有决策权的自主工作单元必然会在企业经营中表现出各具特色的个性化行为方式。与此同时，个性化需求的满足也使得企业不能像传统方式下那样以单一的规则和一致性的标准去约束自主工作单元的行为。

【知识链接】

流程再造

一、流程再造构想的产生及其基本含义

20世纪后10年，知识经济迅猛发展，经济全球化趋势日益增强，顾客需求日新月异，市场竞争异常激烈，企业经营环境迅速变化，按照传统分工理论设计的组织形式已经不能适应新形势的要求。在这样的背景下，管理领域发生了一系列新的变化，管理变革与创新进入新的发展阶段，"流程再造"就是适应这种客观环境产生的管理变革与创新的最新构想。

流程再造（Business Process Reengineering，BPR）兴起于20世纪90年代的美国，该理论的首创者是美国麻省理工学院的迈克尔·哈默（Michael Hammer）教授。他主张采用激烈的手段，对企业的生产工艺流程、管理组织系统进行重组、再建，彻底改变美国企业的现行管理方法与生产方法，期望能在成本、品质、服务以及绩效等方面得到显著的决定性改善。流程再造的完整意义，就是以信息化和知识化为基础，以市场为导向，以具有创造性的合作关系为纽带，以大幅度提高效率和效益为核心，对企业工作程序进行关键性的重新设计和根本性的变革创新，建立能够充分体现个人价值和团队精神的团队式组织，并层层扩大这种组织，直到整个企业都按照新的原则构建起来，最终形成新型的企业组织的创新过程。这一构想所体现的经营管理思想在根本上不同于工业化时代的规模模式和质量模式，所以，一经提出，就引起了美国企业界的广泛关注和积极响应，众多企业纷纷进行管理变革，探索适应新的时代要求的管理模式。其后，流程再造构想又迅速扩展到欧洲和日本，并以此为契机，在发达国家掀起了管理变革与创新浪潮。

二、流程再造构想的指导思想——3个中心

1. 以顾客为中心

流程再造强调要从"顾客第一"的观点出发，重新思考关键的业务流程，无论是企业管理组织的设计，还是管理人员、管理程序的安排，都要遵循"一切为了顾客，而不是为

了任务"的理念。

2. 以员工为中心

流程再造充分体现以人为本的理念，紧紧围绕企业中的"人"来开展，试图把员工个人发展目标与企业目标紧密结合起来，以增强企业的凝聚力，促使员工实现自我管理、自我发展。

3. 以效率和效益为中心

企业活力最终通过效率和效益体现出来，企业的所有经济行为都是围绕提高效率和效益进行的，管理变革与创新的最终结果也以效率和效益为标志。按照流程再造工程设计，"3个中心"构成整个业务流程的核心，所有业务流程都紧紧围绕这3个中心进行。这"3个中心"之间，虽然效率和效益是企业的最终目标，但流程再造工程强调，要通过"过程"即业务流程的改造来实现。也就是说，以顾客为中心和以员工为中心这一思路一开始并非以降低成本为主要目的，而是在追求顾客满意度和员工自我价值实现的过程中带来降低成本和提高效率与效益的结果。可见，流程再造注重的是过程的实现，而不是结果，该工程追求的是企业可持续发展的能力，而非短期利润的最大化。

三、流程再造的基本途径

流程再造具体怎么进行呢？作为一种探索，流程再造可能应从以下思路着手。1990年CLC咨询公司按工作推进过程中所表现出来的组件、任务与典型活动的不同而把BPR实施划分为3个阶段。国内研究者也给出了一些类似的3阶段9步骤的BPR项目实施程序。第一阶段，发现与准备阶段。3个步骤分别是：①在回顾企业战略、结构、业务流程，重新定义发展目标的基础上，明确企业定位，确定可开展的项目群；②进行初步分析，分析再造给企业带来的变化；③选择前期项目切入点并明确其范围，或选择典型的样板/示范项目。第二阶段，重新设计阶段。3个步骤分别是：①运用业务活动图示法等工具对业务流程进行细致的区分。②设计多种体现简化、整合自动化原则的新业务流程方案。③对各个方案进行投入—产出或成本—效益分析与评价。第三阶段，具体实施阶段。3个步骤包括：①选取合适方案，并准备好应急方案。②方案实施。③更新相关数据，为下一步工作做准备。

面对着多种多样的BPR实施程序，将经常采用的BPR运作程序大致划分为4大类：

(1) 描述项目（确定项目边界）。设立愿景、价值观和目标；再设计业务流程和相关工具、模型评估概念；制订实施方案；实施再设计；通过绩效衡量来实现持续性的流程改进。

(2) 项目界定。对现有流程进行诊断；再设计业务流程；进行成本—收益分析；计划并实施新的流程体系；评估流程绩效。

(3) 项目界定。确定项目理想目标；向业务相关人员（顾客、合作者、业内标杆、技术领先者）学习；建立愿景，并设计新的业务流程模型；开发相配套的技术支持系统和组织结构；实施改进分析，并准备跟踪业务的成本收益变化；定义流程、系统，开展必要的培训，并实施计划；开发解决方案；实施解决方案并衡量绩效改进效果。

(4) 项目界定并组建项目团队。运用头脑风暴法来发掘新的流程和技术；分析并优化改进的可能性（收益分析）；机会择优，并设计解决方案；开发新的业务流程、信息系统和可用工具；制订实施计划并执行解决方案；绩效衡量。

能力训练

1. 何谓创新？创新与维持在管理过程中的作用有何联系和区别？
2. 创新过程包括哪些阶段的工作？如何进行有效的创新？
3. 技术创新的内容及贡献有哪些？
4. 知识经济有哪些基本特点？知识经济下的企业管理创新有何特征？
5. 何谓流程再造？流程再造可能受到哪些因素的影响？如何有效地组织流程再造？

任务三　创业管理

 学习目标

教学视频

1. 了解创业活动的本质及内涵。
2. 理解商业模式的内涵与逻辑。
3. 掌握商业计划书框架的主要组成部分。

【任务导入】

Uber 帝国的商业模式

Uber 是一家交通按需服务企业，他们在世界的范围内掀起了一场革命，彻底改变了出租车行业。该公司独特的商业模式，让每个用户只需要点击一下手机就能够找到一辆出租车，车辆会在最短时间内到达用户的所在地点，并且将用户送至他们想去的地方。

（一）传统出租汽车公司存在的问题

早先的时候，人们想要打车，就必须站在街上，而且还要做到"眼快、手快、腿快"，发现空车马上招手，然后尽快上车，免得被其他人"捷足先登"。这种打车的方式造成了一些不便，例如长时间等待，很多出租车车费过高等。这些问题困扰着每个有打车需求的人。究其根本，是出租车数量过少，而且出租车公司定价过高。

出租车的定价缺少监管和控制，但是人们又没有其他选择。除此之外，还有另一个问题更加让人难以忍受：那就是在一些高峰时段，例如上下班时段，在马路上找到空车基本就是一件不可能的事情。

（二）Uber 的成立

Uber 看到了这个"打车难"的问题，并且希望用技术手段来解决这个问题，于是他们开发了一个移动端应用。这个应用让人们可以在手机上就完成整个打车操作。这个应用迅速在用户之间得到了普及，继而在出租车行业中掀起了一场革命。Uber 的应用于 2010 年正式上线，由于很好地解决了人们所面临的问题，也在极短的时间内完成了传播。

（三）Uber 应用使用中的 4 个步骤

第一步（叫车）：Uber 商业模式中的第一个步骤，其根本就是创造需求。人们在智能手机中安装应用软件，这个应用软件可以让他们实现即刻叫车操作，也可以让他们提交其他时间的用车需求。

第二步（配对）：当用车请求创建成功之后，你的个人信息和用车信息会以通知的形式发送给离你最近的出租车驾驶员。出租车驾驶员有权接受或者拒绝订单。如果出租车驾驶员拒绝接单，那么这个通知则会发送给处于同一区域的另一位出租车驾驶员，直到有人接单为止。

第三步（乘车）：当有出租车驾驶员接单后，用户可以查看出租车驾驶员信息，以及出租车驾驶员的行驶路径，除此之外还可以查看出租车驾驶员预计抵达的时间。用户上车之后，应用中的计价器就会自动开始工作，在用户端的应用中，用户还可以查看车辆全程的行驶途径。而在乘车的过程中，出租车驾驶员的职责则是对乘车人保持友好的态度，并且为乘车人提供舒适的乘车体验。

第四步（支付与评分）：在将乘车人送达目的地之后，乘车人除了支付车费之外，还可以对出租车驾驶员服务进行评分。这个评分系统是 Uber 商业模式中非常重要的一环，因为它可以让用户在打车前对出租车驾驶员的服务有所了解，并且在乘车人和出租车驾驶员之间建立信任。

毫无疑问，Uber 不仅仅是在出租车行业内掀起了一场革命，而且还建立了一种全新的商业模式，这种模式可以让企业接触到本地的消费者。很多后来的初创企业都在复制 Uber 的商业模式，而且他们中很多企业还对这种商业模式进行了发展。凭借这种商业模式，无数创业者已经在许多垂直领域中都建立了成功的初创企业。

【任 务 书】

1. 了解创业活动的过程；
2. 熟悉商业模式构成的要素；
3. 掌握撰写商业计划书的基本技巧。

【相关知识】

创业管理不同于传统管理。它主要研究企业管理层的创业行为，研究企业管理层如何延续注入创业精神和创新活力，增强企业的战略管理柔性和竞争优势。创业管理反映了创业视角的战略管理观点。霍华德·史蒂文森（Howard H. Stevenson）和卡洛斯·哈里略（J. Carlos Jarillo）于 1990 年提出创业学和战略管理的交叉，作者使用"创业管理"这个词以示二者的融合，他们提供了一个从创业视角概括战略管理和一般管理的研究框架，创业是战略管理的核心。

创业管理是一个系统的组合，并非某一因素起作用就能导致企业的成功。决定持续创业成功的系统必然包括创新活力、冒险精神、执行能力以及团队精神等。通过这样的系统来把握机会、环境、资源和团队。创业管理的根本特征在于创新，创新并不一定是发明创造，而更多是对已有技术和要素的重新组合；创业并不是无限制地冒险，而是理性地控制风险；创业管理若没有一套有效的成本控制措施以及强有力的执行方案，只能导致竞争力的缺失；创业管理更强调团队中不同层级员工的创业，而不是单打独斗式的创业。

一、创业活动

（一）创业活动的特殊性

创业至少有两层含义。一层含义是活动，主要是指创业者及其团队为孕育和创建新企业或新事业而采取的行动，扩展开来，可以包括新企业的生存和初期发展；另一层含义是精神，也可以称之为企业家精神，主要是指创业者及其团队在开展创业活动中所表现出来的抱负、执着、坚忍不拔、创新等品质以及一些相对独特的技能。

创业活动本身属于商业活动范畴，也是一种普遍存在的社会现象。人们经常从精神层面谈创业活动，一个很重要的原因是创业活动具有较强的特殊性。

1. 创业活动较多地依赖创业者及其团队的个人能力

管理学科产生的主要驱动力量是集体活动的存在和需求，研究对象主要是组织活动。大公司和相对规范的经营管理工作需要组织的力量来完成。创业活动则不同，特别是初期的创业活动，更多地靠个人的力量和智慧。长期以来，一种普遍存在的认识是：创业成败主要取决于创业者的个人禀赋，一些客观事实也印证了这一点。柳传志之于联想，马云之于阿里巴巴等，都是如此。尽管这样的创业会对企业发展带来一些问题，但创业者对创业活动的重要性甚至决定性作用是客观存在的，今后很长一段时间仍将会如此。目前学术界争论甚至驳斥创业失败取决于创业者的天赋的论断，不是否定创业者的作用，而是关心创业者所具有的品质与技能不是天生的，能否学习和后天培养。

2. 创业活动是创业者在高度资源约束下开展的商业活动

大多数创业者都经历了"白手起家"的过程，如果一个人拥有丰富的资源，也许就失去了创业的动力。其实，从地理区域的情况来看，也具有这样的特点。创业活动活跃的地区往往不是资源丰富、交通便捷的地区，比如创业活跃的温州恰恰资源贫瘠、交通不便。为什么会这样？原因是多方面的。创业经常是变不可能为可能，大家都认为不可能，自然也就不愿意提供资源给创业者，个人和单一的组织所具有的资源总是有限的，创业者在创业初期所能筹借到的资源也是有限的，不得不白手起家。由于资源的限制和约束，创业者经常要寻找那些不需要大量资源投入的机会开展创业活动，结果是大多数创业活动的启动资本都不是很高，甚至很少资金就可以启动。创业活动的这一特点带来了完全不同的结果：有的创业者因为资源约束干脆形成了自力更生的个性和习惯，长期不向银行贷款并以此感到自豪，极大地约束了事业的发展；有的创业者为了摆脱资源约束的困境，积极寻求资源获取渠道和整合手段的创新，探索出创造性整合资源的新机制，成为成功创业的重要保证。

3. 创业活动是在高度不确定环境中开展的商业活动

高度不确定性是创业最突出的特点。始于30多年前的中国改革开放本身就是典型的创业活动。回顾改革开放历程，"摸着石头过河""不管白猫黑猫，抓着老鼠就是好猫"，应该说这两句话给人们的印象最为深刻。在微观层面的创业活动，许多也是这样开展的。为什么要这样做，而不是按照明确的目标、有计划地开展创业活动？因为创业者面对着高度不确定性，具体表现在：

（1）颠覆性、创造性和混乱的状况难以计划和预测。计划和预测只能基于长期的、稳定的运营历史和相对静止的环境,这些条件是创业者及其新创企业所不具备的。创业是开拓新事业的过程,未来很多情形都不可知,即使有过创业经历的创业者,也不可能直接将过往的经验简单复制到新的环境之中。当然,大公司所面临的环境也是不确定的,但由于新进入缺陷等诸多方面原因,新创企业所面临的环境的不确定性更大。何况很多创业活动的目的就是挑战现行的经营模式、开展突破性创新、开拓全新市场。

(2) 谁是顾客、顾客认为什么有价值等都是未知数。创业存在的必要性是借助向顾客提供利益来创造价值,离开顾客谈创业没有任何意义。顾客需要什么并不清晰。亨利·福特借助汽车的制造和销售可以说改变了世界,他回忆说:"如果当年我去问顾客他们想要什么,他们肯定会告诉我需要一匹跑的更快的马而不是汽车。"苹果公司的创始人史蒂夫·乔布斯的认识更加透彻,他指出:"消费者没有义务去了解自己的需求,消费者只知道自己的抽象需求,比如好吃的、好看的、舒服的、暖的、冷的、好的、坏的等。需要把抽象的需求具象化。"著名管理学家彼得·德鲁克则强调企业存在的唯一目的就是"创造顾客"。

(3) 模糊性和快速变化。创业活动的结果经常不可知,当面临多个方案需要选择,而每个方案出现的结果不确定、发生概率也不清楚时,严格地说无法做出科学的决策。不确定性还表现为"不连续性",今天并不是昨天的延续。

(二) 创业活动的本质内涵

创业是一种普通的社会现象和人类活动,相信每个人都会觉得自己知道创业是什么,但如果要准确地定义、刻画出创业的本质和精髓,可能又是一件非常困难的事情。

创业是一种普遍的活动,学者们给出的定义也很多。考察各种定义中出现的关键词,出现最多的是"启动、创建、创造""新事业、新企业""创新、新产品、新市场""追逐机会、风险担当、风险管理、不确定性""资源或生产方式的新组合"等,这些词反映出创业活动的不同侧面。

概括来说,创业的定义有狭义和广义之分。狭义的定义就是创建新企业,英文中经常用"Start-up"一词。按照这样的定义,很容易区分一个人的工作是否在创业。广义的定义则把创业理解为开创新事业,英文中趋向于使用"Entrepreneurship"一词。任何一个在不确定情况下开发新产品或新事业的人都是创业者,无论他本人是否意识到,也不管其身处政府部门或非营利机构,还是由财务投资人主导的营利性企业。狭义的创业定义是广义创业定义的载体,在创业活动日益活跃以及对社会经济发展的贡献越来越突出的今天,为了探索创业的本质,弘扬创业精神,更多的人倾向于广义的创业定义。

通过很多创业定义的比较,综合国内外在该领域比较权威的学者说来,本书更认同哈佛大学霍华德·史蒂文森教授的定义:创业是不拘泥于当前资源条件的限制而对机会的追寻,组合不同的资源以利用和开发机会并创造价值的过程,这个过程包括识别机会、整合资料、创造价值等。

(三) 发明、创新、创业的区别与联系

不管是否具有经济管理背景,很多人对创新的概念并不陌生。创新一直是人们关注的话题,现在人们更热衷于讨论创业。那么,创新与创业有什么区别?是不是一回事?

成功的创业离不开创新。腾讯公司开发了QQ即时通信网络工具,极大地改变了人们

的联络和社交方式；百度公司开发了百度搜索引擎，向人们提供了更简单便捷的信息获取方式。每个成功的创业者都注重创新，他们可能开发出新的产品或服务，可能找到了新的商业模式，也可能探索出新的制度和管理方式，从而获得成功。著名经济学家熊彼特曾经把创新作为创业者和创业精神的重要特性，管理大师德鲁克1985年出版的名著《创新与创业家精神》也将创新与创业精神放在一起进行讨论，可以看出两者紧密相关，很难割裂。

谈到创新，人们普遍关心的一个重要问题是创新与发明的关系，而且经常容易把创新与发明、研发等技术活动混淆起来。创新和发明不同，发明是一种技术上的概念，其结果是发现新事物；创新则主要是一种经济术语，是将新事物、新思想付诸实践过程。美国小企业管理局对创新定义如下："创新是一种过程，这一过程始于发明成果，重点是对发明的利用和开发，结果是向市场推出新的产品和服务。"这种定义有助于人们更好地理解创新与发明的区别。

其实，创新与发明之间并不存在某种必然的联系。创新过程可以开始于发明，比如将某种发明运用于生产过程中，或将某种新的资源与现有资源组合到一起，以便达到创新的预期目的。同时，创新过程也可以根本不依赖于哪种特定的发明，而仅仅是对目前的活动进行新的组合，同样也能达到创新的目标。创新和发明是两个根本不同的概念，正如熊彼特所说，"创新和发明是完全不同的任务，要求具有完全不同的才能。尽管企业家可能是发明家，就像他们可能是资本家一样，但他们之所以是发明家并不是因为他们的职能的性质，而只是一种偶然的巧合，反之亦然。"

创业与创新之间并不是完全等同的概念，有些创业活动是在模仿甚至复制别人的产品和服务以及经营模式，自身并没有什么创新，但也是在创业，这样的例子很多。也就是说，创业更侧重财富创造，更加关注市场和顾客。同时，创业更加注重商业化过程，可表现为把创新商业化，也可以表现为模仿并商业化。当然基于创新的创业活动更容易形成独特的竞争优势，也有可能为顾客创造和带来新的价值，进而实现更好地成长。

讨论发明、创新、创业这三个概念之间的异同，并不是在做文字游戏。在与创业者接触的过程中，经常会遇到这样的情况：他们对自己的产品很自豪，经常沾沾自喜地强调产品的技术性能如何好，对顾客不喜欢自己的产品感到不理解。很多具有技术背景的创业者总是更像一位工程师，他们喜欢发明新的东西，而忽略顾客的需求，他们不会从顾客的角度、从价值创造的角度创新。成功的创业活动离不开创新，包括产品和服务创新、技术创新，也包括制度创新和管理创新等。与创新相比，创业更强调机会、顾客和价值创造。从价值创造角度来看，应更加倡导顾客导向的创业、创业导向的创新。

不能仅仅看到创新，也不能仅仅专注于创造，这不是一个创业者应该做的。一个伟大的创业者可以在早期就看到一个事物的潜力，并将其做大做强。汤姆·格拉斯提（Tom Grasty）通过一个类比对此进行了解释："如果将创造比成池塘里面的一块鹅卵石，那么创新就是这块鹅卵石所激起的水波效应。一开始必须有一个人将这块鹅卵石投掷到水中，这个人就是一名创造者。"真正的创造者不会仅仅驻足在水边。他们目睹着这些波纹，并在真正的大浪来临之前，就觉察到这一股势不可挡的力量。在预测之后，他们会聪明地骑着这一股大浪奋勇向前。正是这些行为，推动者每个创业者的创新。

二、设计商业模式

（一）商业模式的内涵

现实中会发现，尽管大量创业者识别到了绝佳的市场机会、形成了新颖的创业思路并组建了才干超群的创业团队，但仍然会很难获得投资人的认可，成长乏力或快速失败，其中一个可能的重要原因便是没有建立起驱动健康成长的正确的商业模式，因此，创业者的一个主要任务就是探索并建立与机会相适配的商业模式。但是，究竟什么是商业模式呢？不同学者有着不同的定义，但大多可以从商业模式要解决的问题的视角来理解或者定义商业模式。本书从3个方面回答了这个问题，商业模式涉及的3个基本问题：如何为顾客创造价值？如何为企业创造价值？如何将价值在企业和顾客之间进行传递？下面将依次介绍这3个基本问题。

1. 如何为顾客创造价值

这里谈的实际上是顾客价值主张问题，即在一个既定价格上向其顾客提供能够帮助其完成任务的产品或服务。所有的企业得以运行都有自己的商业模式，哪怕一个街头小店。当你建立这样一个小店时，你首先要回答的问题是：顾客为什么偏偏进我的而不是别人的店？如果街上只有你这一家店（这种情况几乎不可能），问题的答案就很简单；如果街上已经有了很多店（实际情况常常是这样），这个问题的答案就不那么简单了。提供与众不同的产品或服务当然是一种答案，但这个答案常常不那么管用，因为在技术更新呈加速度发展的时候，产品和服务货品化和同质化的速度越来越快。这时，你有什么理由让人偏偏买你的而不是别人的产品？你必须向顾客提供同类产品难以模仿的价值，增加顾客的转换成本，让顾客对你的产品形成"成瘾性依赖"。遗憾的是，通过法律保护、技术和设计能力设置的模仿障碍在今天变得越来越脆弱。

从而，就有了商业模式的创新。比如众多在产品上具有创新能力的创业者誓言要超越甚至颠覆iPod，但他们很快就发现iPod早已不是一种产品，而是一种商业模式。iPod的背后，是苹果公司建立的网上音像商店iTunes。购买一个iPod，等于买下一家奇大无比的音像商店（现在从iTunes购买的下载的数字音乐和电影的数量已经超出亚马逊商店）。iPod有点类似于洛克菲勒的公司在卖煤油时免费送出的油灯（只不过iPod并非免费的油灯，而且比同类的油灯贵得多），有了这盏"油灯"，你就会从iTunes里不停地购买"油"（数字音像）。因为乔布斯深知，顾客购买播放器的真正目的是听音乐和看电影，而其他公司以为顾客购买的是播放器本身。一种购买行为的背后，隐藏着另一种购买需求，甚至这种隐藏的购买需求背后还潜藏着一种或多种更隐秘的需求。平庸的企业往往只能看到显而易见的需求，并且把全部精力用来满足这种浅层的需求，而卓越的企业之所以卓越，就在于它们具有对顾客需求的还原能力。苹果公司目前所取得的一切业绩都始于这家公司对顾客需求超强的还原能力，这种被充分还原的需求，就是"顾客价值主张"。没有它，任何商业模式都无法成立。

2. 如何为企业创造价值

这里谈的实际上是企业价值主张问题，即在为顾客提供价值的同时又如何为自己创造价值。企业要想从创造的价值中获得价值，必须考虑以下问题：①收益模式；②成本结构；③利润模式；④资源使用速度。但必须要明确，商业模式不同于盈利模式。事实上，商业模式虽然包含盈利模式，但盈利模式却只是商业模式的一小部分。基本上，商业模式是你企业在市场上创造并留下价值的方式。举例来说，如果你开的是早餐店，把原来价值10元的面包、火腿、鸡蛋做成一个可以卖50元的三明治，那你主要创造价值的方式就是"把食材变成食品"这个过程。至于三明治做好之后，你是想要一个卖50元，还是要采取会员制；每个月支付1 000元，可以每天早上吃到新鲜的三明治，或者是吃白面包不花钱，但是想要加火腿、鸡蛋，每多一项食材收20元；甚或是通通不要钱，但是你必须要一边吃，一边看广告。所以我们需要明白的是这些过程链的附加设计才是盈利的方式。

3. 如何将价值在企业和顾客之间传递

为顾客和企业都设计了良好的价值，但这种价值如何进行传递呢？从逻辑上讲，只有拥有了独特的顾客价值主张和企业价值主张，才可能去谋求实现这种价值主张的资源和能力。

从上述的三个基本问题中可以看到，商业模式在本质上回答了德鲁克很早就提出的一些问题：谁是你的顾客？顾客看重什么？以及创业者们都迫切想知道的：从业务中如何赚钱？潜在的逻辑是什么？即如何以合理的价格为顾客提供价值。

（二）商业模式的框架设计

长期从事商业模式研究和咨询工作的埃森哲公司认为，商业模式至少要满足两个必要条件：①必须是一个整体，有一定结构，而不仅仅是一个单一的组成因素；②组成部分之间必须有内在联系，这个内在联系把各组成部分有机地关联起来，使它们互相支持，共同作用，形成一个良性的循环。因此，商业模式实际上是一种包含了一系列要素及其关系的概念性工具，用以阐明某个特定实体的商业逻辑，描述了公司所能为顾客提供的价值以及公司的内部结构、合作伙伴网络和关系资本等用以实现（创造、营销和交付）这一价值并产生可持续、可营利性收入的要素。按照这个观点，商业模式应具备5个特征：包含诸多要素及其关系；是一个特定公司的商业逻辑；是对顾客价值的描述；是对公司的构架和它的合作伙伴网络和关系资本的描述；可产生营利性和可持续性的收入。

若要很好地回答商业模式涉及的3个基本问题：价值创造、价值获取和价值传递，可以把商业模式分为9个关键要素：顾客细分、价值主张、渠道通路、顾客关系、收入来源、核心资源、关键业务、重要伙伴以及成本结构，参照这9大要素就可以描绘分析企业的商业模式。

下面依次对9个要素进行说明。

（1）顾客细分。用来描述想要接触和服务的不同人群或组织，主要回答以下问题：①我们正在为谁创造价值？②谁是我们最重要的顾客？

（2）价值主张。用来描绘为特定顾客细分创造价值的系列产品和服务，主要回答以下问题：①我们该向顾客传递什么样的价值？②我们正在帮助我们的顾客解决哪一类难题？③我们正在满足哪些顾客需求？④我们正在提供给顾客细分群体哪些系列的产品和服务？

（3）渠道通路。用来描绘如何沟通接触顾客细分群体而传递价值主张，主要回答以下问题：①通过哪些渠道可以接触我们的顾客细分群体？②我们如何接触他们？③我们的渠道如何整合？④哪些渠道最有效？⑤哪些渠道成本效益最好？⑥如何把我们的渠道与顾客的例行程序进行整合？

（4）顾客关系。用来描绘与特定顾客细分群体建立的关系类型，主要回答一下问题：

①我们每个顾客细分群体希望我们与其建立和保持何种关系？②哪些关系我们已经建立了？③这些关系成本如何？④如何把它们与商业模式的其余部分进行整合？

（5）收入来源。用以描绘从每个顾客群体中获取的现金收入（需要从创收中扣除成本），主要回答以下问题：①什么样的价值能让顾客愿意付费？②他们现在付费买什么？③他们如何支付费用？④他们更愿意如何支付费用？⑤每个收入来源占总收入的比例是多少？

（6）核心资源。用来描绘让商业模式有效运转所必需的最重要的因素，主要回答以下问题：①我们的价值主张需要什么样的核心资源？②我们的渠道通路需要什么样的核心资源？③我们的顾客关系需要什么样的核心资源？④我们的收入来源需要什么样的核心资源？

（7）关键业务。用来描绘为了确保其商业模式可行，必须做的最重要的事情，主要回答以下问题：①我们的价值主张需要哪些关键业务？②我们的渠道通路需要哪些关键业务？③我们的顾客关系需要哪些关键业务？④我们的收入来源需要哪些关键业务？

（8）重要伙伴。让商业模式有效运作所需的供应商与合作伙伴的网络，主要回答以下问题：①谁是我们的重要伙伴？②谁是我们的重要供应商？③我们正在从伙伴那里获取哪些核心资源？④合作伙伴都执行哪些关键业务？

（9）成本结构。商业模式运转所引发的所有成本，主要回答以下问题：①什么是我们商业模式中最重要的固有成本？②哪些核心资源花费最多？③哪些关键业务花费最多？

（三）商业模式设计的过程

在了解了商业模式的构成要素之后，就需要设计商业模式了。下面是商业模式设计的一般过程，需要说明的是这个过程并不是线性的，可能经历各种反复。

1. 分析并确定目标顾客

商业模式设计的第一步也是最重要的一步，就是确定你的顾客是谁。不知道顾客是谁，几乎是初次创业者最常犯的错误，因为大多数人往往是从自己想提供的产品或功能出发，而不是从顾客想要什么出发。但创业者归根结底到底经营的是市场而不是技术，出售的是价值而不是专利，所以你必须要清楚地知道顾客是谁，顾客为什么要购买你提供的产品。在识别目标顾客时，你可以参照以下几个步骤。

（1）描述顾客的轮廓（用户画像）。对顾客的轮廓必须要有一个大致的描述，一开始不用精准，因为进入市场后，还可以再调整，但一定要从这个步骤开始。描述的方式包括他们的年龄、性别、婚姻状态、居住地区、收入水平、兴趣、嗜好、习惯，以及其他常用的服务等。

用户画像的 7 个条件：

用户画像又被称为用户角色（PERSONA），作为一种勾画目标用户、联系用户诉求与设计方向的有效工具，用户画像在各领域得到了广泛的应用，尤其是创业领悟。大卫·特拉维斯（David Travis）认为一个令人信服的用户画像要满足 7 个条件，即 PERSONA：

P 代表基本性（Primary research），是指该用户画像是否基于对真实用户的情境访谈。

E 代表移情性（Empathy），是指用户画像中包含姓名、照片和产品相关的描述，该用户画像是否引发同理心。

R 代表真实性（Realistic），是指对那些每天与顾客打交道的人来说，用户画像是否看起来像真实人物。

S 代表独特性（Singular），每个用户是独特的，彼此很少有相似性。

O 代表目标性（Objectives），该用户画像是否包含与产品相关的高层次目标，是否包含关键词来描述该目标。

N 代表数量（Number），用户画像的数量是否足够少，以便能够记住每个用户画像的姓名，以及其中的一个主要用户画像。

A 代表应用性（Applicable），是否能使用用户画像作为一种实用工具进行决策。

（2）详细列出顾客的问题。接着，必须要一项项地列出顾客可能有的问题。这些问题可能有几十个，要把有可能成立的，通通列出来。

（3）确定并厘清重要问题。接着，开始去跟符合顾客描述的人聊天，确认每个顾客问题的存在。在这过程中，会删掉很多其实不存在的问题，也会增加很多他们真正有的问题。最少要跟 3~5 个人聊天，最好能跟二三十个人聊天。完成之后，你就会有一个初步的精简版的问题清单。接着，可以做更大规模的问卷调查，再去确认这个精简后的问题清单中，哪些问题普遍存在，有哪些问题其实也没那么重要。另外，还要针对每个问题的愿付成本做调查。

（4）调查市场。在经历了前面步骤后，理想上应该会产生一个重点问题的清单（如果没有的话，那就需要退回到访谈的步骤，或是要重新选择另一个目标群体）。接着，需要开始做一些自上而下的市场规模调研。去看看类似、即将被你取代的产品在市场上的表现，有哪些可能竞争性产品、市场够不够大、上下游关系会不会难以切入等。当然对大多数的产业区块而言，这些信息的正确度往往很差，因此导致大企业闻一闻就放弃了，否则也轮不到我们来创业。所以也别被这个步骤的结果吓到，除非产业明显的不可进入，否则调查来的资料基本上应该只是一个参考点。

完成了以上这些步骤，就对顾客的基本情况，他们有哪些问题和相应的市场规模有了初步的概念。

2. 价值主张的定义及检验

价值主张是商业模式的基础，它说明了我们向选定的目标顾客传递什么样的价值或者帮顾客完成了什么样的任务。任何类型的企业都有价值主张，因为企业都需要提供产品或服务来满足其目标顾客需要完成的任务。创业团队可以利用头脑风暴方法思考可能的价值主张。

头脑风暴的基本原则：

（1）暂缓评论。先不要急于对别人的观点发表是非对错的评论，这样会打击出点子的人的积极性，把群众思维的联想和延展打断，也是对提出点子的人的尊重。

（2）异想天开。我们总是怕自己说错话，在别人发言时，脑子想的是"我要怎么讲是对的""我要怎么讲才能体现我的水平"。这是因为我们缺乏允许异想天开存在的环境，只有让异想天开大行其道，才能鼓励每个人真正去思考设计，而不是思考自己的水平和对错。

（3）借"题"发挥。有些时候别人会提出来很疯狂的点子，虽然你自己是专家，知道行不通，但在座的很多不是专家，说不定听到这个疯狂的点子会得到启发、获得灵感，在这个疯狂的点子基础上，提出更实际的方案。

（4）不要离题。每一次讨论，要定一个明确的题目，不然的话异想天开的结局是不能收敛。

（5）一次一人发挥。讲话的时候，一次一个人讲，不要七嘴八舌的，这样就没办法做记录。

（6）图文并茂。鼓励大家在想点子的时候，把这个点子用图案的方式画出来。你不是很会画图也没关系，这是因为，有时收集了很多很多点子贴在墙壁上，也许有几百个，过几天你再回去看，如果只有文字的话，有的时候会想不起来这到底是什么。所以画图可以帮助记忆。

（7）多多益善。在一个小时之内，鼓励大家尽量讲，要讲究速度。IDEO 公司内部一般一个小时可以汇集 100 个点子。如果与顾客一起合作头脑风暴的话，因为企业文化和习惯的不同，这个数字会相对少一些。

当头脑风暴出价值主张后，需进一步检验价值主张是否可行。若要检验价值主张是否符合价值需求，可以从 3 点来看：

（1）真实性。价值主张不应停留在构想阶段，须具有真实性，在某一特定期间可以让顾客看到所提供的附加价值。顾客所期望的价值可以区分为 3 个层次：一是解决目前问题，二是解决竞争者无法解决的问题，三是满足未来的需求。

（2）可行性。具有可行性的价值主张，才能被称为好的价值主张。可行性包括：可以执行、可以评估，最好是竞争对手不具备的，这样的价值主张才是符合大多数顾客的期盼。

（3）与顾客的关联性。在定义价值主张前，必须用心研究顾客的需求、顾客购买行为、当下满足的情形、不满意的原因等。根据以上来发展和顾客息息相关的产品和服务，缩小产品供给与顾客需求的落差。

根据检验过的价值主张，我们去发现可以提供的产品、服务或解决的方案。

三、撰写商业计划

（一）撰写商业计划的目的及用途

1. 商业计划的目的

撰写商业计划有两个主要原因：迫使创业者系统思考创业和向其他个人或组织介绍创业项目。

首先，撰写商业计划可以迫使创业者系统思考新创企业的各个要素，在创立企业之前梳理自己的思路，迫使创业团队一起努力工作，全力以赴地解决创业过程中的各个细节问题。许多人都会有这样的感受，自认为想清楚了，写出来不一定清楚；觉得写清楚了，讲给别人听别人不一定清楚。创业也是这样，一旦将计划写到纸条上，那些希望改变世界的天真想法就会变得实实在在且冲突不断。计划本身远不如形成这个文件的过程重要。所以，即使并不试图去创业，也应准备一份商业计划。当创业者决定把自己的创业想法或技术通过创办企业实现商业化后，一般都会进入编写商业计划的工作阶段。

其次，商业计划是企业的推销性文本，可以为企业向潜在的投资者、供应商、重要的职位候选人和其他人介绍创业项目和新创企业提供一种方法。这和宣传手册、公司介绍、网站等的作用是相似的。

在实践中，创业者会更加重视商业计划的推销目的，结果经常是为了获得一份漂亮的商业计划书而撰写商业计划，自己并不用。这是本末倒置的行为，也容易产生欺骗。这样即使能够融到资金，也难以很好地利用资金，对创业不利。创业面对大量不确定性，内外部环境可能经常发生快速变化，不能因为变化而不制订或不需要计划，相反，越是处于快速变化的环境，越需要认真地计划，越需要依据客观事实周密分析。当然，要注意计划的弹性，避免僵化、刻板的计划。

撰写商业计划不能保证创业一定成功，但的确可以提高成功的概率。创业是一个旅程，一个不熟悉且充满风险的旅程，商业计划更像是一个路线图，当然这个路线图必须是正确的。

2. 商业计划的用途

商业计划最明显的用途是募集外部资金。创业活动起始于创意而不是资源，这也是其与传统商业活动的最大区别。正因如此，某人拥有了创意后并决定要成为一名创业者，却不具备相应的资源，也就成为一种常态。撰写一份简明易懂，又能够准确表述市场潜在价值和创业激情的商业计划十分必要。这是外部投资者，尤其是风险投资了解这一项目的第一途径。实际情况是，现在越来越多的大学或其他社会团体主办的商业孵化机构要求获选企业撰写商业计划。即使对基于利基市场的创业活动，如小餐馆、女性服装专卖店、私人教育培训等项目，利用商业计划来募集亲戚朋友等的外部资金，也是个好办法。

另一种用途是向潜在员工、现有员工、资助组织、服务商等传播和沟通企业的愿景和使命。商业计划重在研究和介绍如何把具有可行性的市场机会转换成盈利的产品和服务，包括产品开发、营销和企业发展战略的各个层面的计划。这样，在企业创办以前，通过撰写商业计划向准员工及相关组织传达企业的经营理念和发展思路，是一种有益的做法。

为了实现这些目标，作为一个创业者，在撰写商业计划的过程中需要认真、全面地处理许多复杂问题，这些问题围绕如何把创意和愿景转化为现实的过程而展开，如产品如何生产，产品以何种价格出售，产品如何营销以及销售给哪些人，企业如何与现存的及潜在的竞争对手展开竞争，需要何种融资，来源何处，资金如何使用，这些事情由谁负责等。可见，对创业者来说，认真准备一份论证合理的商业计划，是一次很好的了解、学习市场的机会，对于确定业务概念、提出企业发展目标都很有帮助。

总体来看，商业计划的主要用途包括：①寻求外部资源。②确保整个团队（包括新的、潜在成员）明确组织目标。③厘清业务概念、近期目标和所提议的战略。

越是精心准备的商业计划，越能够说明新企业尽力想完成什么目标，以及达到这些目标将如何去做。商业计划是一种书面文件，它解释了创业者的愿景，以及愿景如何被转变为一家盈利的、可行的企业。这些信息正是风险投资家和其他可能支持新企业的人所要搜寻的。因而，创业者撰写商业计划，不仅仅是为了说服别人给他们的新企业投资，也是为了让自己能更清晰地了解进一步前进的最佳方式，其所包含的信息异常宝贵。

为了有序、简洁、具有说服力地解决以上提到的创业发展问题，准备一份有效的商业计划并不是一蹴而就的事情，这个工作往往需要花费200~300小时。如果把工作只留在晚上和周末来做，这一过程将持续3~12个月。商业计划的撰写尤其需要清晰明确，论之有据。比如，为了筛选商业机会和想法，只要指出某新产品的目标市场规模在3000万~6000万美元之间，市场成长率在10%左右就可以了。但是，撰写商业计划要求对市场的了解更加细化。需要说明10%的市场成长率的持续时间，明确说明实际成长率是多少，并解释该成长率的形成原因。

另外，新市场的快速变化，也会使商业计划相关信息的获取表现为一种动态过程。因为无法预知你的创业企业将如何发展，人们在做计划时会受到一定的限制。对于新型技术和市场的开发，这一问题尤为突出。实际上，这时创业者的计划只是使企业先创办起来，再利用从实际经营企业过程中收集的信息,来修改他们的计划:先制订一个基本的、简单的商业计划,然后开办企业,接着获得来自创建、经营企业的实际信息,并使用它们去修改商业计划,必要时使用这些信息获取融资支持。

(二) 商业计划书基本要求与核心内容

商业计划形成了相对固定的格式、规范,同时也形成了广为采用的基本内容框架。

1. 商业计划的基本结构

(1) 商业计划的一般格式及编写规范。首先,商业计划应按照如下顺序及格式来编排。

①封面页(包括公司名称、地址以及主要联系人姓名、联系方式等)。

②目录(概括了商业计划的各主要部分)。

③概要及计划书的各个主要部分(每个部分都应清楚地列示标题并要易于识别)。

④附录(例如详细的财务计划、公司创建人和核心员工的完整简历,附在正文后面,经常分开单独装订)。

其次,一份有效的商业计划,应该尽可能地简洁明了。商业计划一般不要超过50页,而且要越短越好。商业计划的主要目标是以清楚的方式解答新技术或产品开发的相关问题。而且,那些阅读商业计划书的人,工作繁忙并且经验丰富,很清楚如何识别商业计划所设计的核心问题。

应该说,整个商业计划看上去像一份规范的商业文件,而不应使用太过艳丽的图例,或过分夸张的文字描述。商业计划是创业者留给风险投资家、银行家,以及其他有可能给予创业企业支持的人的第一印象,应该以十分认真负责的态度来编写,同时要睿智地展示创业企业的价值和优势。

(2) 商业计划的基本要素。商业计划的主要内容随撰写人不同或是行业不同而有很大差异。尽管如此,人们普遍认为,商业计划必须包含一些基本部分,便于投资人及其他人员了解企业的关键问题。即

①新产品或服务的基本价值是什么?即为什么这是一个有价值的创业机会?

②产品或服务要卖给谁?

③如何开发、生产、销售新产品或服务?应对现存和未来竞争的总体计划是什么?

④创业者是谁?他们拥有经营企业所需的知识、经验和技能吗?

⑤如果商业计划是为了筹资,那么需要筹集多少资金,需要何种融资方式,资金如何使用,创业者和投资人如何实现投资收益呢?

这些问题都是投资人最感兴趣的核心问题,也是创业者在创业过程中必须直面的问题。一份精心准备的商业计划要回答所有这些问题,而且要以有序、简明、具有说服力的方式回答这些问题。要知道,风险投资人每年要看成千上万份的商业计划,但绝大多数商业计划在几分钟之内,就被那些经验丰富的风险投资人给拒绝了。作为一个创业者,要尽全力做好这些最重要的事情,以确保你的商业计划成为能够得到风险投资人更多眷顾的少数计划之一。

2. 商业计划的核心内容

商业计划撰写中应如何组织与上文提到的关键问题相关的所有信息呢?对此,目前还没有一个通用的内容结构。可以说,商业计划各主要部分的顺序安排及其具体内容,应该由创

意的性质，以及创业者想在计划中尽力传达的信息来决定。本书提供一个被许多商业计划采用的基本框架，其具有较强的逻辑性。

（1）执行摘要：应对新企业的总体情况做出简短、清楚、具有说服力的概括。

（2）愿景、使命与核心价值观：陈述产业的动机，企业要做什么，以及所期望的宏伟蓝图。

（3）新创意及产品的形成背景和预期目标：描述你的创意和产品能解决的核心问题、给顾客带来的价值以及预期能实现的目标。

（4）市场营销分析：描述谁打算使用或购买你的产品和服务，购买者为什么想使用或购买它。

（5）竞争者、竞争环境和竞争优势分析：描述有关现有竞争与如何应对竞争的信息、定价以及其他相关事项（这部分内容有时是单独分开描述的，也有时被包含于市场营销分析部分）。

（6）开发、生产和选址：描述产品或服务所处的开发阶段，如何开始实际生产并提供产品或服务，以及有关企业坐落于何地的信息。如果企业运营的有关信息对于理解企业做什么以及它为什么有巨大的经济潜力来说是重要因素的话，那么它也可能被包含在本部分内容之中。

（7）管理团队：描述企业管理团队的经验、技能和知识，有关当前所有权的信息也应包括在这个部分。

（8）财务部分：提供有关公司当前财务状况的信息，并预期未来需求、收入和其他财务指标，以及所需资金数量，这些资金什么时候需要，它们被如何使用、现金流、盈亏平衡分析等。

（9）风险因素：讨论企业将面临的各种风险，以及管理团队防范风险所采取的措施和步骤。

（10）收获或退出：如果企业获得成功，投资者将如何取得收益（如企业何时以何种方式公开上市）。

（11）时间表和里程碑：包括有关企业的每个阶段将在何时完成的信息（如开始生产、初次销售、突破盈亏平衡点等）。本部分可以是独立的，在适当的情况下，它也可以包含于其他部分之中。

（12）附录：应提供详细的财务信息以及高层管理团队成员的个人简历。

接下来将逐一介绍每一项内容的写作目的，并向初次撰写商业计划的创业者提供一些具体的写作建议。每一份商业计划都是唯一的，关键在于把"故事"讲明白。即认真睿智地描述创新产品的新颖性和价值，以及创业团队的商业化热情。

（三）商业计划书的撰写与技巧

一份优秀的商业计划的确需要花费创业者很多的时间和精力。而由于它是潜在投资人接触创业项目的第一步，因而值得努力去做好。

1. 撰写原则——基于风险投资家的视角

针对不同的读者对象，商业计划应有所不同。商业计划的一个重要目的是募集风险投资，下面从风险投资家的视角分析撰写商业计划书应注意的问题。

（1）商业计划书必须一开始就吸引人。风险投资家富有远见，又经验丰富。投资决策往往迅速做出，而且很少出现逆转的情况。这意味着，提供给他们的商业计划书必须一开始就吸引他们，并且能一直吸引住他们。

商业计划书从摘要开始，摘要是商业计划书的第一个主要部分，某种程度上说，也是最重要的部分。摘要必须能够简洁而又睿智地说明企业的价值（即解决了哪些未被解决的问题或者机会的优势在哪），以及本企业为什么可能成功（即独特资源将创造竞争优势）等问题。具体来说，这一部分既能传达创业者高涨的创业热情，又能充分展现新企业创意的价值以及有效整合开发创意的创业团队。

（2）管理团队以及市场机会的价值是两项关键的投资要素。调查表明，风险投资家和天使投资人都认为管理团队以及市场机会是两项关键的投资标准。这并不是说产品特征、财务预期等不重要，而是在评审商业计划的过程中，投资人注重对各种要素间的复杂作用关系进行考察。有时候，甚至在对产品和技术本身进行评价之前，由于管理团队或市场机会存在明显问题，因而停止某项投资交易是很有可能的。投资人似乎相信，管理团队、市场机会作为评价指示器，要比产品特征等更容易做出快速的评价。

也就是说，归根结底，创意的质量以及整合创意的人或人们的素养才是至关重要的。如果创意不合理或没有什么经济上的潜力，那么不管商业计划书表面看来写得多精彩、多有说服力，有经验的投资者都会立刻识别出它。所以，在决定投入大量时间和精力，去准备一份令人印象深刻的商业计划书之前，创业者首先必须获得有关创意的反馈。如果创意本身价值不大，创业者应立即停下来，因为继续下去基本是在浪费时间。同样重要的是，本创意及其开发必须与创业者团队的追求和能力相匹配。

（3）商业计划书要体现真实性。商业计划书本质上是创业者对如何将创业意愿及创意转化为一种盈利事业的一种规划。不可否认，人们本来就不可能完全预知未来，而且快速变化、不确定性很强的新奇技术和市场预测更会受到信息获取的限制。事实上，即使创业活动面临很大的不确定性，创业者也应该努力确保商业计划书信息的相对真实性。否则，潜在投资人怎么会把自己的真金白银投给你呢？

所谓真实性，是指市场预测必须建立在对目标市场的现有信息进行分析的基础上。当然，现实情况是许多（尽管不是大多数）早期发展阶段的技术型企业最终将定位于完全不同的市场。但是，我们需要把我们当前能够获得的真实信息记录下来，同时时刻保持对环境变革的警觉。如果目标市场非常不确定，创业者应该直接说明这一不确定性。这就是睿智地投资家总是更愿意投资于可靠的、具有竞争力的团队的原因，因为他们能够及时识别正确市场中的正确产品，不管计划书中事先是如何写的。

2. 撰写技巧

根据以上撰写原则，为了使商业计划书脱颖而出，并最终获得风险投资的青睐，创业者应认真做到：①确保创意的价值性，并拥有高素质的管理团队。②认真负责、睿智地按适当的商务格式进行编排和准备计划。③执行摘要简洁，论之有据。既要充分描述创业热情又不失规划的真实性。具体表现在：

（1）结构体例方面。多年来，商业计划的结构和体例相对固定。尽管对此没有硬性规定，但创业者不要单纯为了创新而过于偏离一般的结构和格式。同时，又不能直接套用一些商业计划软件包所提供的样板文件。即便这样的确能够使计划变得更加专业化，但是计划必须基于特定市场调研数据和事实来编写,以充分表明创业企业的可预测性以及创业者的激情。

商业计划书的体例也需要努力做到更好。一方面看上去比较讲究,另一方面又不能给人浮华浪费的印象。可以采用透明的封面和封底来包装计划书,不要过度使用文字处理工具,如粗体字、斜体字、字体大小和颜色等,否则会使得商业计划书显得不够专业。而一些体例上的用心却可以显示你的细心。例如,如果企业有设计精美的徽标(logo),应该把它放在计划书封面页和每一页的页眉上,一些图表颜色与徽标的匹配设计,也会充分显示你的用心,同时容易吸引人的眼球,给读者留下深刻印象。

按照上文提到的商业计划书一般格式逐项检查,不能有任何遗漏和错误。例如有些商业计划书竟然在封面上漏掉了联系方式,缺封面页,或是有明显的排印错误等。这样一些小疏漏,却会使得投资人认为准创业者是粗心的,不负责任的,准备不充分的,进而影响其投资决策。

(2) 内容设计与组织方面。根据上文提到的真实性撰写原则,商业计划书的内容应是建立在市场调研或其他间接来源的真实数据的基础上。因而在编写正文的过程中,可以先组织撰写顾客和市场分析这一部分,再结合企业发展目标编写产品开发以及财务等信息。而实践中,创业者经常对财务部分花费大量时间,描述详细的财务计划,却恰恰忽略了市场调研,这是不可取的。

商业计划的内容撰写体现为一种过程,随着撰写工作的深入,创业者能够获取的新市场、潜在顾客等相关信息越来越多,或是越来越具体,这时候的商业计划也要做出相应调整。甚至随着掌握越来越多的相关信息,创业者的个人目标和追求都会随之改变,这些都会影响到企业所有权方式、销售预期、盈利预期以及融资方式等方面的决策。所以商业计划书的内容设计是动态的过程,随时都需要进行调整。因此,在这一过程中,需要以坦诚的态度、开放的心态,不断修改、完善商业计划。

商业计划书相关信息的获取有很多方式,如市场调研、行业数据、专家咨询等。根据技术和市场的新颖性采用的具体方式也有所差异,比如针对新市场和技术,没有现成的行业信息,这就需要花费精力和时间进行市场调研。

另外,内容涉及与信息组织过程中需要考虑准投资人的看法与感受。毕竟商业计划书在反映情况的同时,还需要说服别人。尤其是高科技企业,编写财务计划时要表达一种"有益于投资人"的良好态度,即表明企业理论上具有创造 10 倍回报的潜力。比如,内部投资收益率分析表明,国外风险投资一般寻求的是 4~6 年成长为年收入 5000 万美元的投资机会。因此,许多国外商业计划书一般都标明 5 年的营业收入将到达 5000 万~1 亿美元,这就不奇怪了。

无论商业计划的其他部分有多好,都必须避免这些使商业计划注定被拒绝的错误。哪怕你只犯了其中一个错误,都会使得从老练的投资者那里获得帮助的可能性降到最低。

【知识链接】

创业模型

一、蒂蒙斯模型

杰弗里·蒂蒙斯(Jeffry A. Timmons)是创业教育的先驱,有"创业教育之父"的美誉。他长期在百森商学院从事创业研究工作,蒂蒙斯(Timmons)在《新企业创立:21 世纪的创业学》一书中提炼出了创业 3 要素（机会、资源、团队）模型，被称为蒂蒙斯模型，如图 8-1 所示。

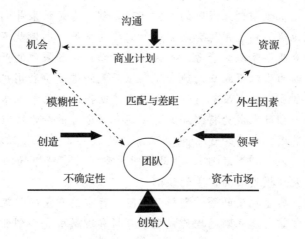

图 8-1 蒂蒙斯模型图

蒂蒙斯模型在创业领域的影响巨大，原因是多方面的。首先，该模型简洁明了，高度提炼出创业的关键要素：机会、创业者及其创业团队、资源，这 3 个要素是任何创业活动不可或缺的。没有机会，创业活动就成了盲目的行动，根本谈不上创造价值；机会普遍存在，没有创业者识别和开发机会，创业活动也不可能发生；合适的创业者把握住合适的机会，还需要有资源，没有资源，机会就无法被开发和利用。其次，该模型突出了要素之间相互匹配的思想。对创业者来说，不论是机会还是团队或是资源，都没有好和差之分，重要的是匹配和平衡。机会与创业者之间要匹配，机会与资源之间也需要匹配，机会、创业者、资源之间的平衡协调是创业成功的基本保证，这些道理很简单但确实很重要。最后，该模型具有动态特征。创业的 3 要素很重要，但不是静止不变。随着创业过程的展开，其重点也相应发生变化。创业过程实际上市在 3 项要素之间作用，由不平衡向平衡方向发展的过程。成功的创业活动，必须要能将机会、创业团队和资源三者做出最适当的搭配，并能随着事业发展而达成动态平衡。

二、蒂蒙斯模型的不足

客观来看，蒂蒙斯模型对于理解个案的机会型创业过程及创业者行为具有很好的解释力。但如果将创业作为一种社会现象，分析不同国家或地区创业活动的活跃程度、创业成功的关键等问题，则蒂蒙斯模型就缺乏解释力了。如要将创业作为一个社会中的整体现象来进行分析，则就需要对蒂蒙斯模型进行以下修正：

第一，在机会型创业过程中，创业者发现机会之后，就需要寻找创业所需的资源；发现并获得资源之后，就需要及时付诸行动；如果创业能够得到市场的响应，即若新产品被消费者所接受，新创企业即有了现金流，甚至是正的现金流，创业者才可能有信心去发现新的机会。可见，机会型创业过程并不是蒂蒙斯所描绘的图 8-1 中的结构。

第二，蒂蒙斯模型所描述的模糊性、创造性、不确定性更多指的是机会的模糊性、创造性、不确定性。事实上，创业者能否获得创业所需的资源，创业者是否会付诸行动，新创企业的产品能否得到市场的响应，三者都具有较高程度的模糊性、创造性、不确定性。特别是，获取资源、付诸行动、使自己的产品得到市场回应，都要求创业者具有相当程度的创造性。而关于这些问题，蒂蒙斯模型都不能给予充分的解释。

第三，市场回应是机会型创业成败的关键环节。创业者是结果导向的。显然，即便创业者发现了机会，如果他得不到利用机会而创业所需要的资源，则他就不可能且也无法实施创业的行动。即便创业者获得了所需资源，也付诸了行动，但如果他的产品没有被消费者所接受，则新创企业就会因为难以得到正的现金流回报而无法进一步利用机会，甚至无心去发现新的机会。换言之，创业者会因没有得到正的现金流回报而失去最基本的创业动力。是否能得到市场的回应在很大程度上成为将创业家与梦想家区分开的分水岭（Ma，2006）。即使在创业环境较为完善的美国，也有约60%的创业者最终放弃了创业，只有40%的创业者阶段性地实现了创业梦想（池仁勇，2001）。据此不难看到，没有将市场回应纳入机会型创业的过程模型，恐怕是蒂蒙斯模型最为严重的缺陷。

由前述不难看到，备受推崇的蒂蒙斯模型实际上存在着严重的学理性缺陷，并不足以解释机会型创业。由此即需要建立新的理论模型来分析和理解机会型创业过程。

三、ljstorar 模型

基于前述蒂蒙斯模型的学理性缺陷，清华大学雷家骕（2012）经过潜心研究，在《技术创新管理》一书中提出并建立了 ljs-torar（ljs——该模型建立者姓名首字母缩写，torar——创业团队、机会、资源、行动、市场回应）模型，以解释机会型创业过程。该模型的基本寓意是：

1. 创业团队是机会型创业的核心

没有优秀的创业团队，再好的创业机会也难以使创业的原始推动者成为成功的创业者。在现实中，只有那些有共同志向、共同价值观的创业者才可能构建强有力的创业团队。创业团队是由两个或两个以上处在新创企业高管位置的、具有一定利益关系的，彼此间愿意分享认知、共担责任、合作行动的人组成的联合体。与个体创业相比，团队创业具有多方面的优势，诸如优秀的创业团队中团队成员的贡献是互补的。创业团队管理的重点是扮演创业领导者的角色。特别是在机会型创业中，创业团队是使机会、资源、行动、市场回应四者得以协调的中枢力量。

2. 机会识别是机会型创业的逻辑起点

有利于创业者实现某种商业利益的市场条件即商机，也即创业机会。创业机会作为一类商机，通常有3个一般性特点：一是有可能给创业者带来某种程度的商业利益，从而能够诱发创业者设法去利用并开发对应的细分市场；二是会持续一段时间，且在这一段时间里市场需求是"S状"上升的，从而使得创业者有时间和空间去获取并整合资源，进而付诸行动；三是创业者利用这样的机会往往只需要较少的起始投入，否则，一方面创业者将无能力利用这样的商机，另一方面，既有企业对于机会的占有将使创业者难以获得相应的机会。在这样的机会中，适合特定的团队创业机会至少具有以下5个特点：一是该团队有能力占有该机会对应的市场需求的一定份额；二是适应这种机会，该团队能够通过产品差异而创造新的市场需求；三是该团队有可能通过特定的途径获取创业所需的专门资源；四是该团队有智慧和能力应对利用该机会可能遇到的竞争；五是该团队有能力承受利用该机会可能遇到的风险。

3. 资源是机会型创业必备的条件

机会再好，没有资源是不行的。创业在一定程度上是获取并整合相关资源，进而实现新增价值的过程。基于机会的技术型创业对于资源的需求至少有5个特点。一是资源需求的独特性；二是资源需求的配套性（因为多数技术的使用都需要一组配套的资源）；三是资源需求的低阈值（即不能需要过多的资源，否则，可能只有既有的大企业才有能力去利用这样的商机）；四是创业者还需要根据具体的创业构想而对相关资源进行整合，甚至还需要根据资源整合的情况对创业的构想进行调整；五是创业者在业界多数处于弱势地位，他们需要更多的借助社会网络来获取所需的资源。

4. 行动是机会型创业的本质性始发点

机会是创业的发端，行动是机会型创业的本质性始发点。在这个阶段，行动方向、方案、完善团队、把握机会窗口、行动理性等都是十分重要的。方向偏了，差之毫厘，谬以千里。因此，创业者一定要恰当的把握自己的行动方向。明确了方向，行动方案就变得重要了。基于此，创业者就需要在既定的方向下，兼顾可得的资源，设计可行的行动方案。有了预期可行的行动方案，即需要根据拟实施方案来完善管理团队和作业团队。此后何时开始即成为一个十分重要的问题。这就有所谓的"机会窗口"的问题。美国有学者提出，对应某个机会，仅仅需求增长较快的那段时间，才是创业者适于真正付诸实施的时段。行动是机会型创业的本质性始发点，故在这个阶段，创业者的行动理性也十分重要。而创业者的行动理性的核心是核心团队的理性。基于此，此间核心团队一定要理性地把握自己的决策行动和实施行动。

5. 市场回应是对前3个环节的全面检验

创业者通过整合资源，开始为市场提供自己的产品与服务。但市场接受不接受特定新创企业的产品和服务，即成为最重要的问题。一是市场对新创企业提供的产品和服务接受不接受，即决定着这项创业活动甚至新创企业能不能持续下去。不难想象，如果一家新创企业的产品或服务基本不能被市场所接受，则这家新创企业的创业很难得以持续。二是市场回应是对前3个创业环节的全面检验。市场回应程度首先是对此前"机会识别"的检验。在机会识别阶段，创业者认定的"好机会"仅仅是一种预期。而到了市场回应阶段，如果市场基本或根本不接受新企业的产品或服务，那就说明此前创业者对于机会的把握是失误的。市场回应也是对"行动"的检验。因为即便创业者对于机会的识别是恰当的，但如果实际行动（方向、方案、完善团队、把握机会窗口、行动理性）没有恰到好处，则其产品或服务也可能不会被市场所接受。

能力训练

1. 为什么要研究并学习创业知识？
2. 简述创业、创新、发明的关系。
3. 商业模式要解决的核心问题是什么？
4. 如何通过模仿或者竞争设计商业模式？
5. 创业者是否需要撰写商业（创业）计划书，是否有用，你的观点是什么？
6. 商业计划书起始部分的摘要很重要，该如何撰写？其首要目标是什么？

参考文献

[1] 里基 W 格里芬. 管理学 [M]. 刘伟, 译. 9 版. 北京: 中国市场出版社, 2008.
[2] 彼得·德鲁克. 卓有成效的管理者 [M]. 许是祥, 译. 北京: 机械工业出版社, 2007.
[3] 王恩铭, 等. 当代美国社会与文化 [M]. 上海: 上海外语教育出版社, 2007.
[4] 彼得·德鲁克. 21 世纪的管理挑战 [M]. 朱雁斌, 译. 北京: 机械工业出版社, 2006.
[5] 周三多, 陈传明. 管理学 [M]. 2 版. 北京: 高等教育出版社, 2005.
[6] 芮明杰. 管理学 [M]. 北京: 高等教育出版社, 2000.
[7] 彼得·圣吉, 等. 变革之舞——学习型组织持续发展面临的挑战 [M]. 王秋海, 等译. 北京: 东方出版社, 2002.
[8] 徐国华, 等. 管理学 [M]. 北京: 清华大学出版社, 1998.
[9] 邹宜民. 比较管理学 [M]. 南京: 南京大学出版社, 1993.
[10] 周三多, 等. 管理学——原理与方法 [M]. 4 版. 上海: 复旦大学出版社, 2003.
[11] 周祖城. 管理与伦理 [M]. 北京: 清华大学出版社, 2000.
[12] 蔡树堂. 企业战略管理 [M]. 北京: 石油工业出版社, 2001.
[13] 张一弛. 人力资源管理教程 [M]. 北京: 北京大学出版社, 1999.
[14] 郑晓明. 现代人力资源管理导论 [M]. 北京: 机械工业出版社, 2002.
[15] 郭克沙. 人力资源 [M]. 北京: 商务印书馆, 2003.
[16] 弗雷德 R 戴维. 战略管理 [M]. 徐飞, 译. 8 版. 北京: 经济科学出版社, 2001.
[17] 彼得·圣吉. 第五项修炼——学习型组织的艺术与实务 [M]. 郭进隆, 译. 上海: 上海三联出版社, 2000.
[18] 斯蒂芬 P 罗宾斯, 等. 管理学 [M]. 李原, 孙健敏, 黄小勇, 译. 大连: 东北财经大学出版社, 2004.
[19] 迈克尔·波特. 竞争优势 [M]. 北京: 华夏出版社, 1997.
[20] 吴焕林. 管理理论与实务 [M]. 北京: 清华大学出版社, 2009.
[21] 陈嘉莉. 管理学原理与实务 [M]. 北京: 北京大学出版社, 2008.
[22] 张绍学. 以人为本——儒学爱民与现代管理的核心 [M]. 成都: 西南财经大学出版社, 1998.
[23] 葛荣晋. 儒家智慧与当代社会 [M]. 北京: 中国三峡出版社, 1996.
[24] 杨文士, 李晓光. 管理学原理 [M]. 北京: 中国财政经济出版社, 1994.
[25] 史秀云. 管理学基础与实务 [M]. 北京: 清华大学出版社, 2008.
[26] 王绪君. 管理学基础 [M]. 北京: 中央广播电视大学出版社, 2001.
[27] 郭国庆. 市场营销学通论 [M]. 北京: 中国人民大学出版社, 2011.
[28] 周秀淦, 宋亚非. 现代企业管理原理 [M]. 3 版. 北京: 中国财政经济出版社, 1998.
[29] 许庆瑞. 管理学 [M]. 北京: 高等教育出版社, 2001.
[30] 陈忠卫, 王晶晶. 企业战略管理 [M]. 北京: 中国统计出版社, 2001.
[31] 王世良. 生产与运作管理教程——理论、方法、案例 [M]. 杭州: 浙江大学出版社, 2002.
[32] 丁家云, 谭艳华. 管理学——理论、实践与方法 [M]. 北京: 中国科学技术大学出版社, 2010.